企画展

編纂一三〇〇年

日本書紀と出雲

島根県立古代出雲歴史博物館　企画展

編纂一三〇〇年　日本書紀と出雲

［会　期］令和二年十月九日～十二月六日
［会　場］島根県立古代出雲歴史博物館
［主　催］島根県立古代出雲歴史博物館・島根県古代文化センター
［後　援］朝日新聞松江総局・産経新聞社・日本経済新聞社松江支局・毎日新聞松江支局・読売新聞松江支局・中国新聞社・山陰中央新報社・島根日日新聞社・新日本海新聞社・共同通信社松江支局・時事通信社松江支局・NHK松江放送局・TSKさんいん中央テレビ・テレビ朝日松江支局・日本海テレビ・BSS山陰放送・エフエム山陰・出雲ケーブルビジョン・山陰ケーブルビジョン・ひらたCATV株式会社

【学芸担当】
吉永　壮志（主担当・古代出雲歴史博物館）
品川　知彦（副担当・古代出雲歴史博物館）
岡　　宏三（副担当・古代出雲歴史博物館）
増田　浩太（副担当・古代出雲歴史博物館）
濱田　恒志（副担当・古代出雲歴史博物館）
平石　充（副担当・古代文化センター）
松尾　充晶（副担当・古代文化センター）
吉松　大志（副担当・古代文化センター）

【研究構成員】（令和二年現在）
テーマ研究
「日本書紀と出雲観に関する研究」客員研究員［五十音順］
伊藤　剣（明治大学法学部准教授）
斎藤　英喜（佛教大学歴史学部教授）
髙橋　周（出雲弥生の森博物館専門研究員）
西岡　和彦（國學院大學神道文化学部教授）
テーマ研究
「日本書紀と出雲観に関する研究」島根県職員
品川　知彦（古代出雲歴史博物館）
岡　　宏三（古代出雲歴史博物館）
吉永　壮志（古代出雲歴史博物館）
濱田　恒志（古代出雲歴史博物館）
平石　充（古代文化センター）
松尾　充晶（古代文化センター）
吉松　大志（古代文化センター）
面坪　紀久（古代文化センター）

［展示デザイン・造作］有限会社ササキ企画
［美術輸送・展示作業補助］日本通運株式会社
［図録デザイン・制作］ハーベスト出版
［広　報］ミュージアムいちばた
［広報用素材デザイン・制作］福代亜寿男（ミュージアムいちばた）
［音声ガイド制作］株式会社メディアスコープ

凡　例

一、本書は島根県立古代出雲歴史博物館企画展「編纂一三〇〇年　日本書紀と出雲」の展示解説図録として作成した。
二、図録構成と展示構成は必ずしも一致しない。また、展示作品の一部に図版が掲載されていないものもある。なお、参考として展示作品以外の写真や解説用の地図・表なども掲載している。
三、重要文化財は◎、都道府県指定文化財は○で表している。
四、本書は本文を品川知彦（学芸企画調整監）［Ⅱ・Ⅲ・Ⅳ・Ⅴ・Ⅶ・エピローグ］、増田浩太（専門学芸員）［プロローグ］、吉永壮志（主任学芸員）［Ⅰ・Ⅱ・逸品展示・Ⅲ・Ⅴ・Ⅵ・Ⅶ・付録Ⅰ・付録Ⅱ］、列品解説を品川、増田、松尾充晶（専門学芸員）、吉永が分担執筆し、吉永が編集を行った。
五、本書に掲載する写真の提供・撮影者は、それぞれキャプションに明記したが、当館撮影の場合は特に明記していない。
六、本展の開催にあたっては、佐藤雄一氏（駒澤大学文学部講師・元古代文化センター主任研究員）のご助力を得た。また、所蔵者をはじめ、多くの機関、個人のご協力を賜った。巻末に記し、厚く御礼申し上げる。

ごあいさつ

本展は、平成二十九年度から令和元年度までの三年間、島根県古代文化センターにおいて実施したテーマ研究「日本書紀と出雲観に関する研究」の成果の一部を展覧会として情報発信するものです。

本年は、日本最初の正史である『日本書紀』が養老四年（七二〇）に編纂されてから、一三〇〇年という節目の年です。『日本書紀』には国譲り神話やノミノスクネ伝承など、出雲にかかわる神話・伝承がみえ、古代の日本において「出雲」が特別視されていたことが読みとれます。また、『日本書紀』の神話・伝承には時代とともにさまざまな解釈が加えられていき、それが現代の「神話の国」や「ご縁の国」といった出雲のイメージに影響を与えているのではないかと考えられます。

そこで、本展では、『日本書紀』とそれにみえる神話・伝承、さらには解釈のありようを、歴史・美術・民俗などのさまざまな文化財を通じて紹介いたします。そのなかで「出雲」がどのように捉えられてきたかについても再確認できる機会となれば幸いです。

最後になりましたが、本展の開催にあたり、貴重な文化財を快くご出品いただきました所蔵者の皆様、島根県古代文化センターでのテーマ研究にご尽力いただきました客員研究員の皆様、ご後援・ご協力を賜りました関係者・関係機関の皆様に厚く御礼申し上げます。

令和二年十月

島根県立古代出雲歴史博物館　館長
松本新吾

目次

プロローグ

出雲世界の成り立ち

出雲世界

出雲は古代から日本海を舞台とした交流によって、独自の文化を形づくってきた。旧石器時代は隠岐の黒曜石が石器生産のキーアイテムとして各地に流通し、弥生時代には中国大陸や朝鮮半島から、青銅器やその製作技術がもたらされた。注目されるのは、他の地域に先駆けて青銅器祭祀から四隅突出形墳丘墓を舞台とする墓上祭祀へ転換するなど、出雲の地が単なる文物の受容にとどまらず、独自の文化を生み出してきたことであろう。こうした特色は、特徴的な出雲型石棺式石室や出雲型子持壺の採用、「出雲ブランド」として集中生産された玉類など、古墳時代以降もさまざまな面で垣間みることができる。古墳時代後期、古代国家へと列島各地がまとまっていくなかにあって、出雲はその流れに取り込まれつつも、独自の文化を育んでいたのである。

『日本書紀』に描かれる出雲には、こうした古来からの、特に古墳時代後期における出雲の姿が反映されているのではないだろうか。

10　玉類　時仏山横穴墓出土
奥出雲町教育委員会蔵

9　玉類　島田池Ⅰ区２号横穴墓出土
島根県埋蔵文化財調査センター蔵

12　玉類　小池１―１号横穴墓出土
奥出雲町教育委員会蔵

11　玉類･耳環　伊賀武社境内横穴墓出土
奥出雲町教育委員会蔵

2　須恵器 出雲型子持壺　向山一号墳出土
（参考品を含む）　松江市蔵

1　須恵器 出雲型子持壺　団原古墳出土
島根県埋蔵文化財調査センター蔵

8　玉類　小汐手横穴墓群出土　安来市教育委員会蔵

3　〇三輪玉・ｆ字形鏡板付轡《くつわ》・三環鈴・馬鐸
めんぐろ古墳出土　個人蔵

4　鏡・馬鐸・鈴杏葉《きょうよう》　小丸山古墳出土　益田市教育委員会蔵

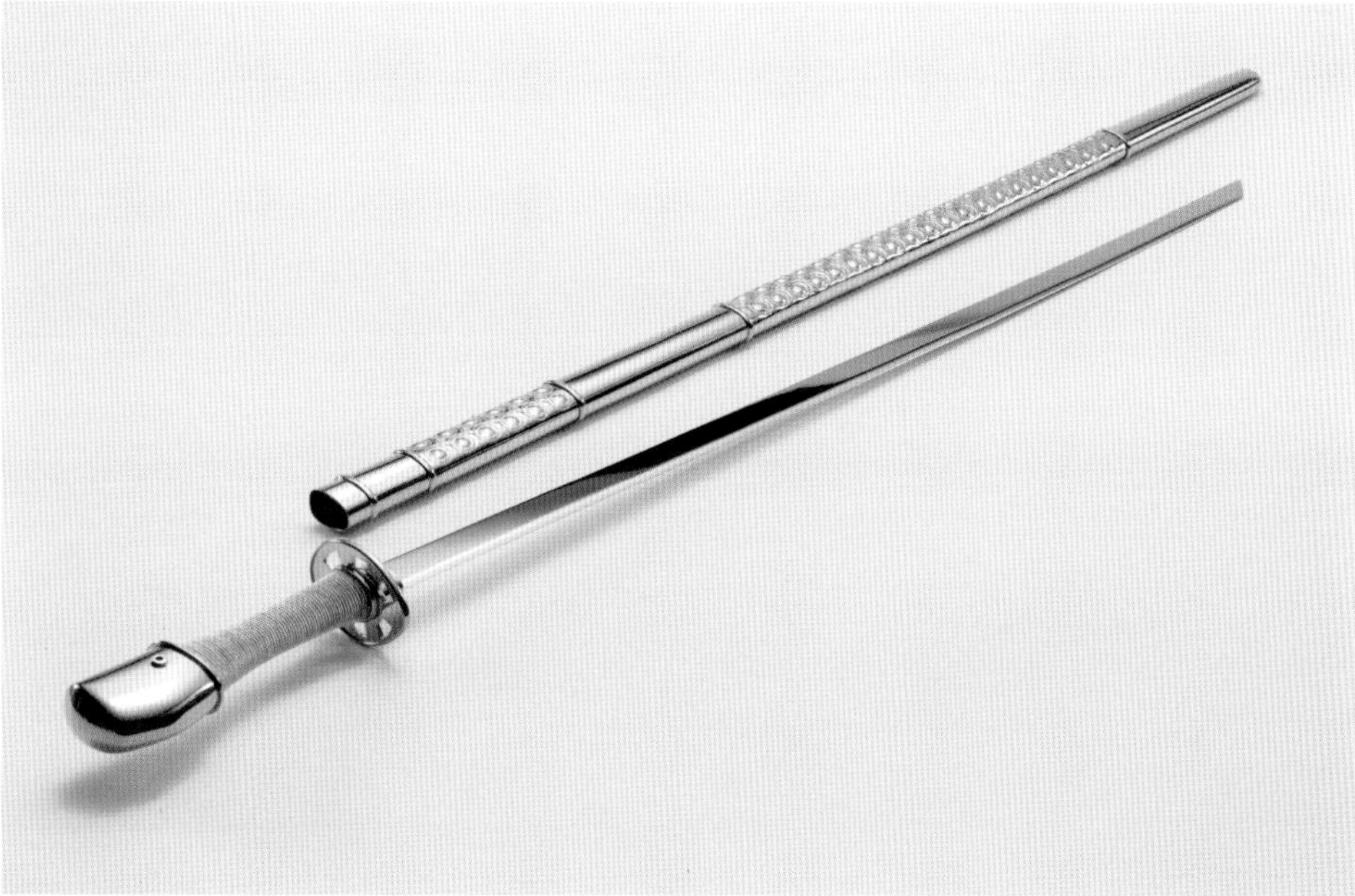

5 圭頭大刀復元品（放れ山古墳出土） 当館蔵

6［1］ 双龍環頭大刀 原田古墳出土
島根県埋蔵文化財調査センター蔵

6［2］ 心葉形鏡板付轡・心葉形杏葉・辻金具 原田古墳出土
島根県埋蔵文化財調査センター蔵

7 金銅装刀子・同復元品 平ケ廻横穴墓出土
雲南市教育委員会蔵

日本書紀と出雲　関連遺跡地図

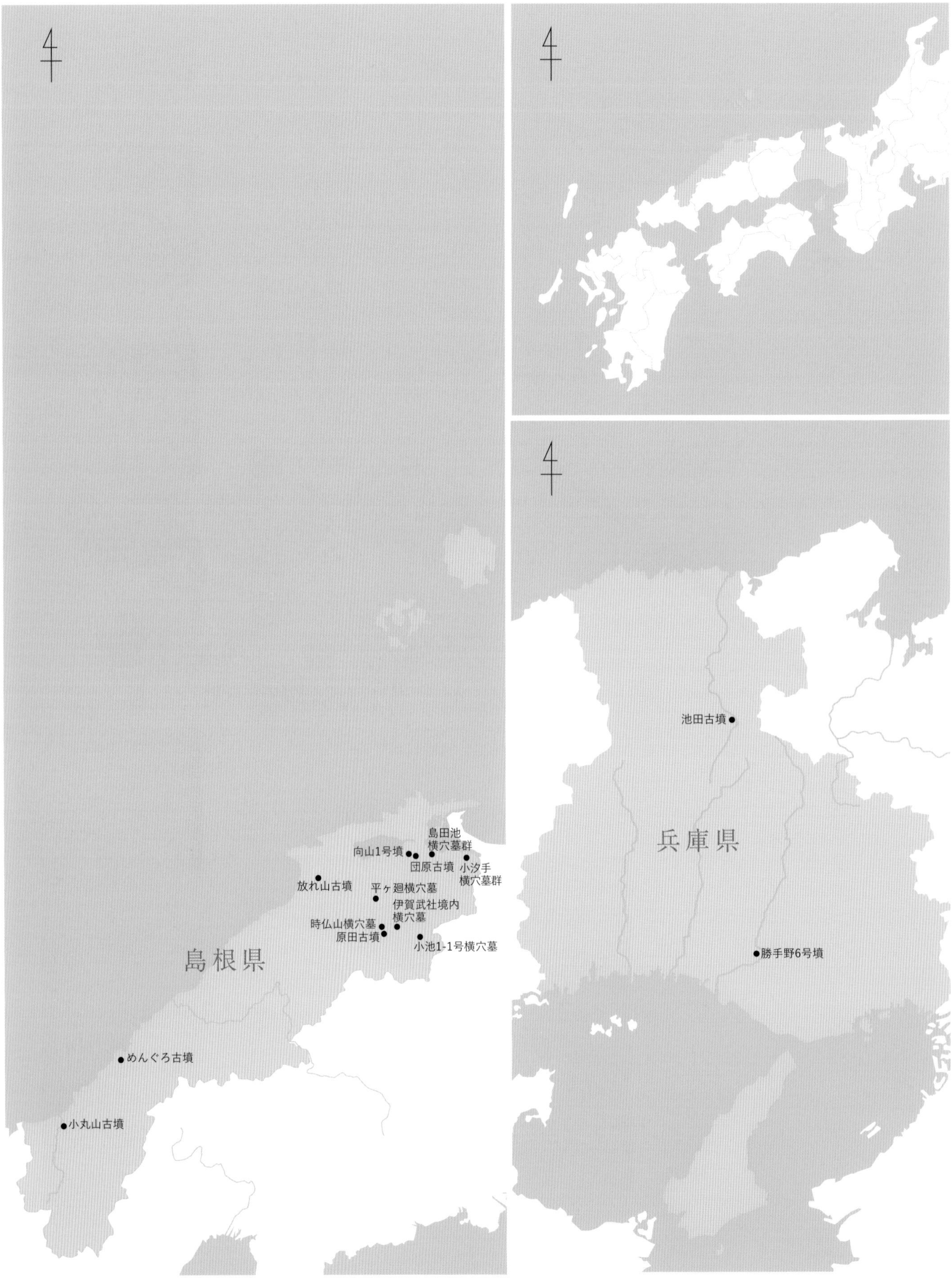

I 日本書紀とはなにか

日本書紀

養老《ようろう》四年（七二〇）に舎人《とねり》親王らが編纂《へんさん》し、元正天皇に奏上したのが「日本紀」（「紀三十巻、系図一巻」）で、これが日本最初の正史『日本書紀』である（ただし「系図」は現存していない）。神代から持統朝までを、年を追って物事を述べる年代記形式の編年体で記しており、天武十年（六八一）に記録が命じられた「帝紀」・「上古諸事」や持統五年（六九一）に大三輪氏ら一八氏に対して提出を命じた「墓記」などを素材にして編纂し、完成させるまでにかなりの時間を要した。なお、和銅《わどう》六年（七一三）にいわゆる「風土記《ふどき》」撰進命令が出され、それをうけて『出雲国風土記』など各国「風土記」がつくられるが、この命令も『日本書紀』編纂作業とかかわる面があると考えられる。

『日本書紀』完成翌年の養老五年（七二一）には、単にその講読という意味だけでなく、お披露目的な面ももつ第一回日本紀講筵《こうえん》が行われており、天皇の正統性や天皇に仕える氏族の正当性を保証するものとして『日本書紀』はかなり重視されたといえる。

舎人《とねり》親王（六七六–七三五）

天智天皇の女《むすめ》である新田部皇女《にいたべのひめみこ》を母とする天武第三皇子。『日本書紀』の編纂《へんさん》に従事し、養老《ようろう》四年（七二〇）五月に奏上する。同年八月に藤原不比等《ふひと》が亡くなると、不比等に代わり天武系統の皇親政治を支えることを期待され、知太政官事《ちだいじょうかんじ》に任じられた。天然痘《てんねんとう》が大流行した天平《てんぴょう》七年（七三五）に亡くなり、太政大臣を追贈、また、天平宝字《てんぴょうほうじ》二年（七五八）に子の大炊《おおい》王が即位すると、その翌年に崇道尽敬《すどうじんきょう》皇帝を追号された。

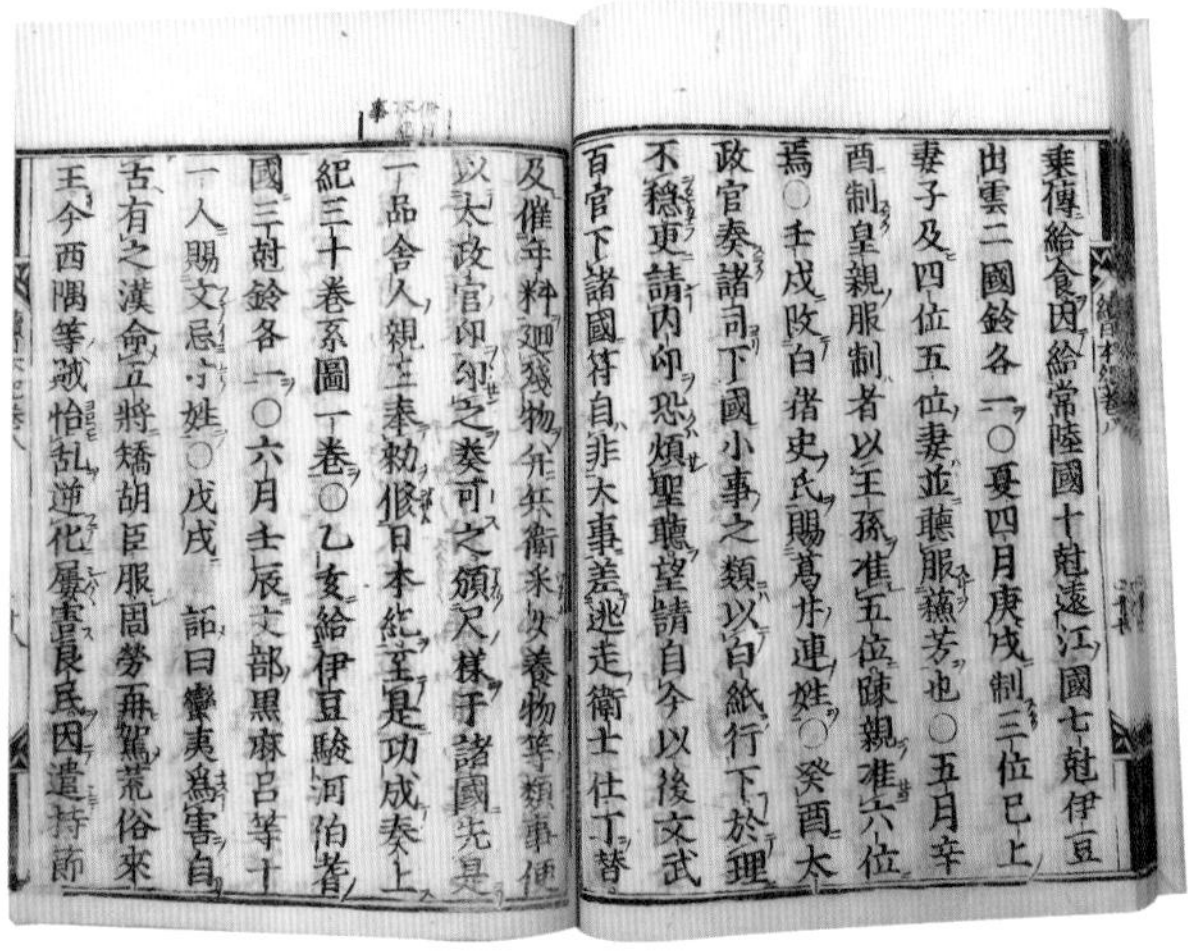

13　続日本紀 巻八 養老4年(720)5月癸酉条　当館蔵

14　前賢故實 巻二 舎人親王部分　島根大学附属図書館蔵

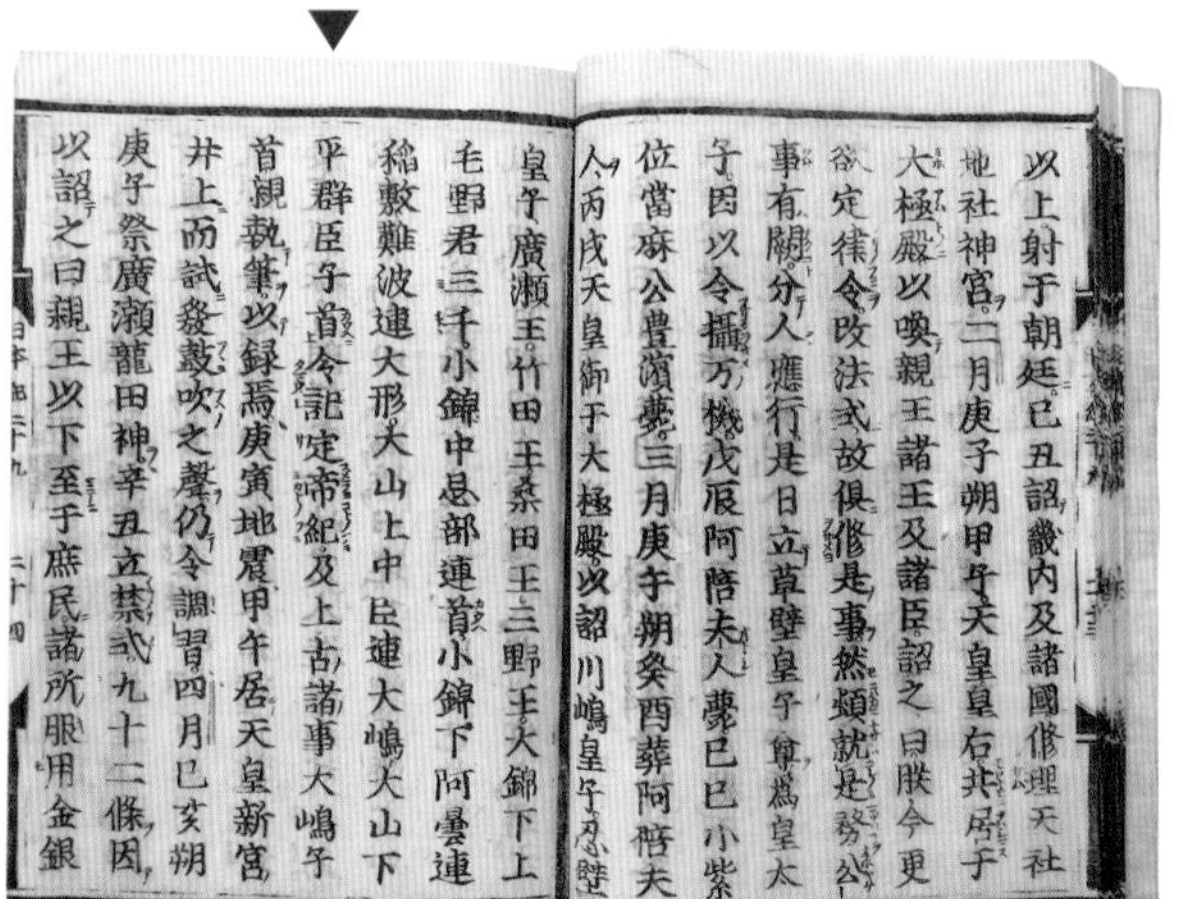

15[1]　日本書紀 巻二九 天武10年(681)3月丙戌条　当館蔵

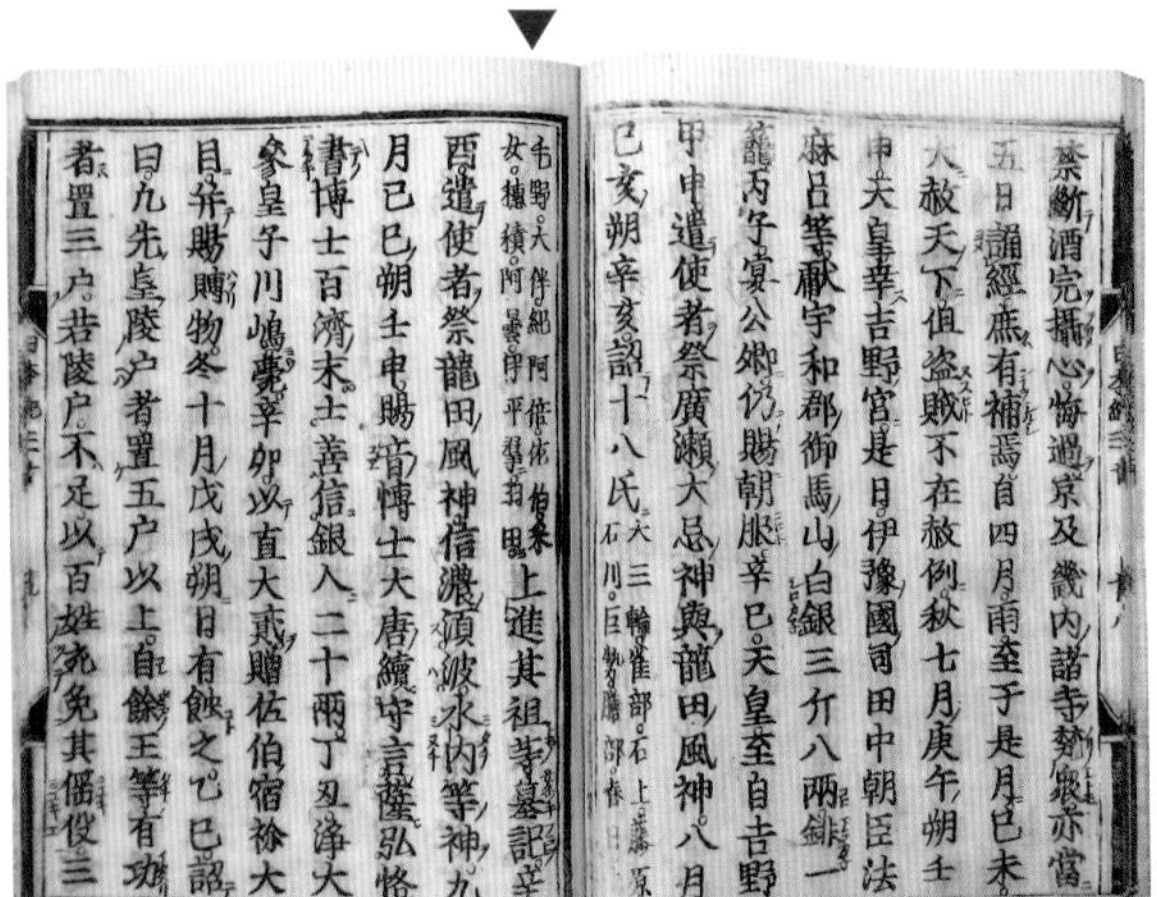

15[2]　日本書紀 巻三〇 持統5年(691)8月辛亥条　当館蔵

日本書紀と日本紀

『日本書紀』に次ぐ正史である『続日本紀《しょくにほんぎ》』養老《ようろう》四年（七二〇）五月癸酉条には舎人《とねり》親王らが奏上したのは「日本紀」、あるいは「紀三十巻」と記されており、一般に知られている「日本書紀」と表記が異なる。しかし、養老年間（七一七―七二四）に成立し、天平宝字《てんぴょうほうじ》元年（七五七）に施行された養老令の私的注釈書である『令集解《りょうのしゅうげ》』にみえる「古記」（これ自体は大宝《たいほう》元年（七〇一）に成立した大宝令の注釈書）の問答のなかに「日本書紀巻第一」という文言が確認できる。また、現存する日本最古の歌集である『万葉集』では「日本紀」と「日本書紀」の表記が両方みえることから、「日本書紀」と「日本紀」は早くから同一のものとして通用していたといえる。

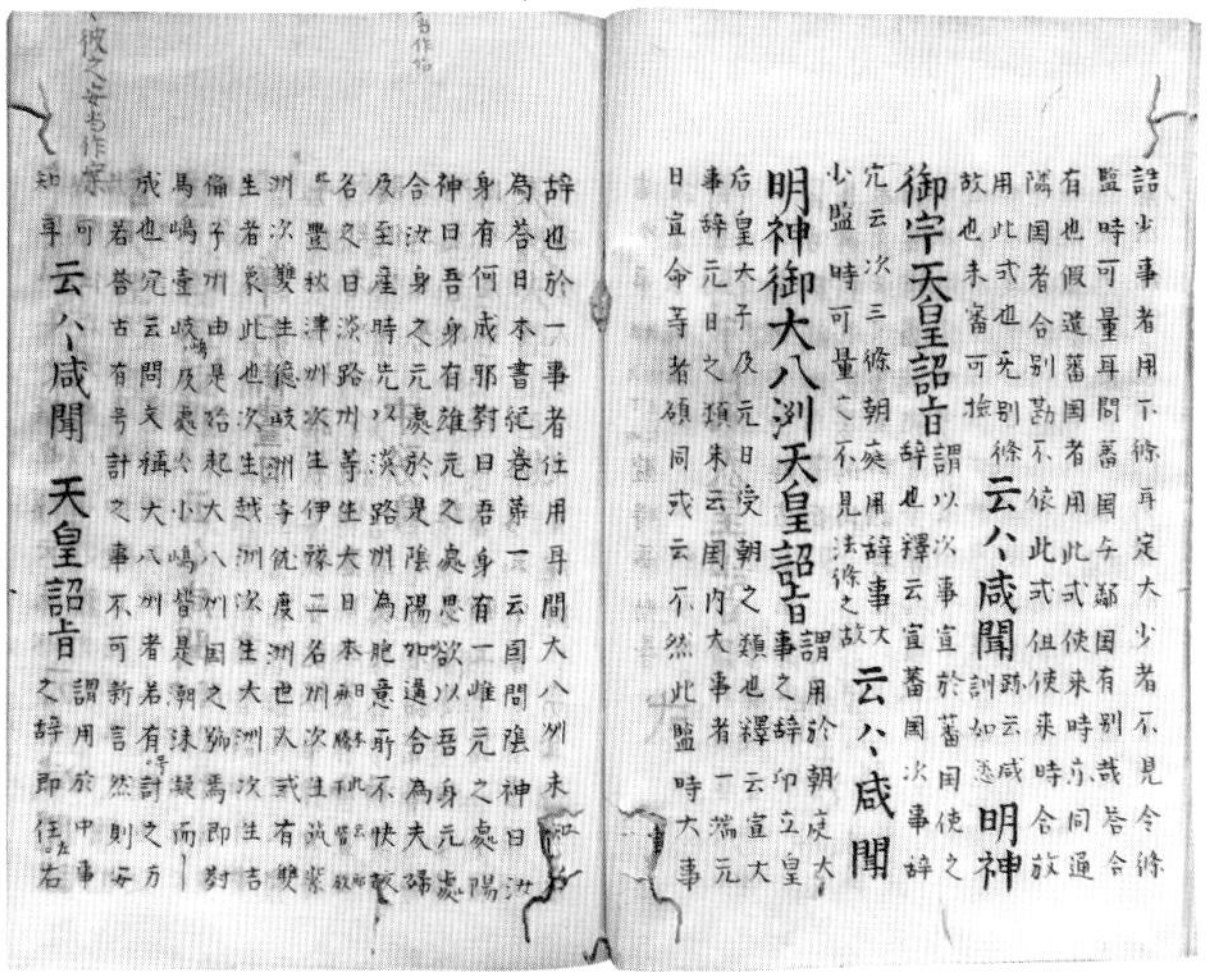

16　令集解 巻三一 公式令１詔書条　島根県立図書館蔵

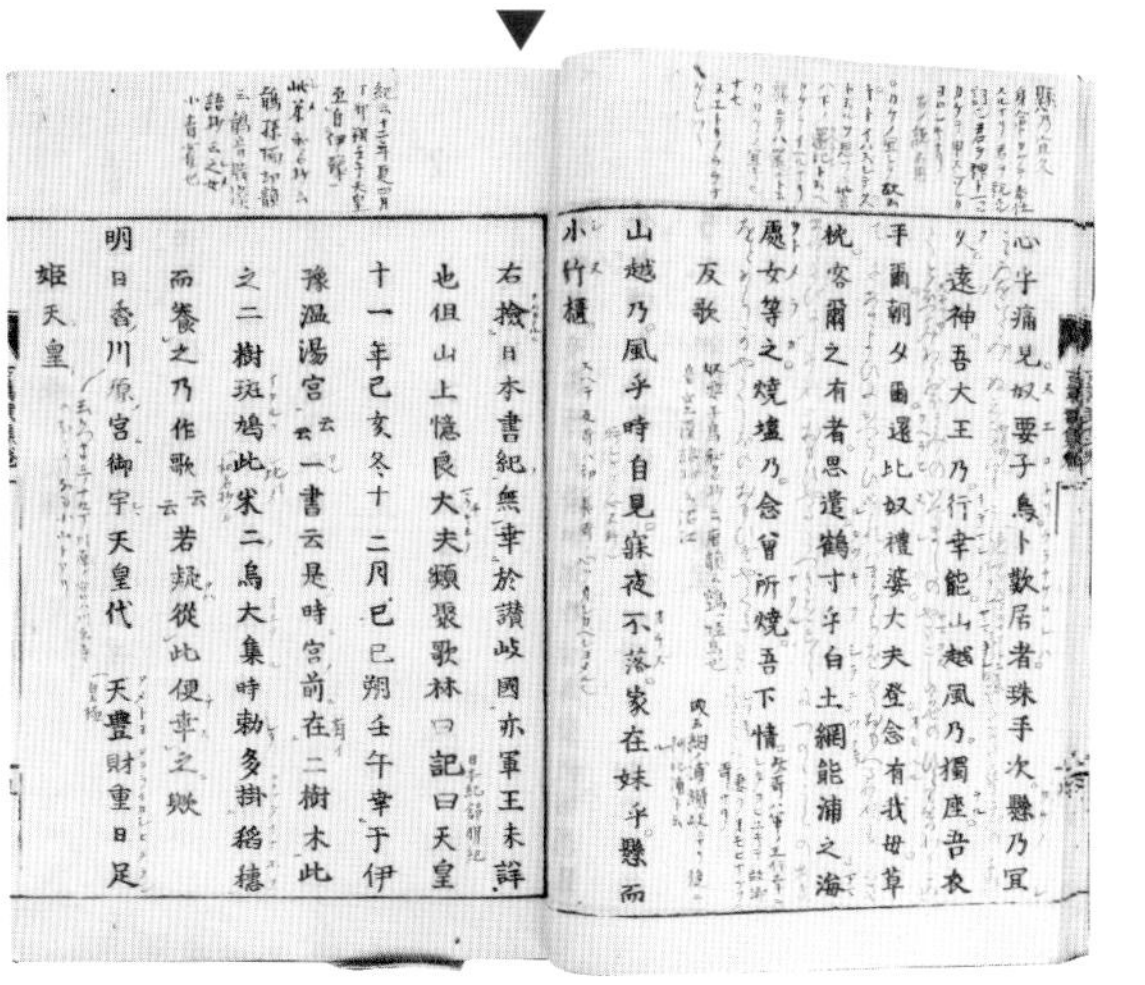

17　万葉集 巻一 六番歌左注　島根県立図書館蔵

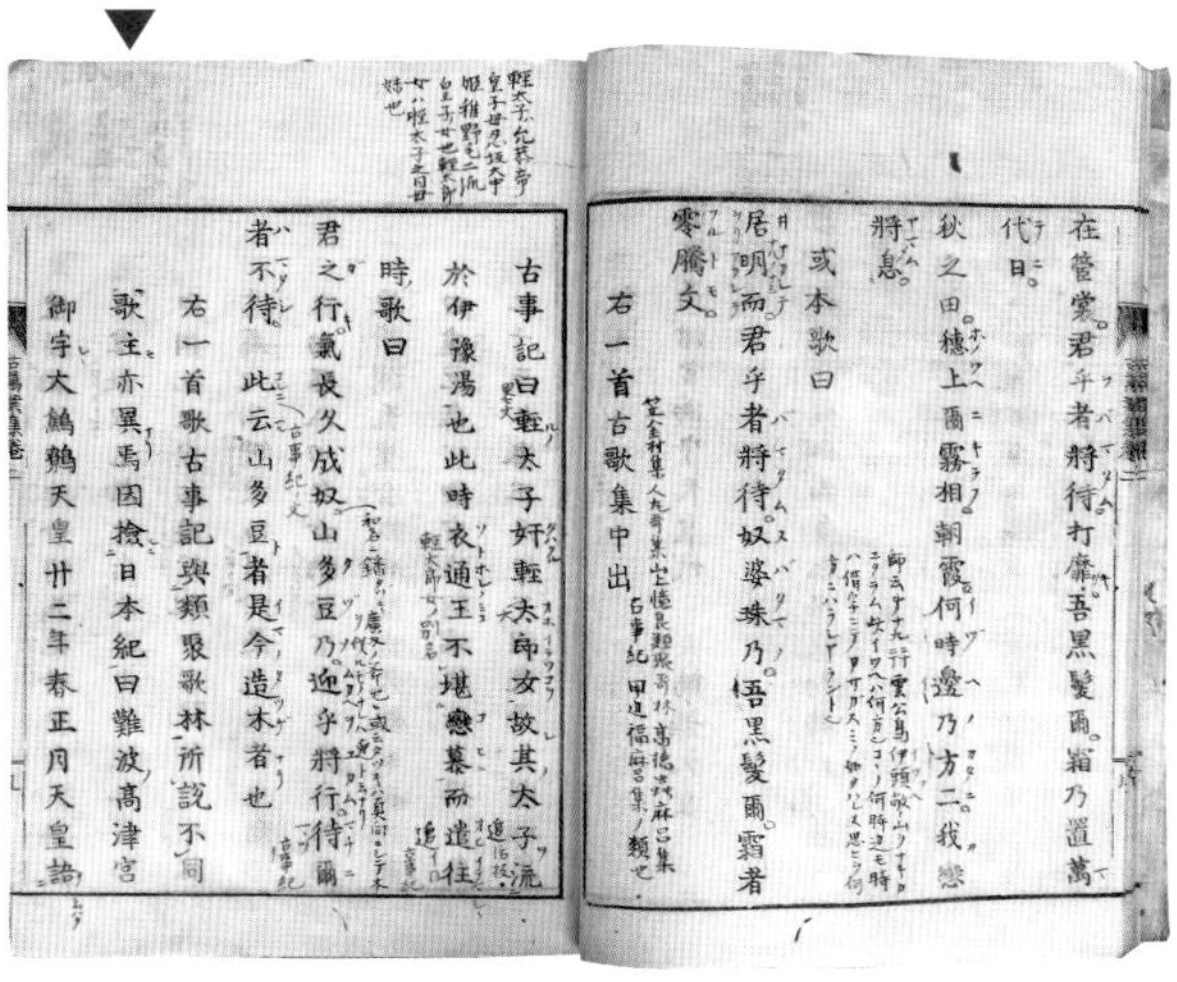

18　万葉集 巻二 九〇番歌左注　島根県立図書館蔵

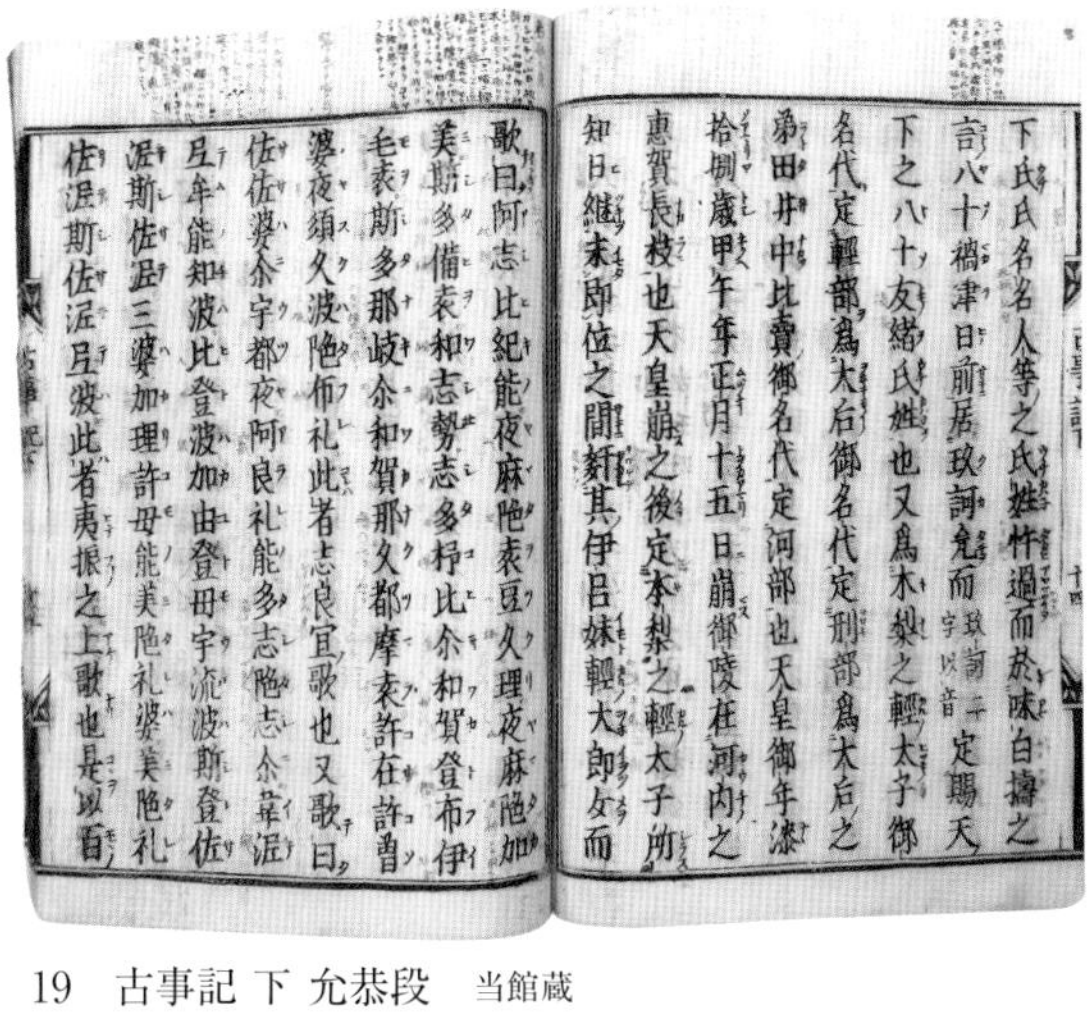

19　古事記 下 允恭段　当館蔵

ホムツワケ伝承

ホムツワケ（『日本書紀』垂仁二十三年九月丁卯条から同年十一月乙未条では「誉津別《ほむつわけ》」、『古事記』垂仁段では「本牟智和気《ほむちわけ》」）は垂仁天皇の皇子で、大人になってもしゃべらなかったが、鵠《くぐい》（白鳥）をみて、言葉を発したとされる。この後、『日本書紀』では天皇に命じられた天湯河板《あめのゆかわた》挙《な》が出雲でその鵠を捕らえ、献上したため、鳥《と》取造《とりのみやつこ》の姓《かばね》を賜り、鳥取部・鳥養《とりかい》部・誉津部が定められたとされる。一方、『古事記』では天皇に遣わされた大鶙《おおたか》が高志《こし》で捕らえた鵠を献上しても、ホムツワケは言葉を発さず、その理由を占ったところ、出雲大神の御心のためとされたので、出雲を訪ねて大神を参拝すると、ホムツワケは再度しゃべることができるようになり、天皇はそれを喜び、大神の宮を造営するとともに、鳥取部・鳥甘《とりかい》部・品遅《ほむち》部らを定めたとされる。

『日本書紀』と『古事記』でホムツワケ伝承の内容に相違があるものの、いずれも重要な舞台として出雲が登場する点は共通している。天平《てんぴょう》十一年（七三九）の「出雲国大税賑給歴名帳《たいぜいしんごうれきみょうちょう》」や出雲市東林木町の青木遺跡出土木簡から、出雲には鳥取部が多く存在したことが知られるのみならず、『延喜式』に神賀詞《かんよごと》奏上儀礼の献物として鵠が確認でき、出雲と鳥取部、鵠との深い関係がうかがえる。なお、天平五年（七三三）成立の『出雲国風土記』は入海（現在の宍道湖）や出雲郡に（白）鵠がいたことを記している。

20
◎水鳥形埴輪　池田古墳出土　兵庫県立考古博物館蔵　写真提供：兵庫県立考古博物館

Ⅱ

ノミノスクネ伝承

―相撲の祖―

ノミノスクネ

土師宿禰《はじのすくね》の祖で、天《あめの》穂《ほ》日命《ひのみこと》十四世孫とされる。『日本書紀』垂仁七年七月乙亥条では出雲国の「勇士」野見宿禰《のみのすくね》が當麻蹶《たいまのくえ》(蹴《け》)速《はや》との「捔力《ちからくらべ》」で勝利したこと、同三十二年七月己卯条では野見宿禰が出雲国の土部一〇〇人を召して土で人形や馬形などの「土物《はにもの》」をつくらせ、殉死の代わりに垂仁皇后の日《ひ》葉《ば》酢《す》媛命《ひめのみこと》の墓に土物を立てたことが記され、それぞれ相撲と埴輪の起源伝承とされる。また、『播磨国風土記』には揖保《いいぼ》郡日下部《くさかべ》里立野《たつの》の地名由来として土師弩美宿禰《はじののみのすくね》が出雲・播磨間を行き来し、日下部野で没したため、出雲から人々がやって来て墓を築いたという伝承がみえ、いずれもノミノスクネと出雲との深いつながりをうかがわせる。なお、『出雲国風土記』にも飯石郡に野見野が確認でき、飯南町上赤名呑谷周辺に比定され、この地とノミノスクネがゆかりをもつとする説もある。

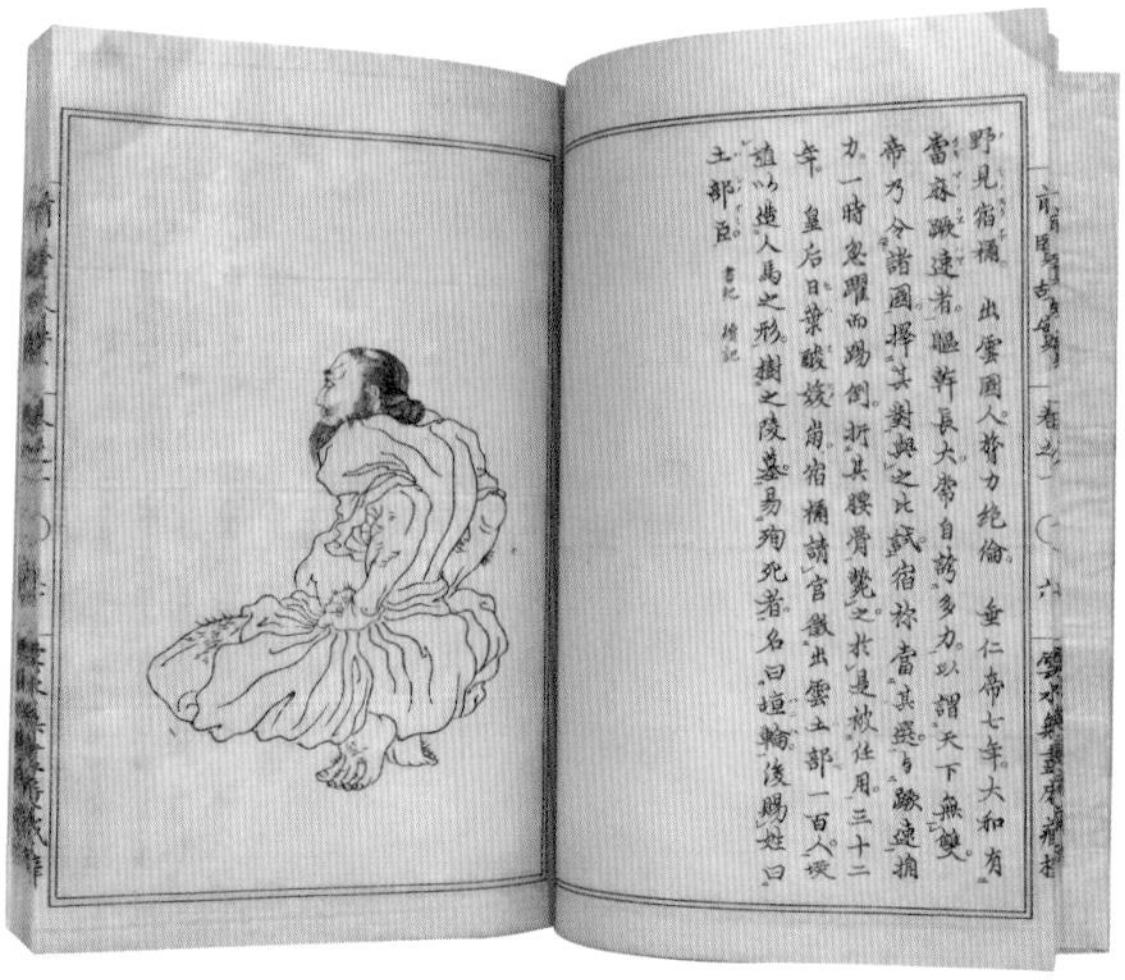

21　前賢故實 巻一 野見宿禰部分　島根大学附属図書館蔵

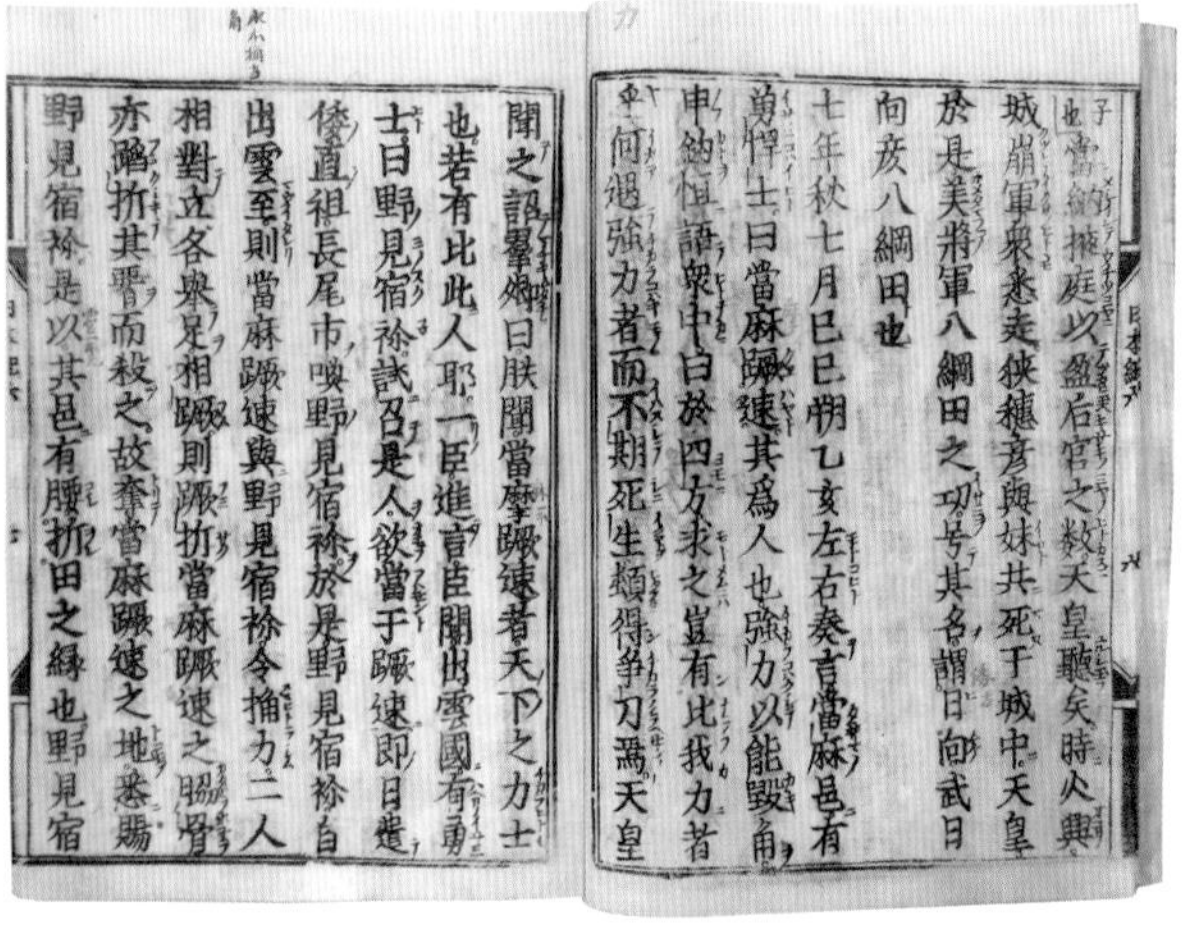

22　日本書紀 巻六 垂仁7年7月乙亥条　当館蔵

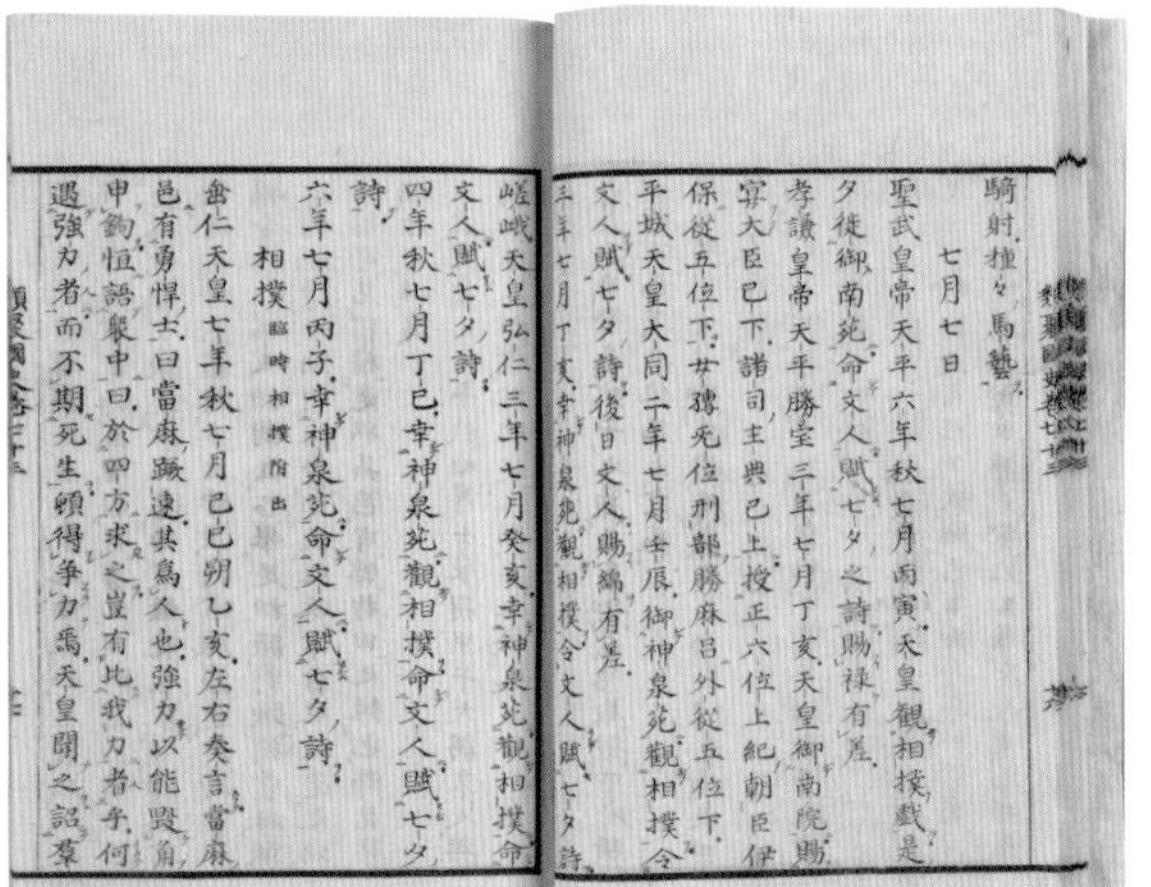

23　類聚国史 巻七三 相撲項　当館蔵

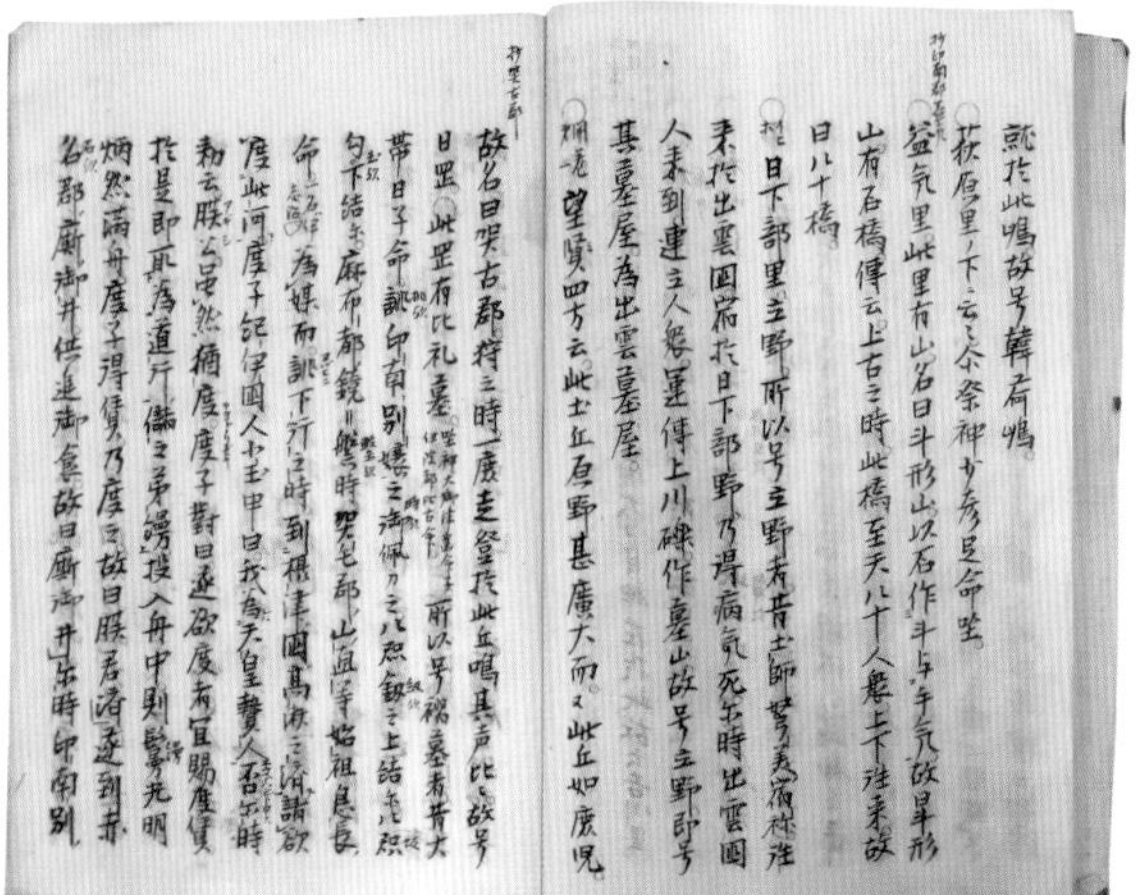

26　播磨国風土記 揖保郡日下部里立野部分　当館蔵

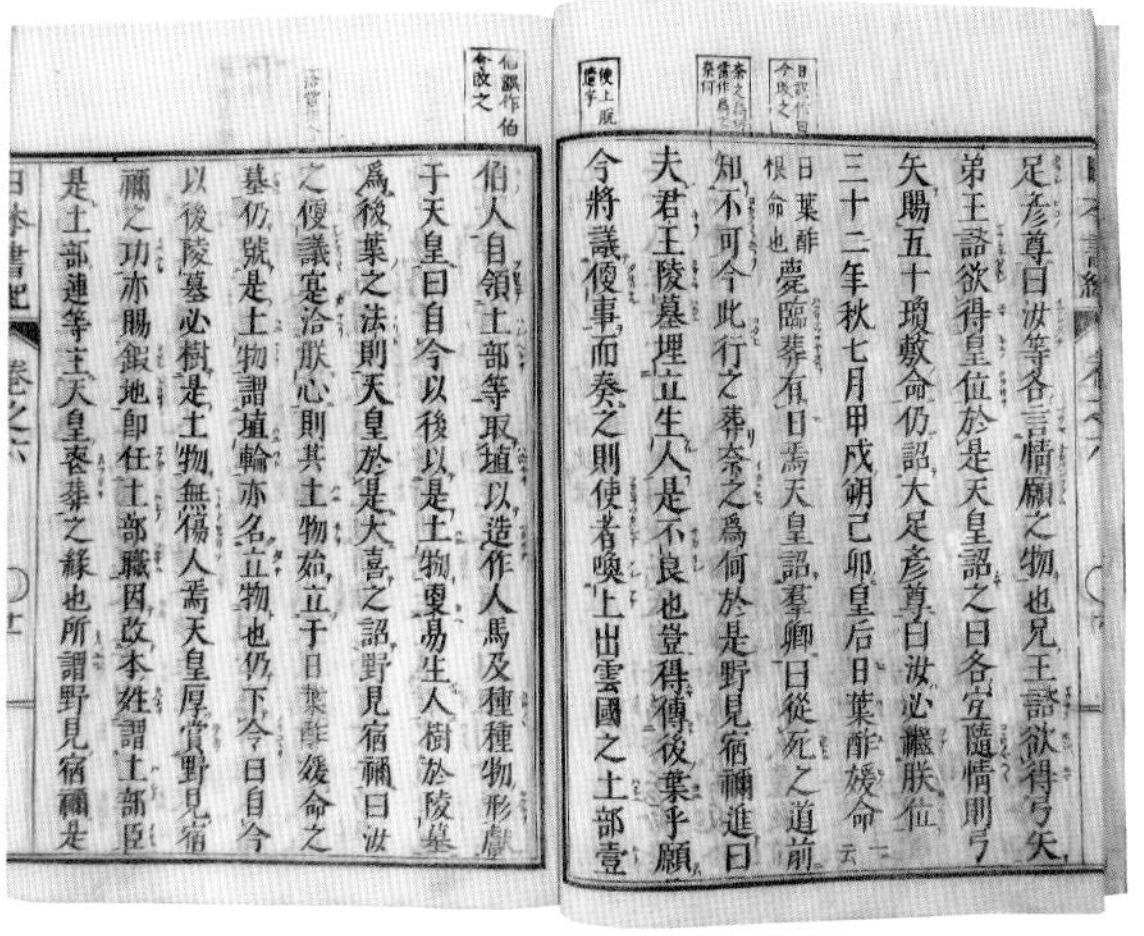

24　日本書紀 巻六　垂仁32年7月己卯条　当館蔵

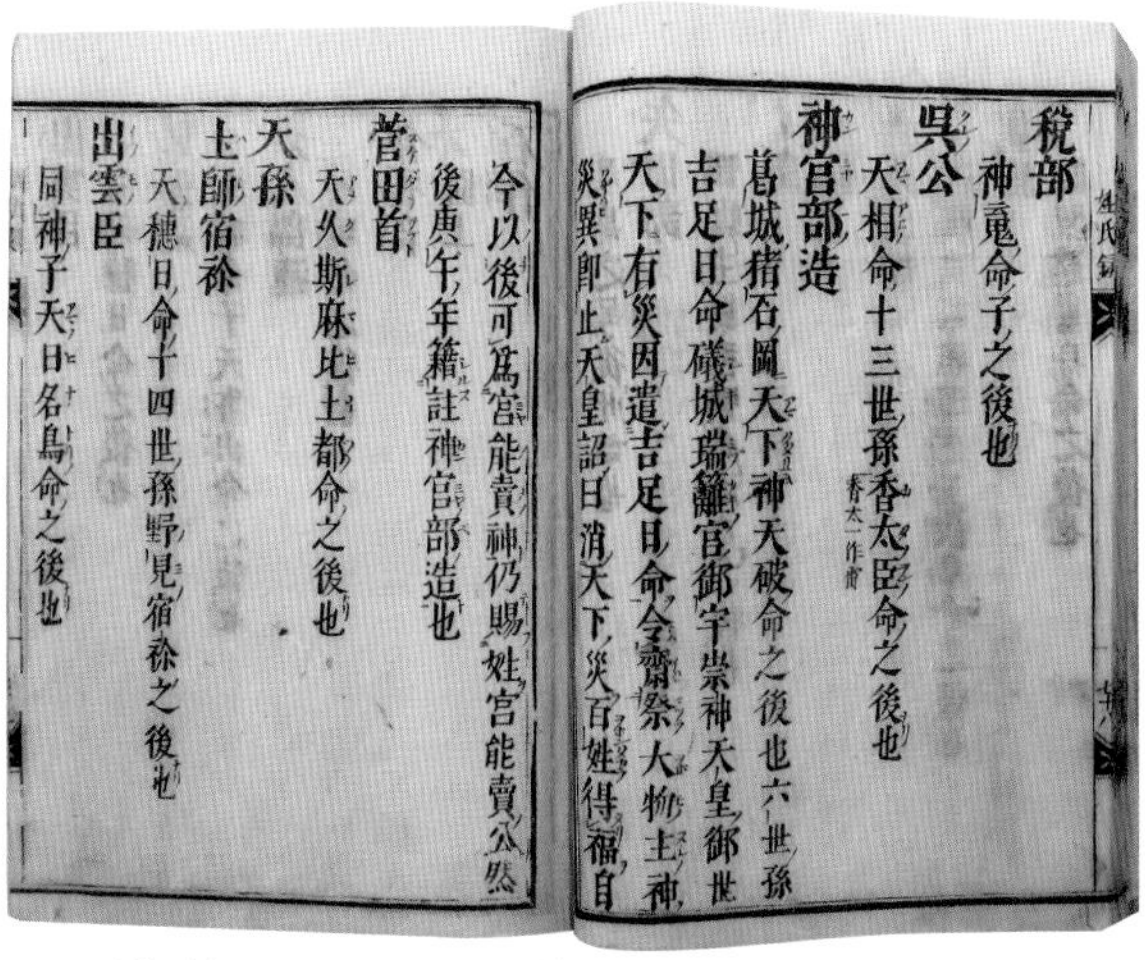

25　新撰姓氏録 中　山城国神別野見宿禰部分　当館蔵

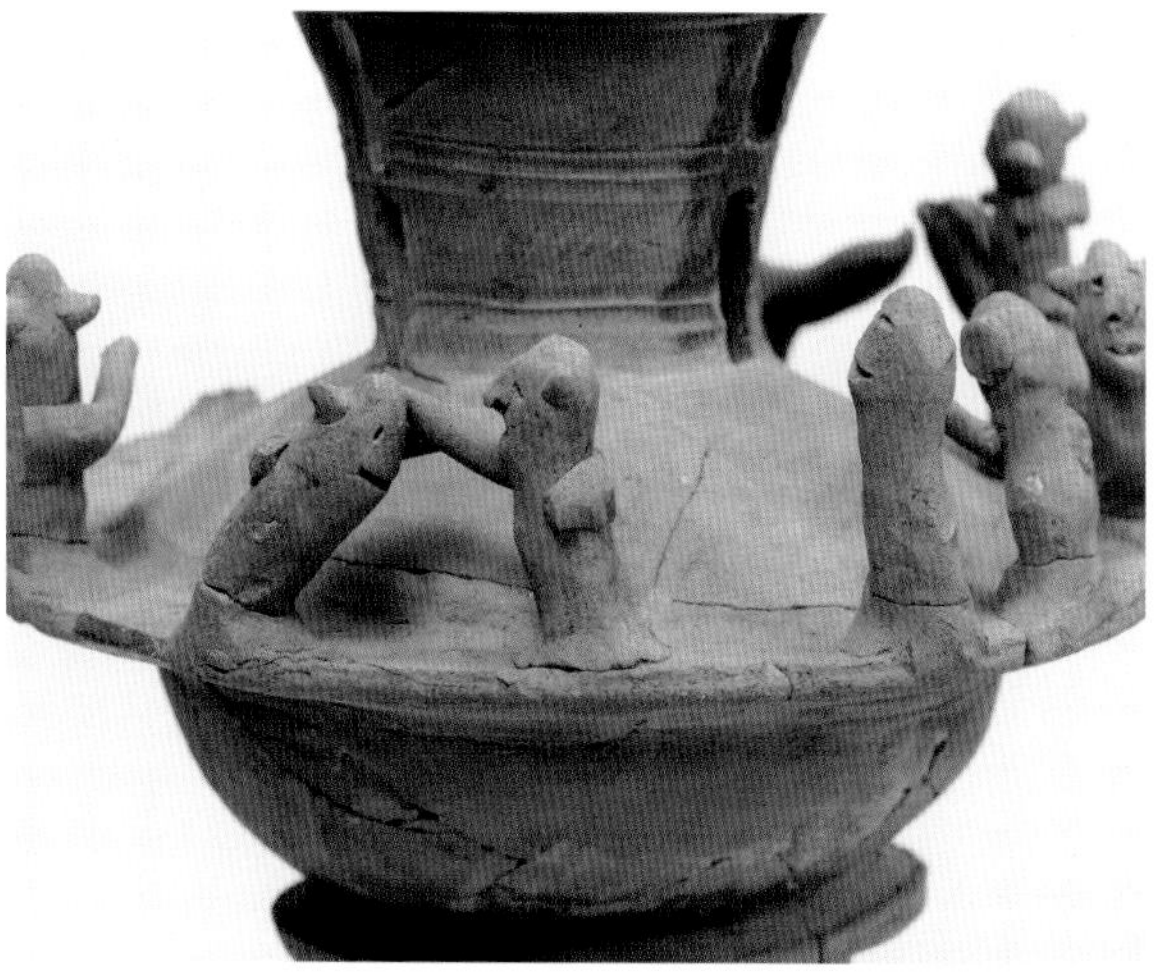

27　○相撲小像付須恵器壺　勝手野六号墳出土
兵庫県立考古博物館蔵
写真提供：兵庫県立考古博物館

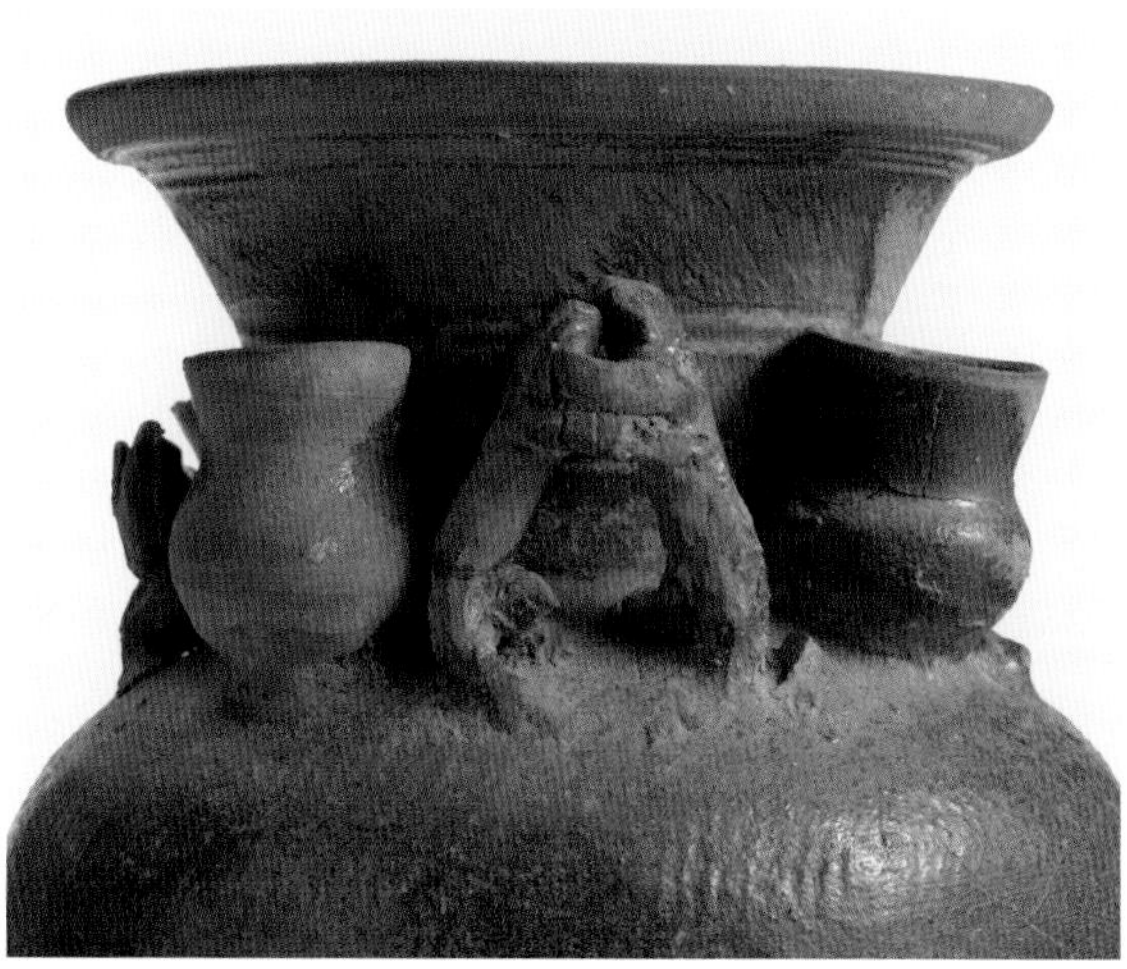

28　○相撲小像付須恵器壺　めんぐろ古墳出土
個人蔵

29
芳年武者無類 野見宿祢・當麻蹶速 月岡芳年
当館蔵

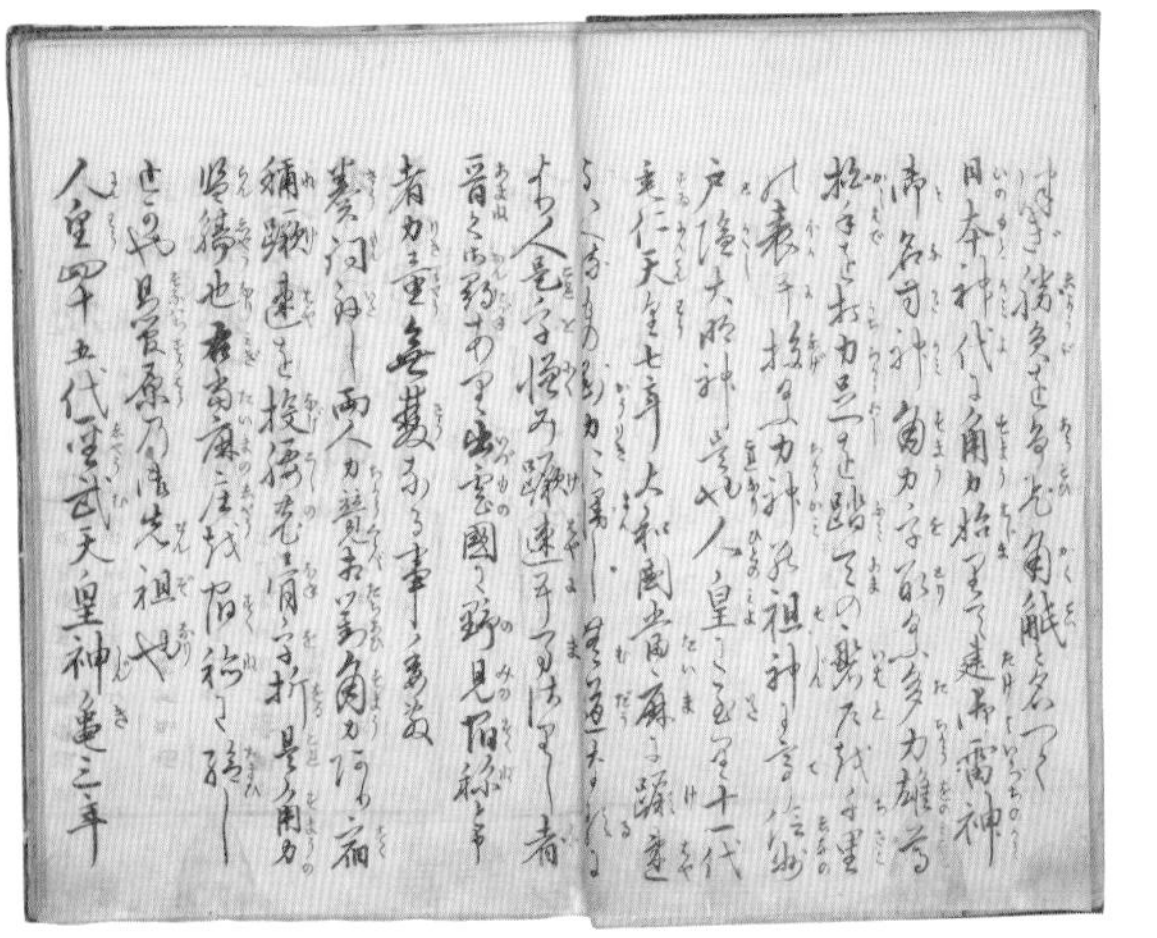

32
相撲起顕 首巻
当館蔵

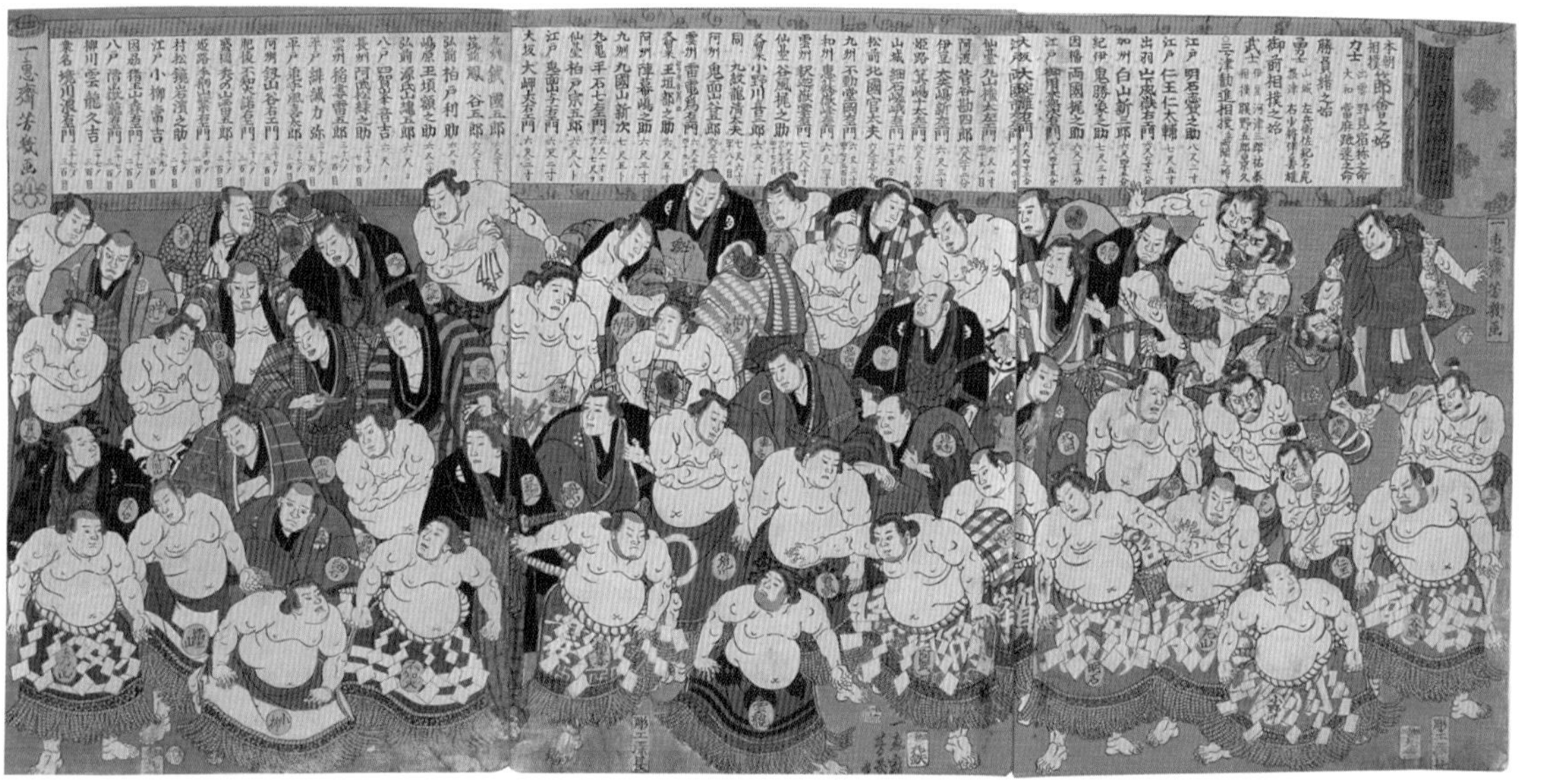

30
大日本大相撲勇力関取鏡 一恵斎芳幾
当館蔵

31
大日本大相撲勇力関取鏡 歌川国輝（二代）
当館蔵（周藤コレクション）

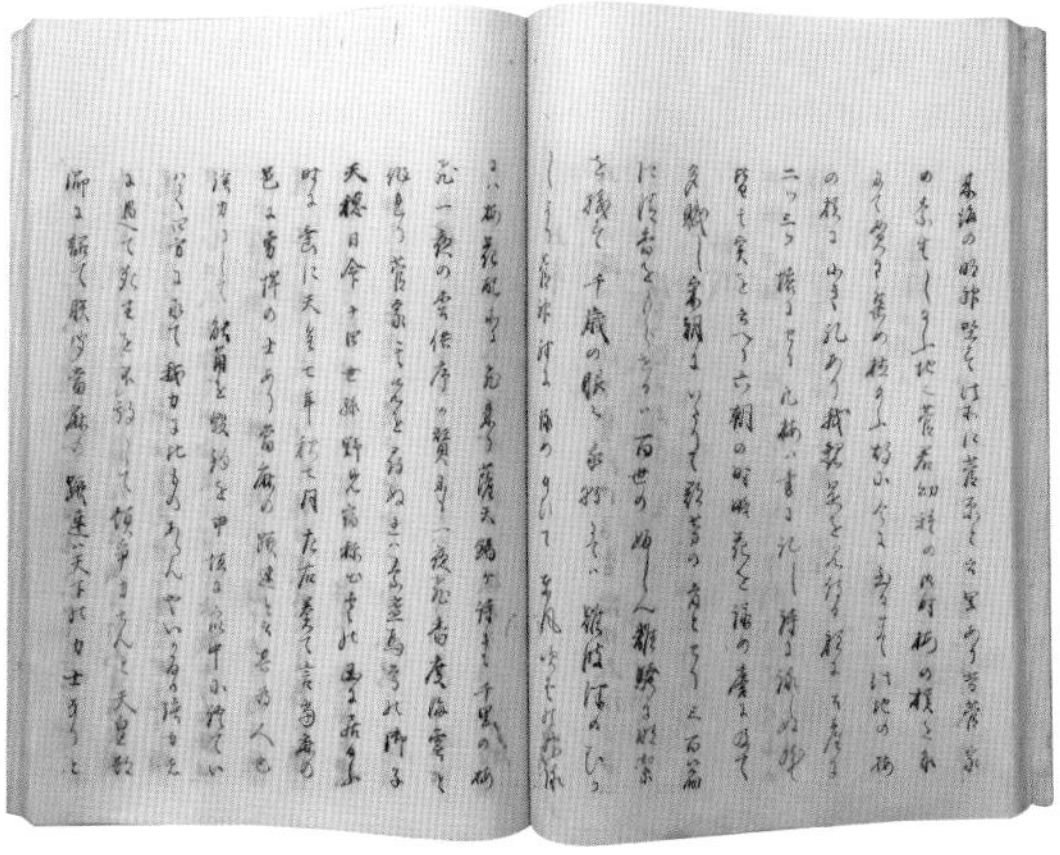

36 懐橘談 乾 来待条 当館蔵

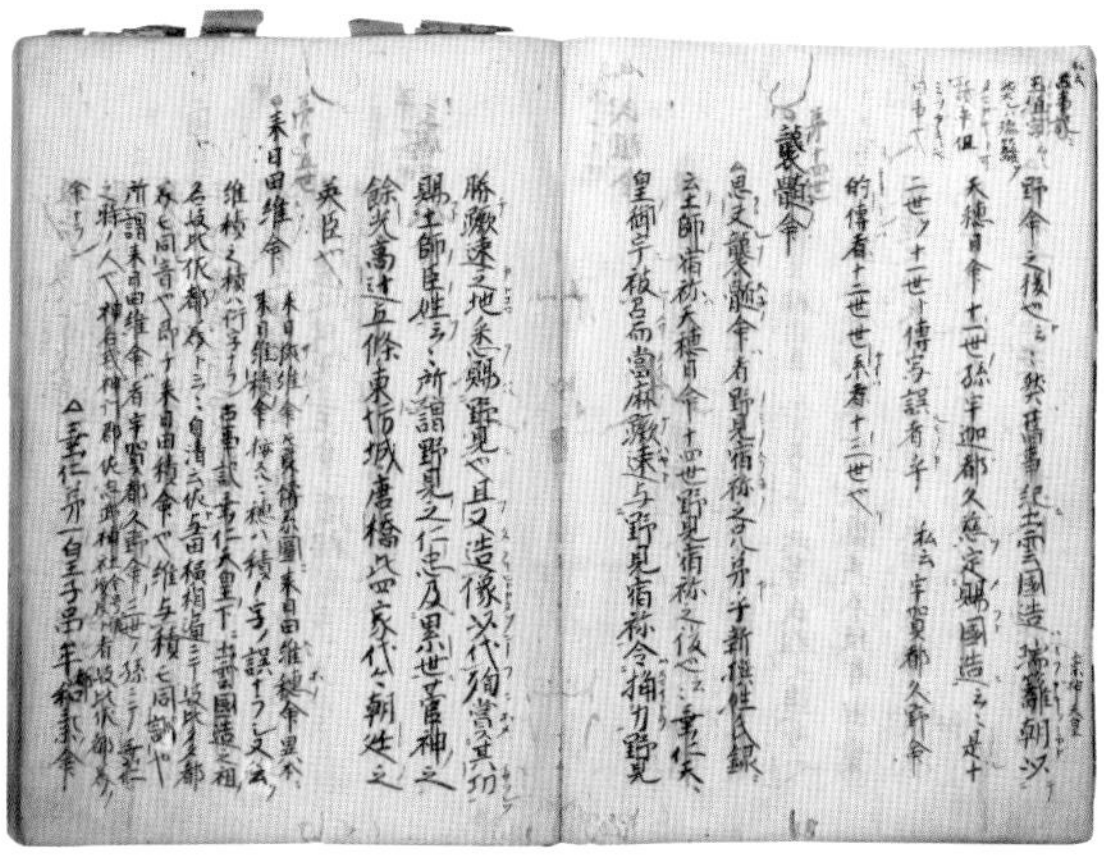

35 出雲国造系譜考 千家家蔵

野見宿禰 島根県内伝承地マップ

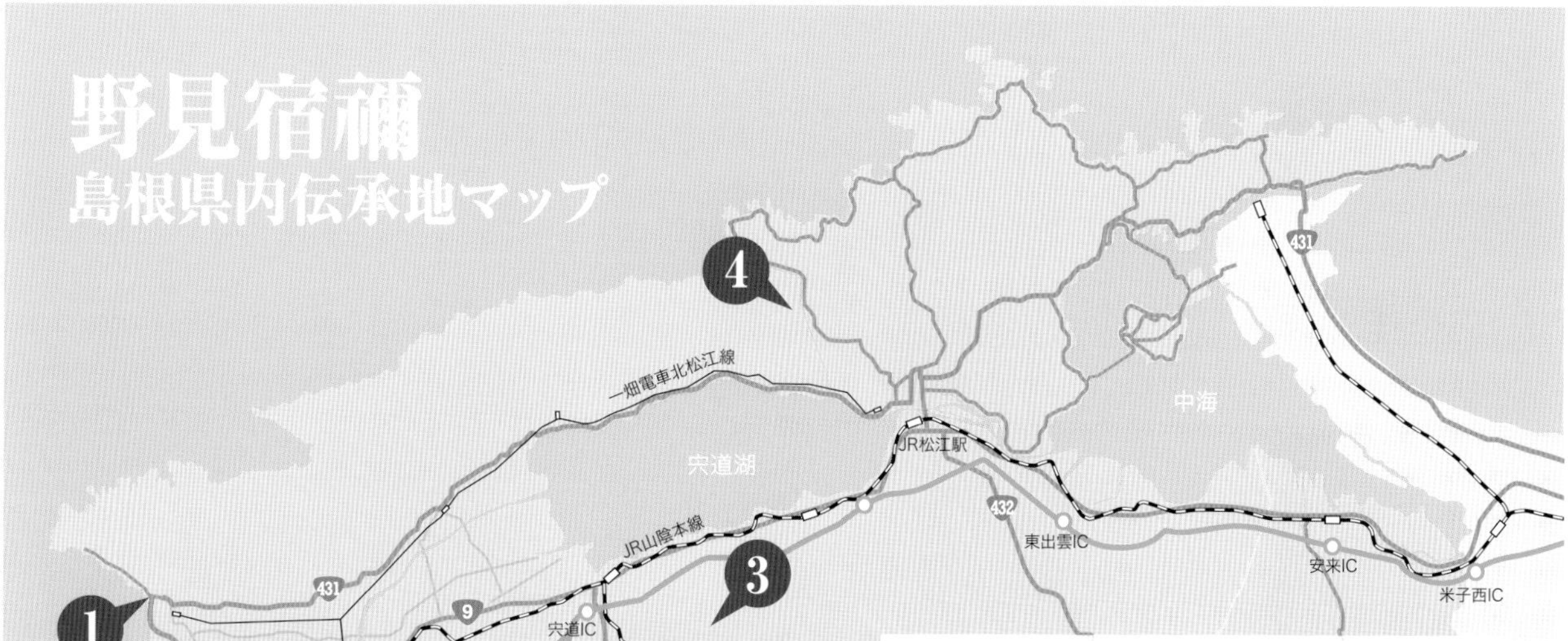

❶屏風岩

出雲市大社町稲佐

タケミカヅチとタケミナカタが力競べをしたとされる、国譲り神話の舞台。

❸野見宿禰墓《のみのすくね》

松江市宍道町上来待　菅原天満宮

社伝によれば、菅原道真の父、是善【これよし】が出雲国庁に在任時、祖先の野見宿禰の墓を参拝したが、この時、この地で女性を見初め、道真が生まれたという。『播磨国風土記』に記す宿禰の墓から分骨したものとされる。

❷野見野《ぬみぬ》

飯南町上赤名

『出雲国風土記』に登場する地名。上赤名呑谷【のんだに】周辺に比定されている。野見宿禰【のみのすくね】はこの地を本質とする一族とする説がある。

❹羽飛神社《はとび》

松江市鹿島町　佐陀宮内

佐太神社の旧社家邸内に祀られている。羽飛は、野見宿禰【のみのすくね】と當麻蹶速【たいまのけはや】の対戦の行司をつとめたとされ、行司の祖といわれている。

相撲節

奈良時代にはじまり、平安時代前期には宮廷での年中行事として定着した節会《せちえ》。諸国から相撲人を招集し、初秋の七月七日・八日（のちに小の月は二十七日・二十八日、大の月は二十八日・二十九日）に天皇臨席のもと、一日目・二日目ともに計二〇番の取組が行われた。

相撲節の起源として農耕儀礼と服属儀礼の二つが考えられるが、相撲人が諸国から集められ、彼らならびに彼らの取組を天皇が観覧するという点から、とりわけ後者の服属儀礼としての側面が色濃いといえる。

33　禁裏節会相撲之図　当館蔵

34―２　相撲古図　当館蔵

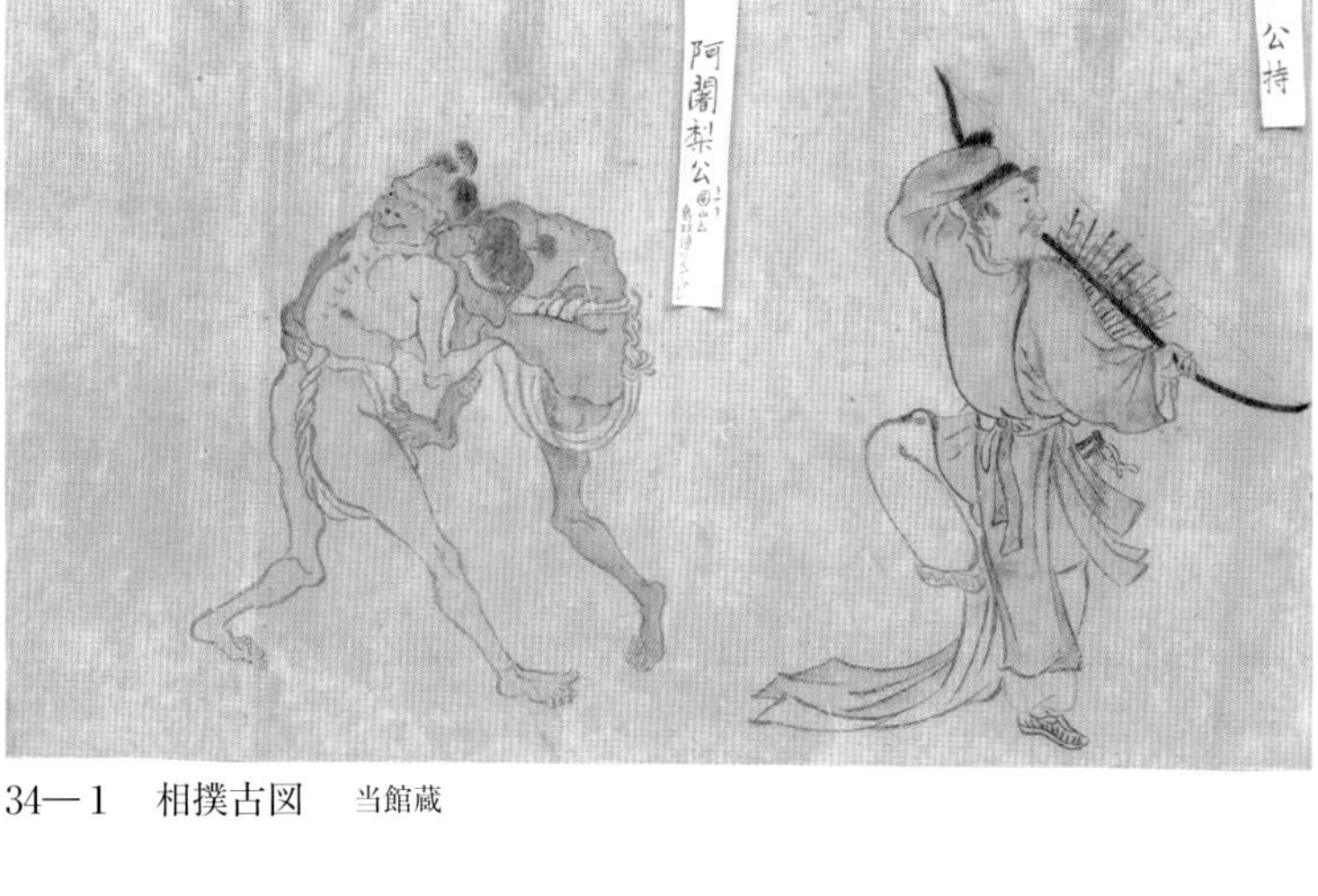

34—1　相撲古図　当館蔵

近世の相撲

十七世紀半ば、辻相撲や寺社勧進のための相撲は禁止されたが、元禄《げんろく》期に人々の娯楽的要望に応えるため、幕府は条件つきながら勧進相撲を許可し、江戸・京・大坂などで相撲が再開された。そして寛保《かんぽう》二年（一七四二）に江戸の勧進相撲興行が解禁され、勧進元も寺社や興行師から相撲取出身の頭取や年寄が中心となり、参加する相撲取も一定し、興行としての連続性も確保されるようになった。こうして相撲興行の組織が整い、相撲取の渡世の手段として、また人々の娯楽として勧進相撲は定着することになる。いわば現在の大相撲の原型が確立したといえる。

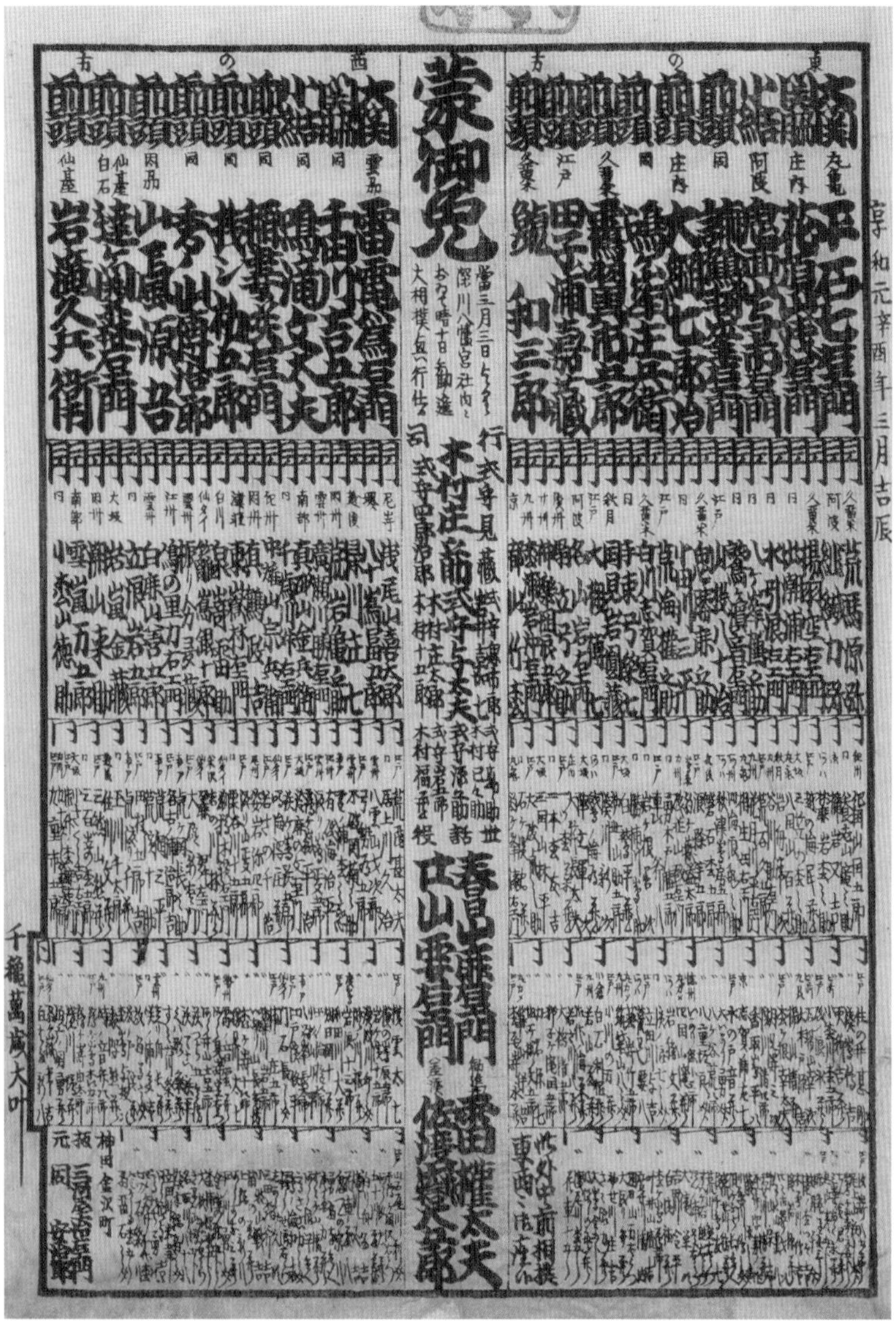

(参考)相撲起顕　二輯　当館蔵

享和《きょうわ》元年(1801)3月の相撲番付において、大関雷電為右衛門・関脇千田川吉五郎・小結鳴滝文太夫など、西方の上位6名が「雲州」ゆかりの力士で占められている。近世後期には松江藩お抱え力士が相撲界を席巻していたことがうかがえる。

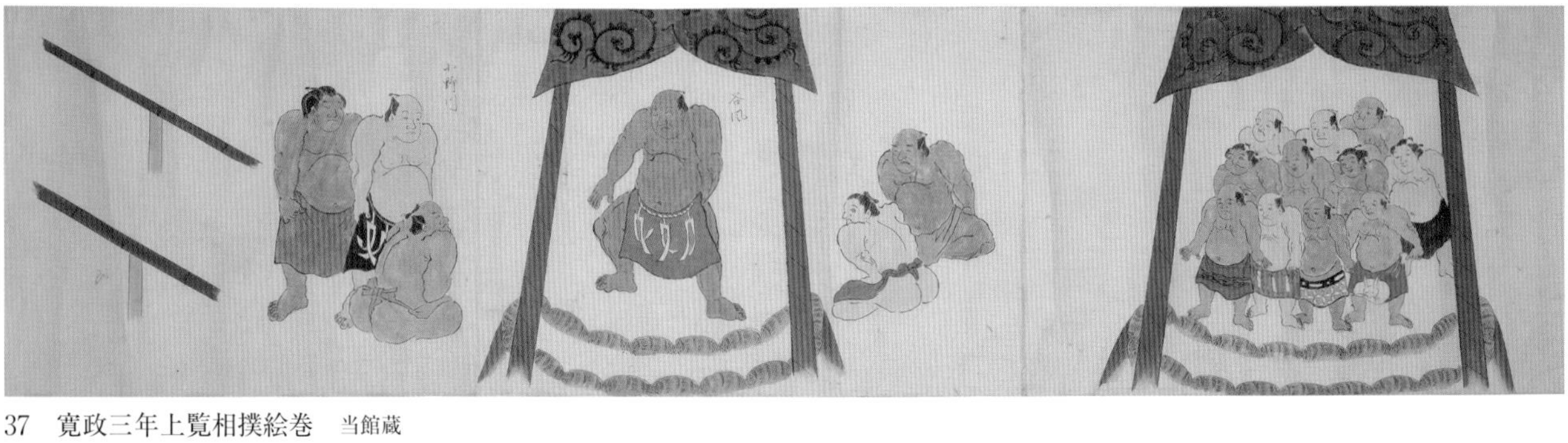

37　寛政三年上覧相撲絵巻　当館蔵

39　勧進相撲古今五虎勝 釈迦ヶ嶽雲右エ門　歌川豊国(三代)
当館蔵

38　釈迦ヶ嶽雲右衛門と女
磯田湖龍斎　当館蔵

40
取組図 雷電・大岬 勝川春英
当館蔵

41
化粧まわし姿一人立 雷電為右エ門 勝川春英
当館蔵

42
雷電・千田川・柏戸 勝川春英
当館蔵

43
土俵入りの図 勝川春英
当館蔵

松江藩お抱え力士

松江藩七代藩主、松平治郷《はるさと》（一七五一―一八一八）は、江戸時代を代表する文化人・茶人で、不昧《ふまい》を号したことでよく知られているが、好角家でもあり、不昧が好んだ瓢箪を柄に用いた瓢箪《ひさご》つなぎ文様の化粧まわしは、松江藩お抱え力士の象徴であった。

錦絵のなかにも、瓢箪つなぎ文様の化粧まわしをつけた力士が確認できるが、この文様は文化《ぶんか》年間（一八〇四～一八一八）末ごろから用いられたものと思われる。

44 大相撲部屋之図 歌川国貞（初代） 当館蔵

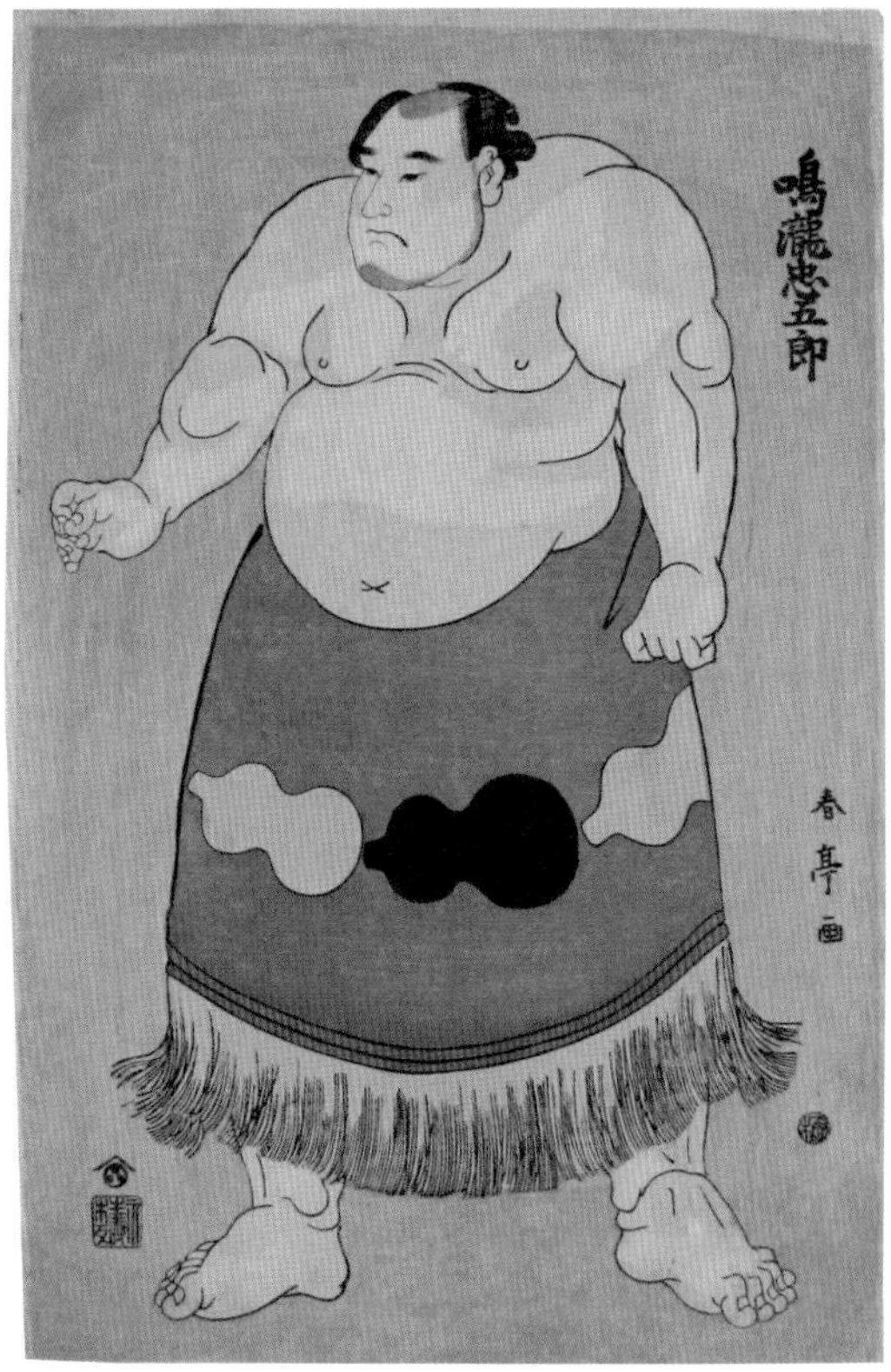

45 化粧まわし姿一人立 鳴滝忠五郎 勝川春亭 当館蔵

46 化粧まわし姿一人立 小松山冨吉 歌川国貞（初代） 当館蔵

47
化粧まわし姿一人立　不知火諾右エ門
歌川国貞（初代）　当館蔵

48
化粧まわし姿一人立　濃錦里諾右エ門
歌川豊国（二代）　当館蔵

49
化粧まわし姿一人立　関ノ戸億右衛門
歌川豊国（二代）　当館蔵

50
化粧まわし姿一人立　関ノ戸億右衛門
歌川国貞（初代）　当館蔵

51
化粧まわし姿一人立　頂仙之助
歌川国貞（初代）　当館蔵

52
化粧まわし姿一人立　稲妻雷五郎
勝川春和　当館蔵

逸品展示

『日本書紀』

―向日神社本と内神社本―

向日神社本『日本書紀』

京都盆地西部の乙訓《おとくに》地域のほぼ中央に鎮座する向日《むこう》神社が蔵している『日本書紀』巻二神代下。代々神社の神職を務める六人部《むとべ》家にちなんで六人部本とも呼ばれる。奥書に「延喜四年勅《（ママ）》月尽日」とみえるが、筆致から延喜《えんぎ》四年（九〇四）ではなく、南北朝時代の書写とみられる。

六人部家は、学問に親しむ人物を多く輩出しており、江戸時代後期には国学者として知られ、『日本書紀』巻二神代下第九段一書第二の「幽顕」にかかわる『顕幽順考論』を著した六人部是香《よしか》（一七九八―一八六三）もいることから、その周辺が本書を入手したものかともいわれる。

53[1]　◎日本書紀　写本・収納箱
向日神社蔵　写真提供：向日市文化資料館

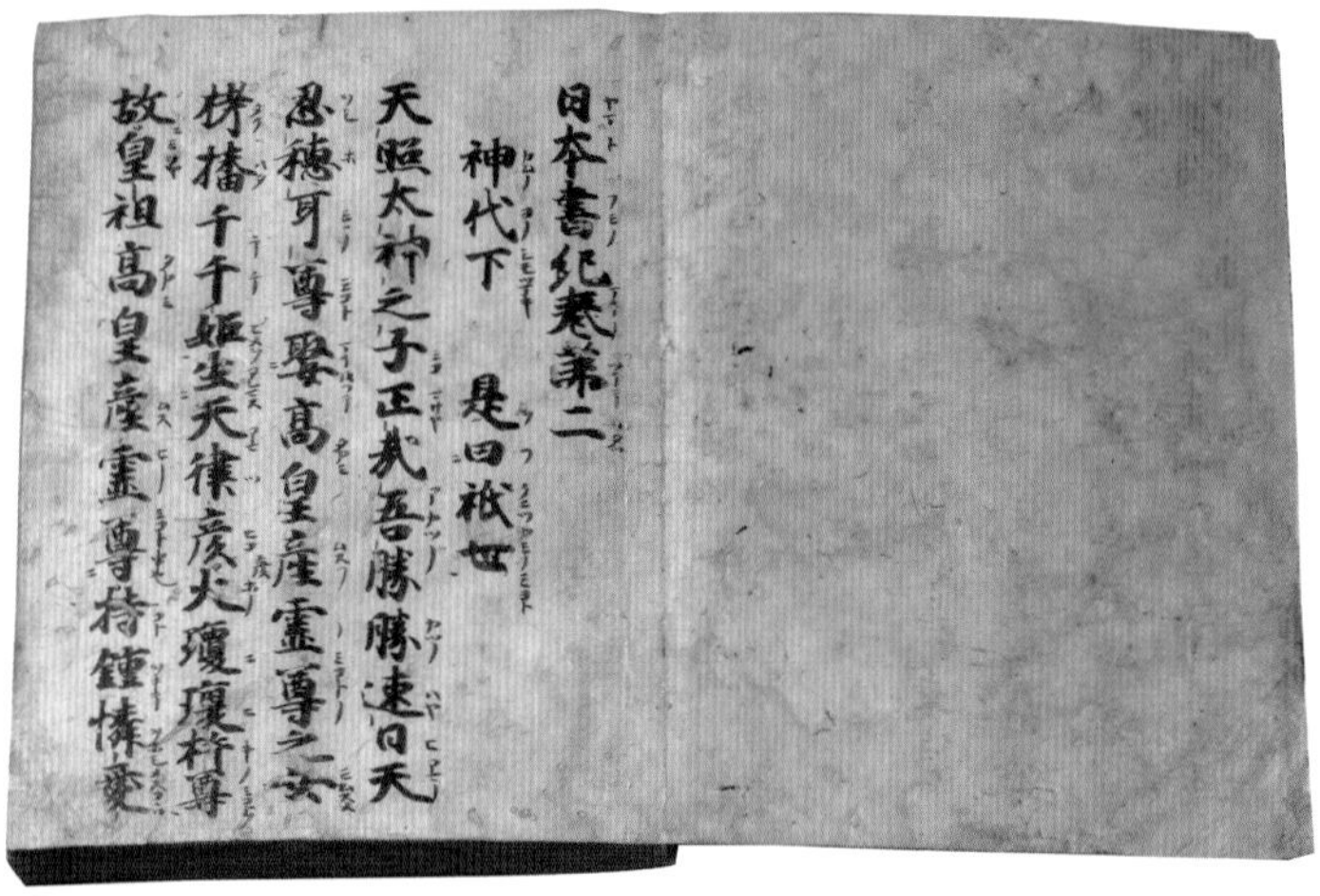

53[2]　◎日本書紀　冒頭部分　向日神社蔵　写真提供：向日市文化資料館

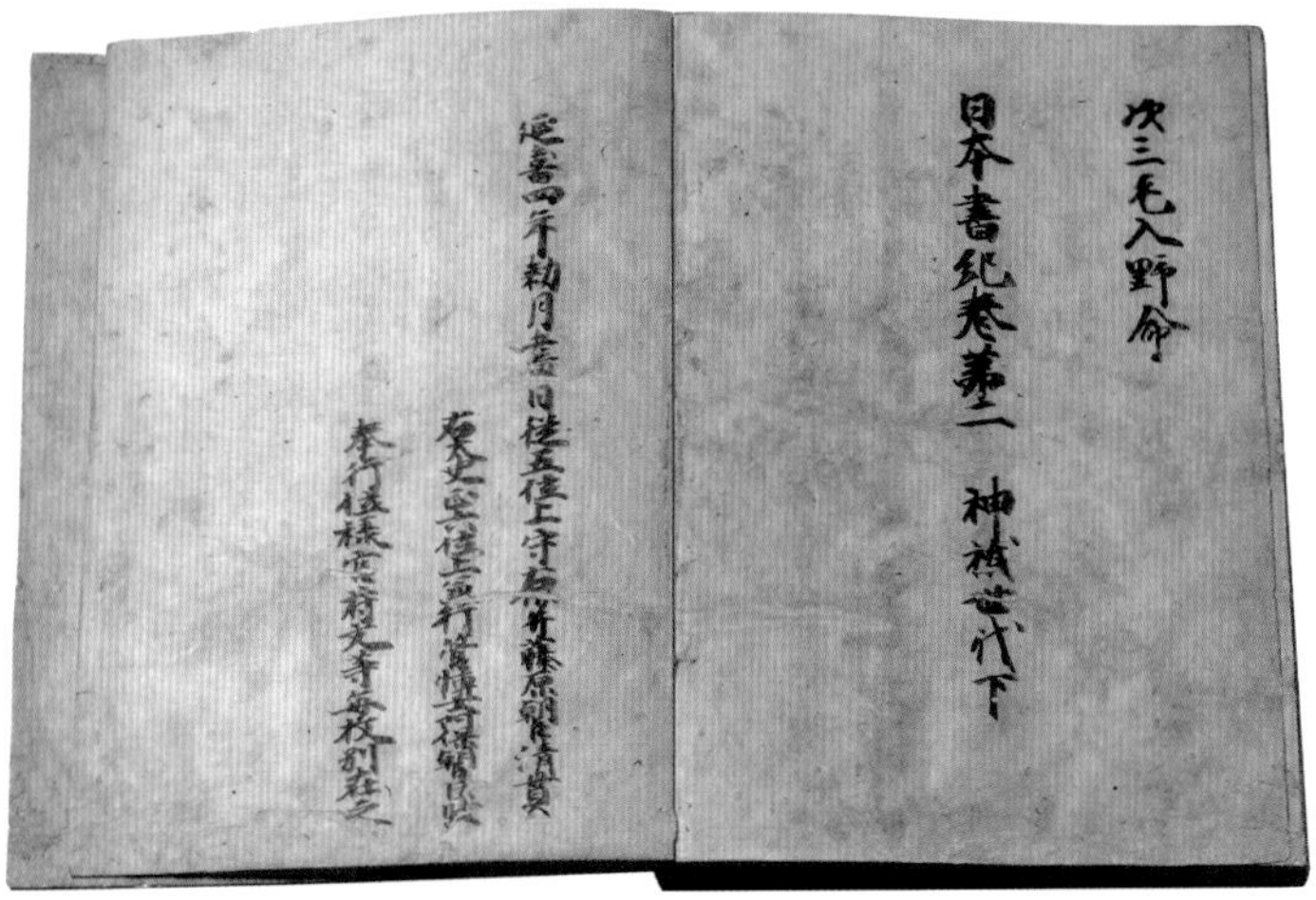

53[3]　◎日本書紀　奥書部分　向日神社蔵　写真提供：向日市文化資料館

（参考）　向日神社参道
写真提供：向日市文化資料館

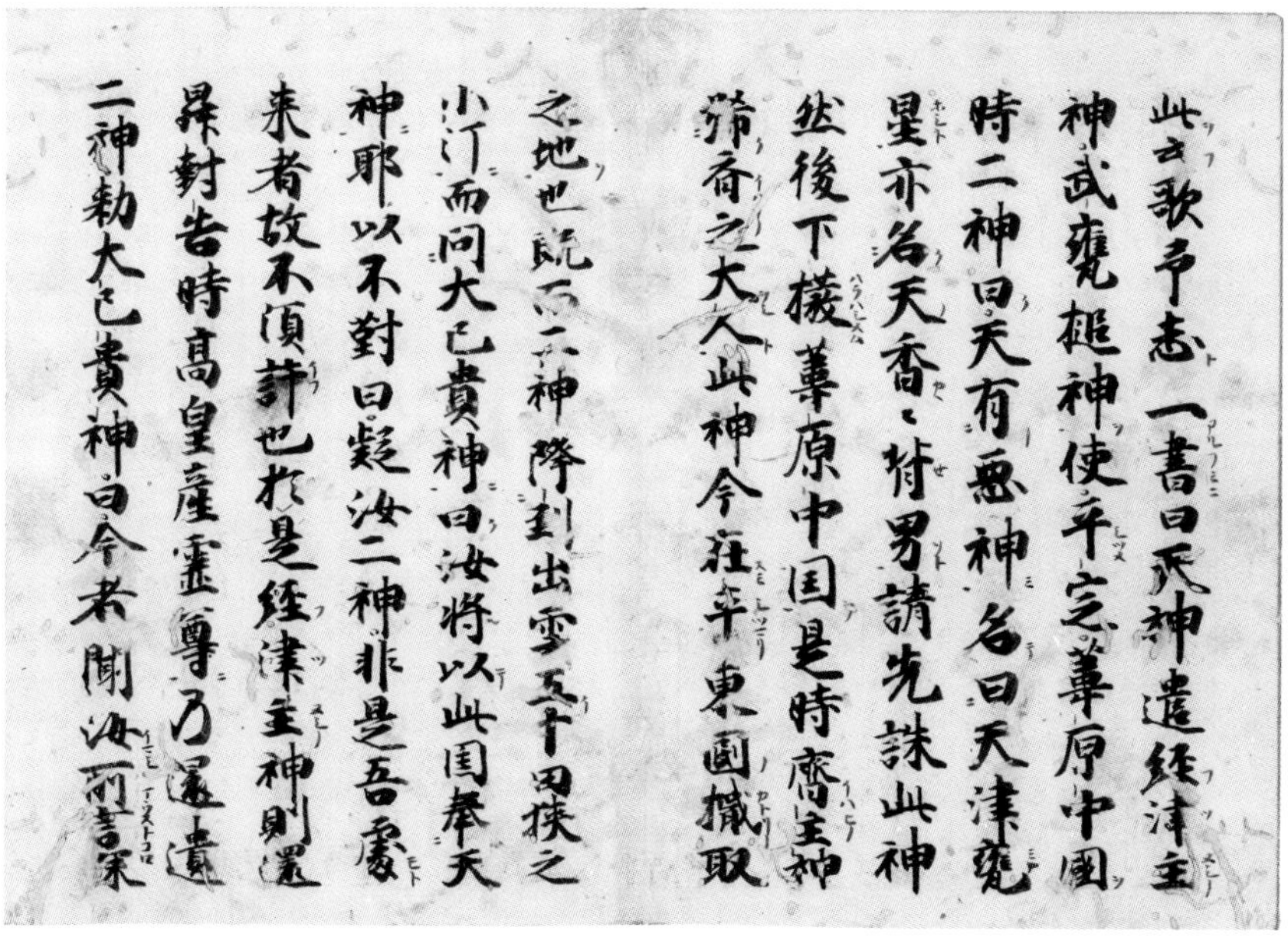
此云歌予志　一書曰天神遣經津主
神武甕槌神使平定葦原中國
時二神曰天有惡神名曰天津甕
星亦名天香香背男請先誅此神
然後下撥葦原中國是時齋主神
號齋之大人此神今在乎東國檝取
之地也既而二神降到出雲五十田狹之
小汀而問大己貴神曰汝將以此國奉天
神耶以不對曰疑汝二神非是吾處
來者故不須許也於是經津主神則還
昇報告時高皇產靈尊乃還遣
二神勅大己貴神曰今者聞汝所言深

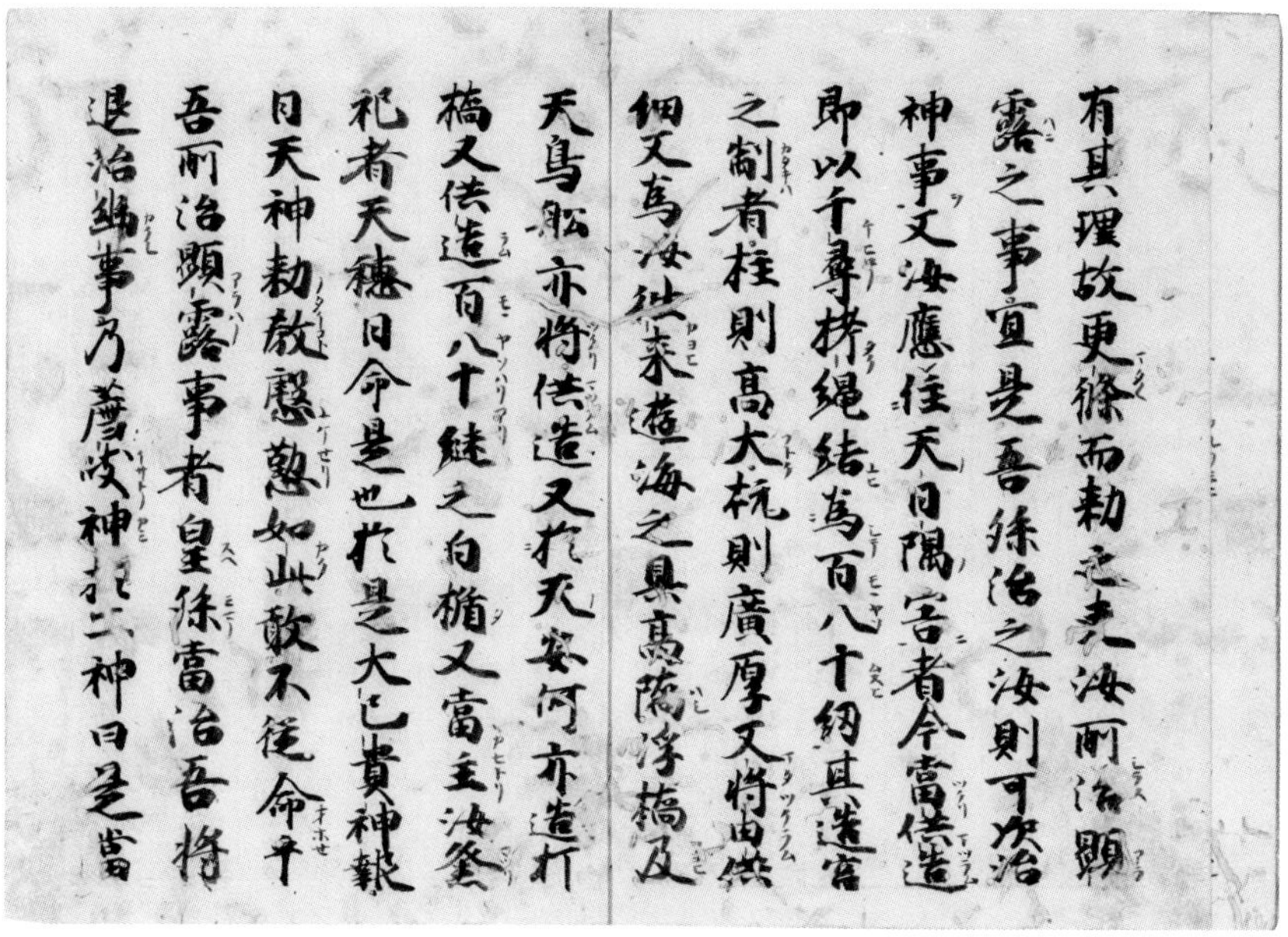
有其理故更條而勅之夫汝所治顯
露之事宜是吾孫治之汝則可以治
神事又汝應住天日隅宮者今當供造
即以千尋栲繩結爲百八十紐其造宮
之制者柱則高大板則廣厚又將田供
佃又爲汝往來遊海之具高橋浮橋及
天鳥船亦將供造又於天安河亦造打
橋又供造百八十縫之白楯又當主汝祭
祀者天穗日命是也於是大己貴神報
曰天神勅教慇懃如此敢不從命乎
吾所治顯露事者皇孫當治吾將
退治幽事乃薦岐神於二神曰是當

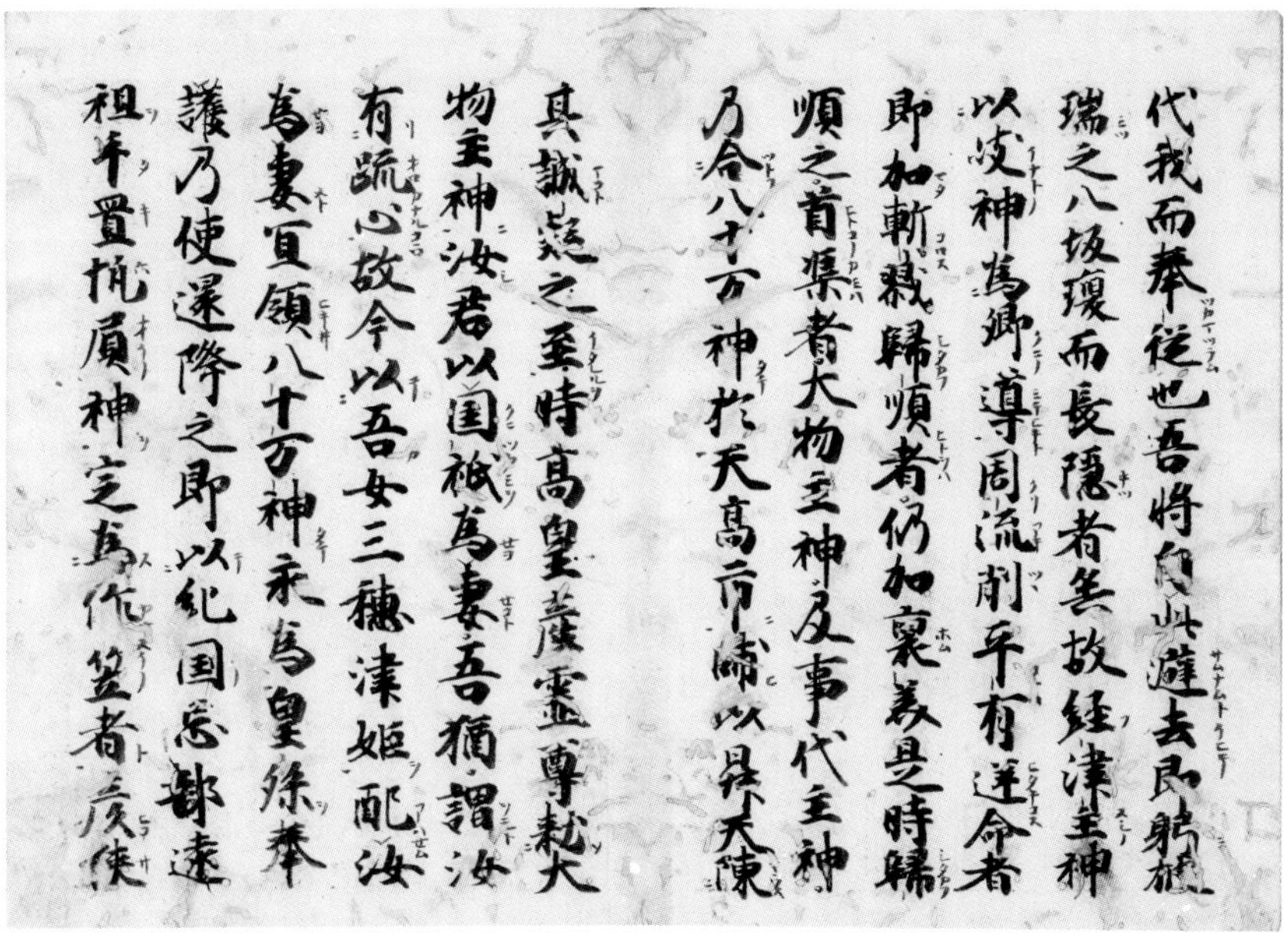
代我而奉從也吾將自此避去即躬披
瑞之八坂瓊而長隱者矣故經津主神
以岐神爲鄕導周流削平有逆命者
即加斬戮歸順者仍加褒美是時歸
順之首渠者大物主神及事代主神
乃合八十萬神於天高市帥以昇天陳
其誠款之至時高皇產靈尊勅大
物主神汝若以國神爲妻吾猶謂汝
有疏心故今以吾女三穗津姬配汝
爲妻宜領八十萬神永爲皇孫奉
護乃使還降之即以紀國忌部遠
祖手置帆負神定爲作笠者彥狹

53［4］　◎日本書紀　第九段一書第二　向日神社蔵　写真提供：向日市文化資料館

内神社本『日本書紀』

島根県松江市大垣町にある内《うち》神社が蔵している『日本書紀』巻三で、いわゆる神武東征伝承などが記されている。奥書に「天正九〈辛巳〉歳三月如意珠日」（〈 〉は割書）とあり、天正《てんしょう》九年（一五八一）に書写されたと考えられ、現在知られるものとしては出雲に伝わる最古の『日本書紀』写本である。

内神社は、『出雲国風土記』には秋鹿《あいか》郡に「宇智社」とみえる一方、本宮山に比定される安心高野《あしむのたかの》（女《め》心《こころ》高野）の山頂の「樹林」が「神社」であると記されていることから、もとは山頂にあったとされ、高野宮という通称もこれにちなむものである。

54[1]　日本書紀 表紙　内神社蔵

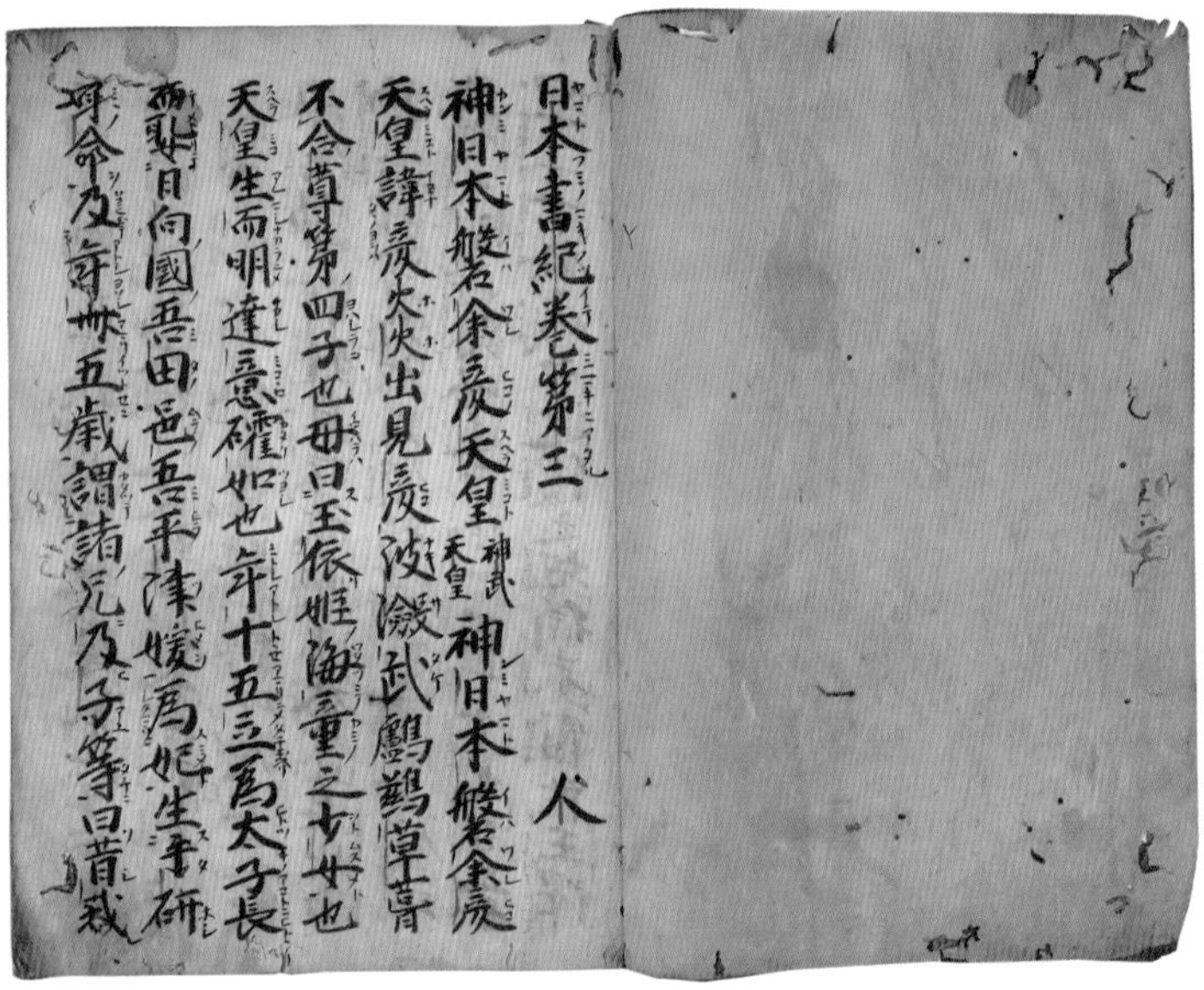

54[2]　日本書紀 冒頭部分　内神社蔵

（参考）　安心高野（女心高野）とされる本宮山

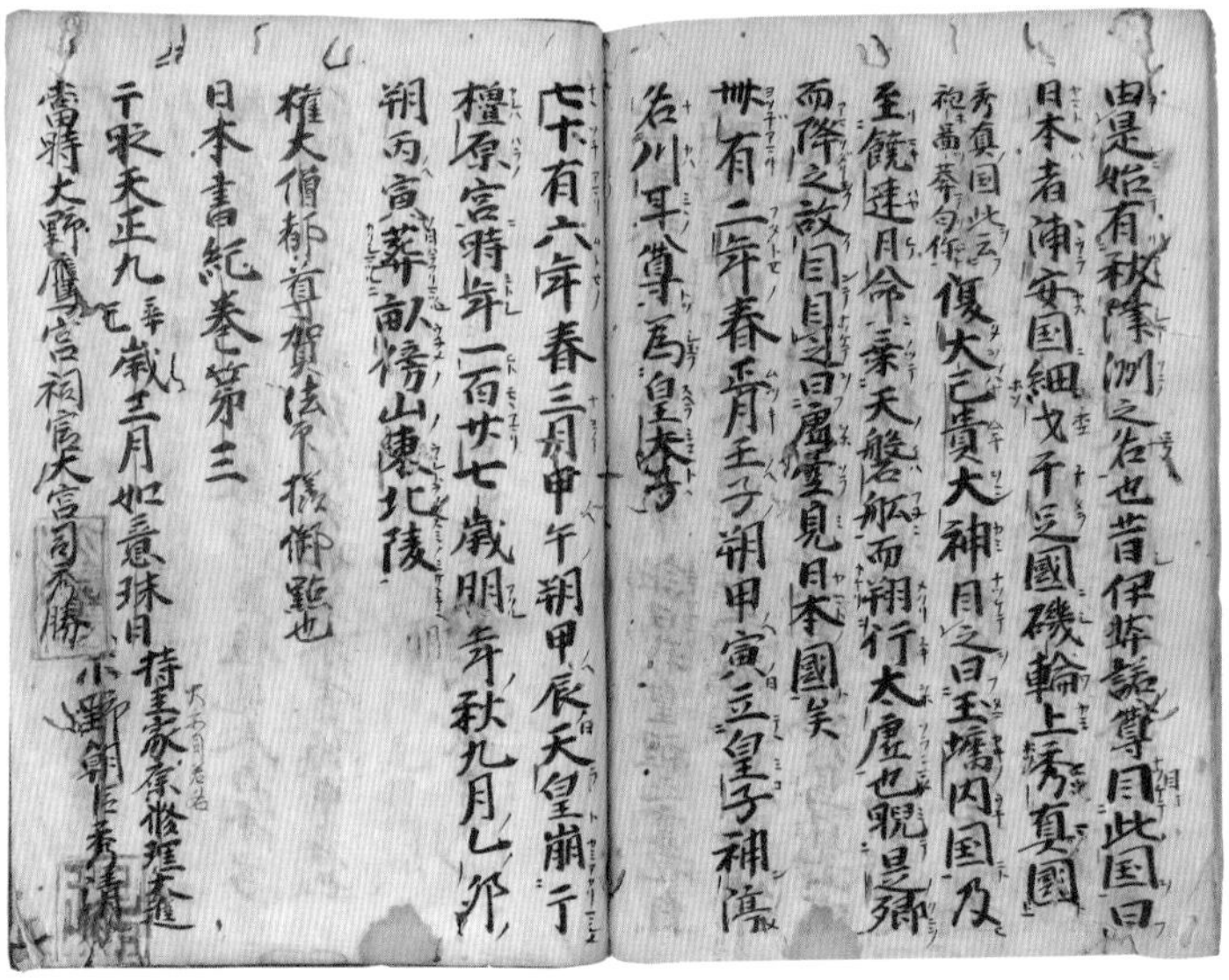

54[3]　日本書紀 奥書部分　内神社蔵

Ⅲ

ヤマタノオロチ退治伝承

ヤマタノオロチ退治伝承の変化

『古事記』上巻や『日本書紀』巻一にみえるヤマタノオロチ退治伝承は、出雲を舞台としたもので、『日本書紀』の表記に従えば、素戔嗚尊《すさのをのみこと》による八岐大蛇《やまたのおろち》退治と大蛇の尾からみつかった草薙剣《くさなぎのつるぎ》の天照大神《あまてらすおおみかみ》への献上、その後の清地《すが》における老公の脚摩乳《あしなづち》と老婆の手摩乳《てなづち》の娘奇稲田姫《くしいなだひめ》と素戔嗚尊との結婚が大まかなストーリーである。

このような『古事記』や『日本書紀』にみえるヤマタノオロチ退治伝承は、早くは『先代旧事本紀《せんだいくじほんぎ》』において変容するが、大きく変化を遂げるのは『平家物語』や『太平記』、『天淵八叉大蛇記《あまがふちやつまたのおろちのき》』など、中世に記されたもの、いわゆる「中世神話」においてである。

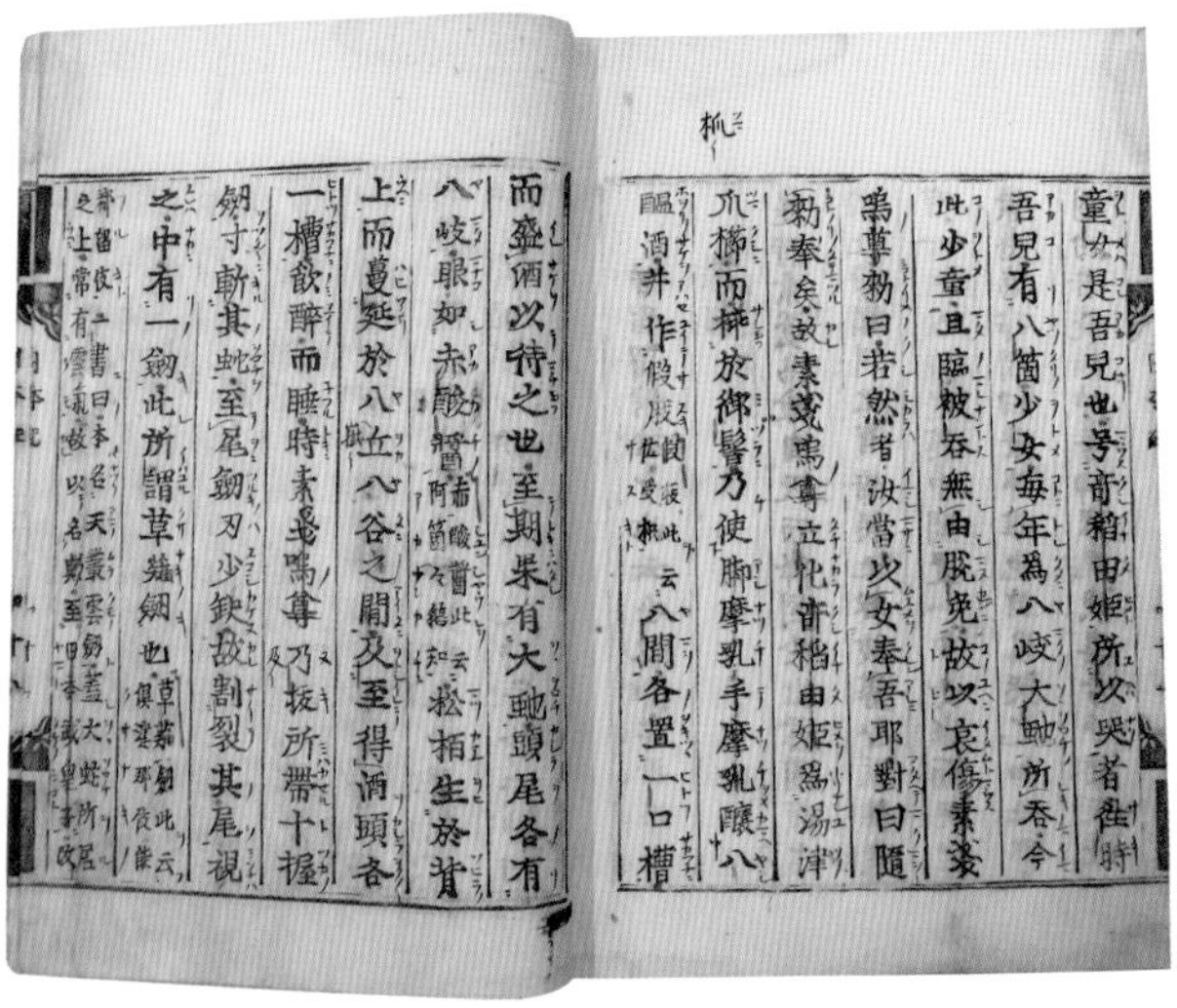

55　日本書紀 巻一　当館蔵

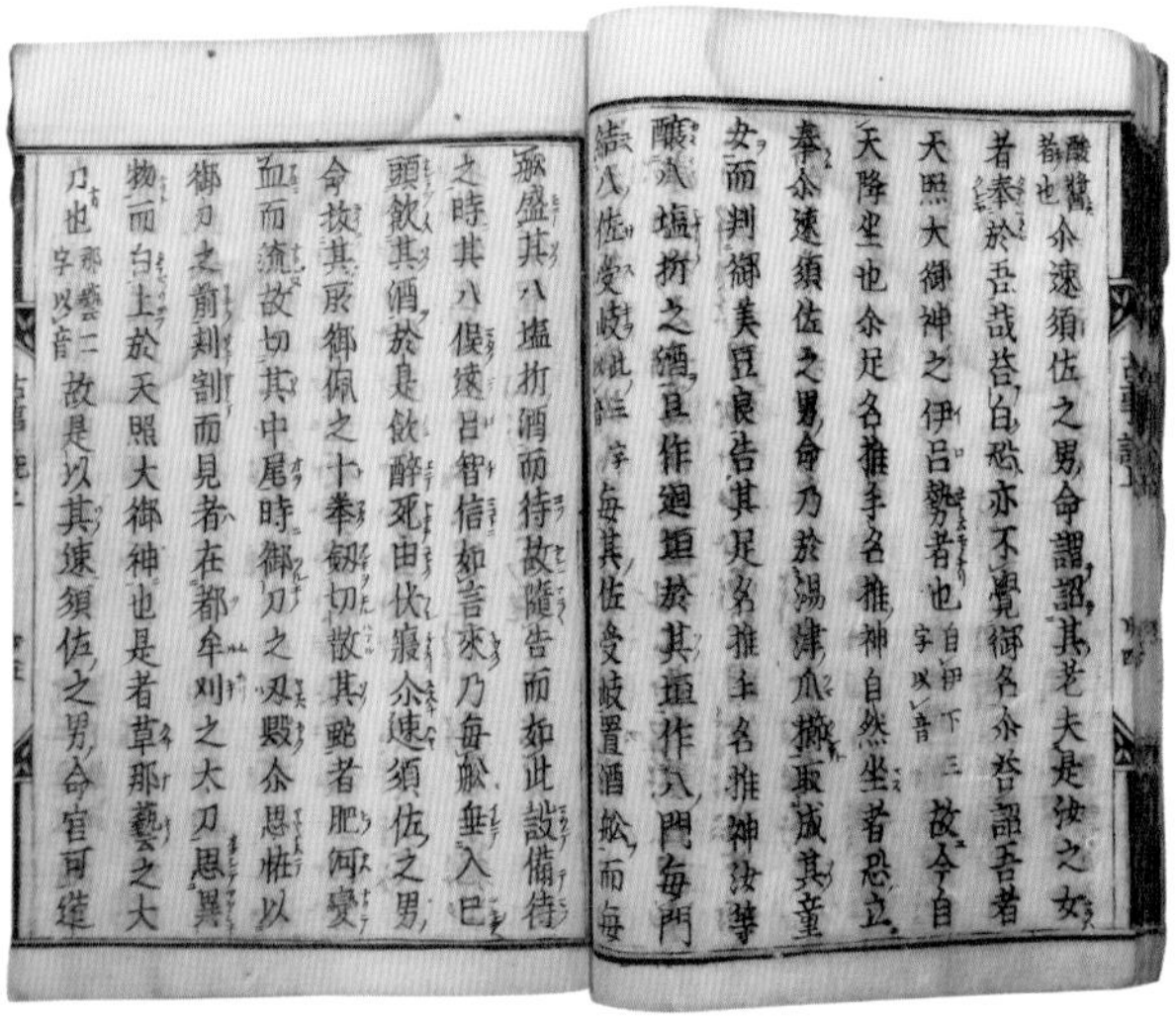

56　古事記 上　当館蔵

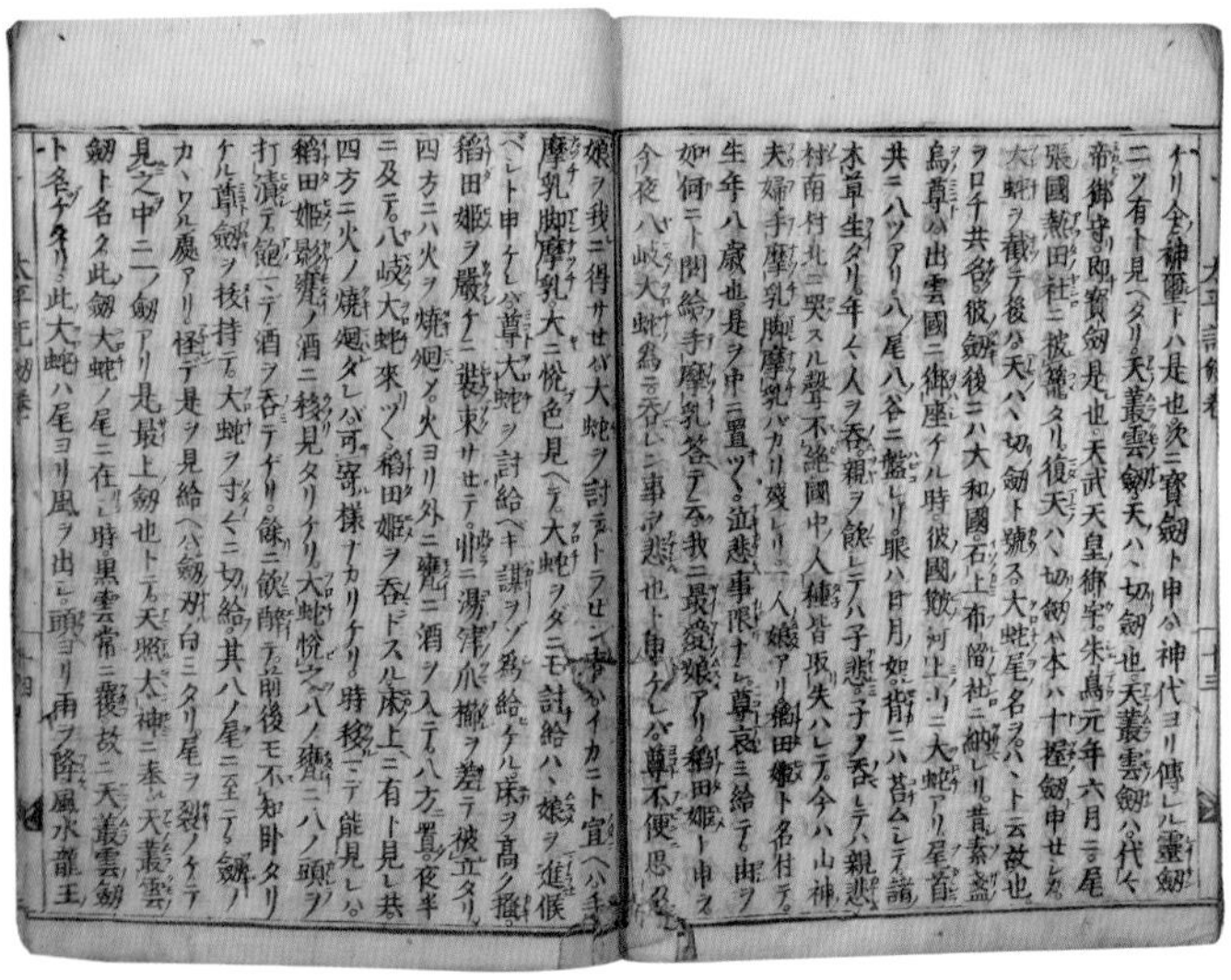

57—1［2］　太平記 剣巻　当館蔵

57—1［1］　太平記 剣巻 表紙　当館蔵

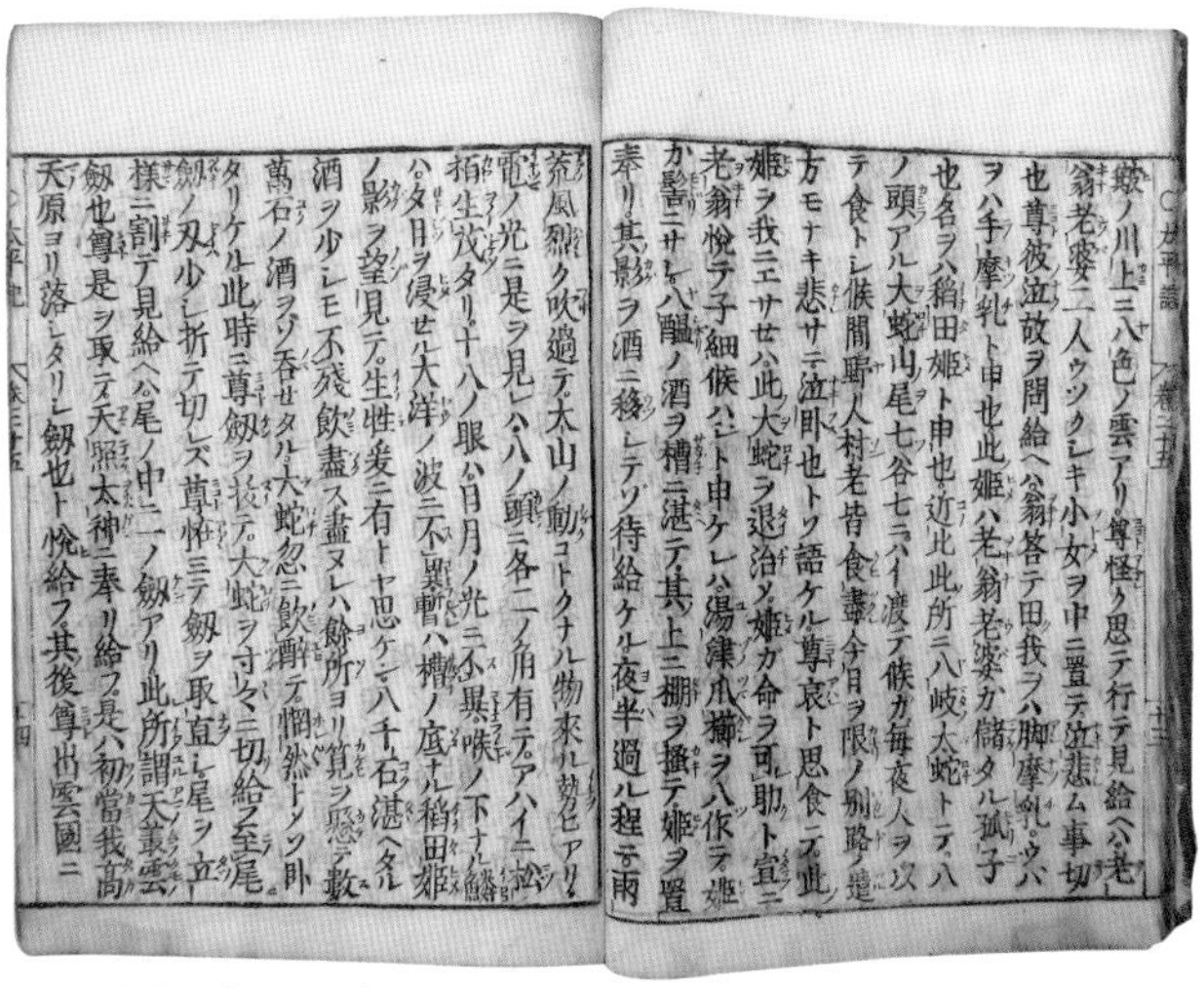

57—2[2]　太平記 巻二五　当館蔵

57—2[1]　太平記 巻二五 表紙　当館蔵

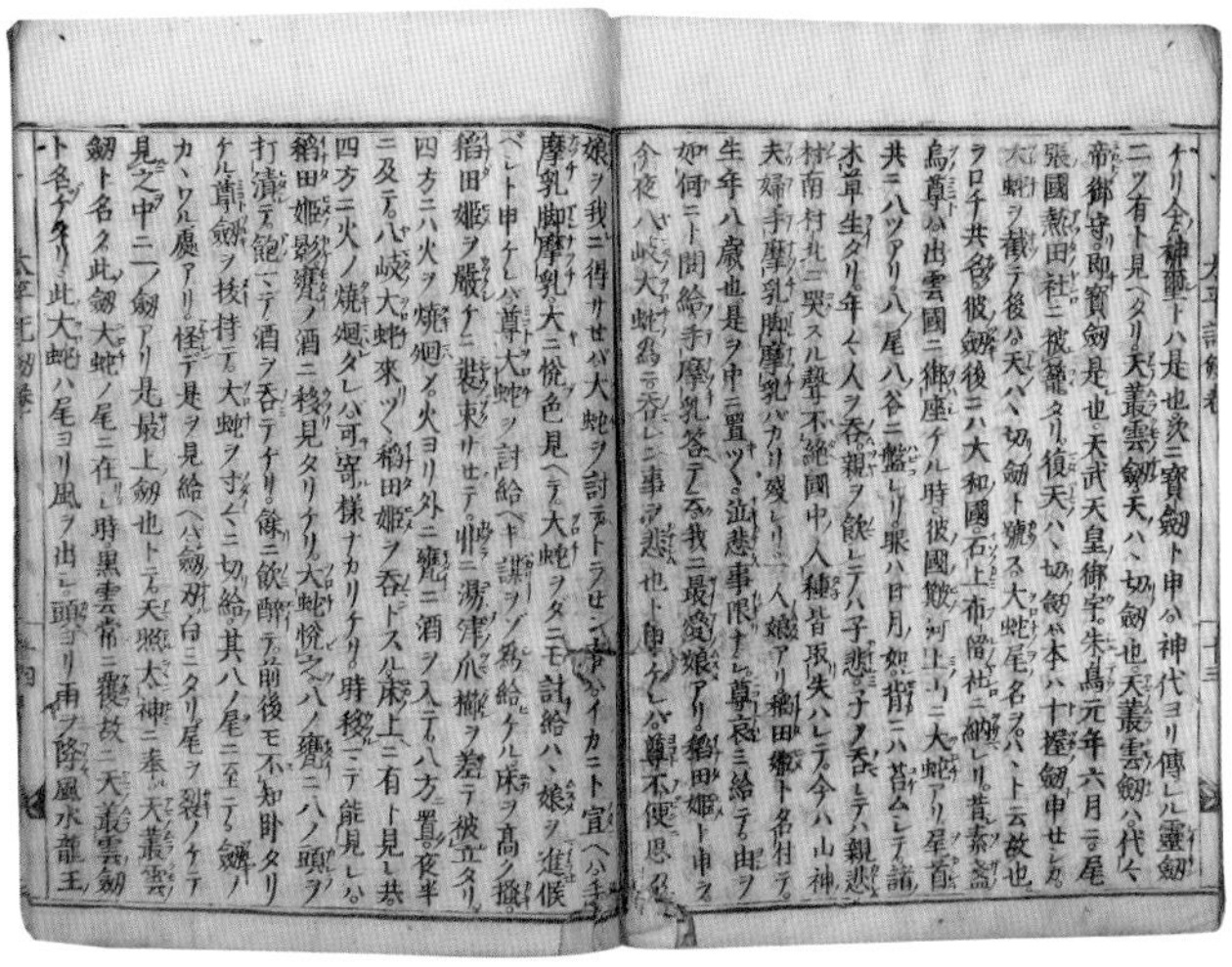

58[2]　天淵八叉大蛇記　内神社蔵

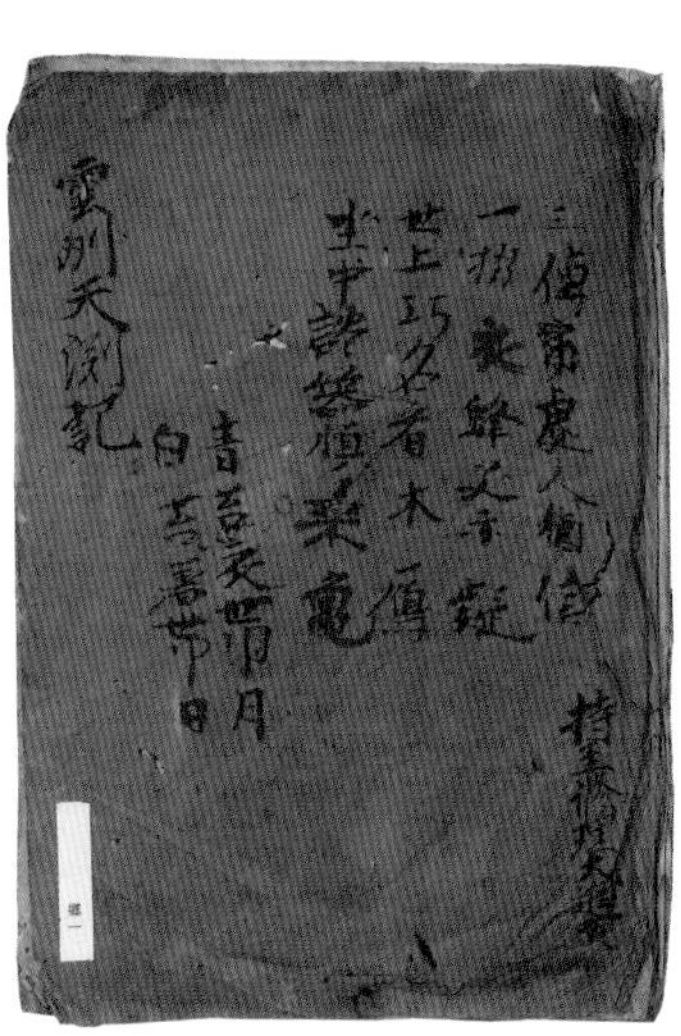

58[1]　天淵八叉大蛇記　表紙　内神社蔵

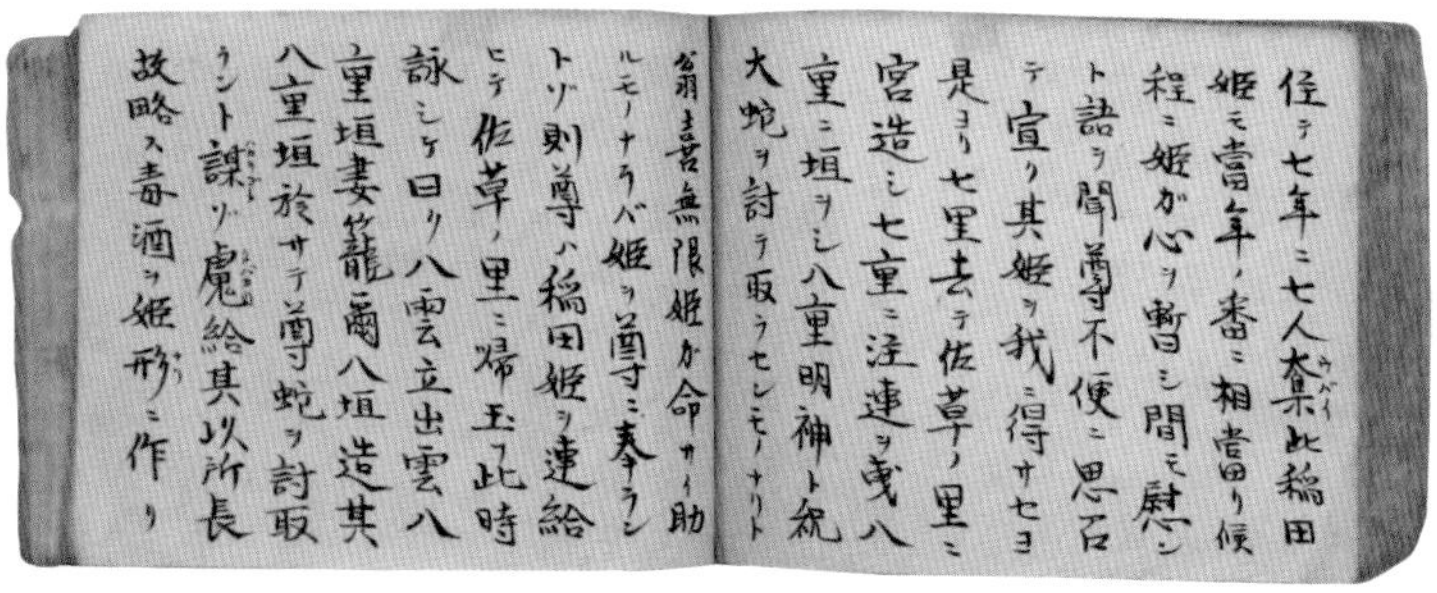

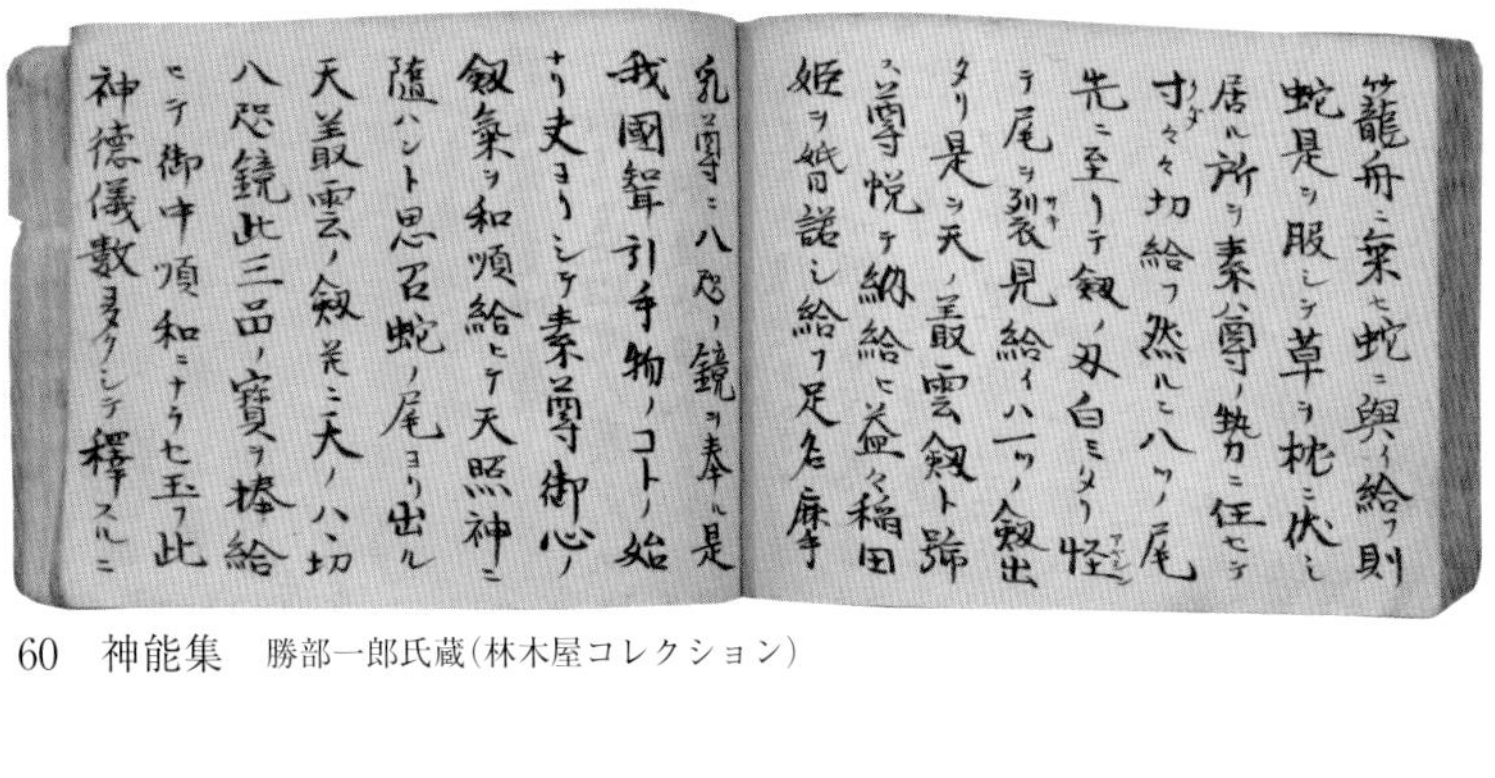

60　神能集　勝部一郎氏蔵(林木屋コレクション)

59—1　◎神像 本殿板壁画 伝素盞嗚尊・稲田姫命　八重垣神社蔵　（本展では複製を展示）

59―2　◎神像 本殿板壁画 伝脚摩乳命・手摩乳命　八重垣神社蔵　（本展では複製を展示）

ヤマタノオロチ退治伝承を描く
近世・近代の絵画作品

「中世神話」や芸能などの影響もあり、ヤマタノオロチ退治伝承を取り上げた絵画作品は、『古事記』や『日本書紀』に記された伝承そのものではない。例えば、イナタヒメは櫛に化すわけではなく、女性として描かれていたり、オロチが大蛇ではなく、龍として表現されていたりしている。また、天候が急変するなかでのオロチの出現、イナタヒメと鏡あるいは経巻のセット関係がみえるのも、『古事記』や『日本書紀』の伝承そのものではない。

このように絵画作品からも、『古事記』や『日本書紀』に記された神話・伝承が時代とともに変容、再解釈されてきたことがうかがえる。

64　大日本開闢由来記 一　当館蔵

65　歴史修身談 一　神代のはなし　当館蔵

63　八岐大蛇退治図　泉山松月　当館蔵

62　八岐大蛇　松本楓湖
島根県立石見美術館蔵

61　素戔嗚神 稲田姫神 脚摩乳神・手摩乳神　狩野時信　出雲大社蔵

66　素盞嗚尊・山田大蛇・稲田姫　勝川春亭　当館蔵

73　本朝英雄伝　牛頭天皇・稲田姫
歌川国輝（初代）　当館蔵

67　東錦昼夜競　素盞嗚尊
楊州周延　当館蔵

74　大日本名将鑑　素盞烏尊・稲田姫
月岡芳年　当館蔵

68　本朝振袖之始　素盞烏尊妖怪降伏之図
江戸川（葛飾）北輝　当館蔵

69　進雄尊悪神退治　当館蔵

70　出雲国肥河上ニ八俣蛇ヲ切取玉フ図　楊洲周延　当館蔵

71　日本略史之内　素戔鳴尊出雲の簸川上に八頭蛇を退治したまふ図　月岡芳年　当館蔵

香川県高松市牟礼町の「ちょうさ」

「ちょうさ」とは、香川県から愛媛県にかけて、神社の例祭において繰り出される太鼓台のことで、香川県高松市牟礼《むれ》町の白羽《しらは》神社の例祭では、多くの「ちょうさ」がみられる。

その「ちょうさ」の四方を彩る飾幕は、雨乞いを意味するためか、龍（神）が刺繍されていることが多く、宮北・落合地区の飾幕は、八岐大蛇退治がモチーフとなっている。

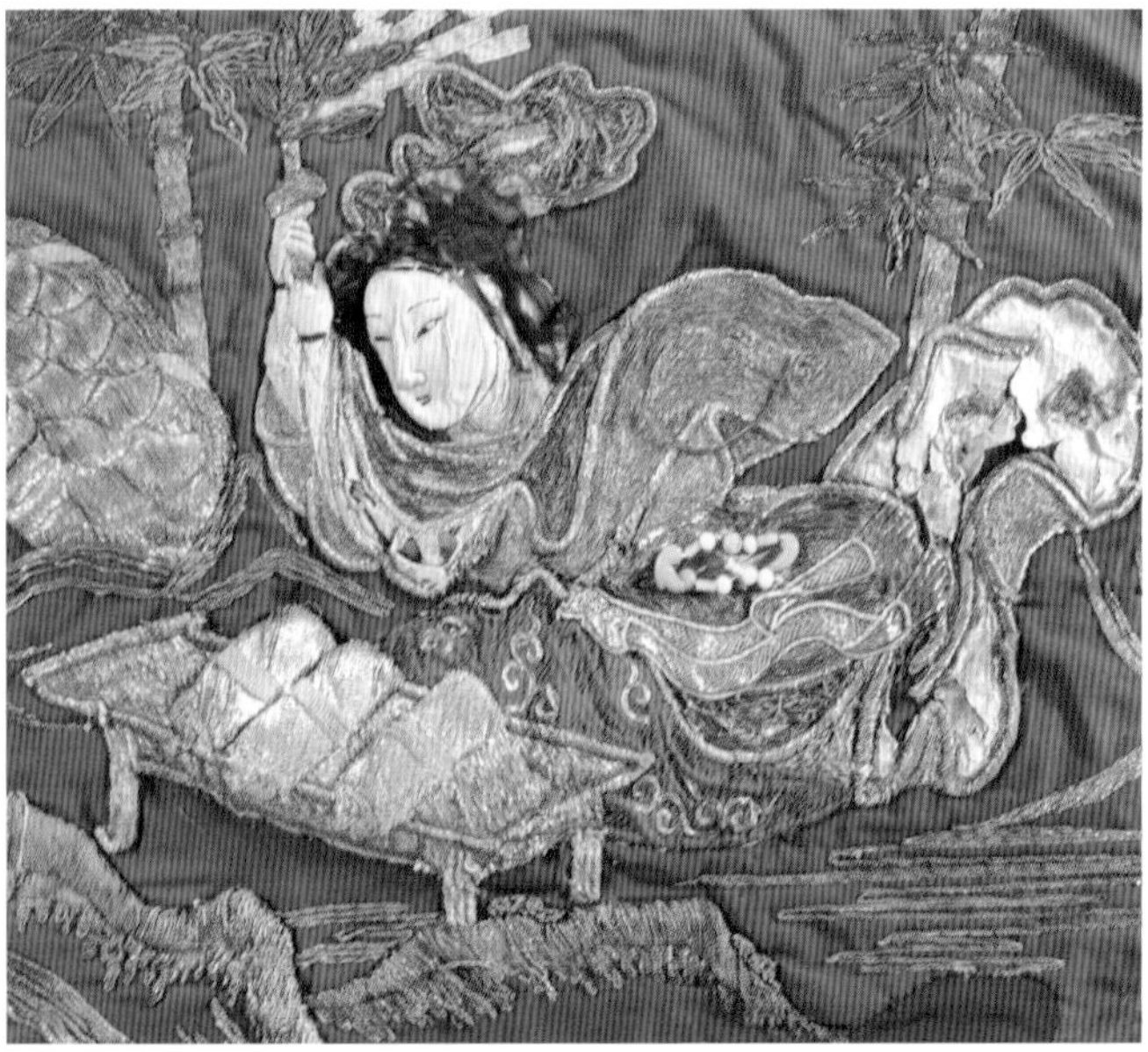

※部分拡大（イナタヒメ）

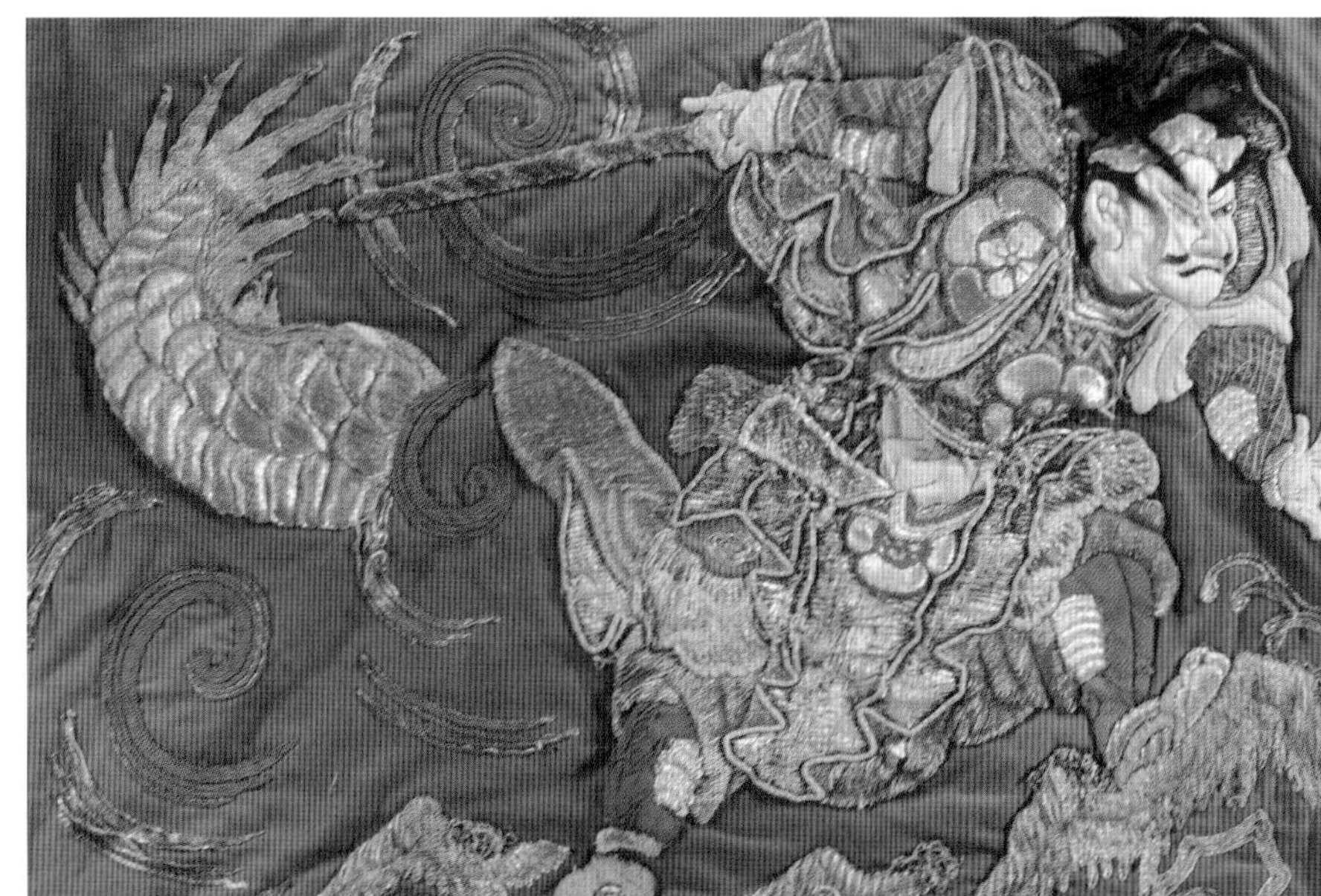

※部分拡大（スサノヲ）

72　太鼓台飾幕　八岐大蛇退治　宮北・落合地区蔵
写真提供：宮北・落合若連中

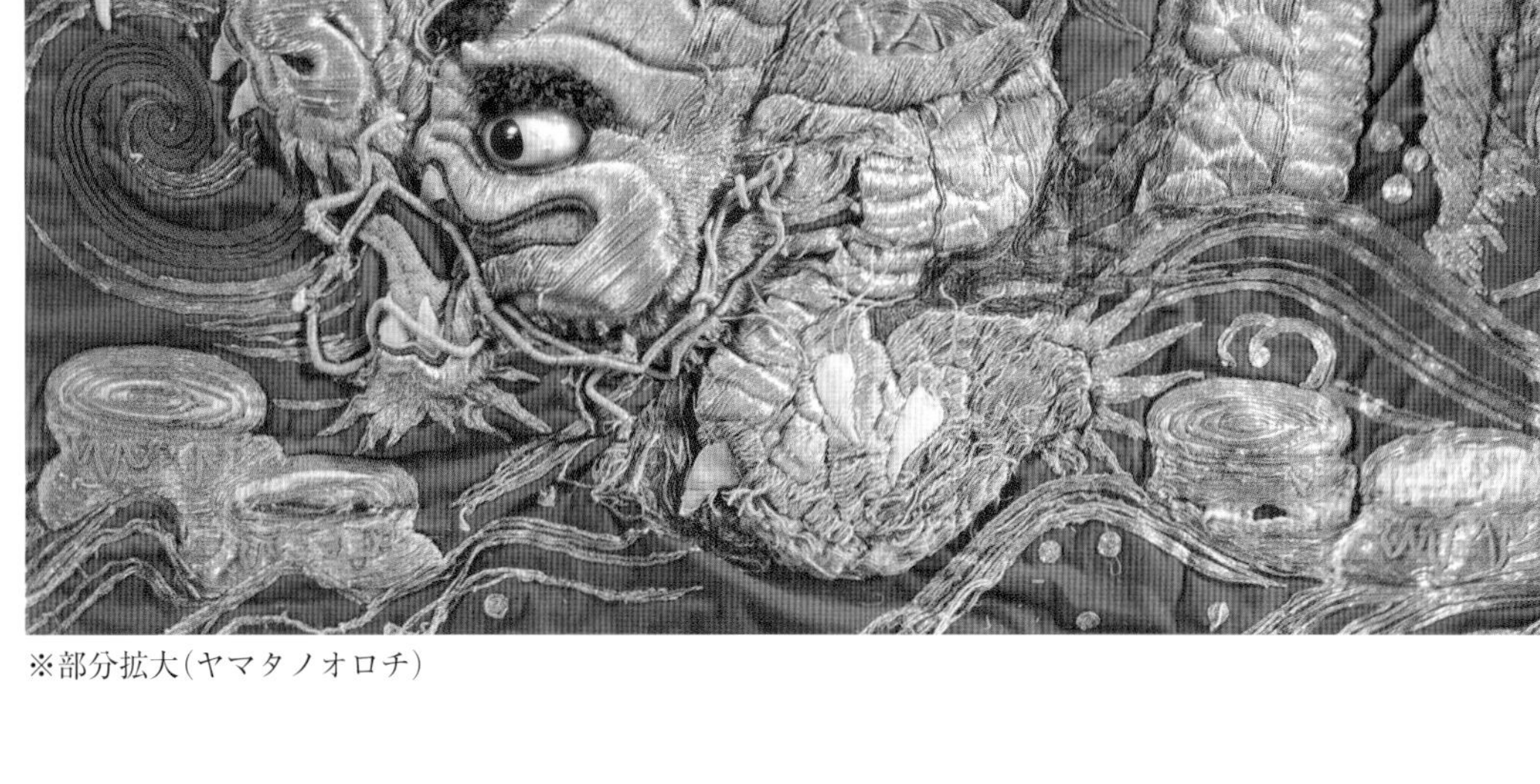

※部分拡大（ヤマタノオロチ）

石見神楽の提灯蛇胴《ちょうちんじゃどう》

鱗《うろこ》文様の上着と袴《はかま》で舞われていた従来のものでは迫力に欠けることから、明治時代に日脚《ひなし》社中（浜田市）の植田菊市《うえだきくいち》によって原型がつくられ、明治三十九年（一九〇六）ごろにほぼ現在の形になったとされるのが、石見神楽の提灯蛇胴である。

今から五〇年前の昭和四十五年（一九七〇）に開催された大阪万博の「日本の祭り」において、石見神楽の「大蛇退治」が舞われ、石見神楽は全国的に知られるようになっていった。

75　大蛇神楽面・蛇胴　当館蔵

（参考）大阪万博神楽上演　写真提供：大阪府

Ⅳ

出雲大社の復古と出雲信仰の広がり

近世の出雲大社

天平《てんぴょう》五年（七三三）完成の『出雲国風土記』や延長《えんちょう》五年（九二七）に完成し、康保《こうほ》四年（九六七）に施行された『延喜式』に「杵築大社」としてみえる出雲大社は、中世には神仏習合の影響下、鰐淵寺との関係を深め、スサノヲを祭神としていた。十七世紀の寛文《かんぶん》の御造営で仏教的要素が取り除かれるまで、本殿南側に三重塔や鐘楼があったことも、それを物語る。

寛文の御造営においては、『日本書紀』にみえる国譲り神話に基づき、オオアナムチを主祭神とする形に復古するとともに、白木造の本殿が実現している。また、十八世紀の延享《えんきょう》の御造営では、寄付を募るために神職が諸国を巡ったことが、祭神の御神徳など、出雲信仰を全国に広める契機となった。

76 寛永御絵図 千家家蔵

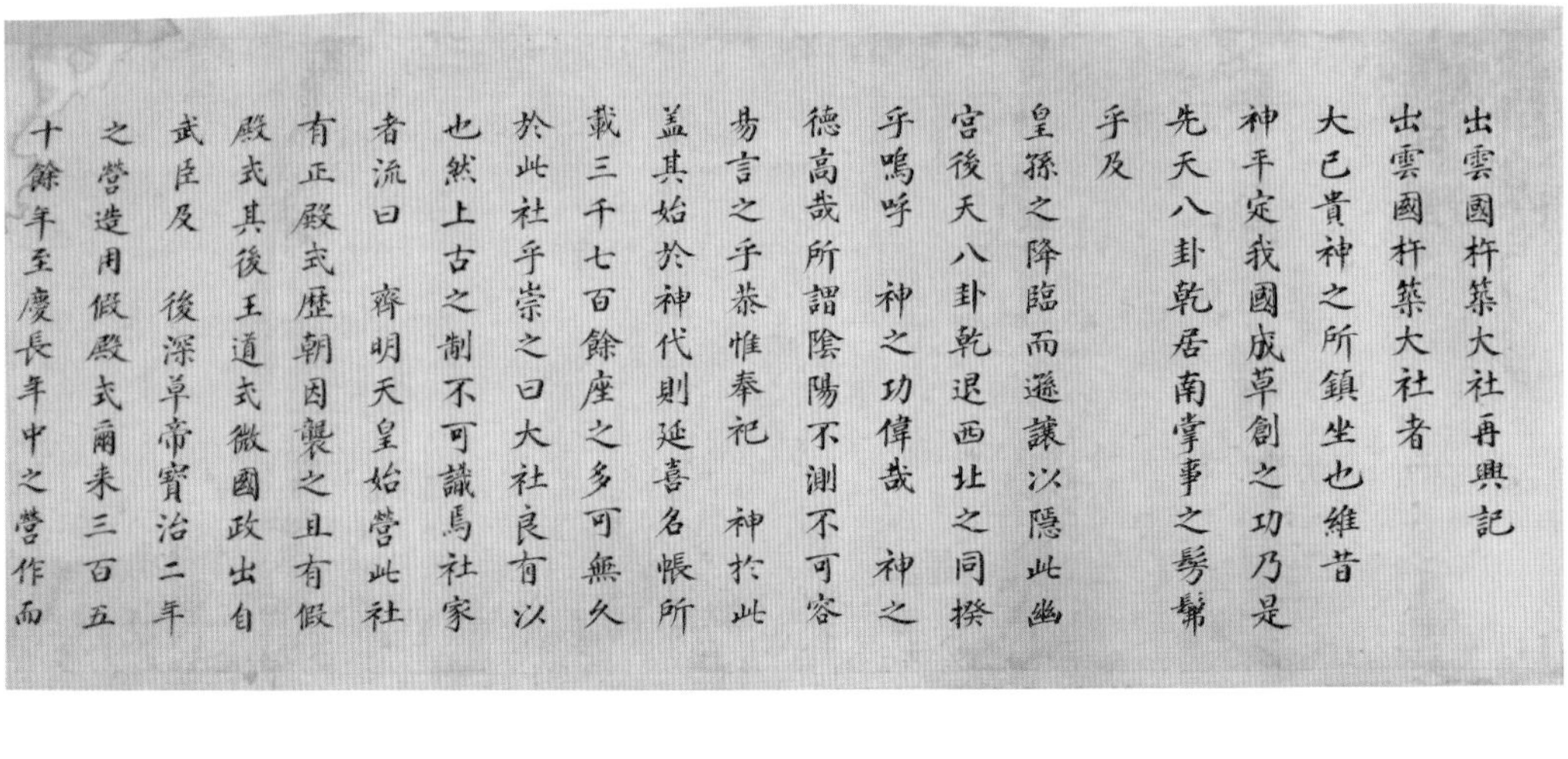

出雲國杵築大社再興記
出雲國杵築大社者
大己貴神之所鎮坐也維昔
神平定我國成草創之功乃是
先天八卦乾居南掌事之髣髴
乎及
皇孫之降臨而遜讓以隱此幽
宮後天八卦乾退西北之同揆
乎嗚呼　神之功偉哉　神之
德高哉所謂陰陽不測不可容
易言之乎恭惟奉祀　神於此
蓋其始於神代則延喜名帳所
載三千七百餘座之多可無久
於此社乎崇之曰大社良有以
也然上古之制不可識焉社家
者流曰　齊明天皇始營此社
有正殿式歷朝因襲之且有假
殿式其後王道式微國政出自
武臣及　後深草帝寶治二年
之營造用假殿式爾来三百五
十餘年至慶長年中之營作而

81 出雲国杵築大社再興記 出雲大社蔵

78　出雲大社境内祭礼図
（三月会神事及び真菰神事図）　千家家蔵

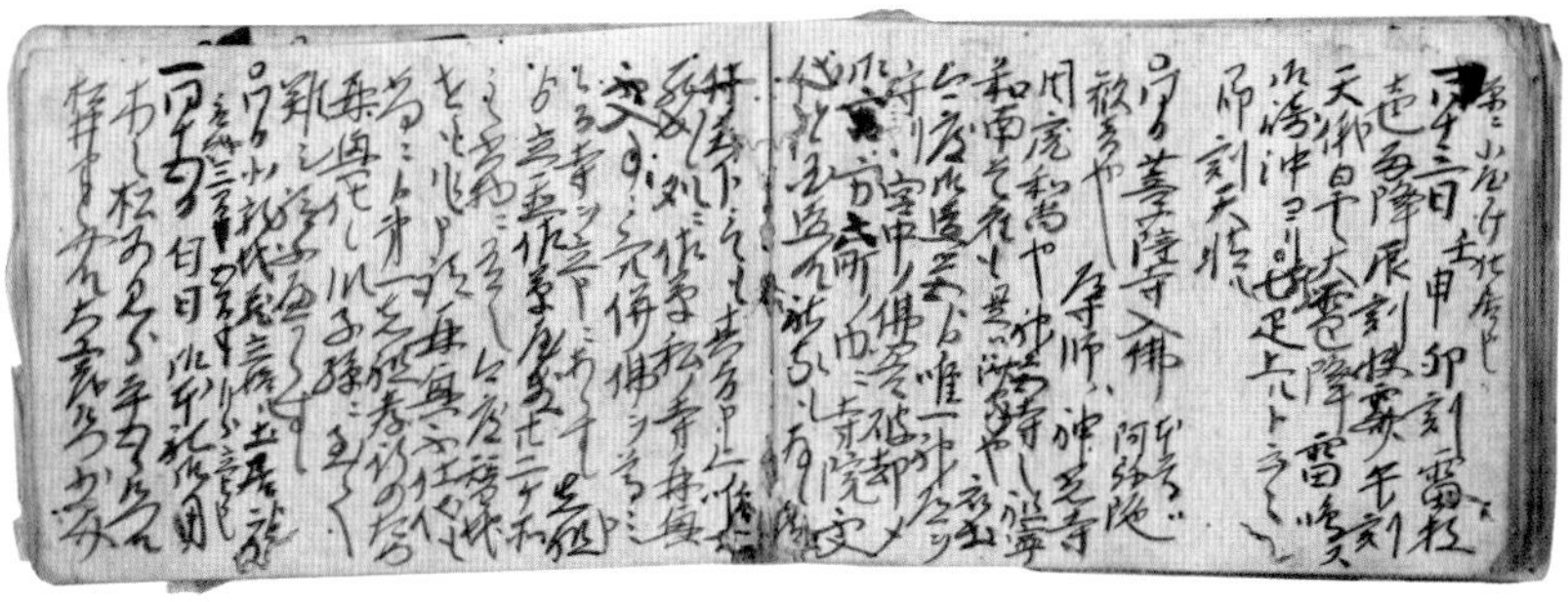

80　御造営日記　個人蔵

77　慶長拾四年御造営図　出雲大社蔵

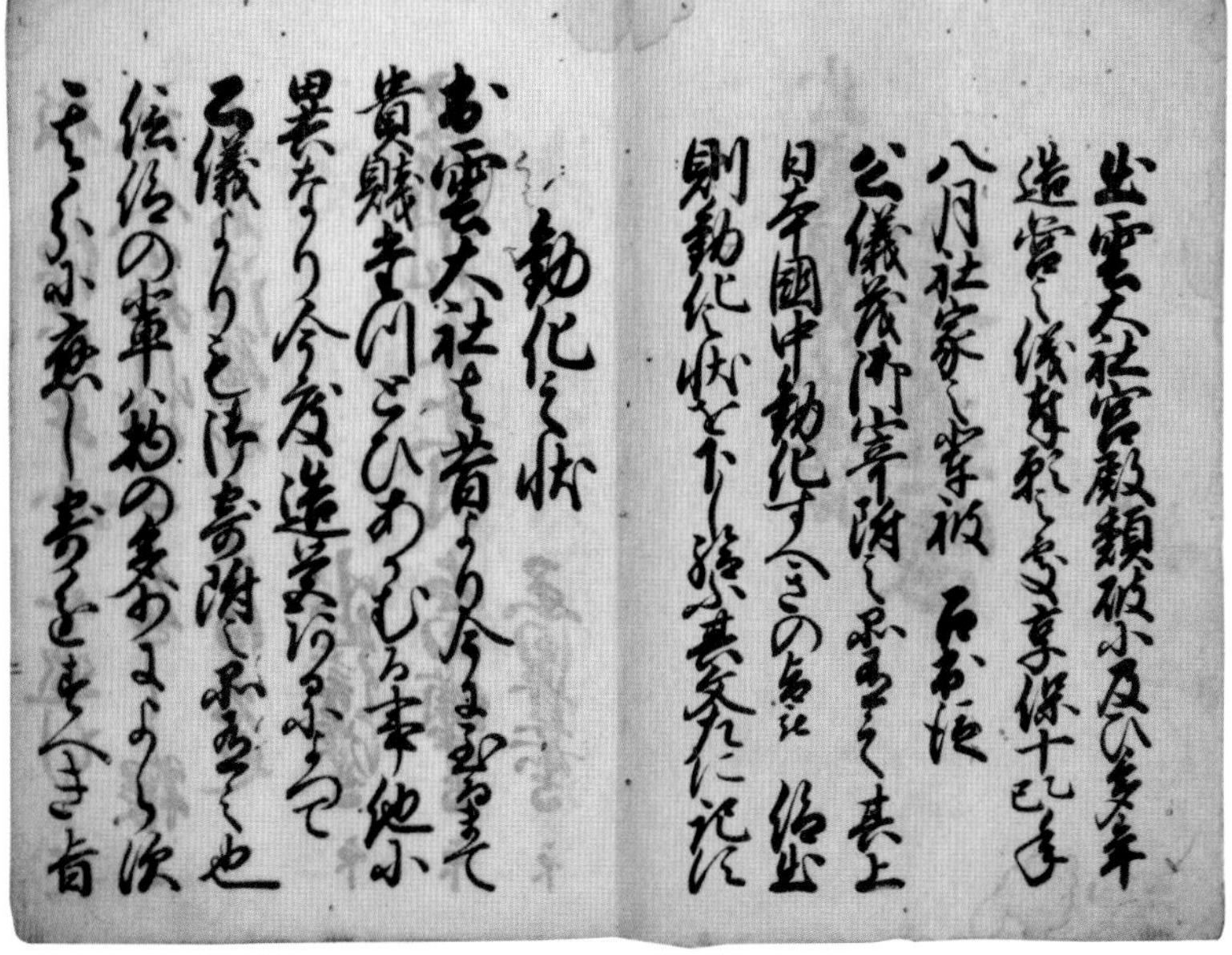

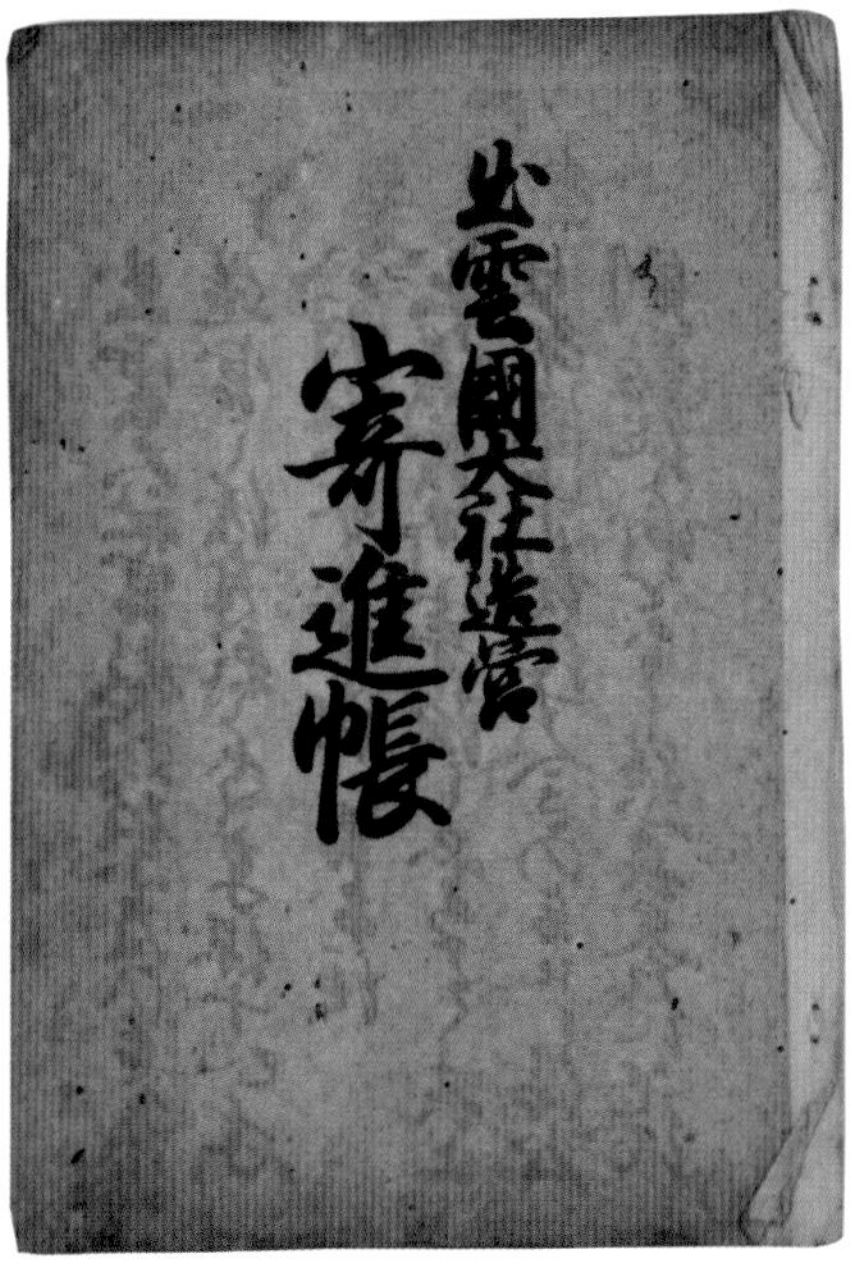

82　出雲国大社造営寄進帳　個人蔵

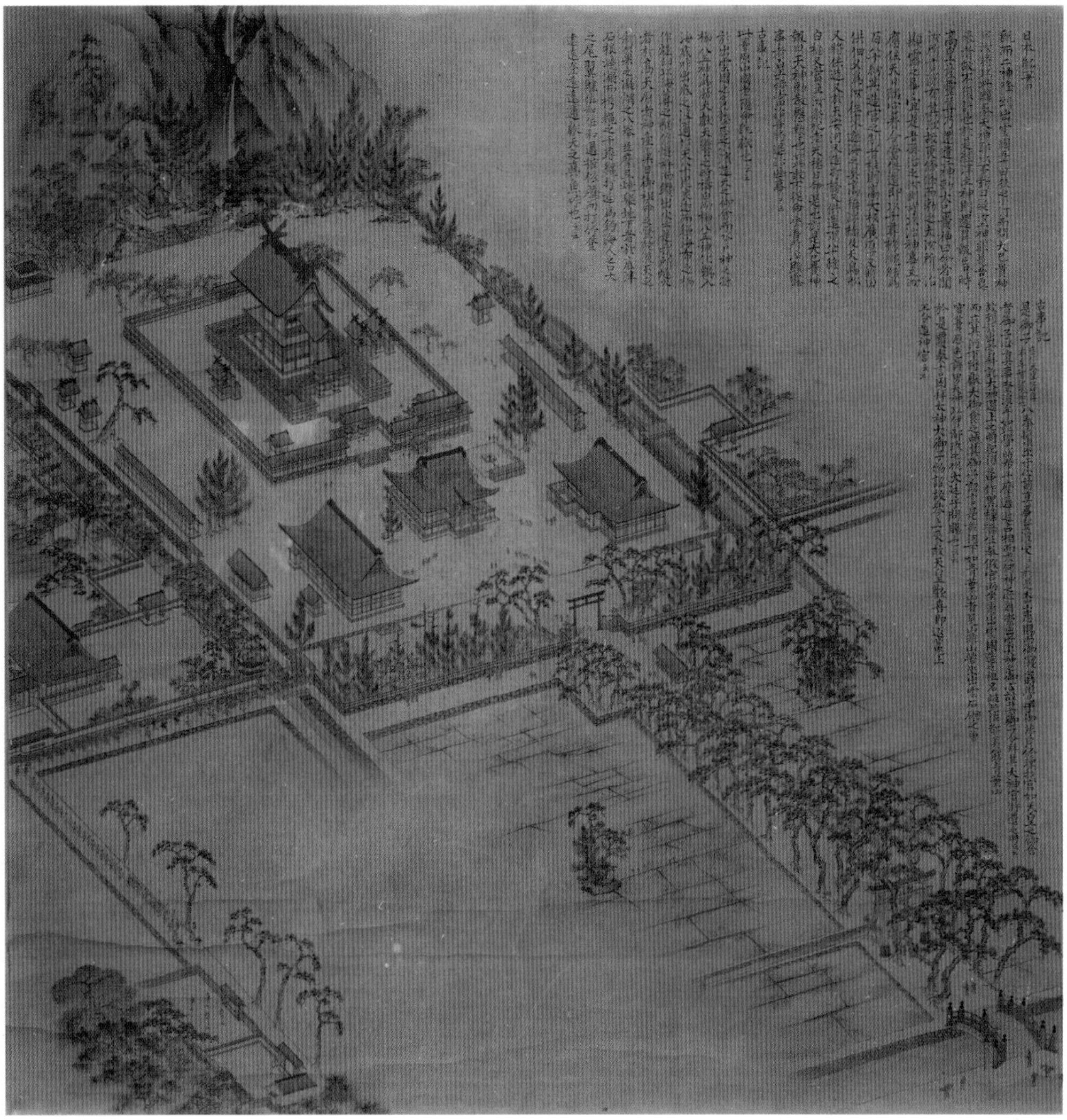

79 身逃神事行列之図 個人蔵

83 出雲大社御師版木 当館蔵（矢田コレクション）

84　能楽図絵「大社」　月岡耕魚　当館蔵

85　大社縁結図　歌川豊国（三代）　当館蔵

86　出雲国大社之図　歌川国久（二代）　当館蔵

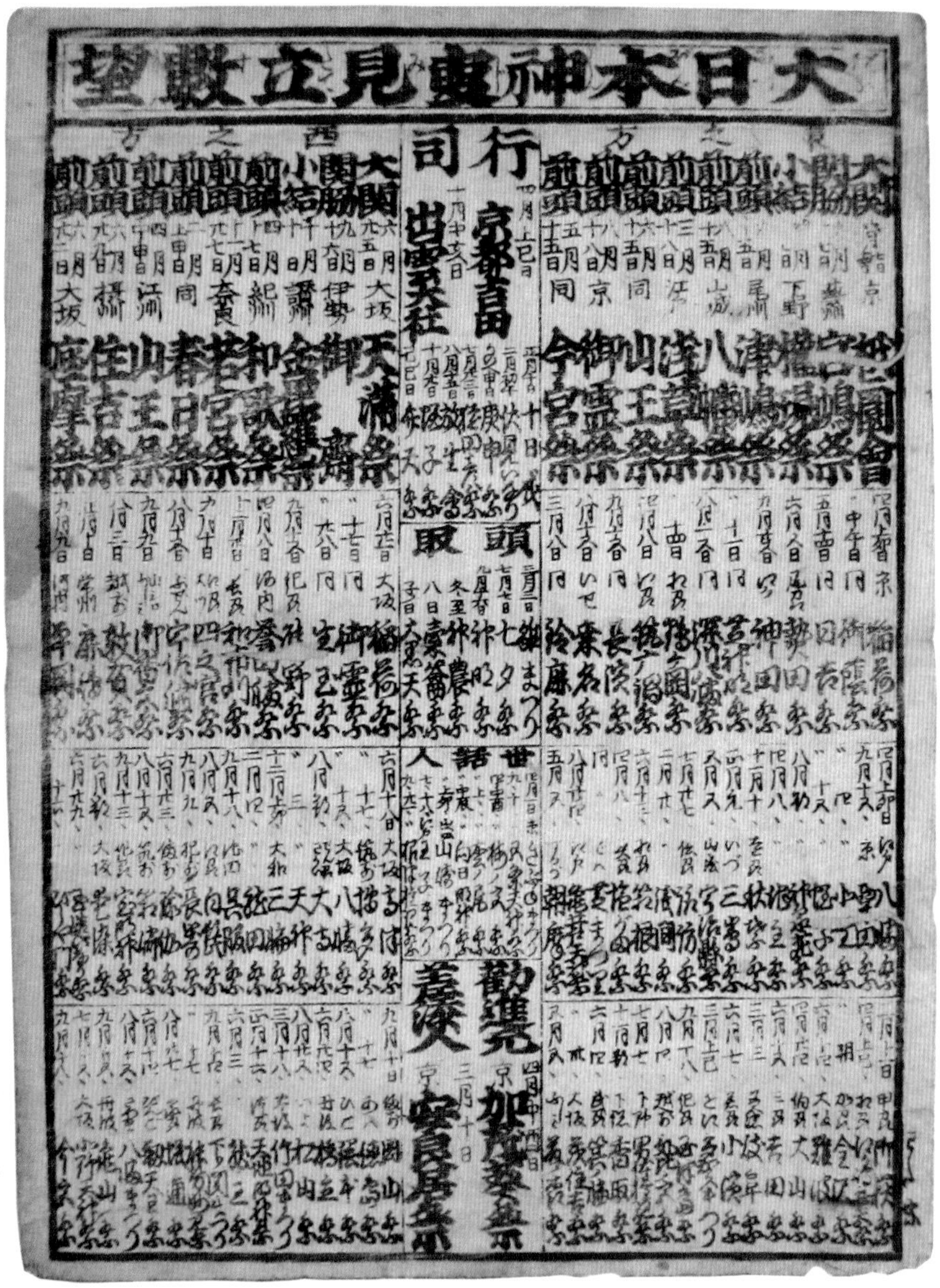

87 大日本神事見立数望 当館蔵

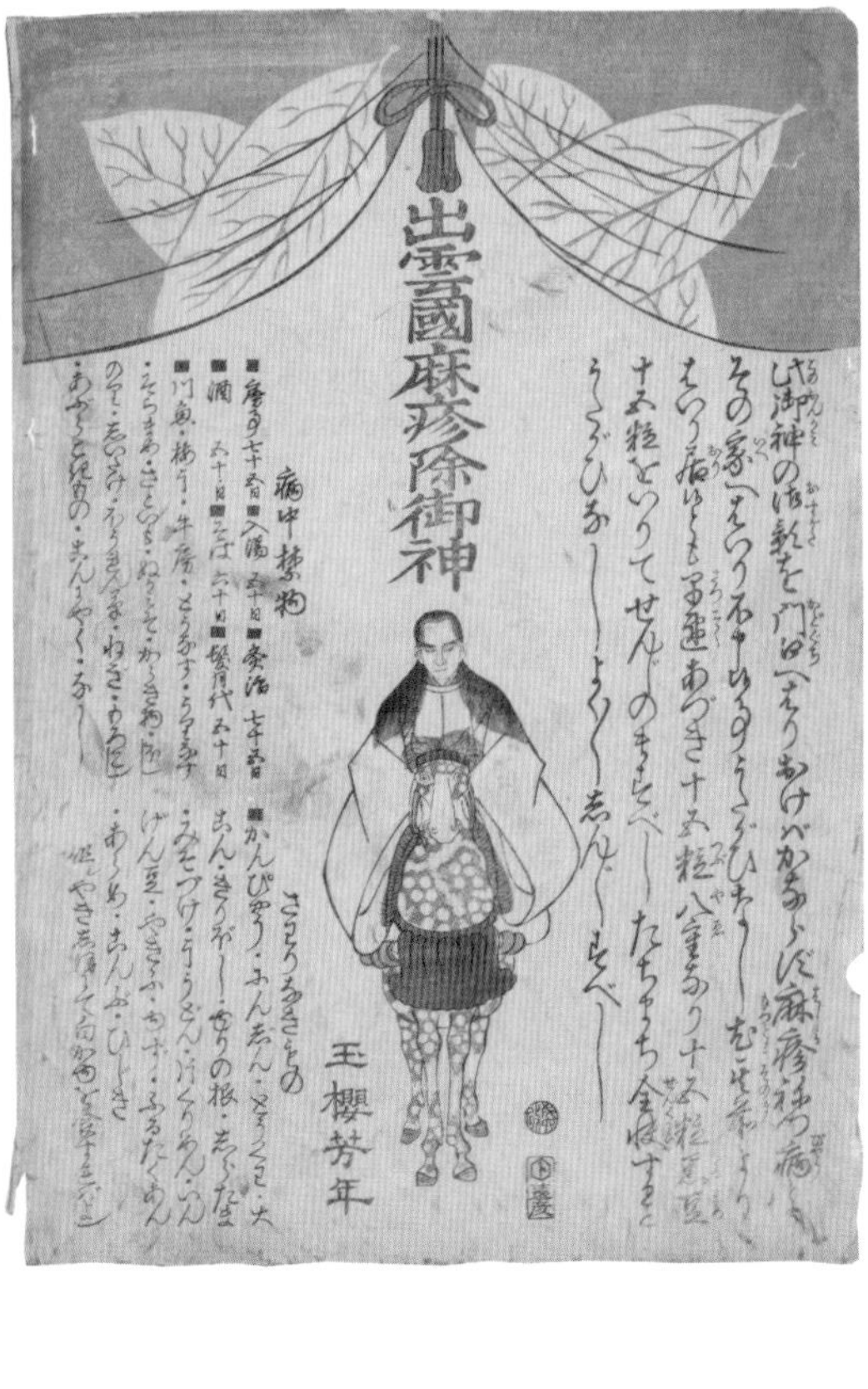

88 出雲国麻疹除御神 月岡芳年 当館蔵

V 近世の『日本書紀』解釈

―幽顕の世界―

近世以前の『日本書紀』研究

養老《ようろう》四年（七二〇）に完成した『日本書紀』は、近世に国学が隆盛するなか、巻一・二神代上下を中心に解釈が施され、研究が進展していったといえる。しかし、その前史として、早くから『日本書紀』研究は行われており、完成翌年の養老五年（七二一）には第一回の日本紀講筵《こうえん》（『日本書紀』の講読）が催されている（ただし、第一回の講筵は完成を祝してのお披露目的なものであった可能性が高い）。その後も平安時代には弘仁《こうにん》三年（八一二）・承和《じょうわ》十年（八四三）・元慶《がんぎょう》二年（八七八）・延喜《えんぎ》四年（九〇四）・承平《じょうへい》四年（九三四）・康保《こうほ》二年（九六五）というように、約三〇年ごとに講筵が行われた。中世には、各国「風土記」が多く引用されていることでも有名な卜部兼方《うらべかねかた》の『釈日本紀《しゃくにほんぎ》』や忌部《いんべ》神道の根本経典ともされる忌部正通《まさみち》の『神代巻口訣《じんだいかんくけつ》』、神儒仏三教一致（儒教や仏教の教えと照らし合わせて神代を理解しようとするもの）を展開する一条兼良《かねよし》の『日本書紀纂疏《さんそ》』などの注釈書が著され、とりわけ巻一・二神代上下だけでなく、全体にわたる注釈書として『釈日本紀』はよく知られている。

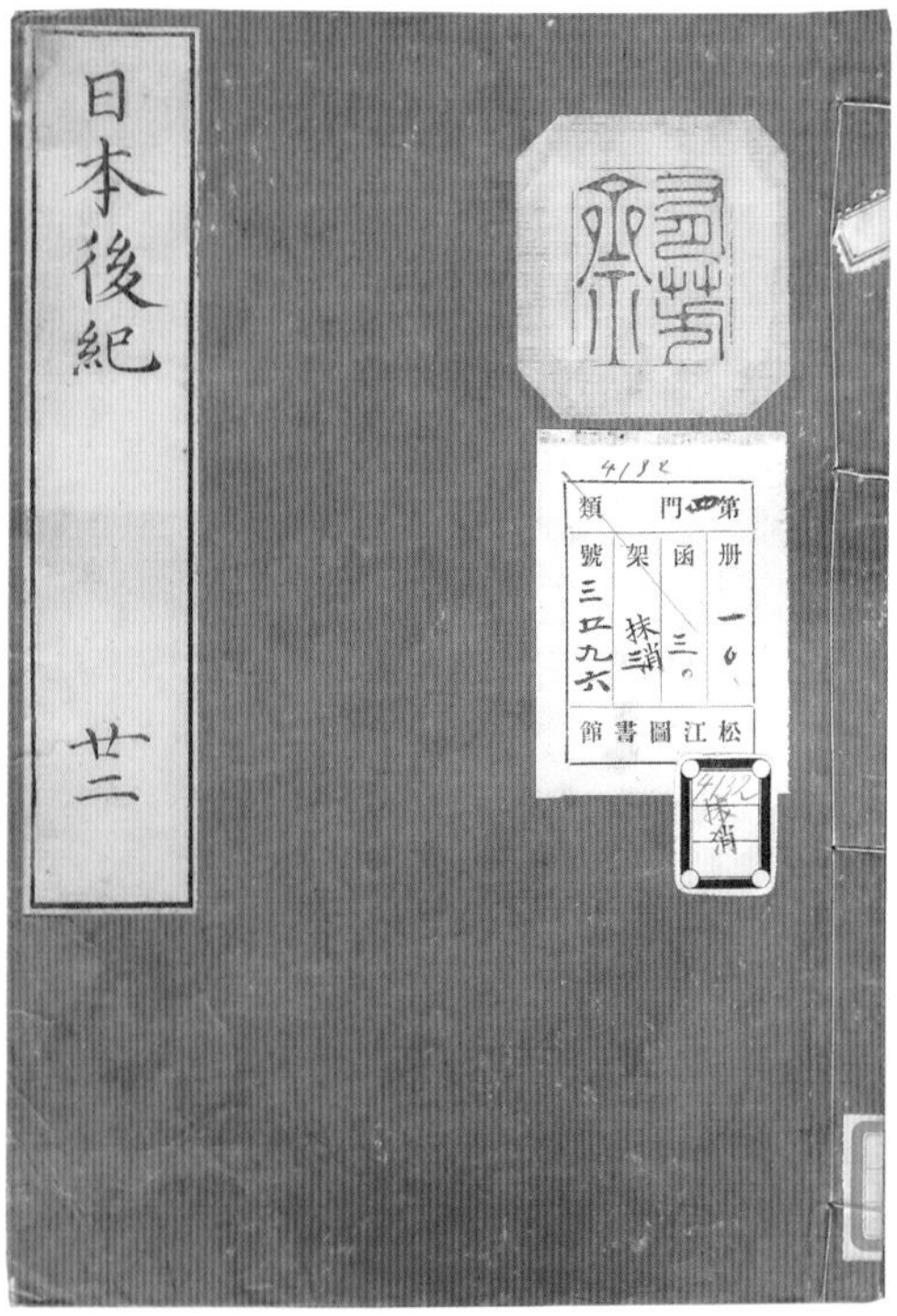

89［1］　日本後紀 巻二二 表紙　島根県立図書館蔵

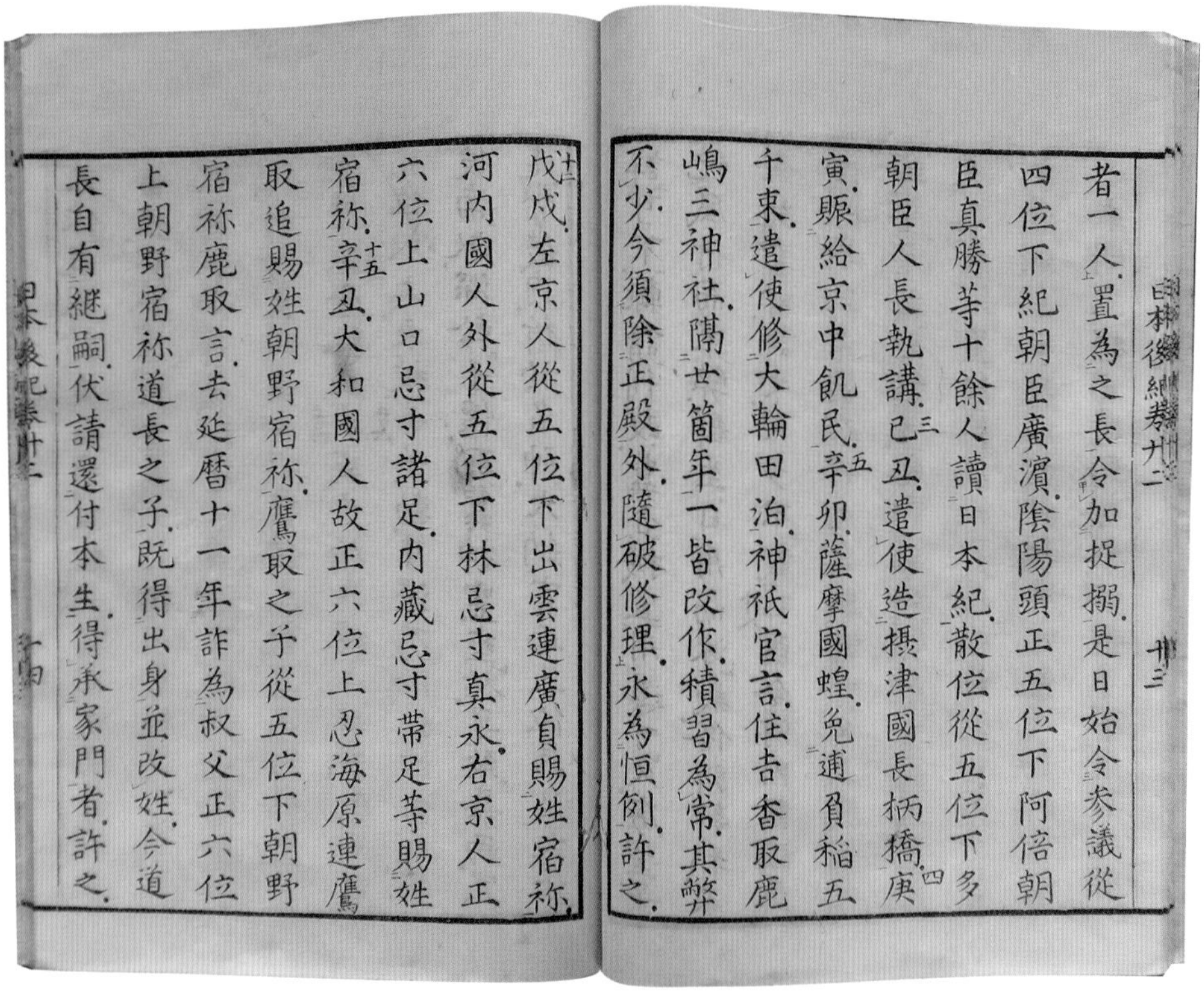

89［2］　日本後紀 巻二二 弘仁3年（812）6月戊子是日条
島根県立図書館蔵

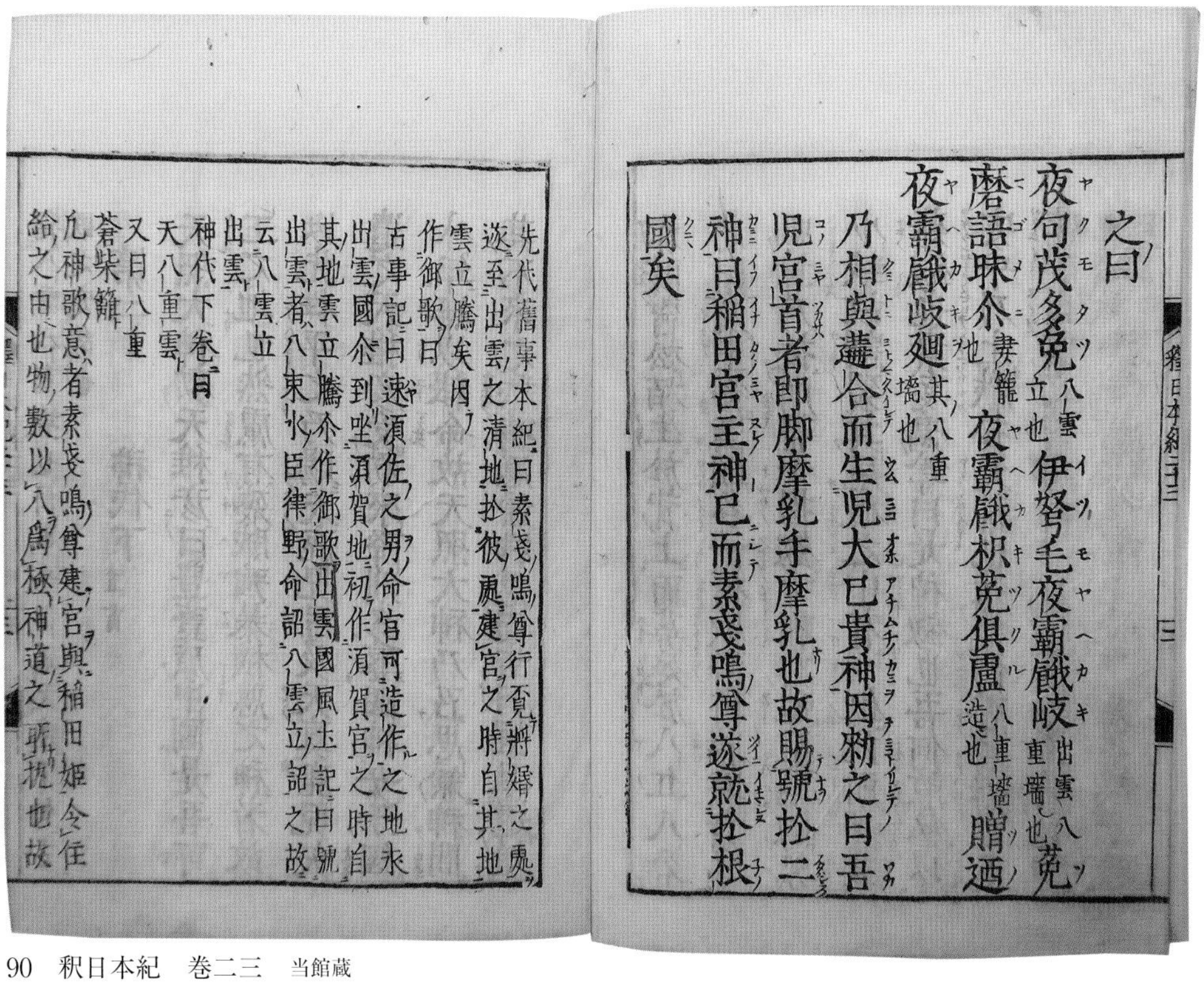

90　釈日本紀　巻二三　当館蔵

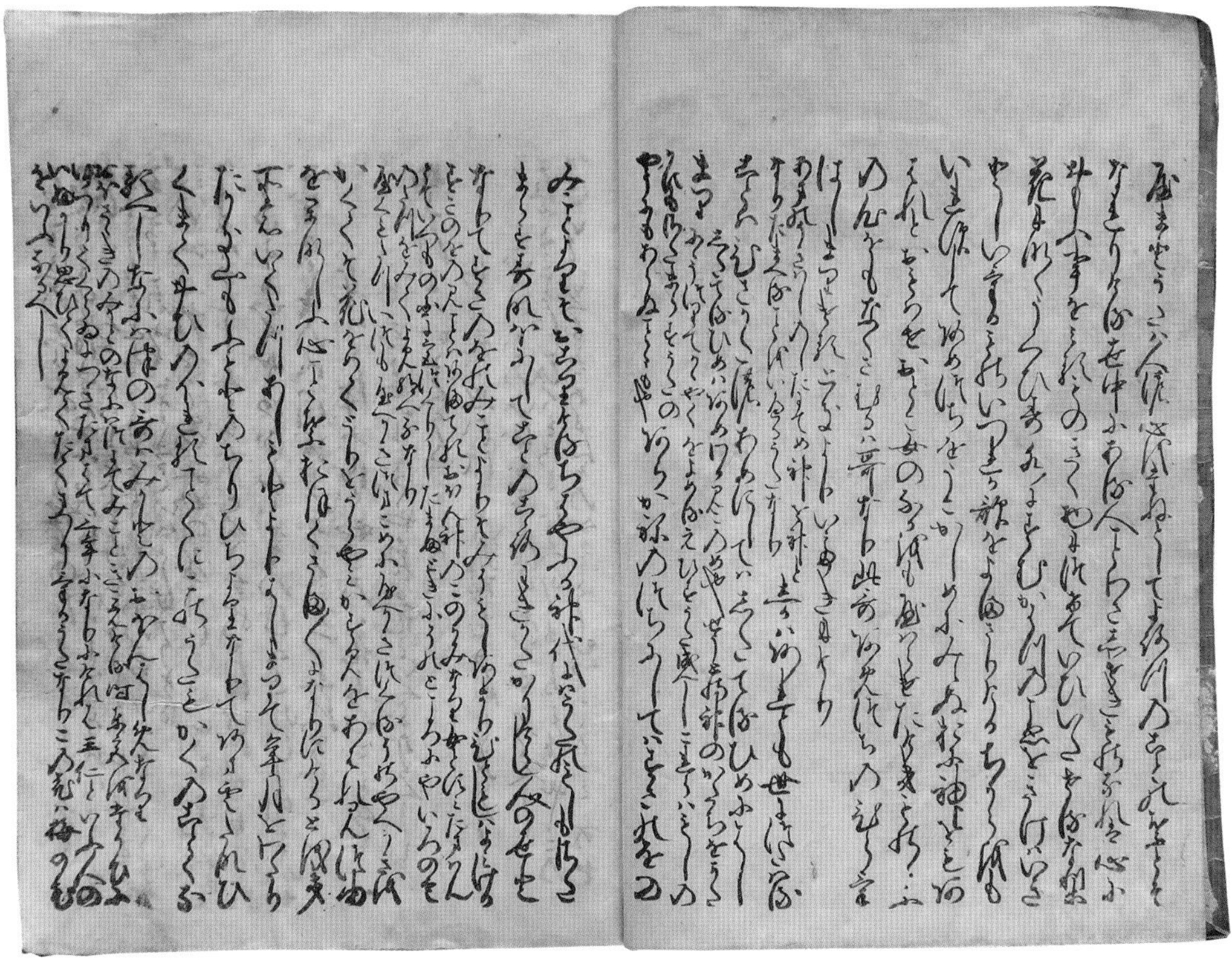

（参考）『古今和歌集』仮名序　島根県立図書館蔵

『古今和歌集』編者の一人である紀貫之《きのつらゆき》が仮名序で「人の世と成りて、素盞烏尊よりぞ、三十文字あまり一文字は詠みける」と述べており、平安時代中期には「八雲立つ」の歌が和歌のはじまりだと考えられていたことがわかる。

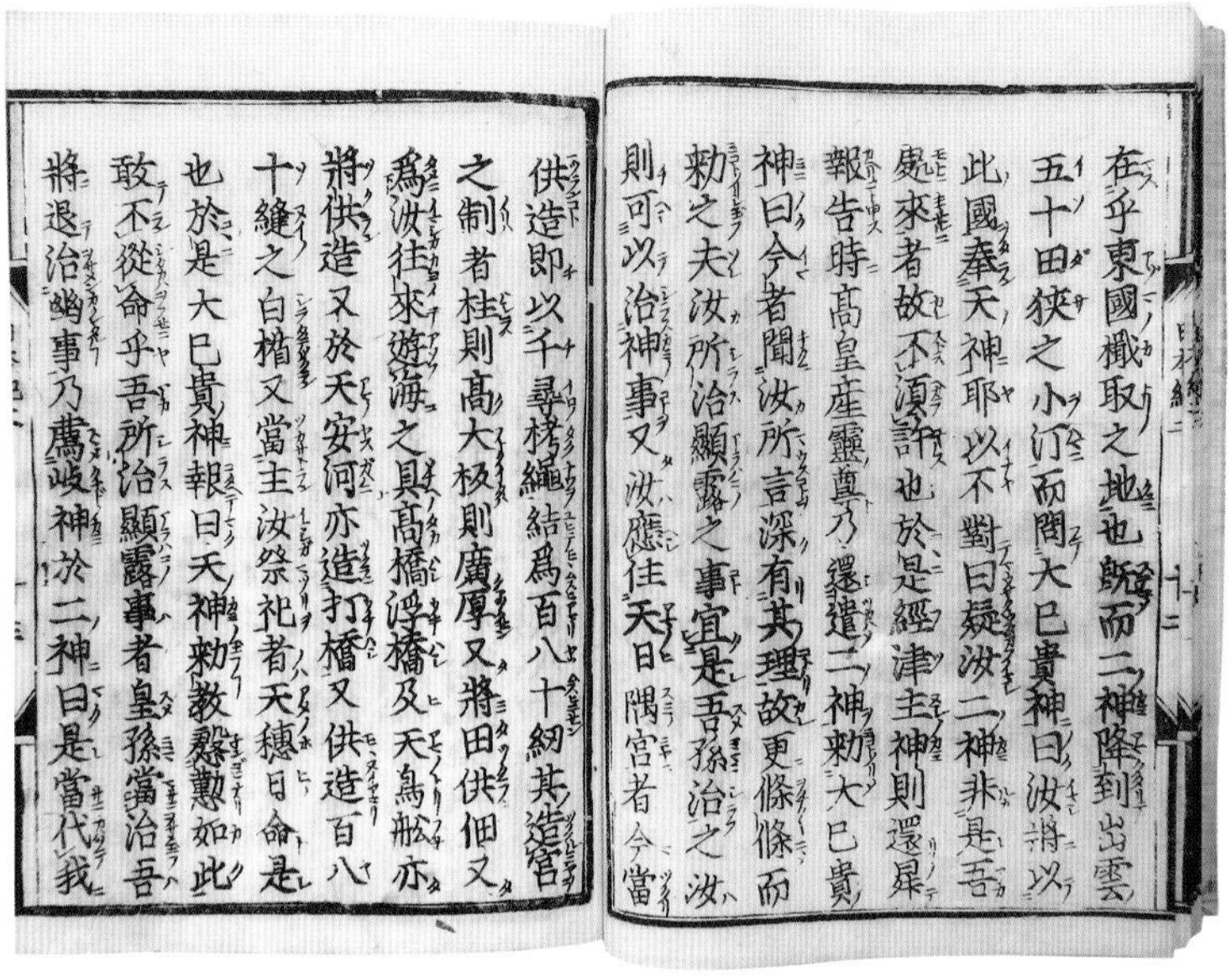
在乎東國檝取之地也既而二神降到出雲
五十田狹之小汀而問大己貴神曰汝將以
此國奉天神耶以不對曰疑汝二神非是吾
處來者故不須許也於是經津主神則還昇
報告時高皇産靈尊乃還遣二神勅大己貴
神曰今者聞汝所言深有其理故更條條而
勅之夫汝所治顯露之事宜是吾孫治之汝
則可以治神事又汝應住天日隅宮者今當

供造即以千尋栲繩結爲百八十紐其造宮
之制者柱則高大板則廣厚又將田供佃又
爲汝往來遊海之具高橋浮橋及天鳥船亦
將供造又於天安河亦造打橋又供造百八
十縫之白楯又當主汝祭祀者天穗日命是
也於是大己貴神報曰天神勅教慇懃如此
敢不從命乎吾所治顯露事者皇孫當治吾
將退治幽事乃薦岐神於二神曰是當代我

91　日本書紀　巻二　第九段一書第二　当館蔵

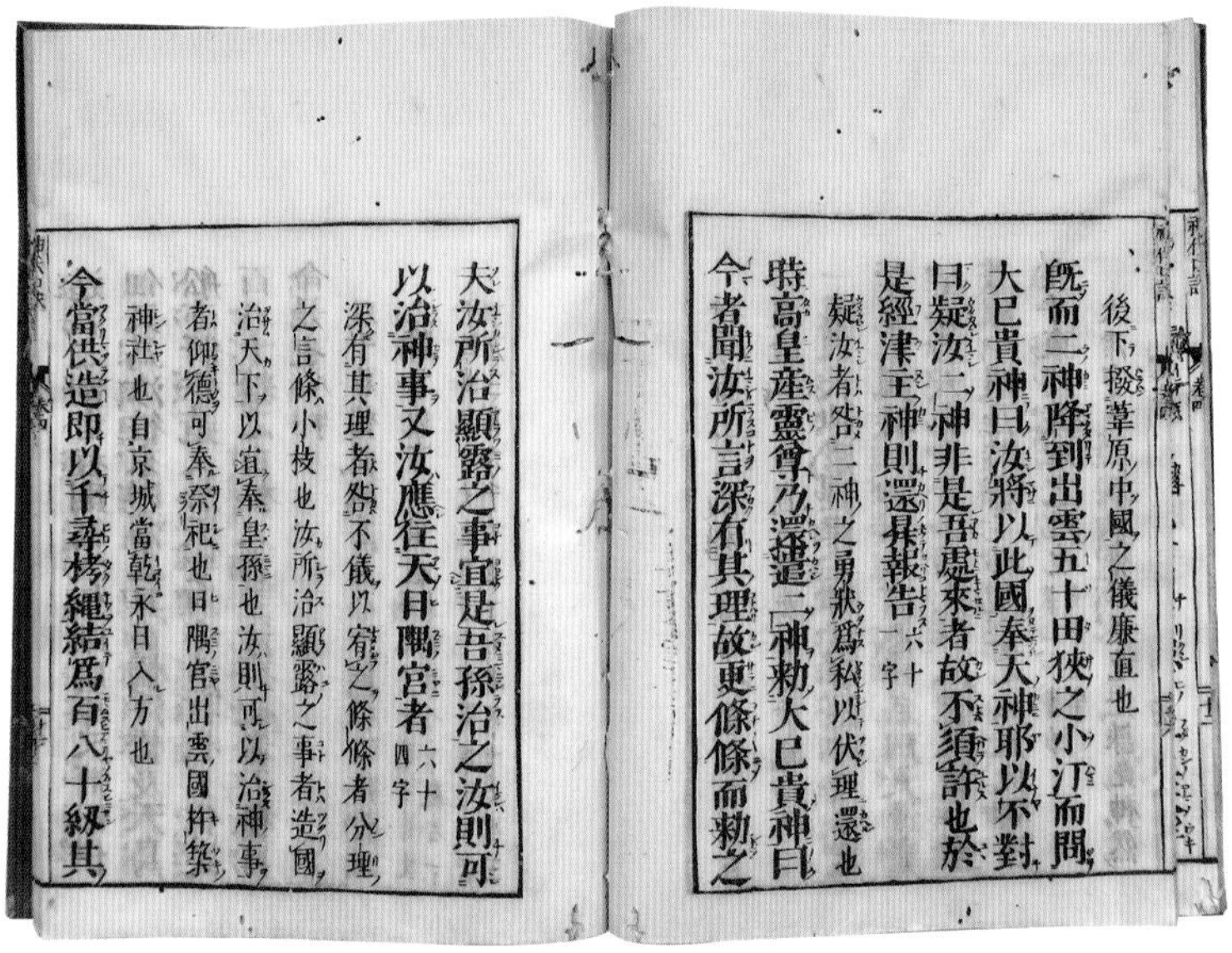
後下撥葦原中國之儀廉直也
既而二神降到出雲五十田狹之小汀而問
大巳貴神曰汝將以此國奉天神耶以不對
曰疑汝二神非是吾處來者故不須許也於
是經津主神則還昇報告 六十一字
疑汝者咎二神之勇狀爲私以伏理還也
時高皇産靈尊乃還遣二神勅大巳貴神曰
今者聞汝所言深有其理故更條條而勅之

夫汝所治顯露之事宜是吾孫治之汝則可
以治神事又汝應住天日隅宮者 六十四字
深有其理者咎不儀以宥之條條者分理
之言條小枝也汝所治顯露之事者造國
治天下以宜奉皇孫也汝則可以治神事
者仰德可奉祭祀也日隅宮出雲國杵築
神社也自京城當乾水日入方也
今當供造即以千尋栲繩結爲百八十紉其

92　神代巻口訣　巻四　北島家蔵

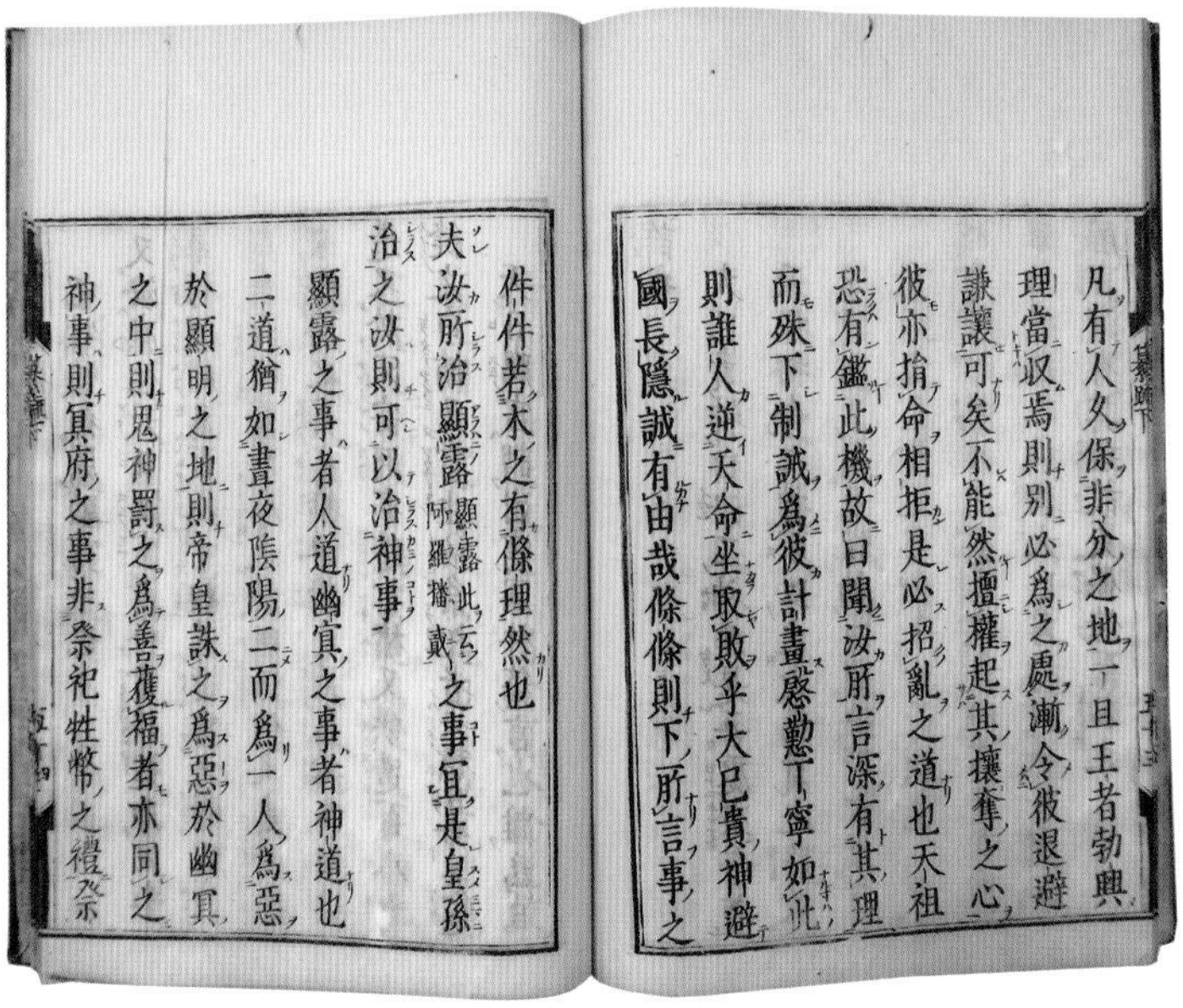
凡有人久保非分之地一旦王者勃興
理當収焉則別必爲之處漸令彼退避
謙讓可矣不能然擅權起其攘奪之心
彼亦捐命相拒是必招亂之道也天祖
恐有鑑此機故曰聞汝所言深有其理
而殊下制誡爲彼計畫慇懃丁寧如此
則誰人逆天命坐取敗乎大巳貴神避
國長隱誠有由哉條條則下所言事之

件件若木之有條理然也
夫汝所治顯露 顯露此云阿羅播貳 之事宜是皇孫
治之汝則可以治神事
顯露之事者人道幽冥之事者神道也
二道猶如晝夜陰陽二而爲一人爲惡
於顯明之地則帝皇誅之爲惡於幽冥
之中則鬼神罰之爲善獲福者亦同之
神事則冥府之事非祭祀牲幣之禮祭

93　日本書紀纂疏　下　当館蔵

94　本居宣長像　吉川義信　当館蔵

本居宣長《もとおりのりなが》（一七三〇-一八〇一）

江戸時代後期の国学者。契沖《けいちゅう》（一六四〇-一七〇一）の書籍を通じて古典研究の方向性を見出し、賀茂真淵《かものまぶち》（一六九七-一七六九）に対面し、真淵に激励されて自らの研究の中心を、日本最古の歴史書である『古事記』に定めたという。その成果が『古事記』の注釈書『古事記伝』で、この『古事記伝』により、これまで日本最初の正史として『日本書紀』が重視されていたなか、『古事記』が独自の価値をもつ史書として評価されるようになった。

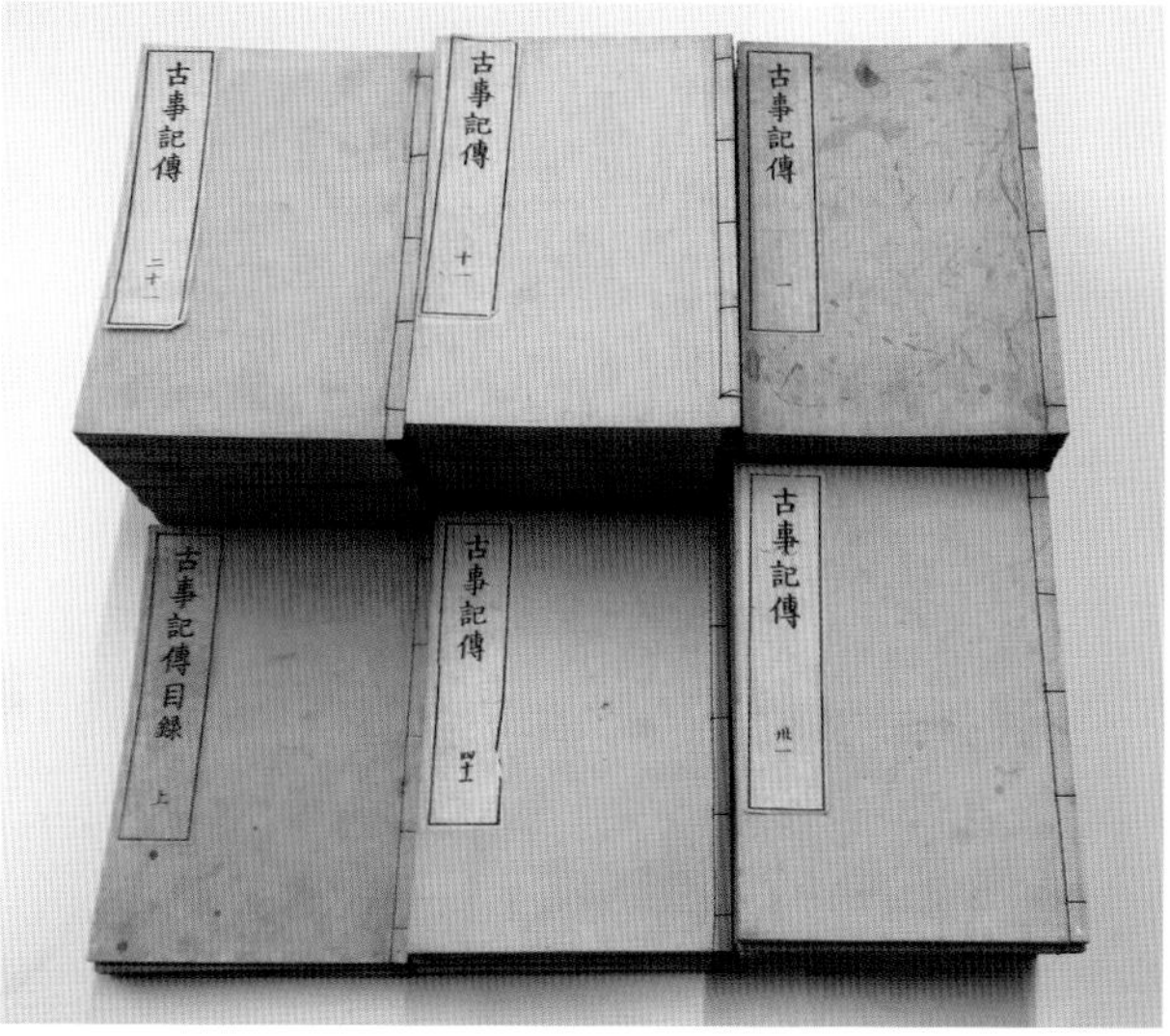

95［1］　古事記伝　内神社蔵

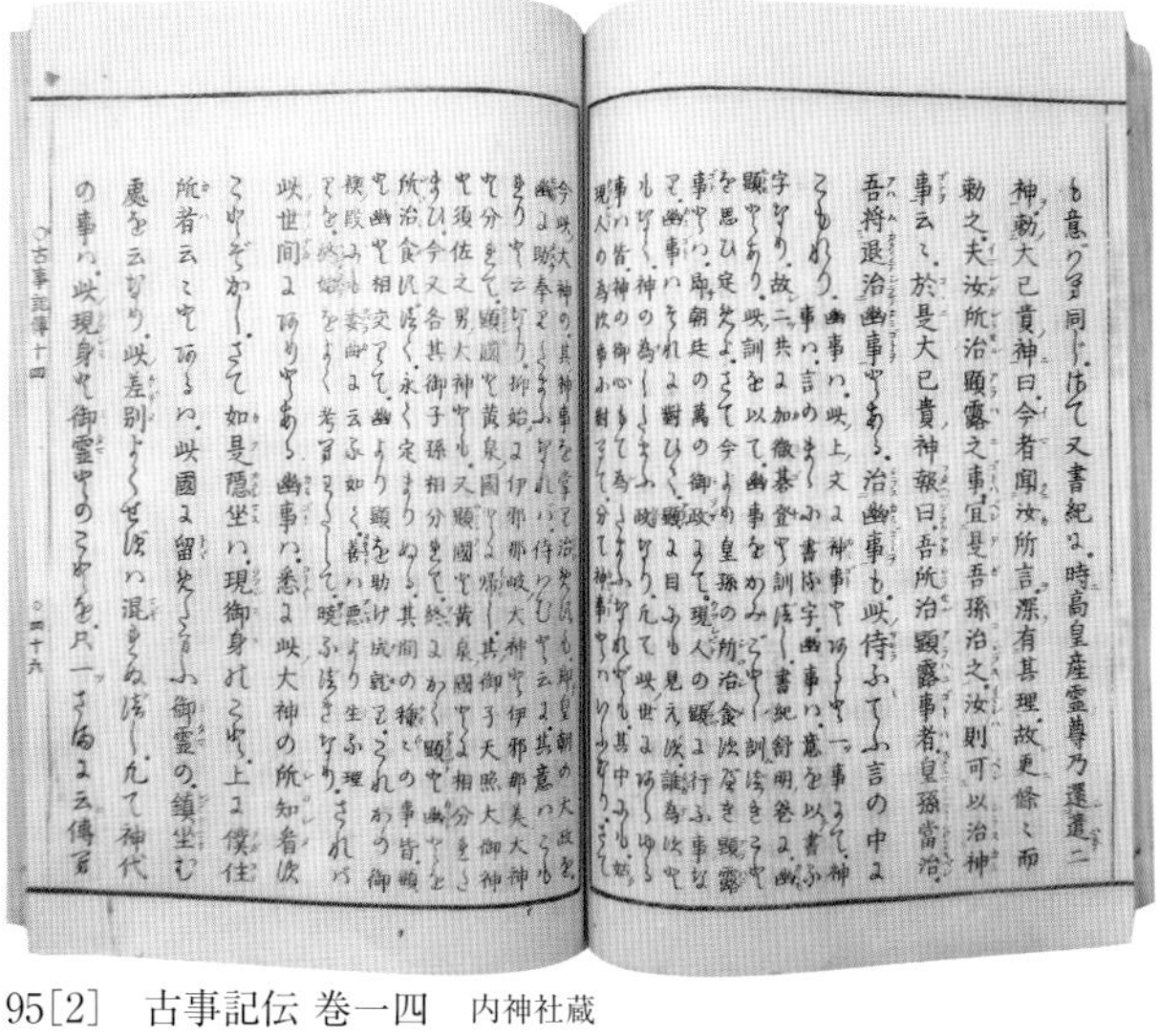

95［2］　古事記伝 巻一四　内神社蔵

96—2　千家俊信像　貞庭　個人蔵

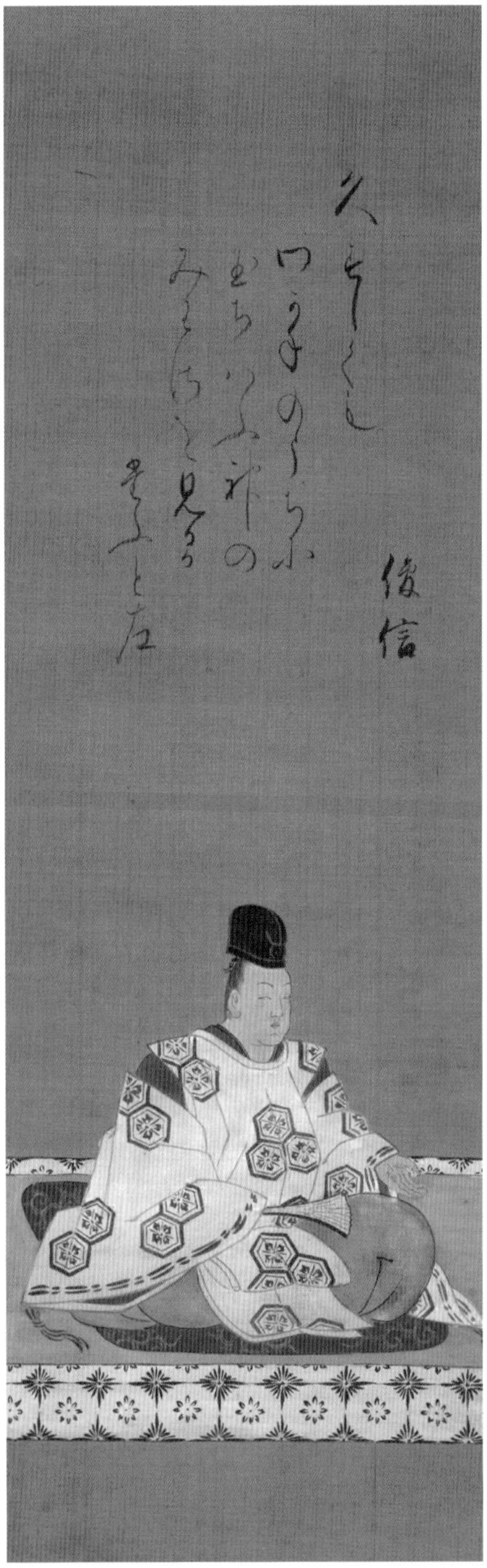

96—1　千家俊信像　当館蔵

千家俊信《せんげとしざね》（一七六四－一八三一）

江戸時代後期の国学者で、出雲国造千家俊勝の次男。先祖が編纂にかかわった『出雲国風土記』の研究を志し、その『出雲国風土記』の注釈書である『出雲風土記解』を執筆した内山真龍《うちやままたつ》の薦めもあり、寛政《かんせい》四年（一七九二）に本居宣長に入門した。入門後は寛政七年に宣長のいる松阪に百余日滞在し、同十年にも再訪している。松阪から帰国後は、塾を開き（梅廼舎《うめのや》）、門弟の指導にあたるとともに、文化《ぶんか》三年（一八〇六）に『出雲国風土記』最初の版本である『訂正出雲風土記』を刊行している。

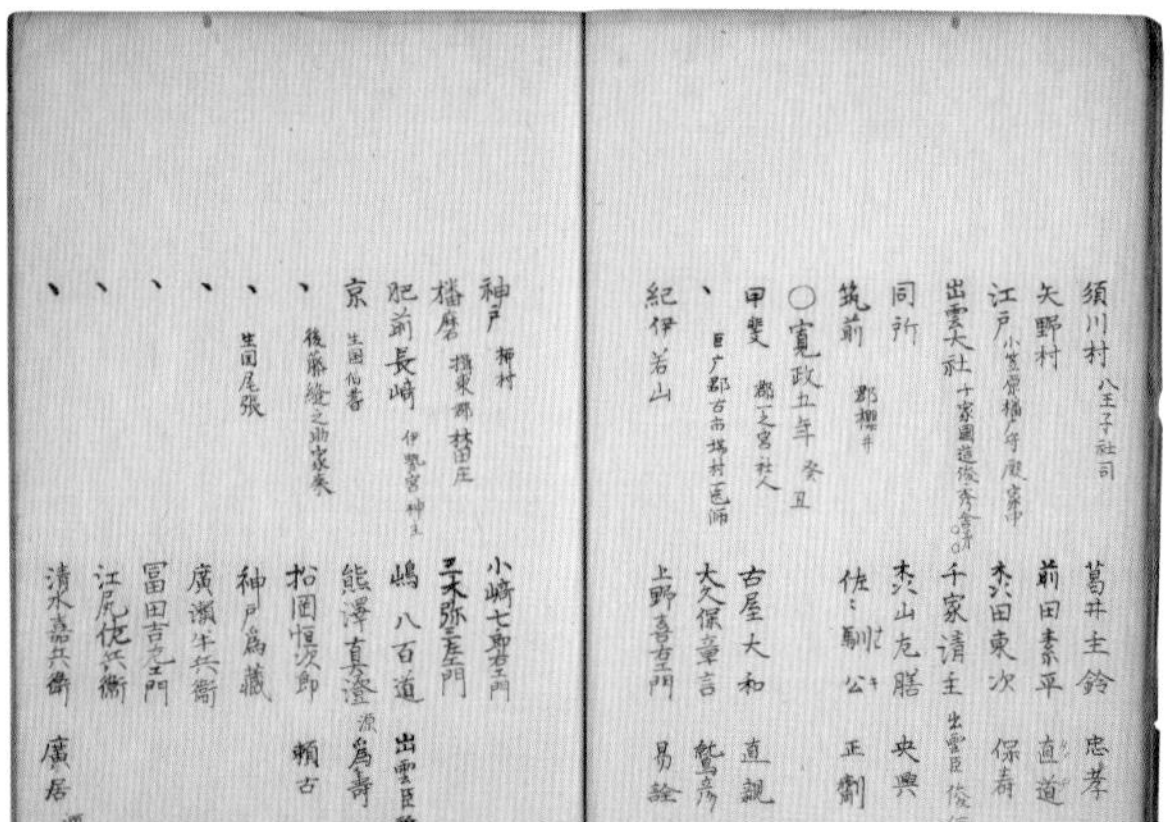

97　鈴屋授業門人姓名録　当館蔵

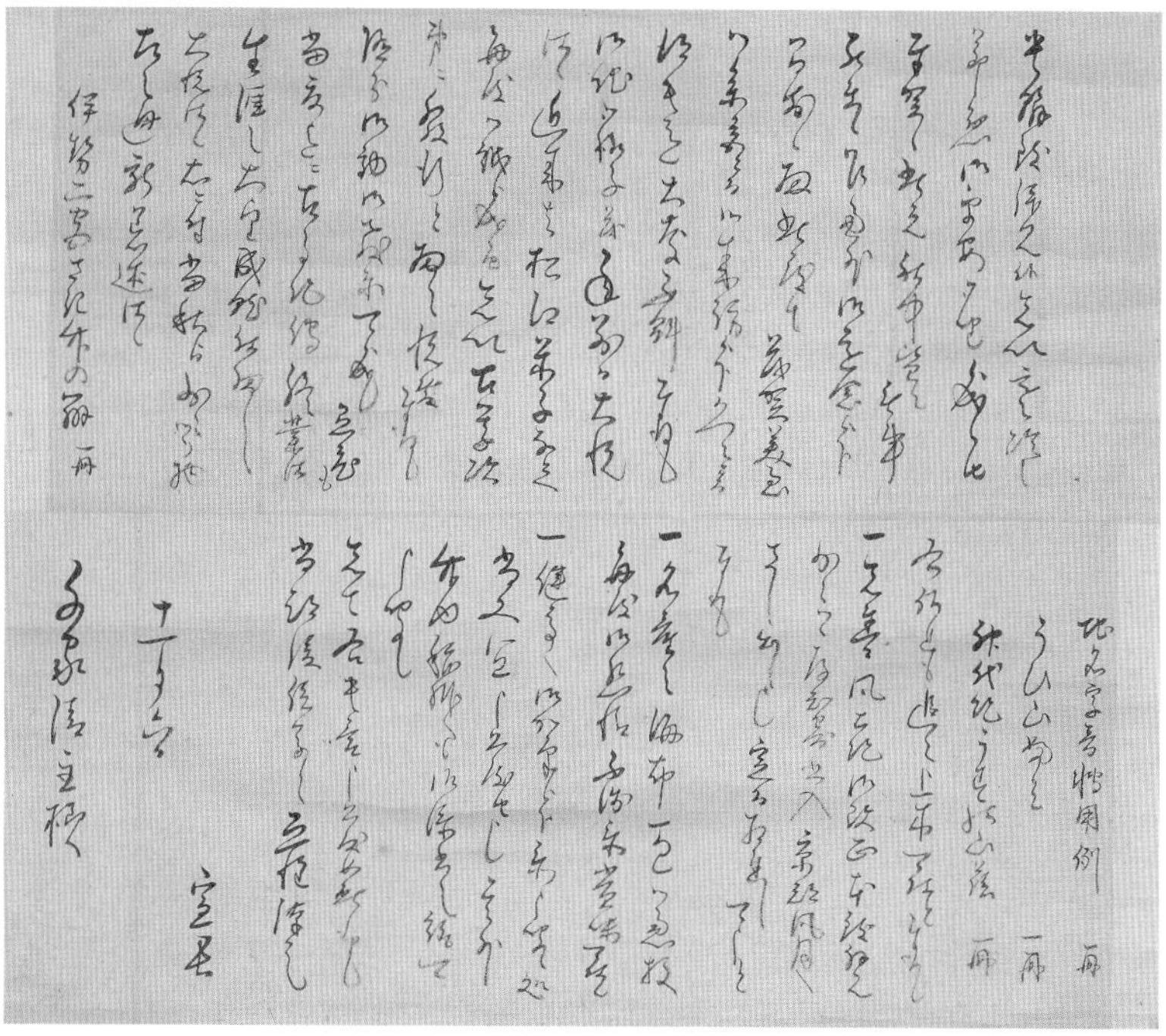

98　本居宣長書状　当館蔵

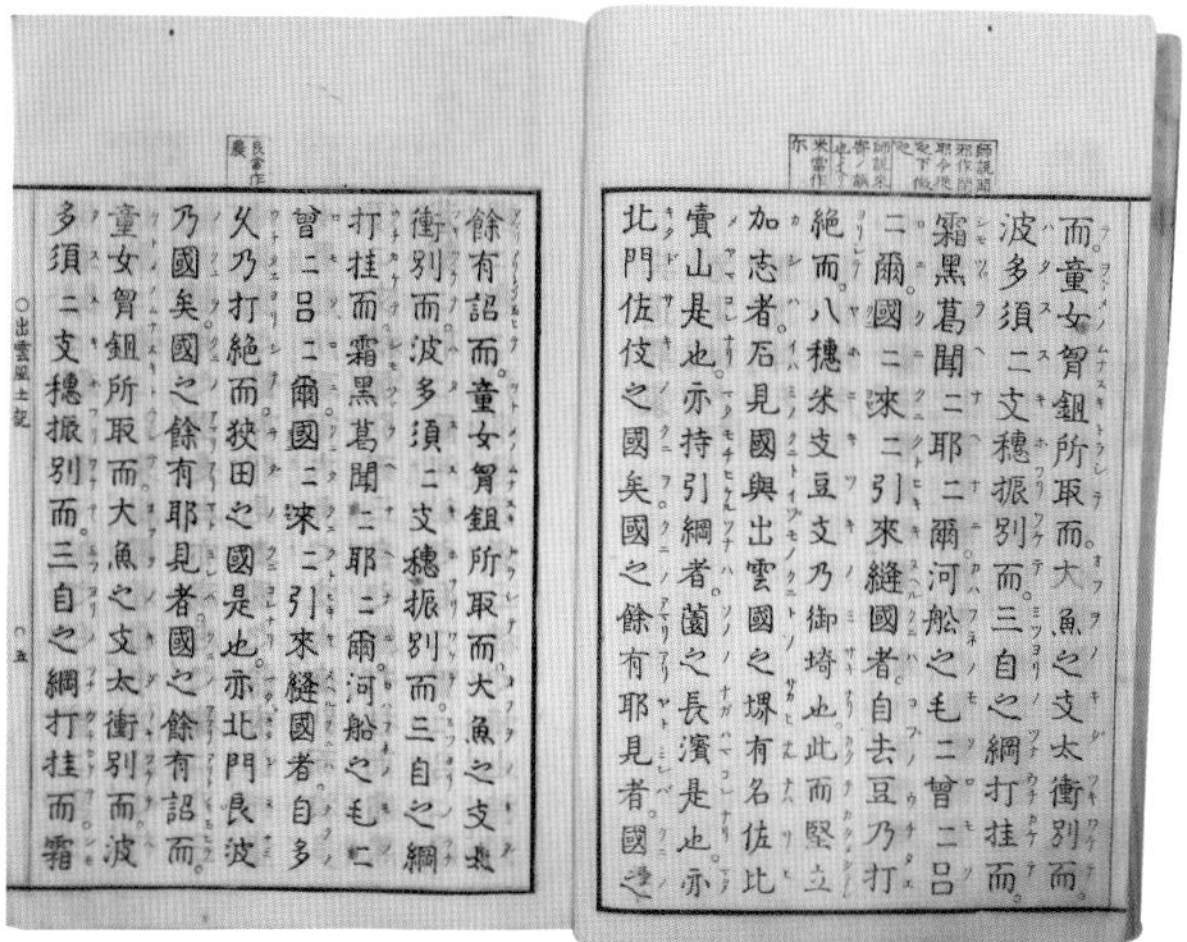

99[2]　訂正出雲風土記　当館蔵

99[1]
訂正出雲風土記 表紙　当館蔵

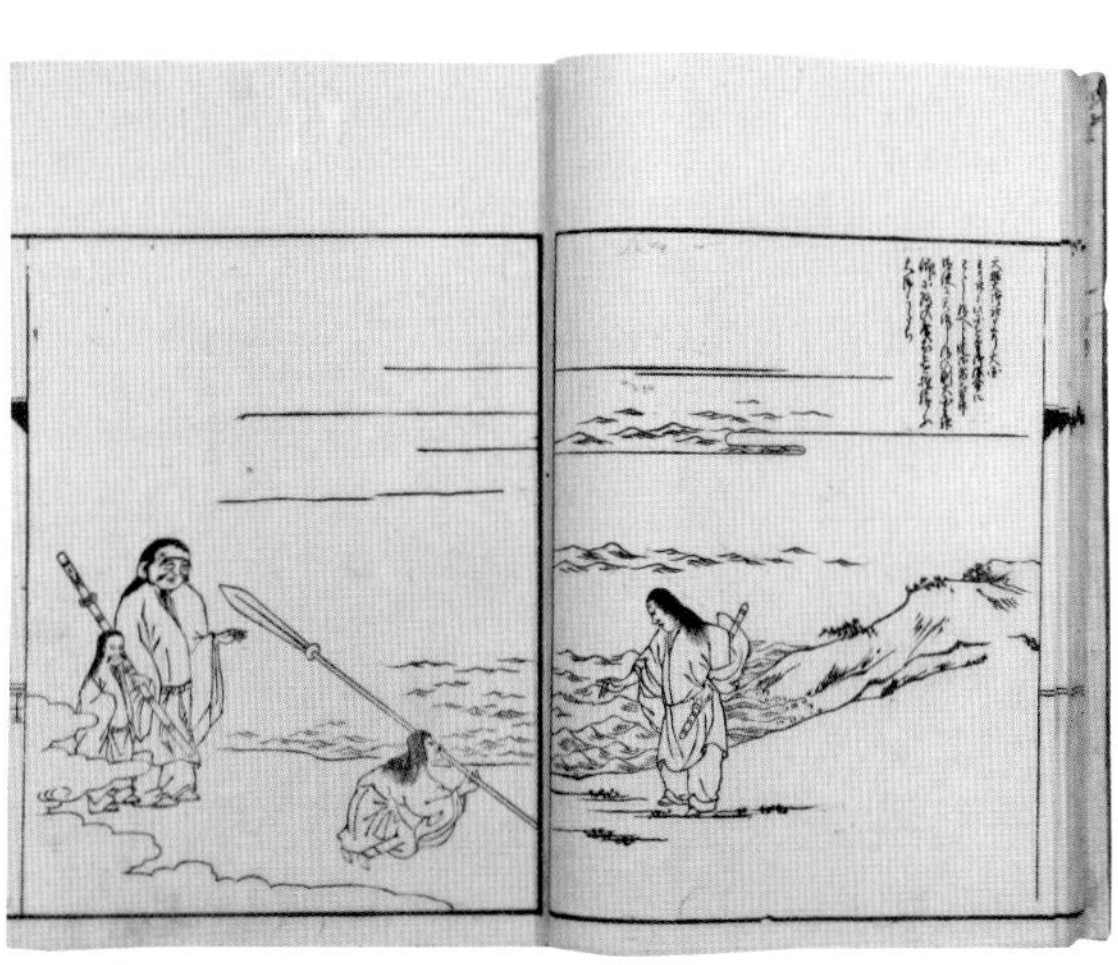

100[2]　神代正語常磐草　下　当館蔵

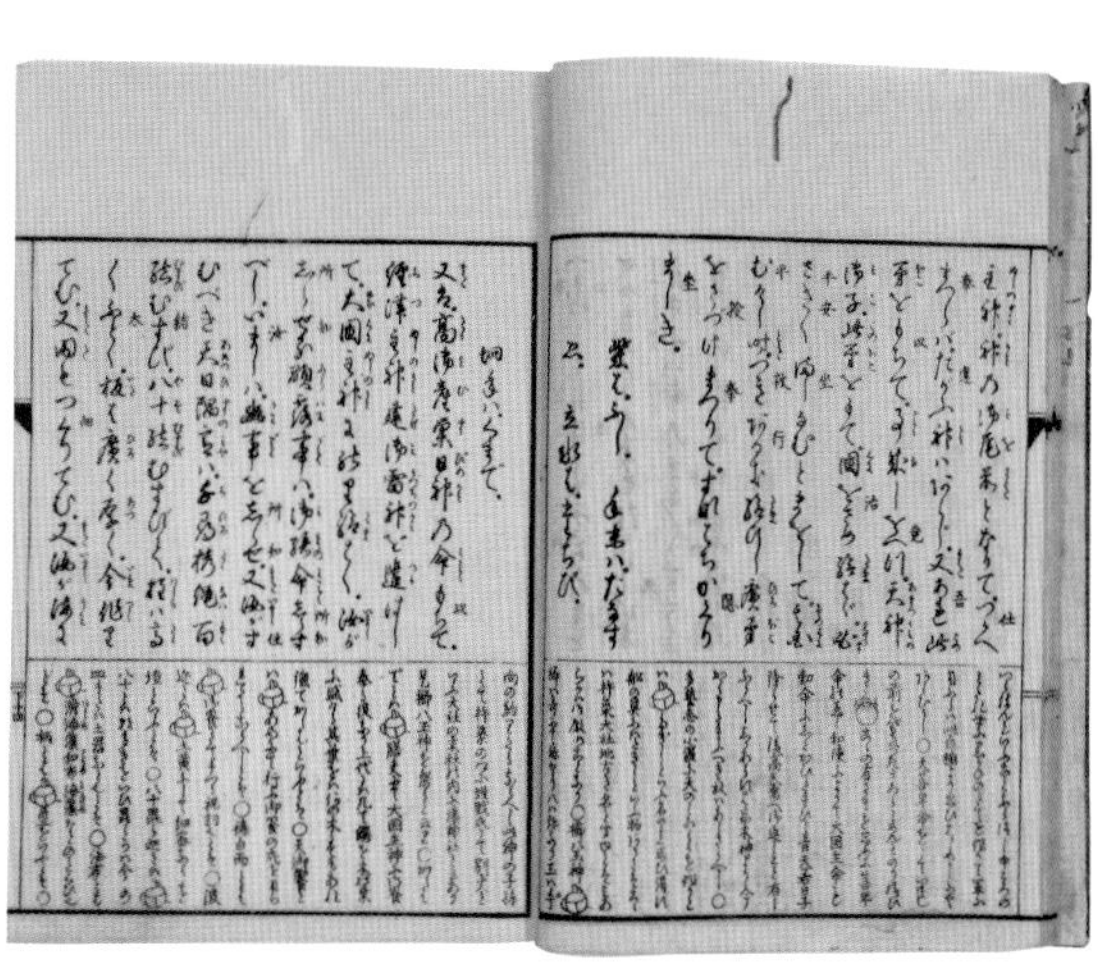

100[1]　神代正語常磐草　下　当館蔵

平《ひら》田《た》篤胤《あつたね》（一七七六―一八四三）

江戸時代後期の国学者。文化《ぶんか》二年（一八〇五）に本居春庭（宣長の長男）に入門し、宣長の著作などを通じて、宣長の国学を学んだ。しかし、同八年、『古事記』のみではなく『日本書紀』などさまざまな書籍を通じ、日本の古伝を確定すべきものと捉えるようになった。また、異界にも強い関心を示し、死後の魂の行方について精力的に研究した。

篤胤の国学（平田国学）は地方の神職層・豪農層を中心に広がり、幕末から明治の思想界に大きな影響を与えている。

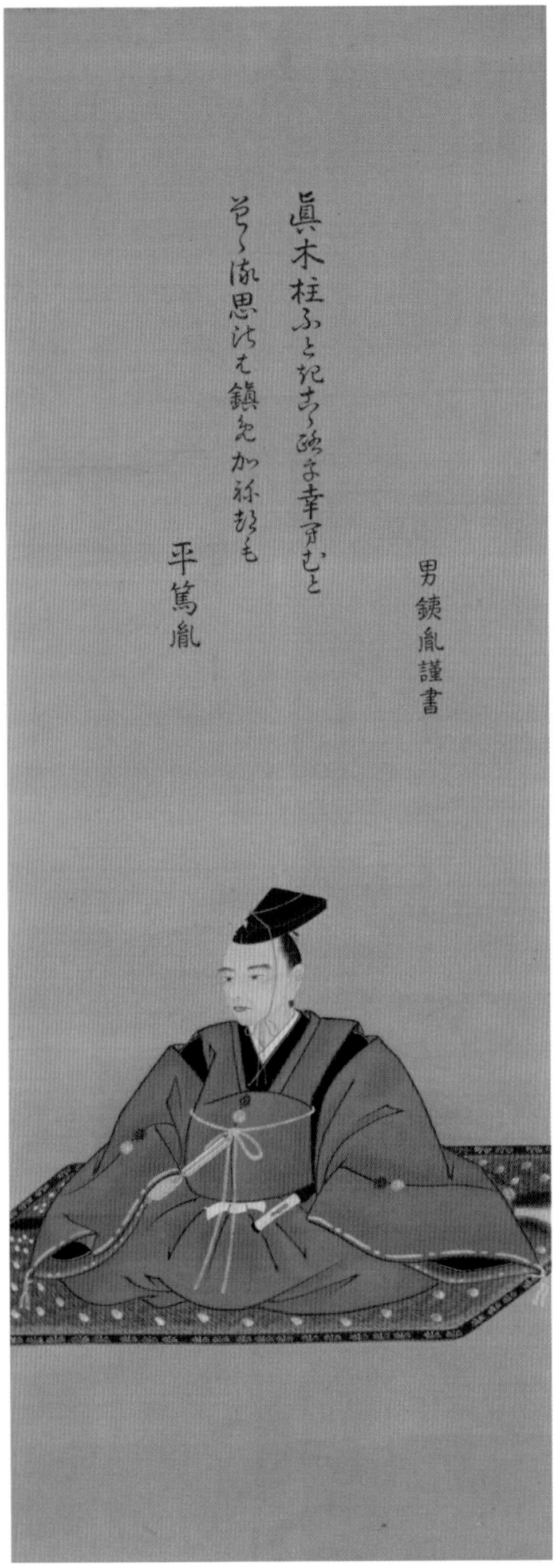

101　平田篤胤像　平田銕胤　当館蔵

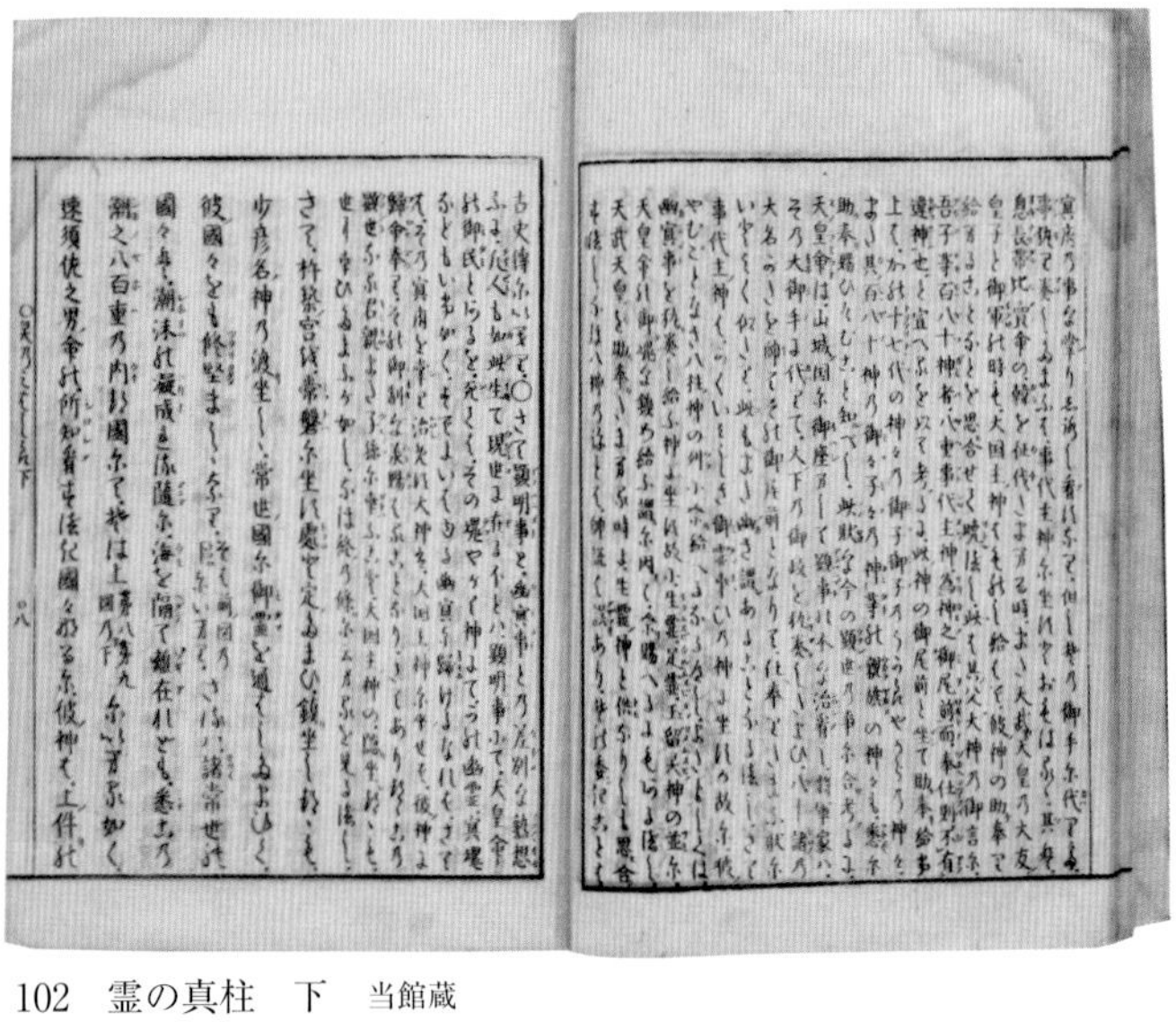

102　霊の真柱　下　当館蔵

六人部是香《むとべよしか》（一七九八―一八六三）

幕末の平田派の国学者で、向日《むこう》神社神職。文政《ぶんせい》六年（一八二三）に平田篤胤に入門し、篤胤の「幽冥」の規定に影響を受けながらも、神社神職としての立場から各地の産須那《うぶすな》（産土）神社が氏子の生命、財産、死後の霊魂にいたる一切をつかさどるという姿勢をとった。

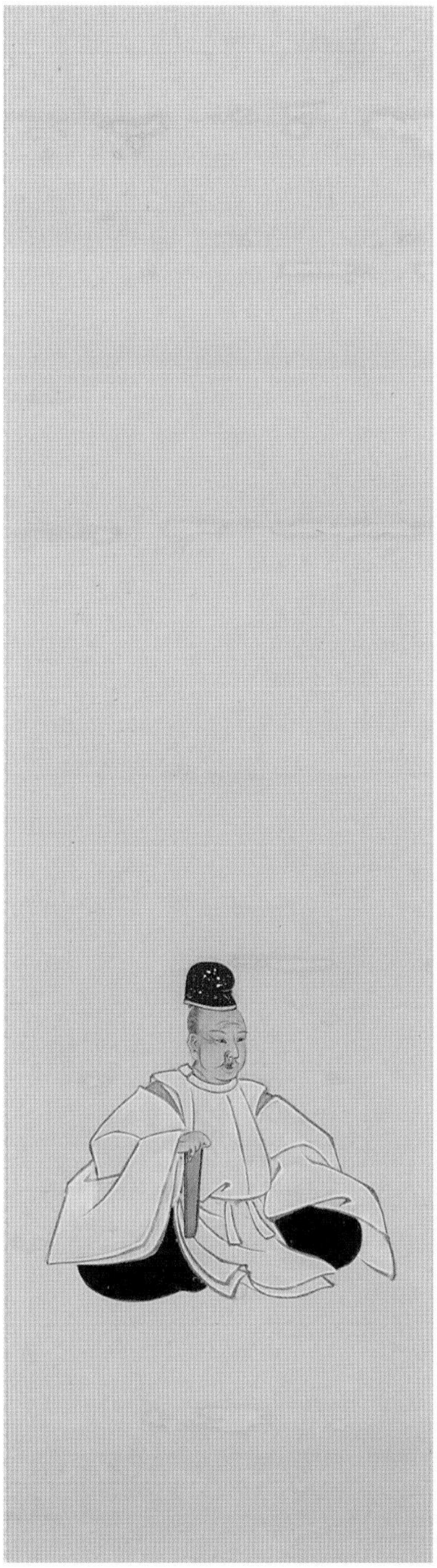

103　六人部是香像
向日神社蔵　写真提供：向日市文化資料館

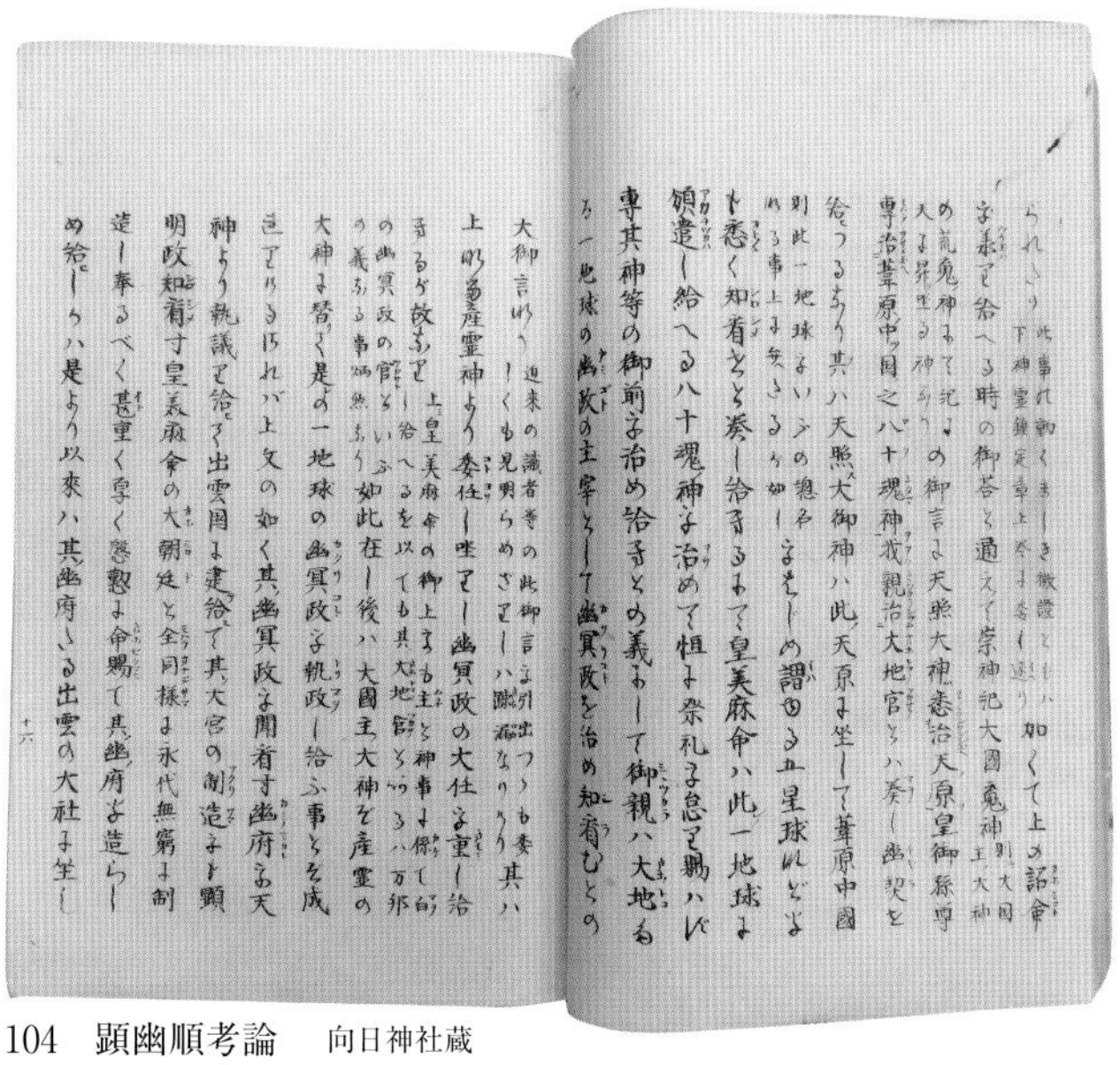

104　顕幽順考論　向日神社蔵

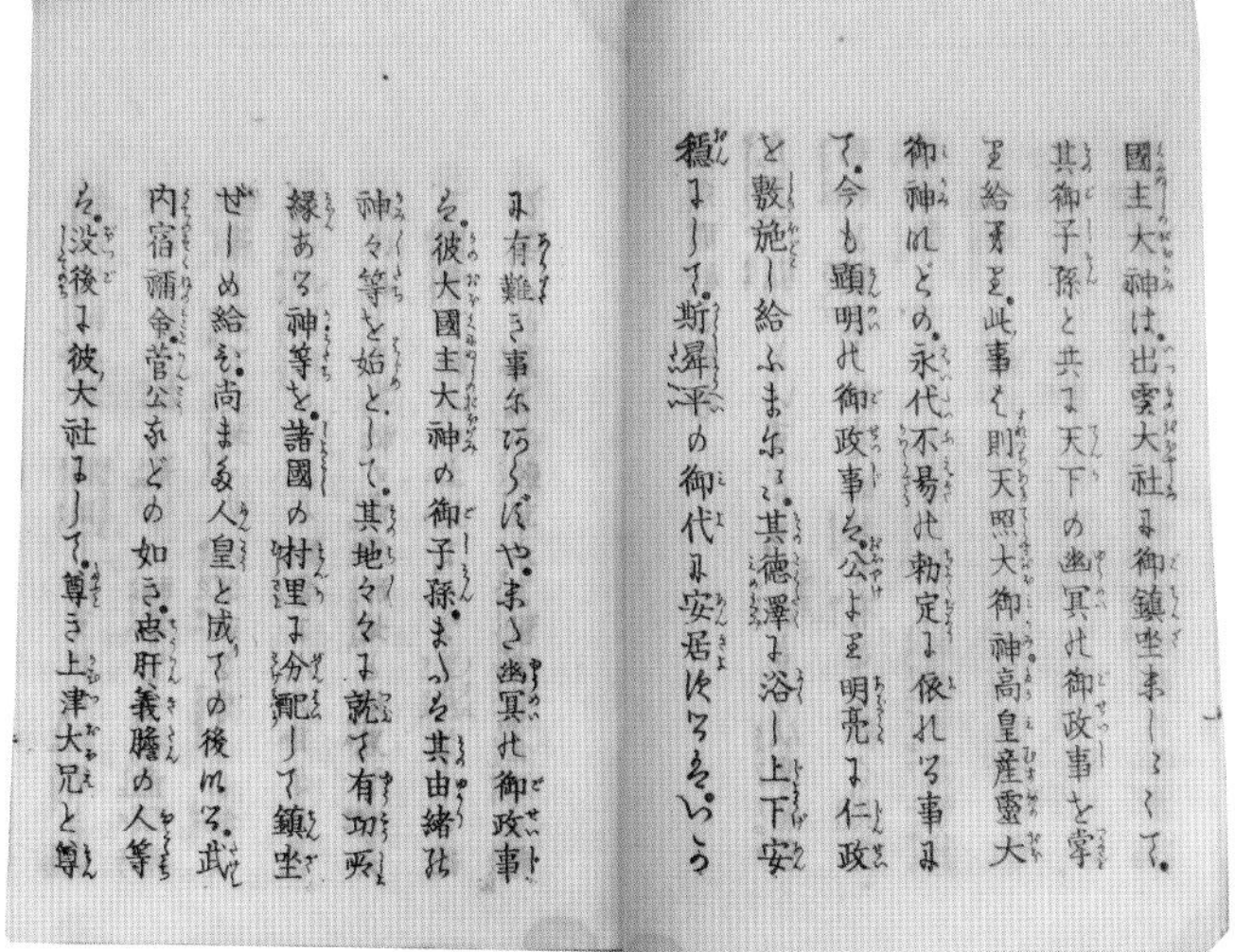

105　産須那社古伝抄　向日神社蔵

幽顕

『日本書紀』巻二神代下の第九段は出雲ゆかりの「国譲り神話」である。大己貴神《おおあなむちのかみ》（大国主神）の治める葦原中国《あしはらのなかつくに》に派遣された経津主神《ふつぬしのかみ》と武甕槌神《たけみかづちのかみ》が、大己貴神に国譲りを迫ったところ、子である事代主神《ことしろぬしのかみ》に尋ねたうえで返事すると回答したので、事代主神のもとに使者を遣わし、事代主神から国譲りの同意を取りつけ、その結果、大己貴神は経津主神・武甕槌神の二神に対し、天神に国を譲る旨を述べ、隠れたというのが第九段本文に記されている。その異伝ともいうべき一書第二には、国を譲るように求められた大己貴神は、見返りとして自らが住む天日隅宮《あめのひすみのみや》を築いてもらい、皇孫が「顕露（之）事」をつかさどるのに対し、自身は「神事」「幽事」をつかさどることになったとみえる。この「幽事」と「顕露事」、すなわち幽顕が何を指すのか、さまざまな解釈が施されている。

例えば、本居宣長《もとおりのりなが》は、「顕」を人間の目にみえること、すなわち政治、「幽」を人間の目にはみえないこと、すなわち神のわざと捉え、出雲大社の御師《おし》とされる佐々誠正《ささもちまさ》は、「顕」とはこの世の政治、「幽」とは皇統の守護のために祭祀を行うことと解し、千家俊信《せんげとしざね》は、「顕」とは天皇が治める政事、「幽」とは人の生死や季節の移り変わりなど、誰がなすともなしに万事なることと理解する。

そして、このようなさまざまな理解がみられるなかで、幽を主宰するオオアナムチ（オオクニヌシ）を主祭神とする出雲大社だからこそ、そこに神々が集うという意識が醸成されていったといえるのである。

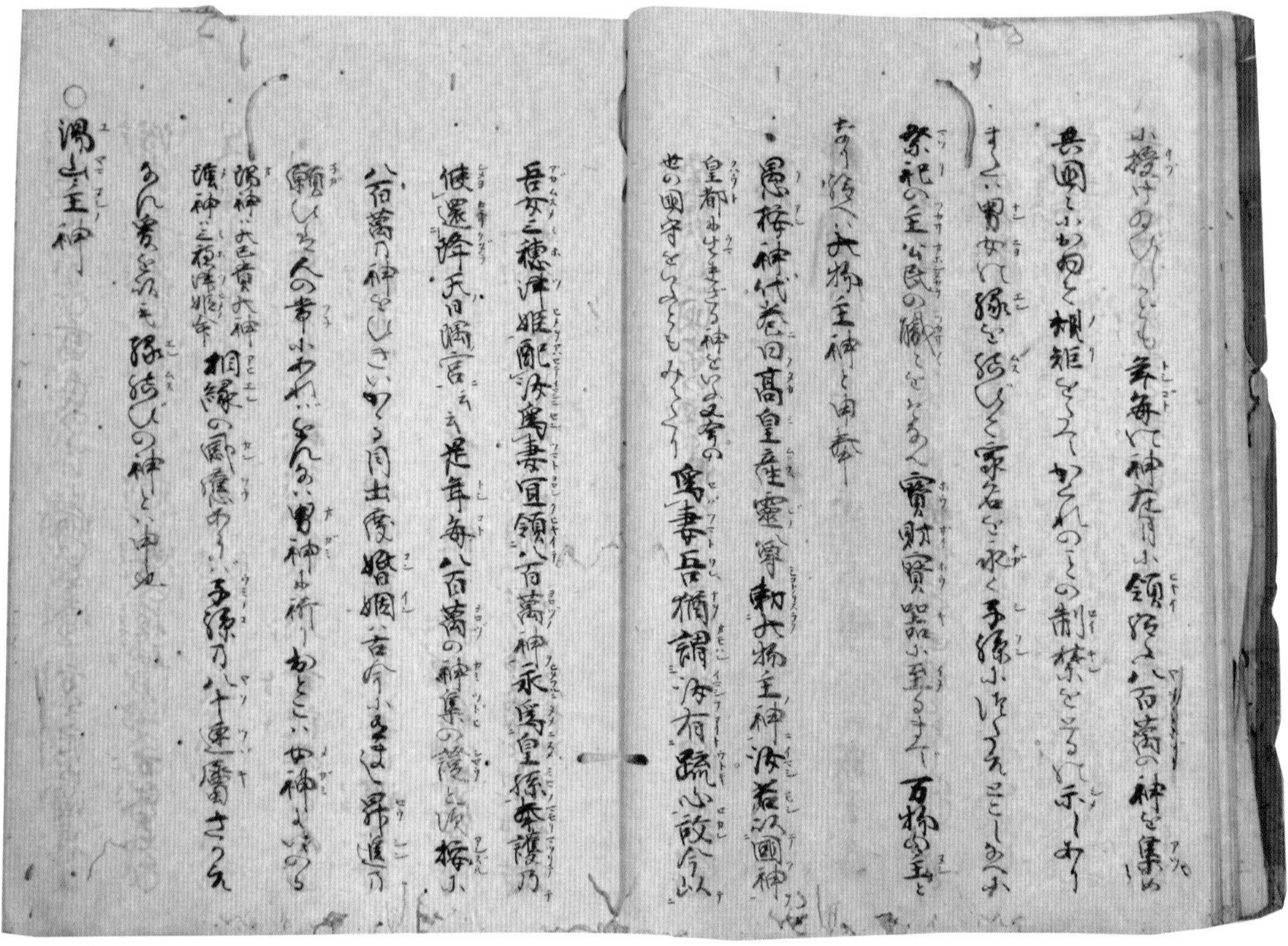

107　大社幽冥誌　巻一　千家家蔵

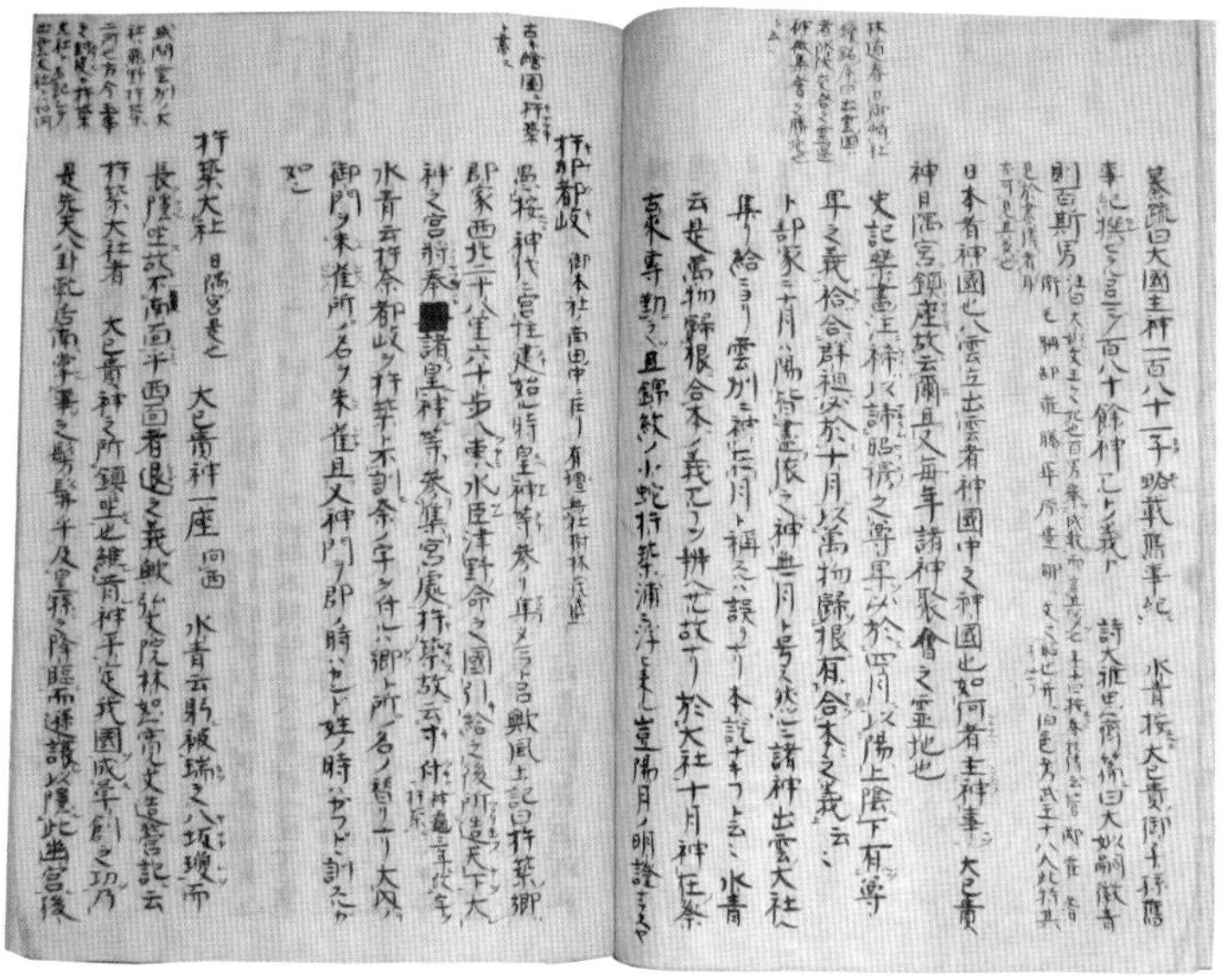

106 出雲水青随筆（複製） 当館蔵

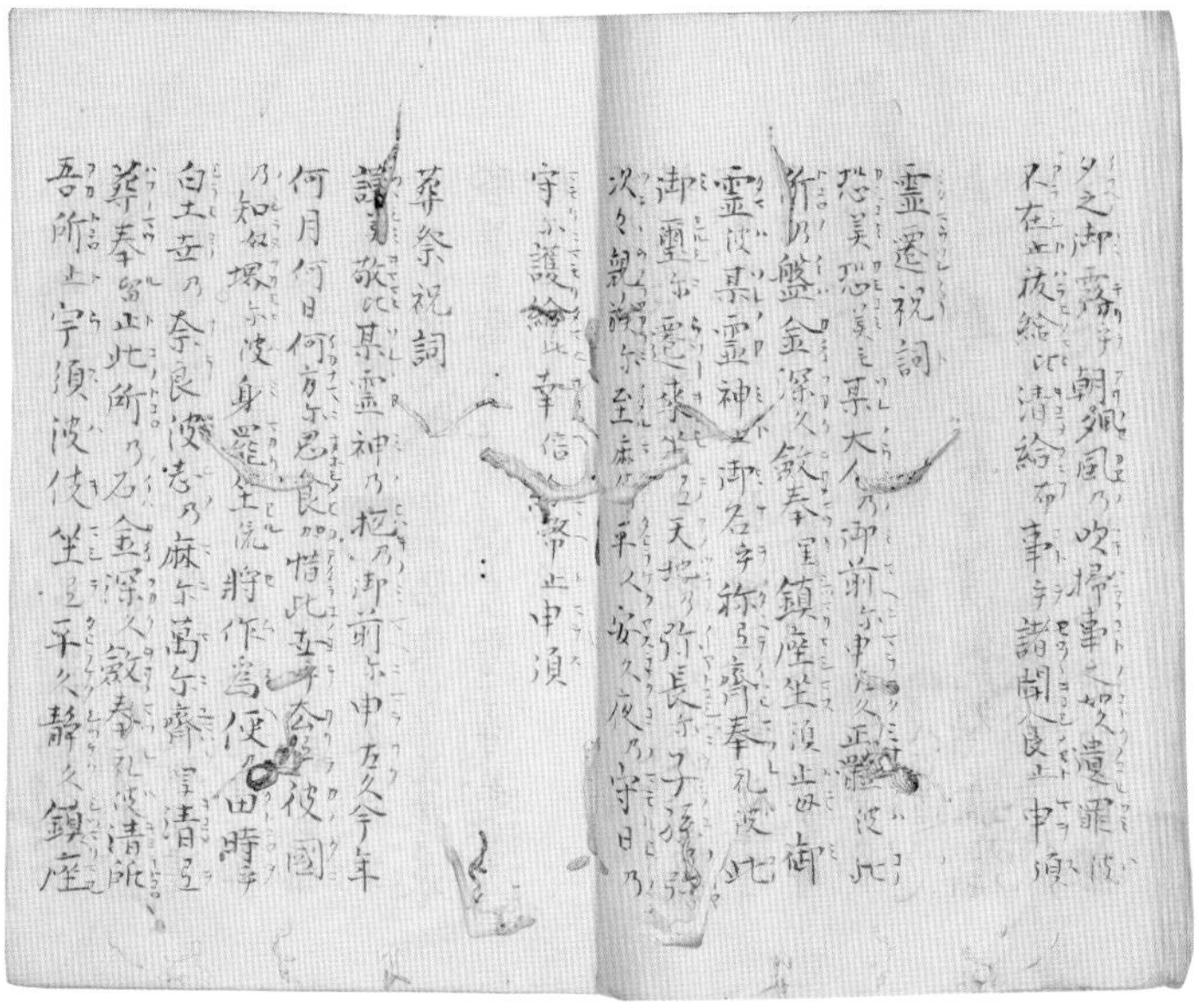

108［1］ 神葬祭書記（神葬祭式） 出雲大社教蔵

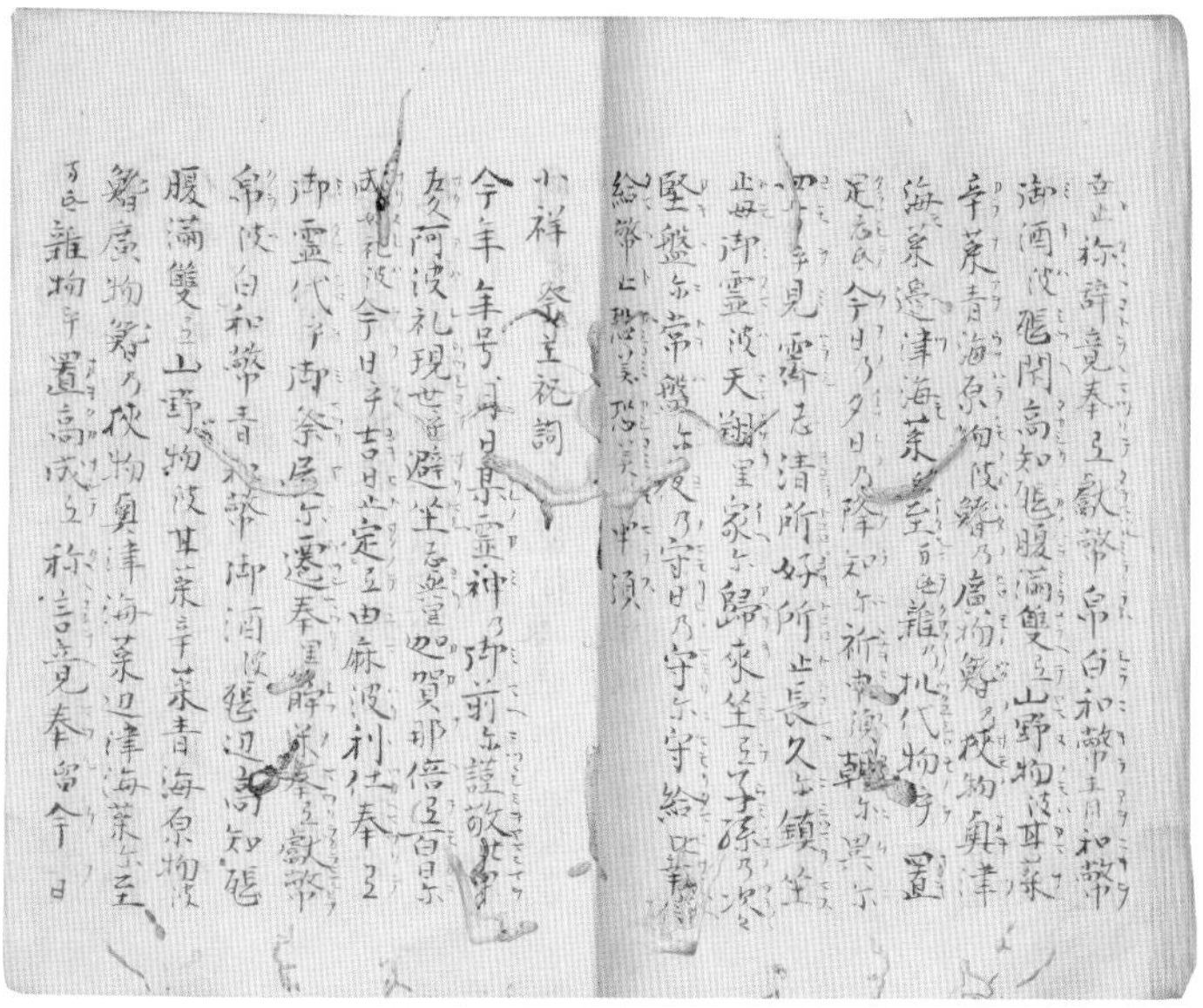

108［2］ 神葬祭書記（神葬祭式） 出雲大社教蔵

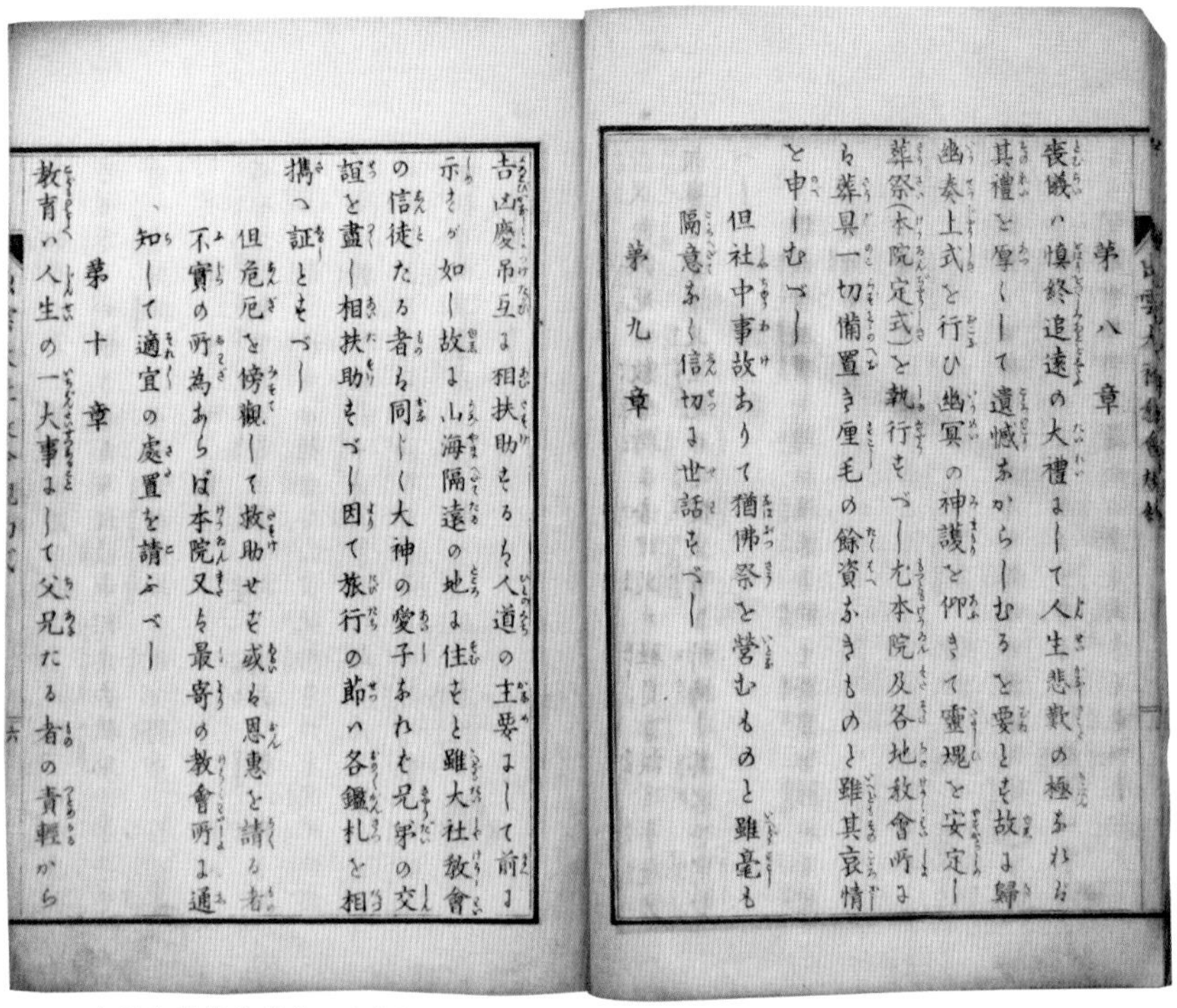
第八章
喪儀ハ慎終追遠の大禮にして人生悲歎の極なれバ其禮を厚くして遺憾なからしむるを要とす故に帰幽奏上式を行ひ幽冥の神護を仰ぎて靈魂を安定し葬祭(本院定式)を執行すべし尤本院及各地教會所にも葬具一切備置き厘毛の餘資なきものと雖其哀情を申しむべし
但社中事故ありて猶佛祭を營むものと雖毫も隔意なく信切に世話すべし
第九章
吉凶慶弔互に相扶助するは人道の主要にして前にも示すが如し故に山海隔遠の地に住すと雖大社教會の信徒たる者は同じく大神の愛子なれば兄弟の交誼を盡し相扶助すべし因て旅行の節ハ各鑑札を相携へ証とすべし
但危厄を傍觀して救助せざるは恩恵を請る者の不實の所為なれば本院又は最寄の教會所に通知して適宜の處置を請ふべし
第十章
教育は人生の一大事にして父兄たる者の責輕から

109　出雲大社教会規約　当館蔵

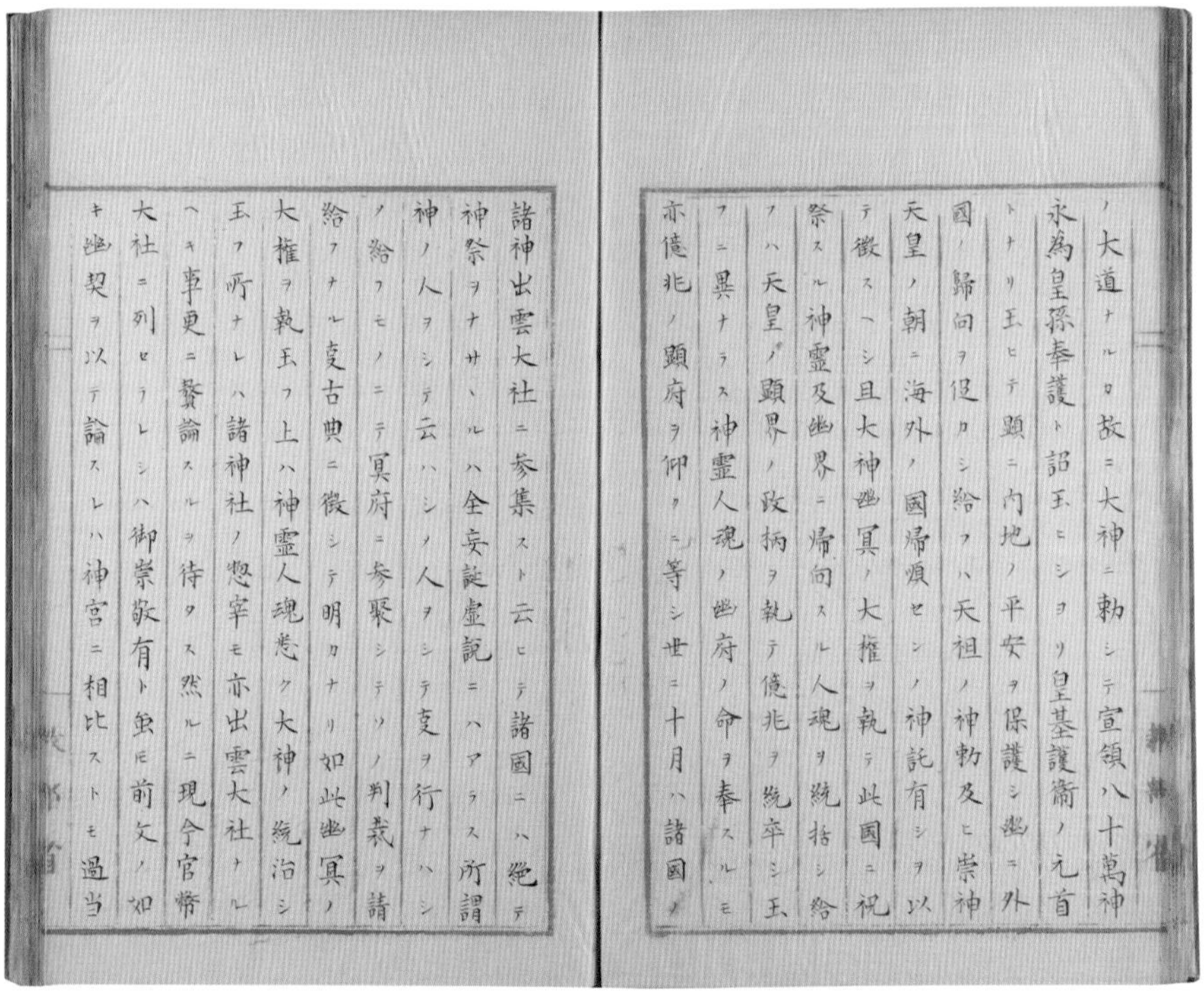
ノ大道ナルカ故ニ大神ニ勅シテ宣領八十萬神永為皇孫奉護ト詔玉ヒシヨリ皇基護衛ノ元首トナリ玉ヒテ顕ニ内地ノ平安ヲ保護シ幽ニ外國ノ歸向ヲ促カシ給フハ天祖ノ神勅及ヒ崇神天皇ノ朝ニ海外ノ國帰順セシノ神託有シヲ以テ徴スヘシ且大神幽冥ノ大権ヲ執テ此國ニ祝祭スル神靈及幽界ニ帰向スル人魂ヲ統括シ給フハ天皇ノ顕界ノ政柄ヲ執テ億兆ヲ統卒シ玉フニ異ナラス神靈人魂ノ幽府ノ命ヲ奉スルモ亦億兆ノ顕府ヲ仰クニ等シ世ニ十月ハ諸國ノ
諸神出雲大社ニ参集スト云ヒテ諸國ニハ絶テ神祭ヲナサヽルハ全妄誕虚説ニハアラス所謂神ノ人ヲシテ云ハシメ人ヲシテ事ヲ行ナハシメ給フナルモノニテ冥府ニ参聚シテソノ判裁ヲ請給フナル事古典ニ徴シテ明カナリ如此幽冥ノ大権ヲ執玉フ上ハ神霊人魂悉ク大神ノ統治シ玉フ所ナレハ諸神社ノ惣宰モ亦出雲大社ナルヘキ事更ニ贅論スルヲ待タス然ルニ現今官幣大社ニ列セラレシハ御崇敬有ト雖モ前文ノ如キ幽契ヲ以テ論スレハ神宮ニ相比ストモ過当

(参考)社寺取調類纂　一八五冊　(出雲大社大宮司千家尊福社格之儀ニ付願之件)
国立国会図書館蔵　写真提供:国立国会図書館

出雲国造千家尊福《せんげたかとみ》(1845—1918)が、出雲大社大宮司を継いだ(明治5年1月)直後の9月2日(出雲大社に残る資料では8月25日)に、教部省に提出した出雲大社の昇格願。オオクニヌシに天下大造の功業があり、「幽事」主宰の職掌においては神祇中の統領で、崇敬も伊勢神宮に並ぶべきものであるということ、また天下の治要は「幽顕《ゆうけん》」の二道にあり、「幽事」を疎かにはできないなどの点から、出雲大社を諸官社の上位に定めてほしいということなどが述べられている。また、「幽界」に帰す死後の魂を統括しているのがオオクニヌシであることも記されている。出雲大社において、オオクニヌシが「幽冥」を主宰し、死後の魂が「幽冥」に帰すと明確に述べたのは、現在確認できるところでは、この昇格の請願が最初である。

VI 自重館文庫の世界

自重館《じちょうかん》文庫

上官北島孝起《のりおき》が安永《あんえい》八年（一七七九）に先の国造北島道孝《みちのり》の孫である家孝（のちの国造惟孝《ただのり》）に垂加神道を伝授したあと、父である孝廉《のりかど》や孝起自身のもっていた書籍などを北島国造家の御文庫に奉納したのが、自重館文庫のもととなったとされる。文庫名の「自重」は寛文《かんぶん》七年（一六六七）五月七日付「霊元天皇綸旨《りんじ》」（「永宣旨《ようせんじ》」）に「出雲国造は本より寿詞を奏し、恒に潔敬を異にし、神のために自重す」とあるのにちなむものと考えられ、文庫が大切に伝えられてきたことをうかがわせる。

　自重館文庫に伝わる神道書群は、近世において大社周辺で神道研究が熱心に行われ、そのなかで『日本書紀』が研究されてきたことを示す、貴重なものといえよう。

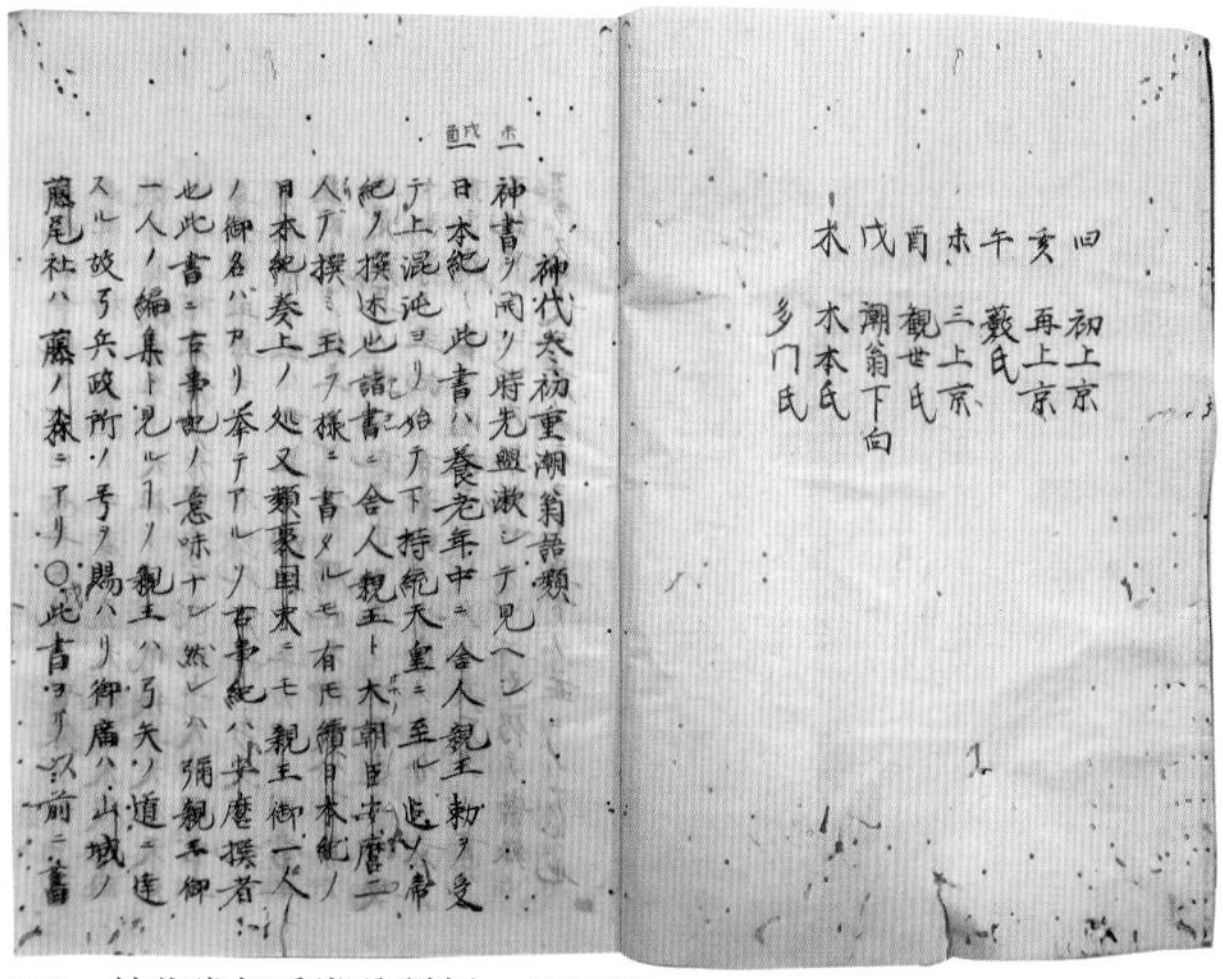

110　神代巻初重潮翁語類　北島家蔵

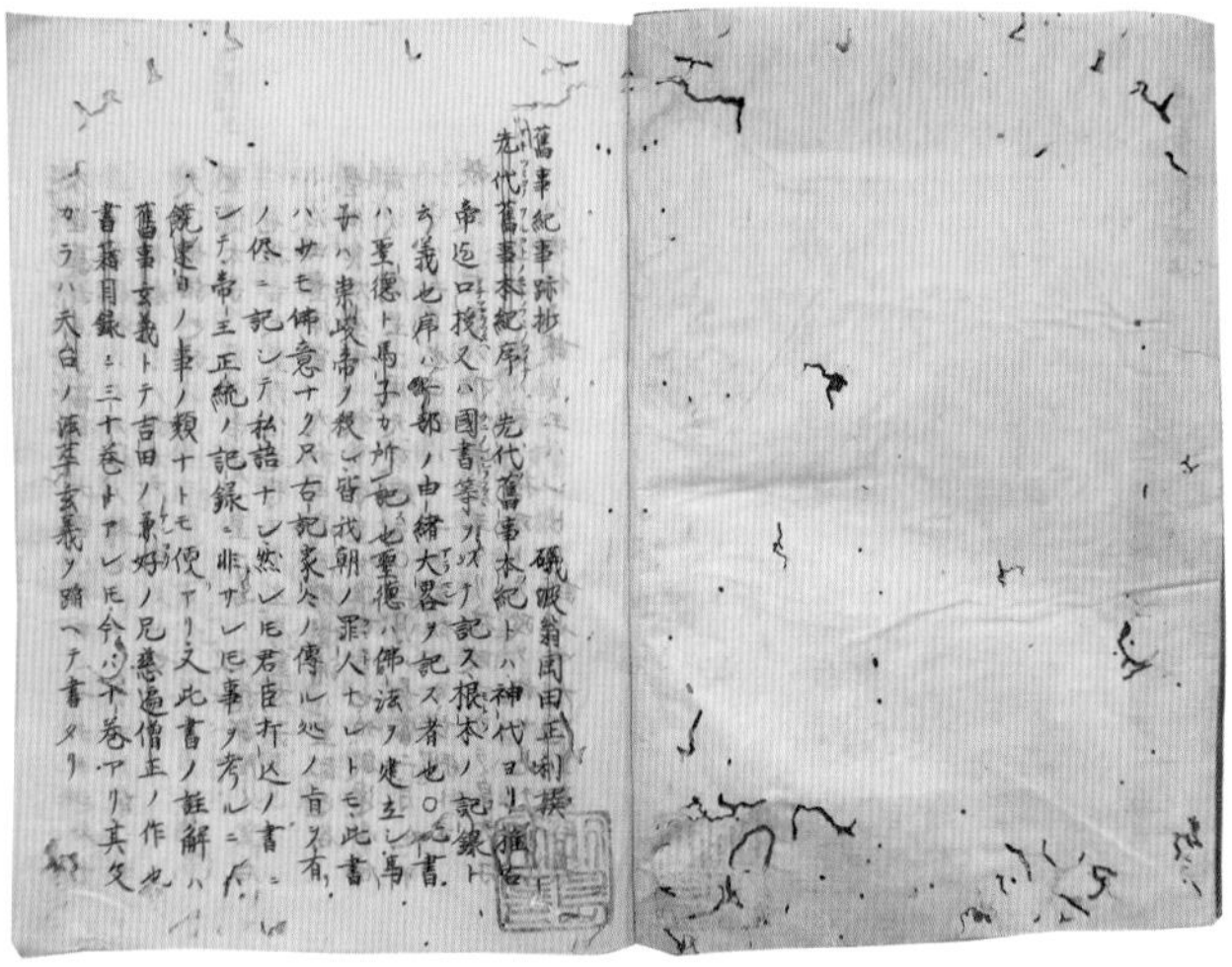

111［2］　旧事本紀事跡鈔　北島家蔵

111［1］　旧事本紀事跡鈔　北島家蔵

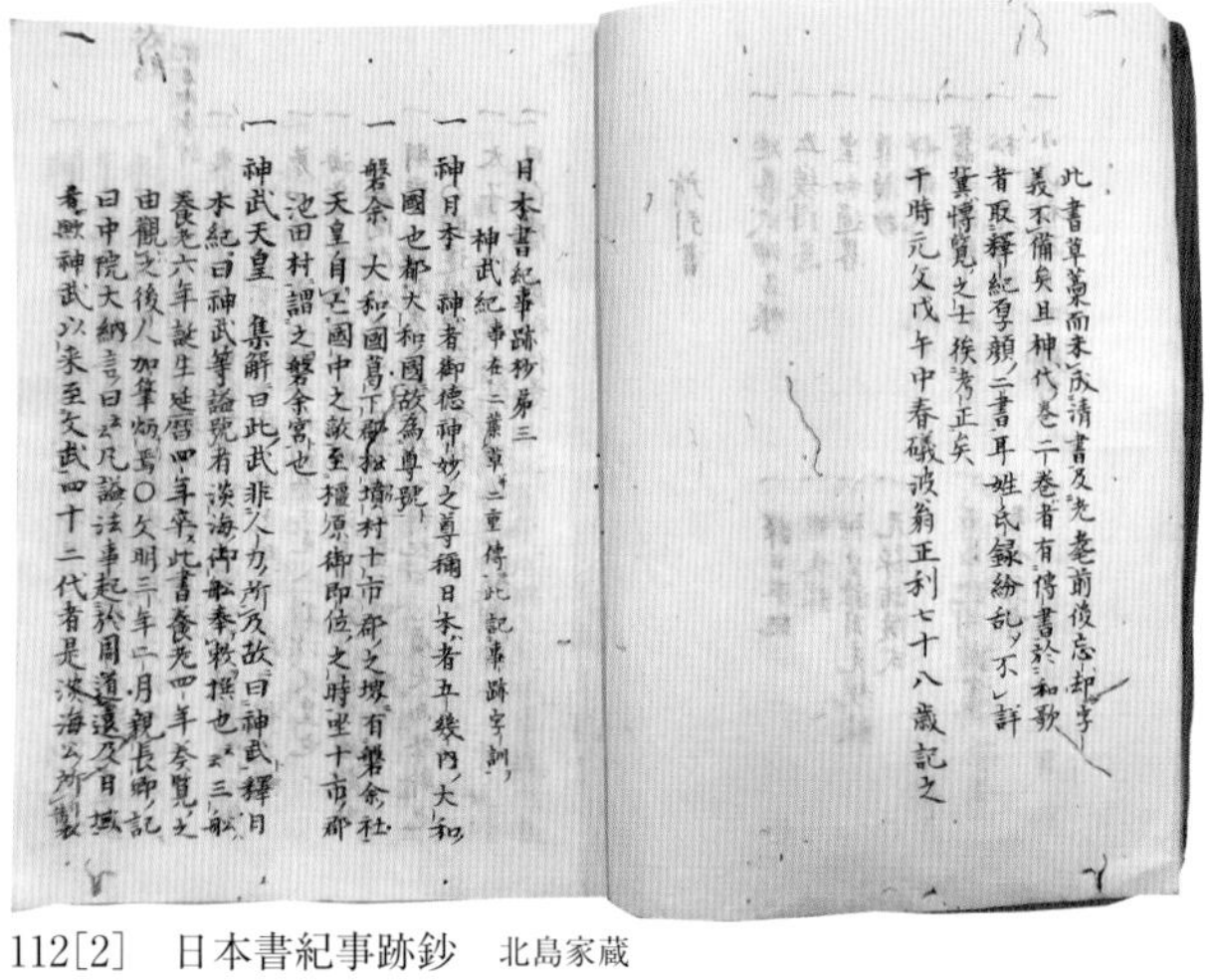

112［2］　日本書紀事跡鈔　北島家蔵

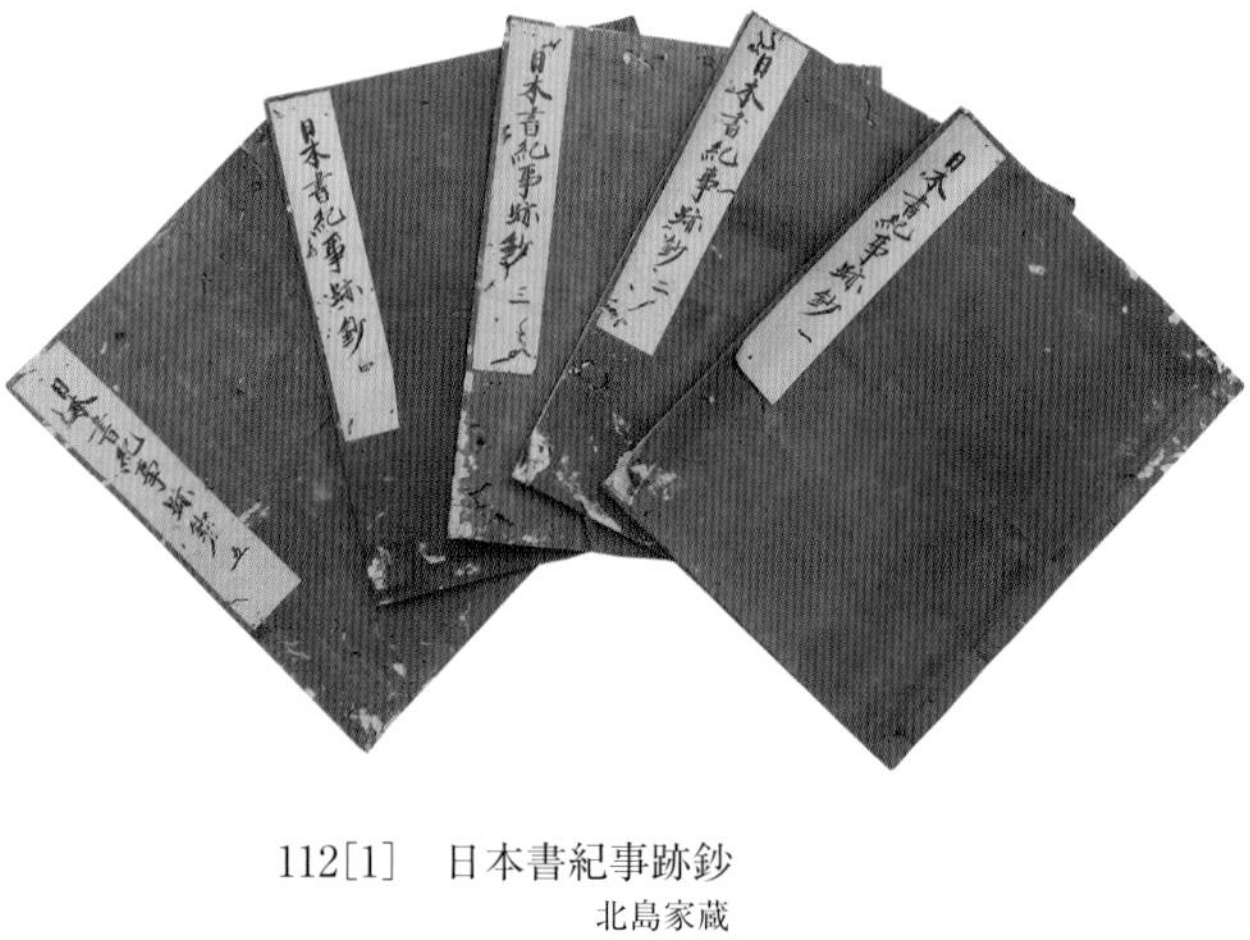

112［1］　日本書紀事跡鈔　北島家蔵

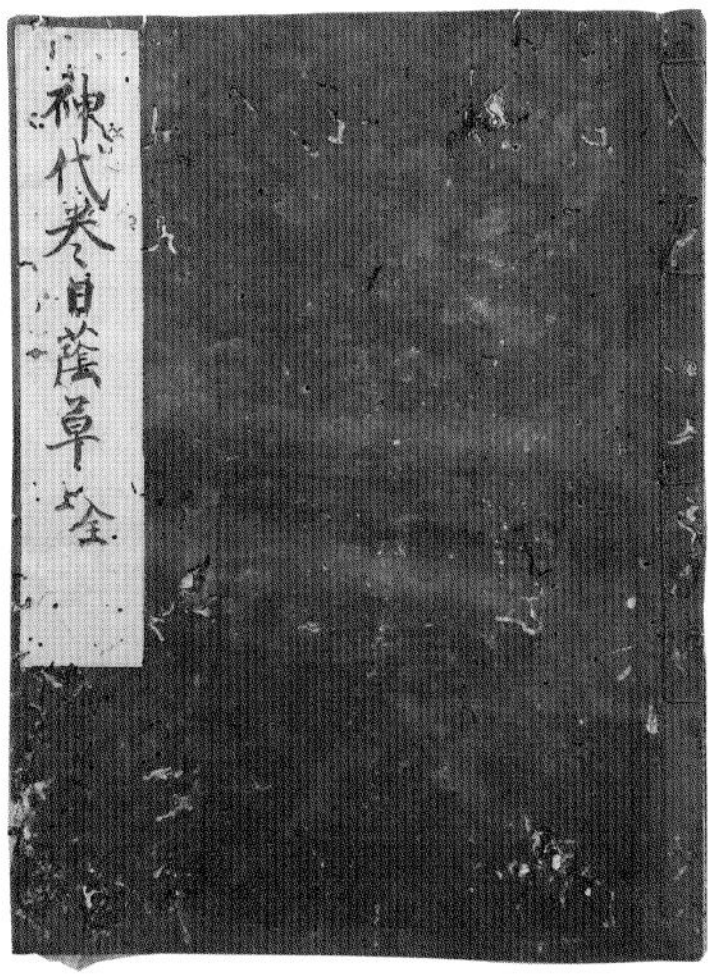

113[1]　神代巻日蔭草　表紙　北島家蔵

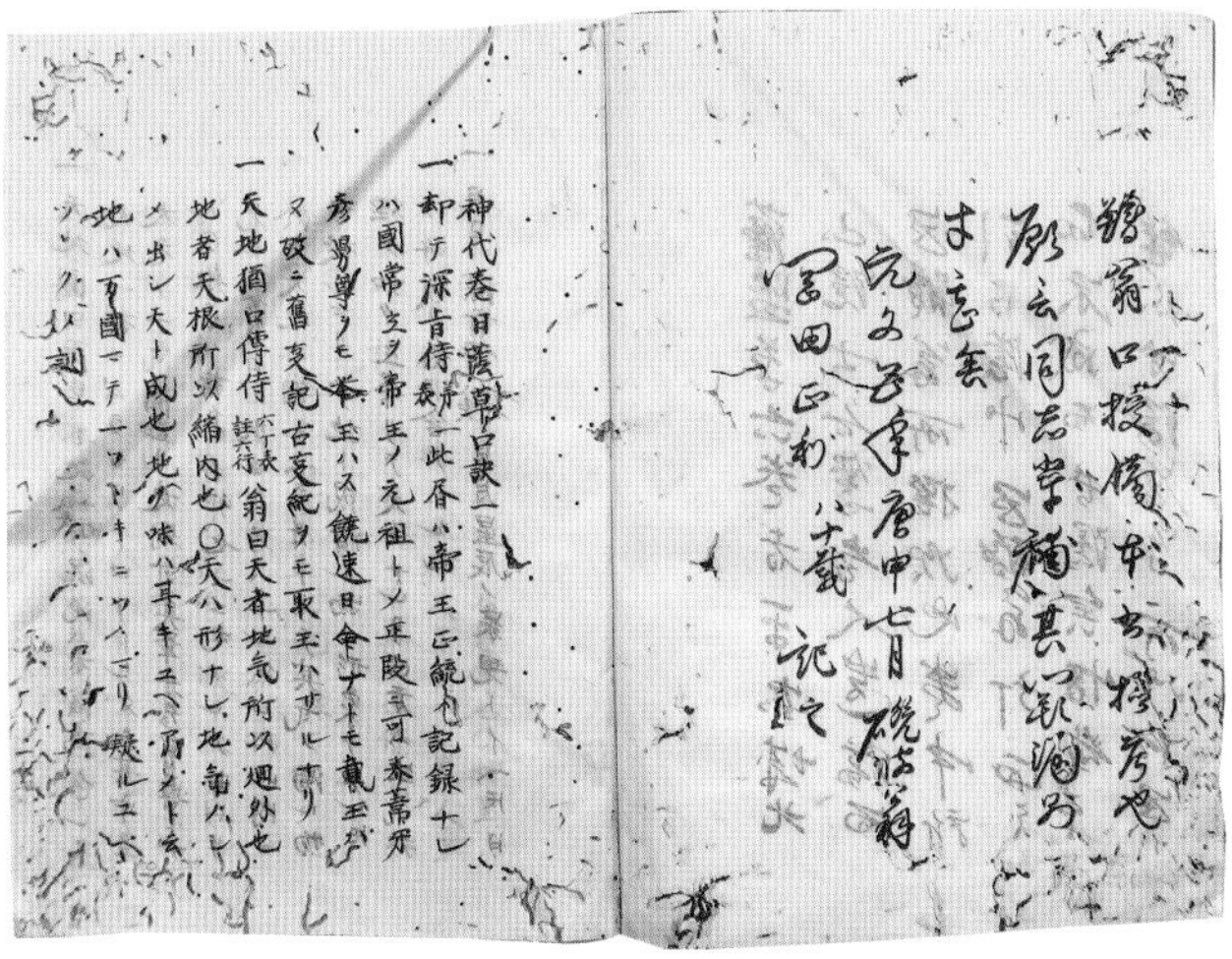

113[2]　神代巻日蔭草　北島家蔵

114[1]　日本書紀通証　北島家蔵

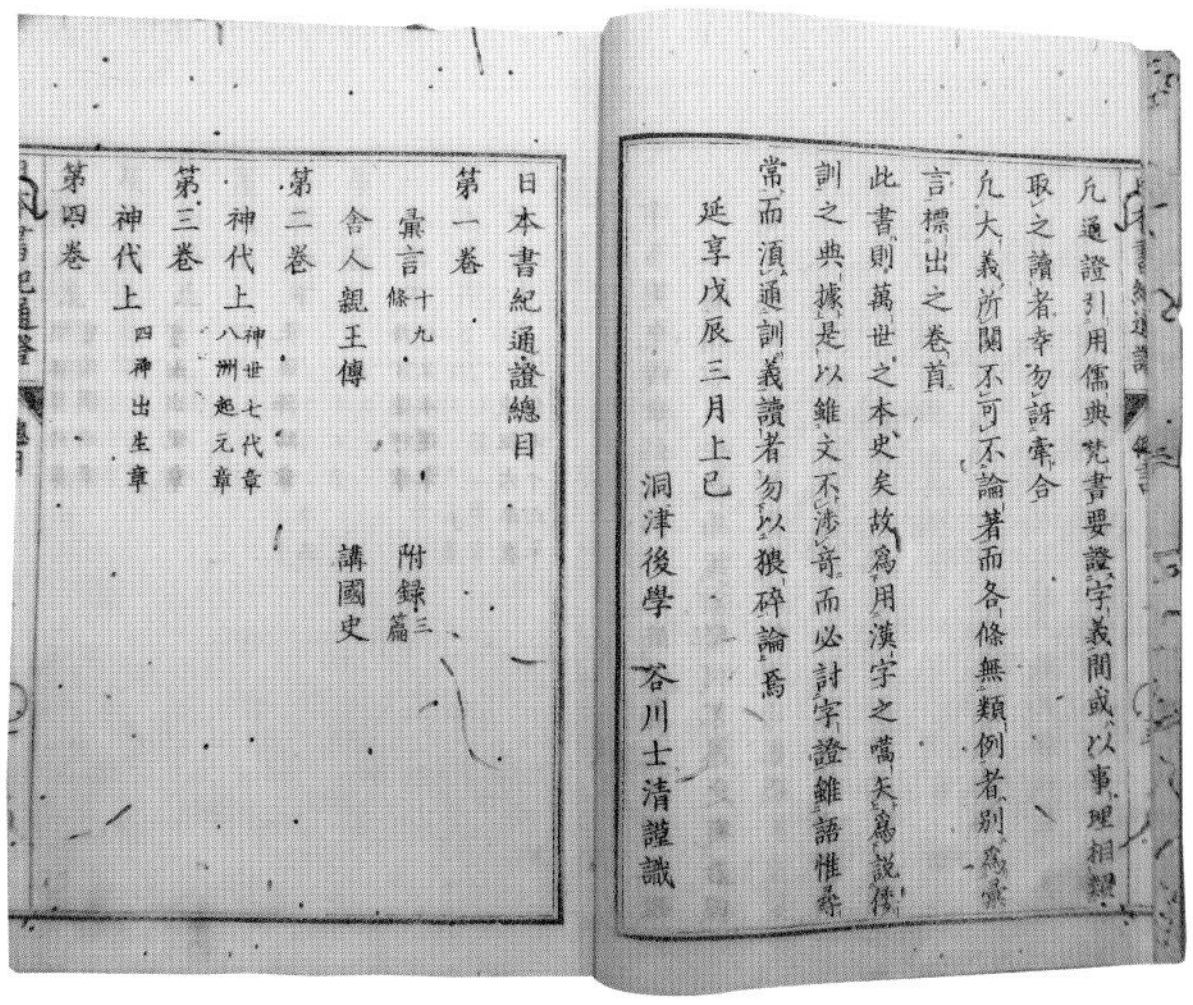

114[2]　日本書紀通証　巻一　北島家蔵

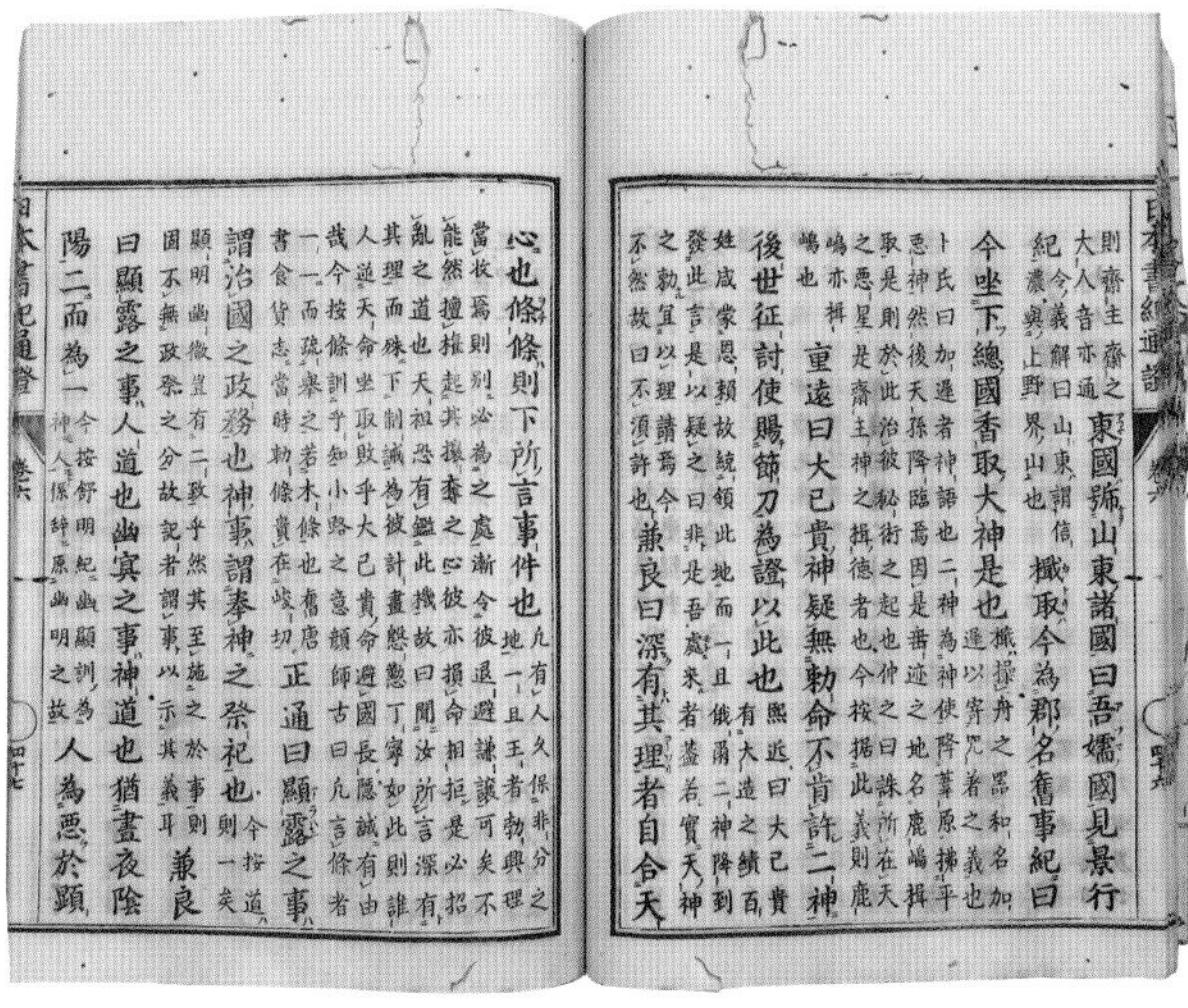

114[3]　日本書紀通証　巻六　北島家蔵

115[1]　先代旧事本紀大成経　北島家蔵

先代旧事本紀大成経

延宝《えんぽう》七年（一六七九）、江戸の戸嶋惣兵衛により刊行された、聖徳太子撰と称した神道書。神儒仏一致の立場をとり、当時、学者や僧侶を中心に信奉された。しかし、志摩の伊雑宮《いざわのみや》を天照大神の本宮とする主張は、伊勢神宮神職らに危険視され、彼らが幕府に訴えた結果、刊行から二年後の天和《てんな》元年（一六八一）に幕府は本書を偽書とみなし、回収した。そのため、版本はほとんど現存しておらず、自重館文庫に全巻揃いで伝わっている本書は大変貴重なものといえる。

115[3]　先代旧事本紀大成経　箱蓋裏書　北島家蔵

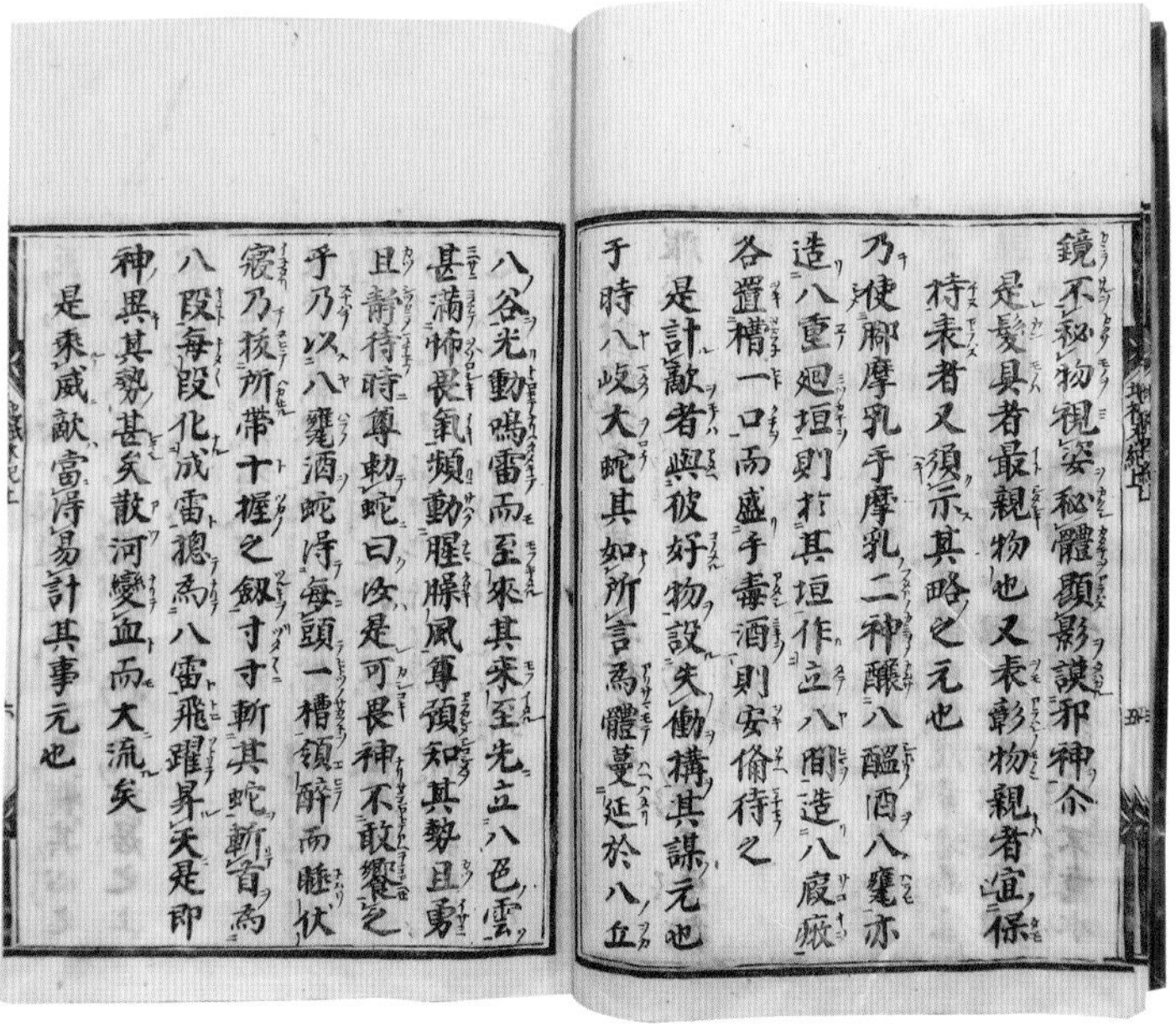

115[2]　先代旧事本紀大成経　巻一一　北島家蔵

Ⅶ

国譲り神話

―諸手船神事・青柴垣神事・出雲神楽―

国譲り神話

『日本書紀』巻二神代下や『古事記』上巻には出雲ゆかりの神話・伝承として国譲り神話が収められている。葦原中国《あしはらのなかつくに》に派遣されたタケミカヅチらがオオアナムチ（オオクニヌシ）に国譲りを迫り、オオアナムチの子であるコトシロヌシらの同意を取りつけ、最終的にオオアナムチが天神に国を譲るという内容の神話である。この国譲り神話をモチーフとしたものに美保神社で行われる諸手船《もろたぶね》神事・青柴垣《あおふしがき》神事、出雲神楽の演目「荒神《こうじん》」などがある。

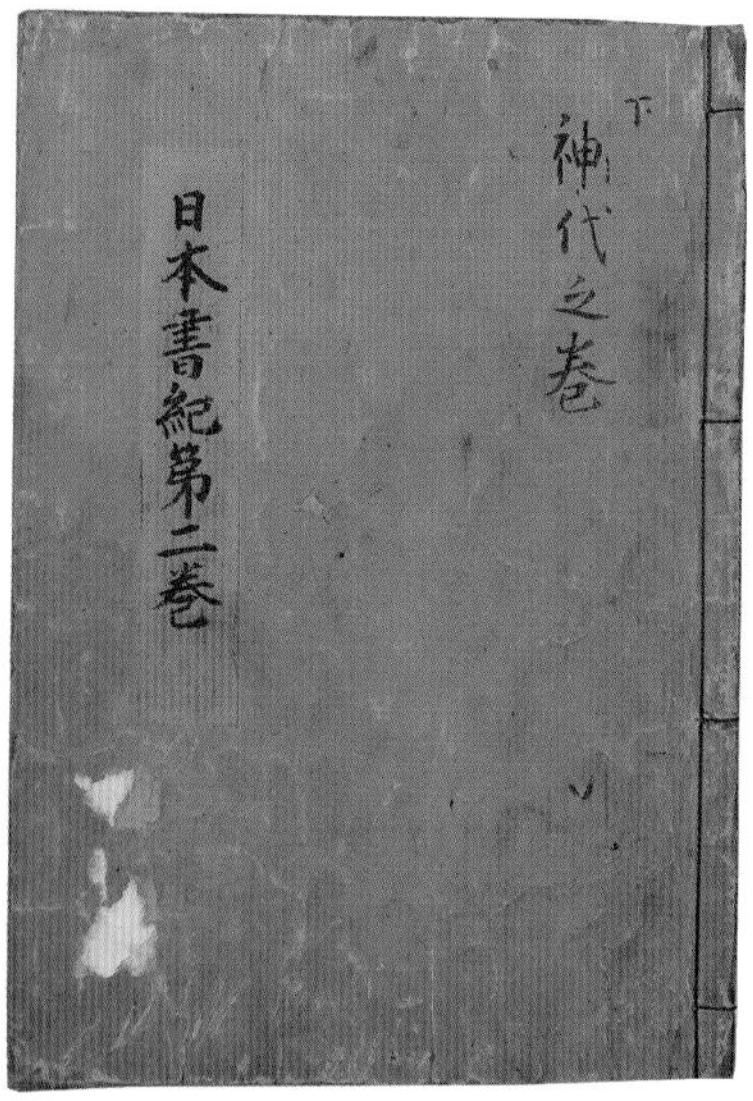

116［1］　日本書紀　巻二　表紙　当館蔵

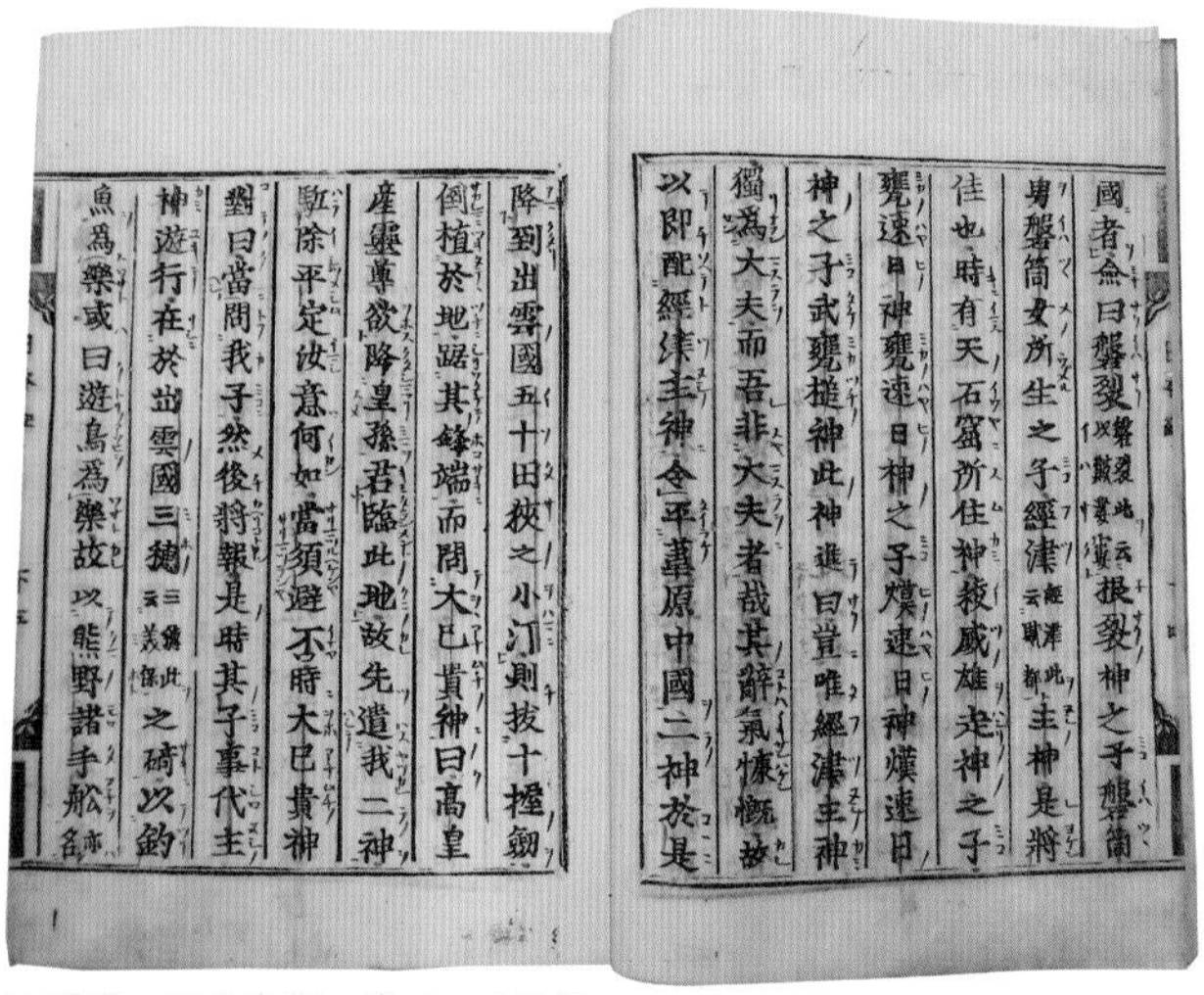
116［2］　日本書紀　巻二　当館蔵

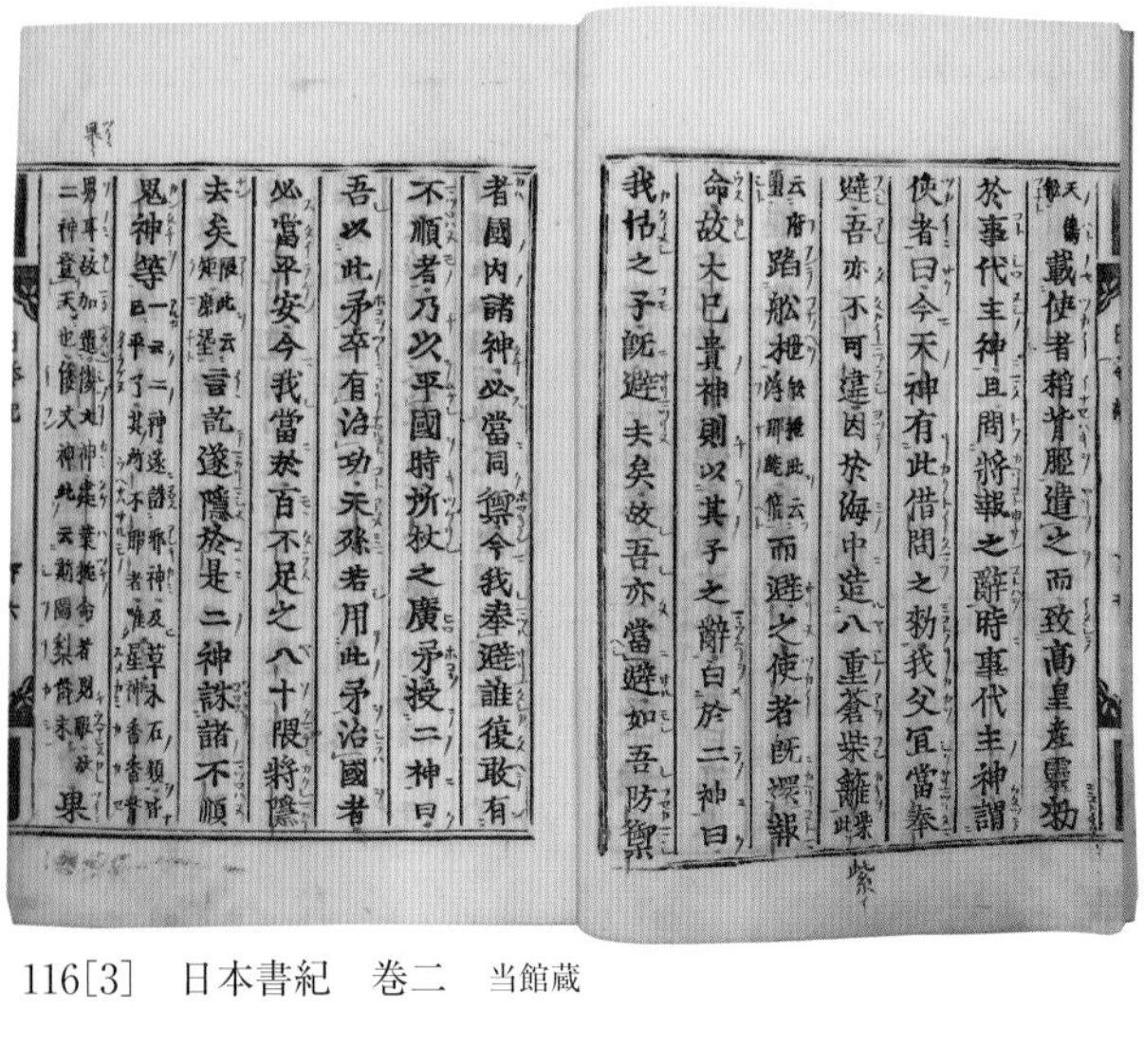
116［3］　日本書紀　巻二　当館蔵

117[1]　古事記　上　表紙　当館蔵

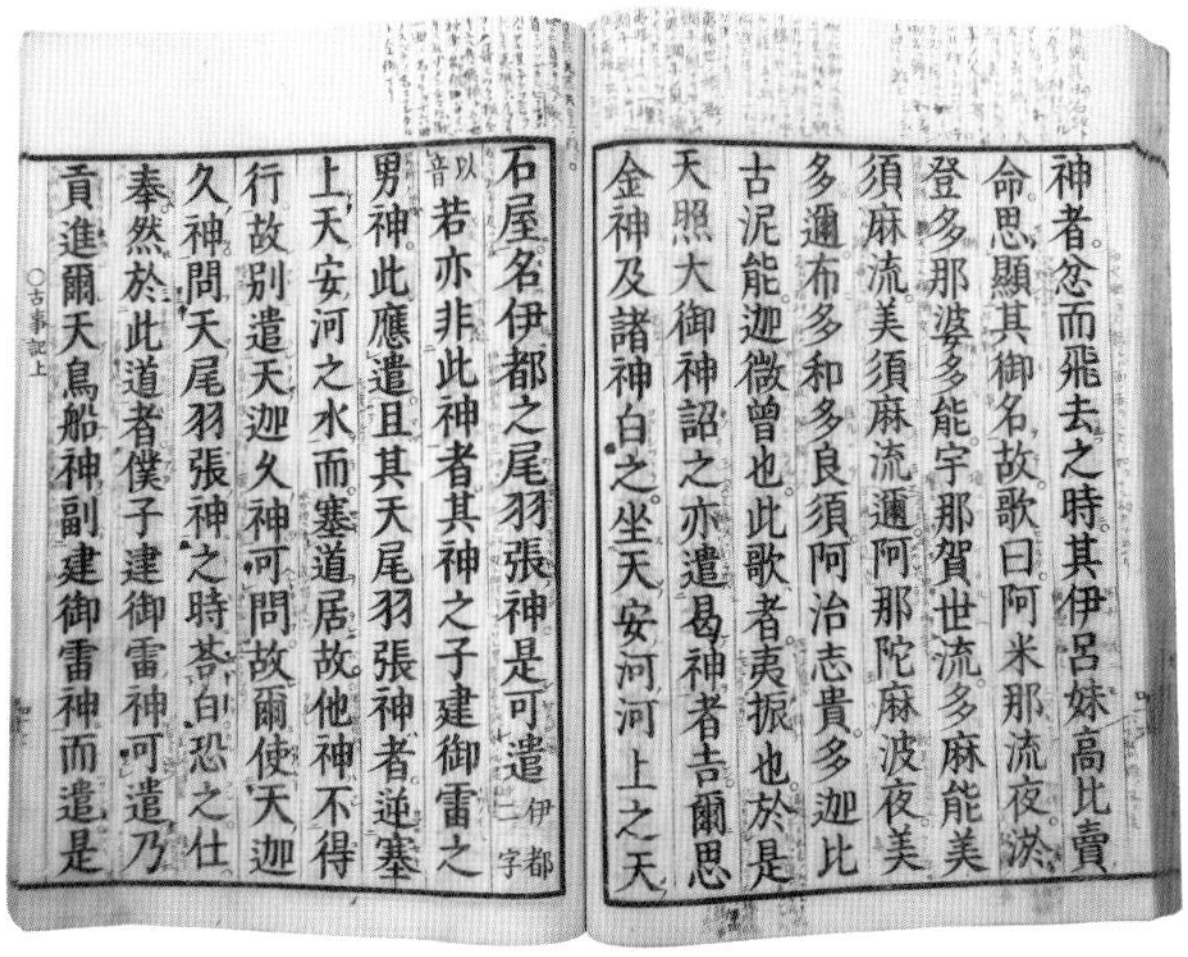
神者。忿而飛去之時其伊呂妹高比賣
命思顯其御名故歌曰阿米那流夜淤
登多那婆多能宇那賀世流多麻能美
須麻流美須麻流邇阿那陀麻波夜美
多邇布多和多良須阿治志貴多迦比
古泥能迦微曾也此歌者夷振也於是
天照大御神詔之亦遣曷神者吉爾思
金神及諸神白之坐天安河河上之天
石屋名伊都之尾羽張神是可遣 伊都二字以音
若亦非此神者其神之子建御雷之
男神此應遣且其天尾羽張神者逆塞
上天安河之水而塞道居故他神不得
行故別遣天迦久神可問故爾使天迦
久神問天尾羽張神之時答白恐之仕
奉然於此道者僕子建御雷神可遣乃
貢進爾天鳥船神副建御雷神而遣是

117[2]　古事記　上　当館蔵

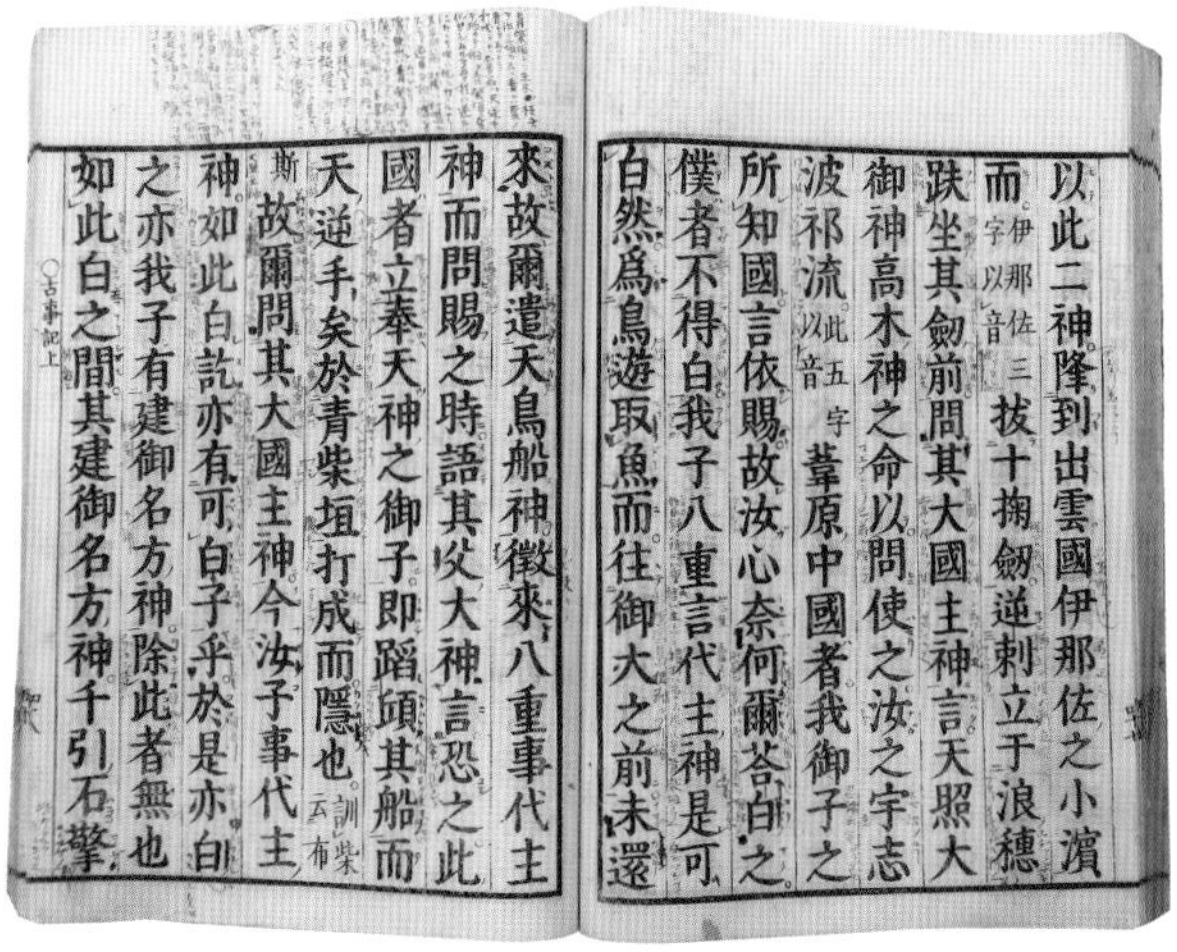
以此二神降到出雲國伊那佐之小濱
而 伊那佐三字以音 拔十掬劒逆刺立于浪穗
趺坐其劒前問其大國主神言天照大
御神高木神之命以問使之汝之宇志
波祁流 此五字以音 葦原中國者我御子之
所知國言依賜故汝心奈何爾答白之
僕者不得白我子八重言代主神是可
白然爲鳥遊取魚而往御大之前未還
來故爾遣天鳥船神徴來八重事代主
神而問賜之時語其父大神言恐之此
國者立奉天神之御子即蹈傾其船而
天逆手矣於青柴垣打成而隱也 訓柴云布斯
故爾問其大國主神今汝子事代主
神如此白訖亦有可白子乎於是亦白
之亦我子有建御名方神除此者無也
如此白之間其建御名方神千引石擎

117[3]　古事記　上　当館蔵

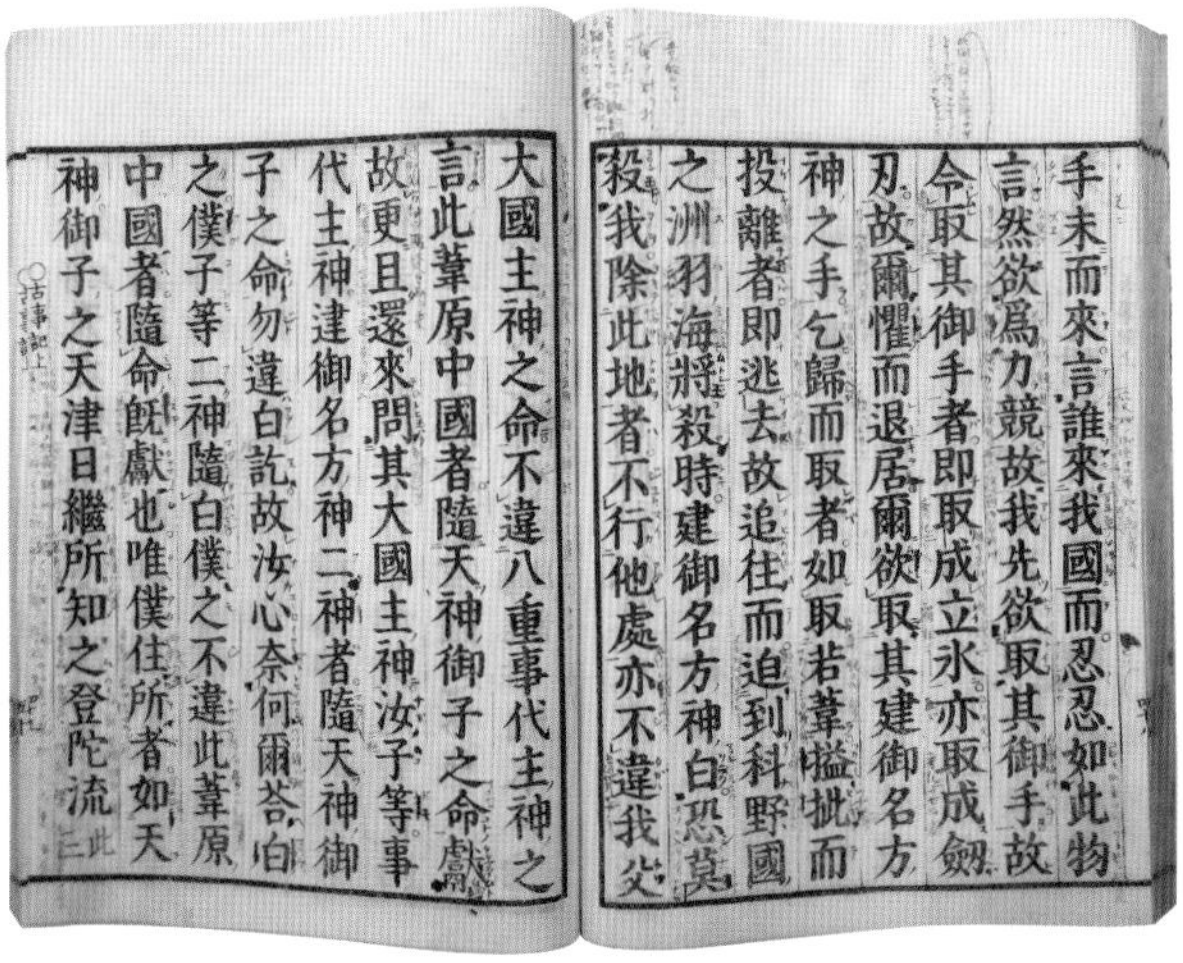
手未而來言誰來我國而忍忍如此物
言然欲爲力競故我先欲取其御手故
令取其御手者即取成立氷亦取成劒
刃故爾懼而退居爾欲取其建御名方
神之手乞歸而取者如取若葦搤批而
投離者即逃去故追往而追到科野國
之州羽海將殺時建御名方神白恐莫
殺我除此地者不行他處亦不違我父
大國主神之命不違八重事代主神之
言此葦原中國者隨天神御子之命獻
故更且還來問其大國主神汝子等事
代主神建御名方神二神者隨天神御
子之命勿違白訖故汝心奈何爾答白
之僕子等二神隨白僕之不違此葦原
中國者隨命既獻也唯僕住所者如天
神御子之天津日繼所知之登陀流 此三

117[4]　古事記　上　当館蔵

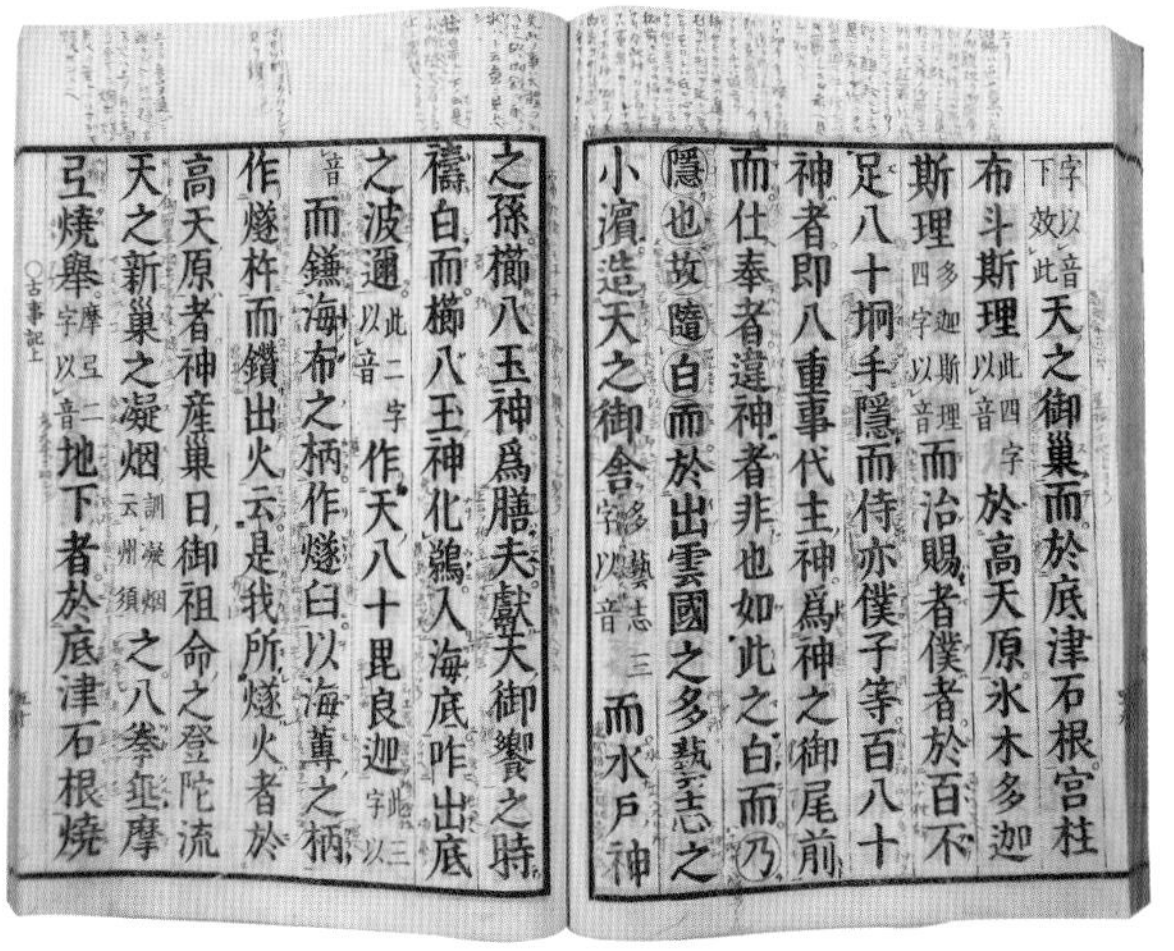
字以音下效此 天之御巣而於底津石根宮柱
布斗斯理 此四字以音 於高天原氷木多迦
斯理 多迦斯理四字以音 而治賜者僕者於百不
足八十坰手隱而侍亦僕子等百八十
神者即八重事代主神爲神之御尾前
而仕奉者違神者非也如此之白而乃
隱也故隨白而於出雲國之多藝志之
小濱造天之御舍 多藝志三字以音 而水戸神
之孫櫛八玉神爲膳夫獻天御饗之時
禱白而櫛八玉神化鵜入海底咋出底
之波邇 此二字以音 作天八十毘良迦 此三字以音
而鎌海布之柄作燧臼以海蓴之柄
作燧杵而鑽出火云是我所燧火者於
高天原者神產巣日御祖命之登陀流
天之新巣之凝烟 訓凝烟云州須 之八拳垂摩
弖燒擧 摩弖二字以音 地下者於底津石根燒

117[5]　古事記　上　当館蔵

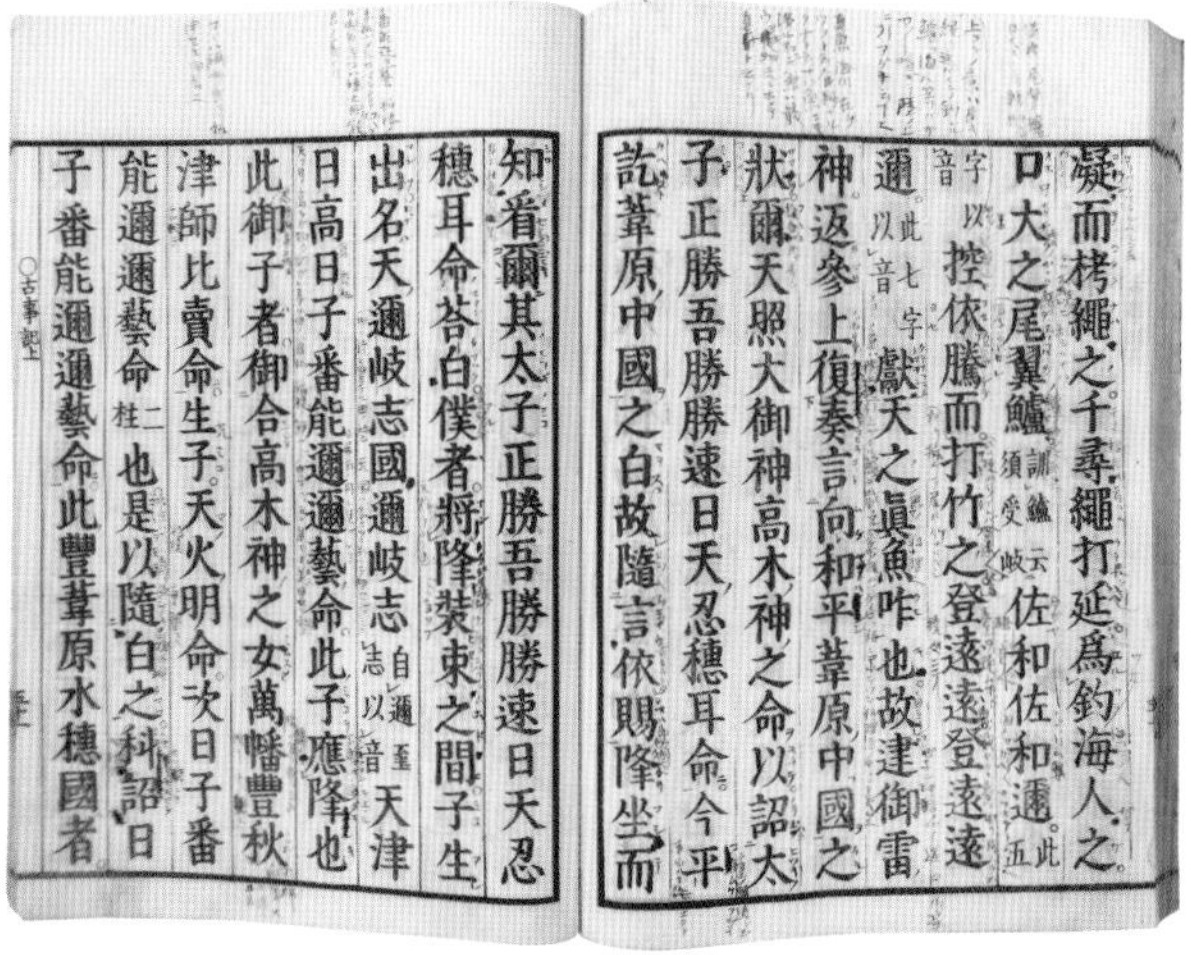
凝而栲繩之千尋繩打延爲釣海人之
口大之尾翼鱸 訓鱸云須受岐 佐和佐和邇 此五
字以音 控依騰而打竹之登遠遠登遠遠
邇 此七字以音 獻天之眞魚咋也故建御雷
神返參上復奏言向和平葦原中國之
狀爾天照大御神高木神之命以詔太
子正勝吾勝勝速日天忍穗耳命今平
訖葦原中國之白故隨言依賜降坐而
知看爾其太子正勝吾勝勝速日天忍
穗耳命答白僕者將降裝束之間子生
出名天邇岐志國邇岐志 自邇至志以音 天津
日高日子番能邇邇藝命此子應降也
此御子者御合高木神之女萬幡豐秋
津師比賣命生子天火明命次日子番
能邇邇藝命 二柱 也是以隨白之科詔日
子番能邇邇藝命此豐葦原水穗國者

117[6]　古事記　上　当館蔵

美保神社

松江市美保関町美保関に鎮座する美保神社本殿は、二棟の大社造の本殿を連結し、正面全体に庇《ひさし》を設けた比翼《ひよく》大社造で、重要文化財に指定されている。現在の本殿は文化《ぶんか》十年（一八一三）に造営されたもので、二棟の本殿のうち、むかって右側が大御前《おおごぜん》、左側が二の御前と呼ばれ、それぞれ三穂津姫命《みほつひめのみこと》、事代主神《ことしろぬしのかみ》を祀っている。

118　三穂両社神像　美保神社蔵

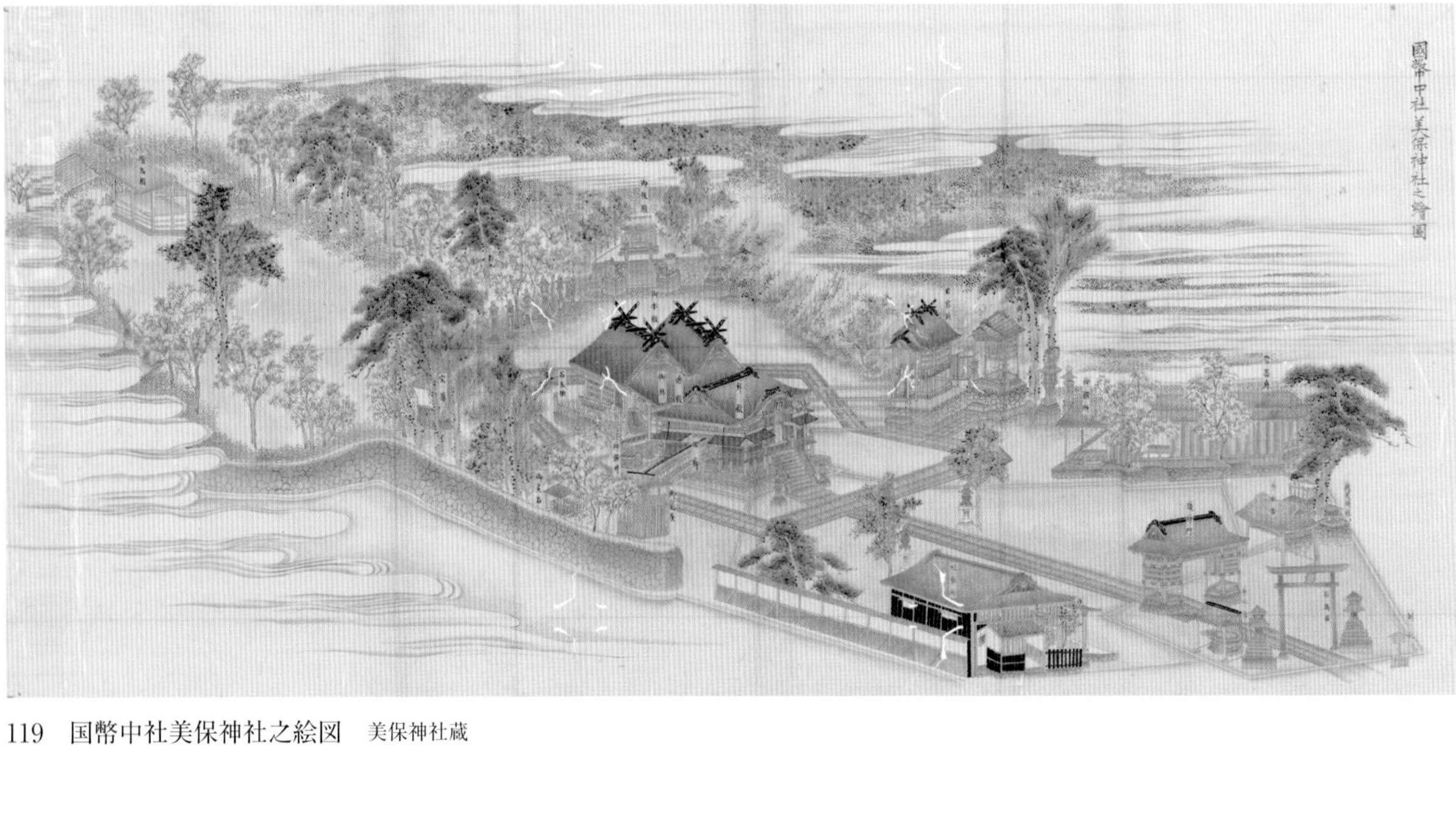

119　国幣中社美保神社之絵図　美保神社蔵

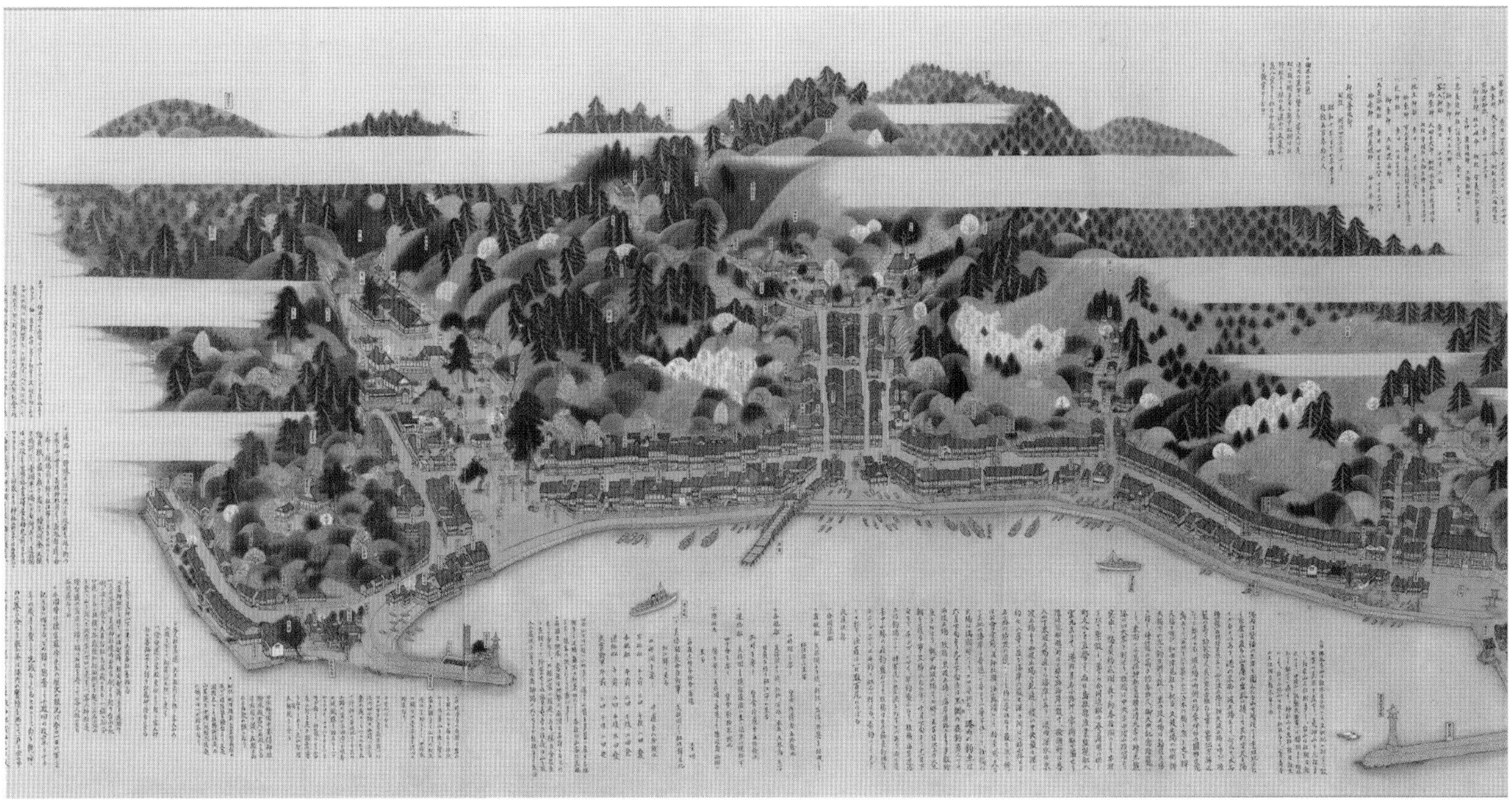

120　美保関港詳細絵図(部分)　野村憲治　美保神社蔵

諸手船神事《もろたぶねしんじ》・青柴垣神事《あおふしがきしんじ》

諸手船神事は、現在、十二月三日を中心に行われている。国譲りの可否を問うために美保にいた事代主神に使者が発せられたが、その使者が諸手船に乗って美保にむかったという『日本書紀』第九段本文に記された神話にちなんだものである。

青柴垣神事は、現在、四月七日を中心に行われている。国譲りの可否を問われた事代主神がそれに承諾し、海中に幾重もの青柴垣をつくって船を踏み傾けて隠れたとされる神話（『日本書紀』第九段本文）にちなんだものである。

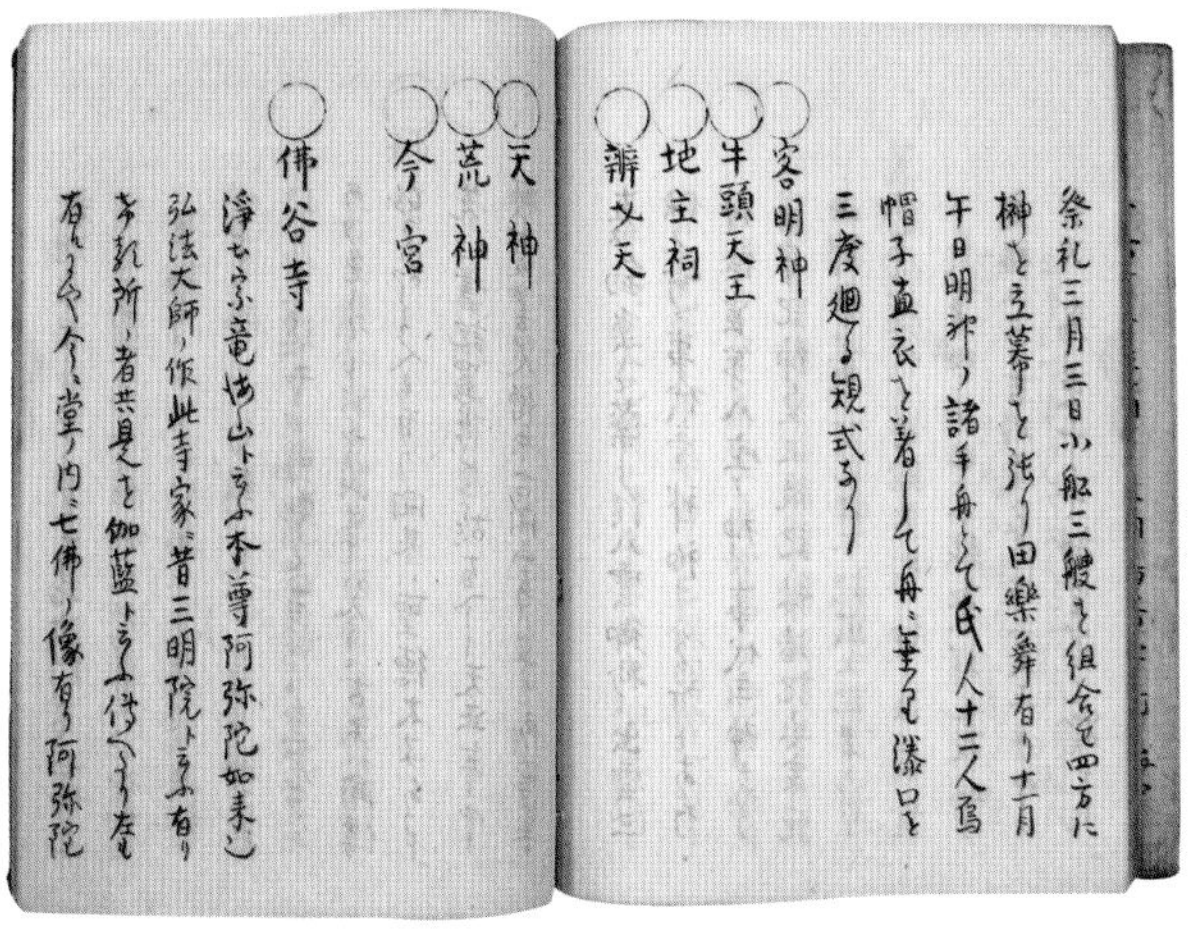

121　雲陽誌　当館蔵

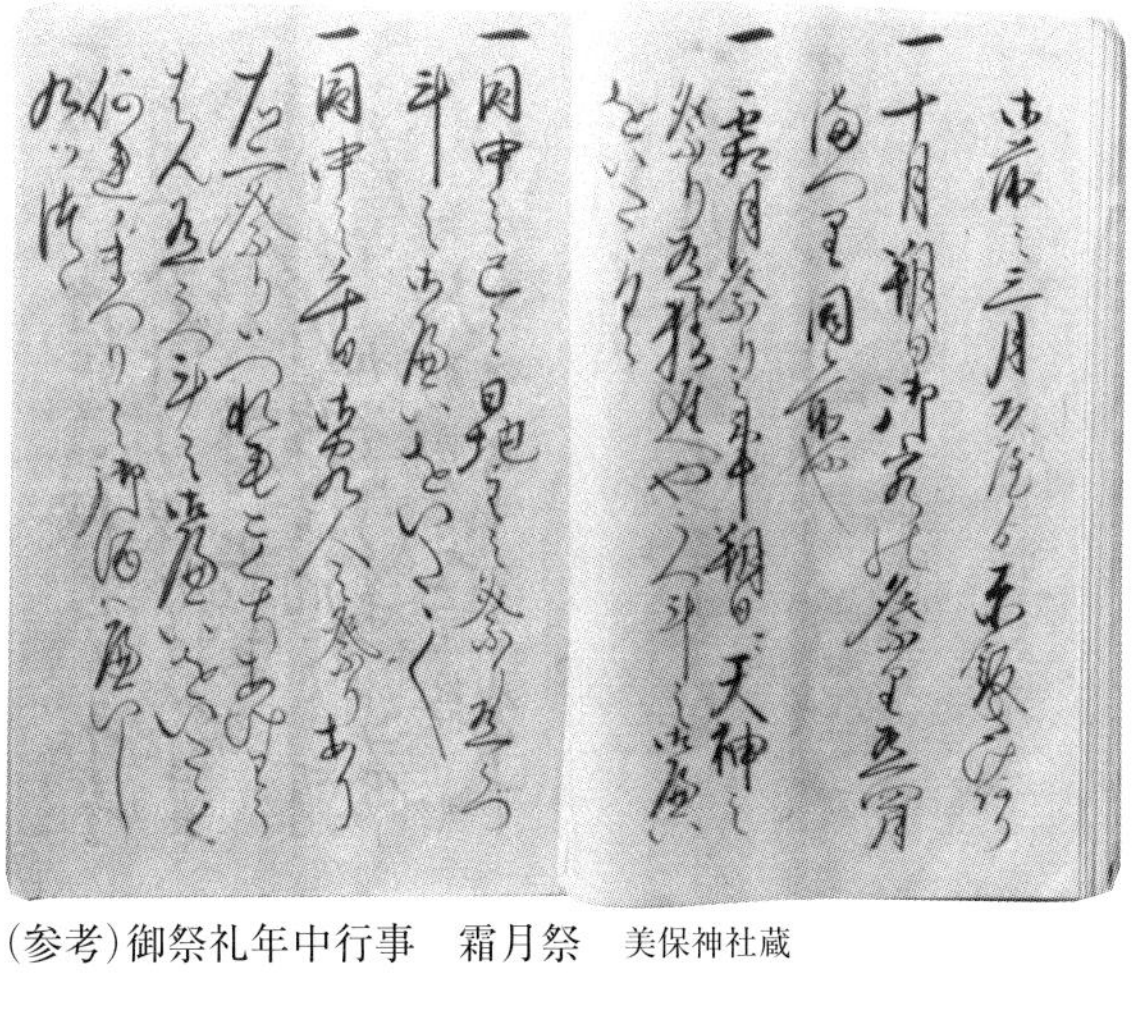

(参考)御祭礼年中行事　霜月祭　美保神社蔵

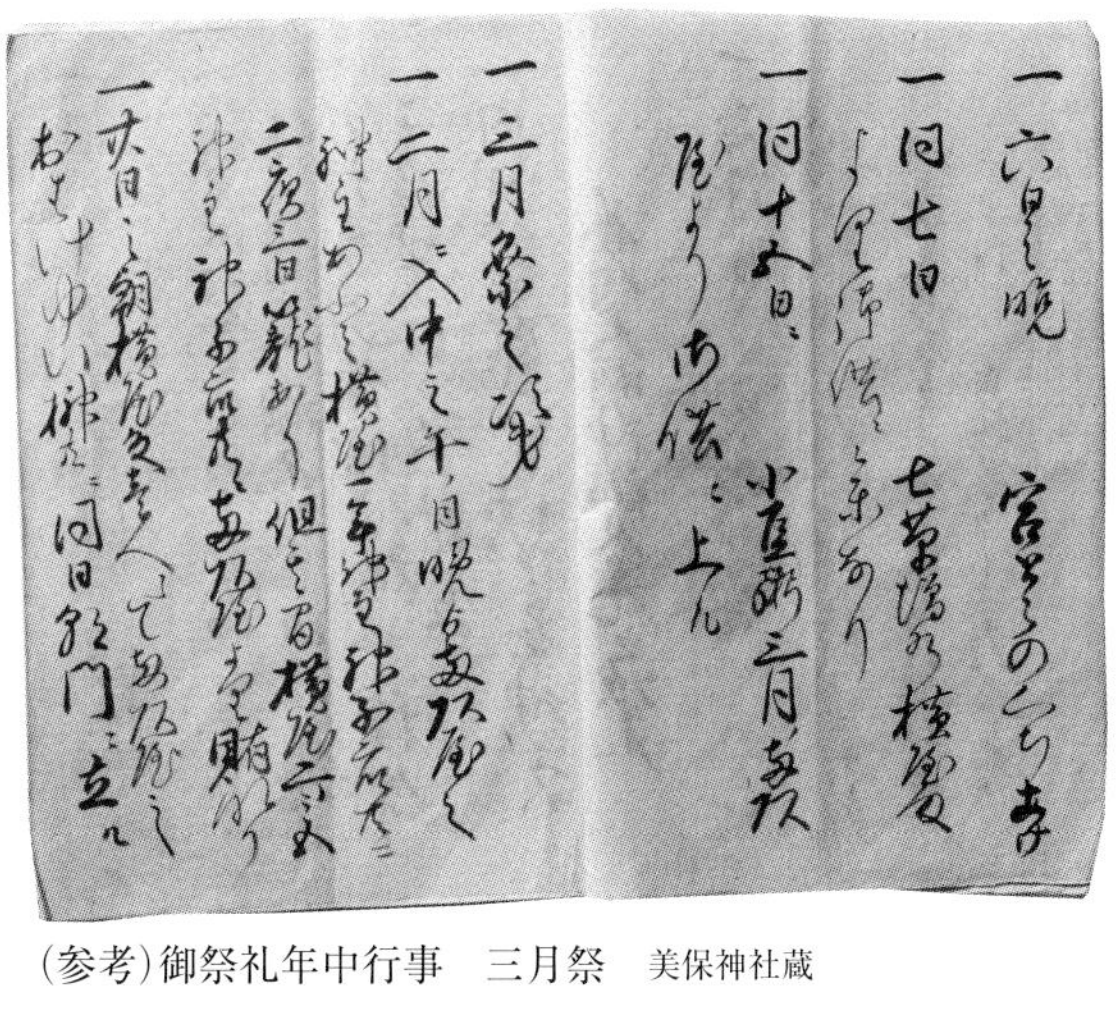

(参考)御祭礼年中行事　三月祭　美保神社蔵

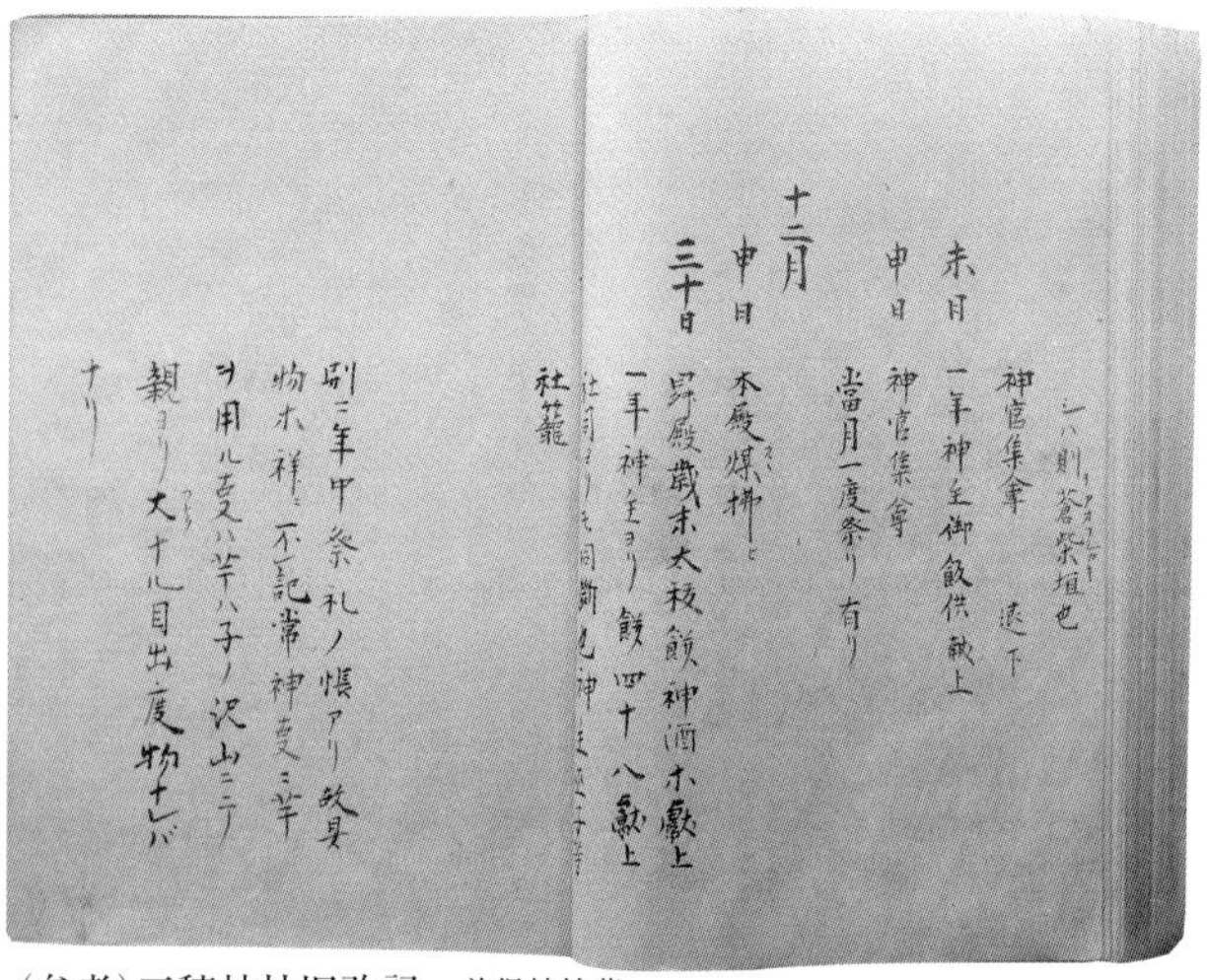

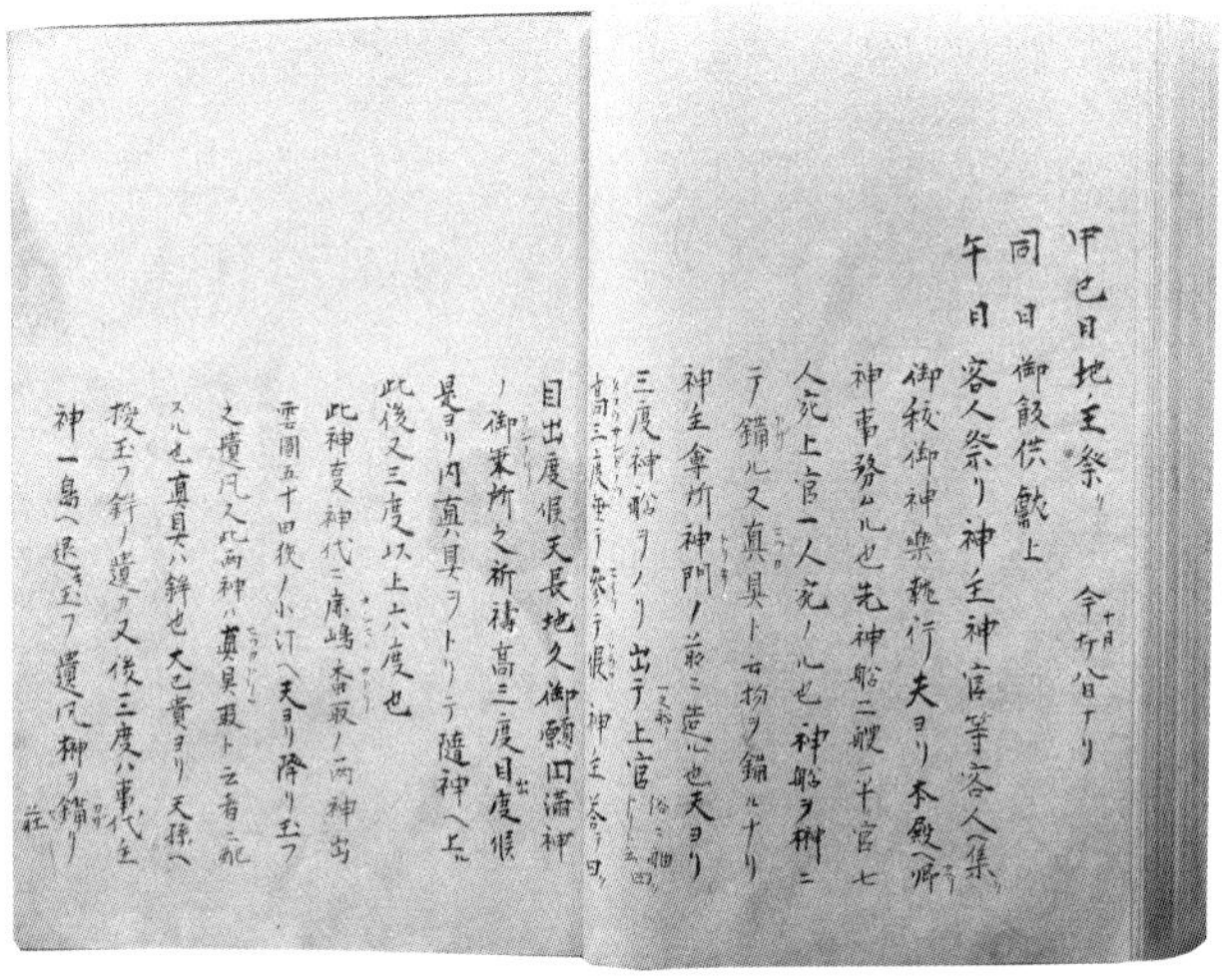

(参考)三穂神社旧改記　美保神社蔵

122 諸手舩神事絵巻 巻二 中島荘陽 美保神社蔵

123—1　蒼柴籬神事絵巻　巻二　中島荘陽　美保神社蔵

123—2　蒼柴籬神事絵巻　巻三　中島荘陽　美保神社蔵

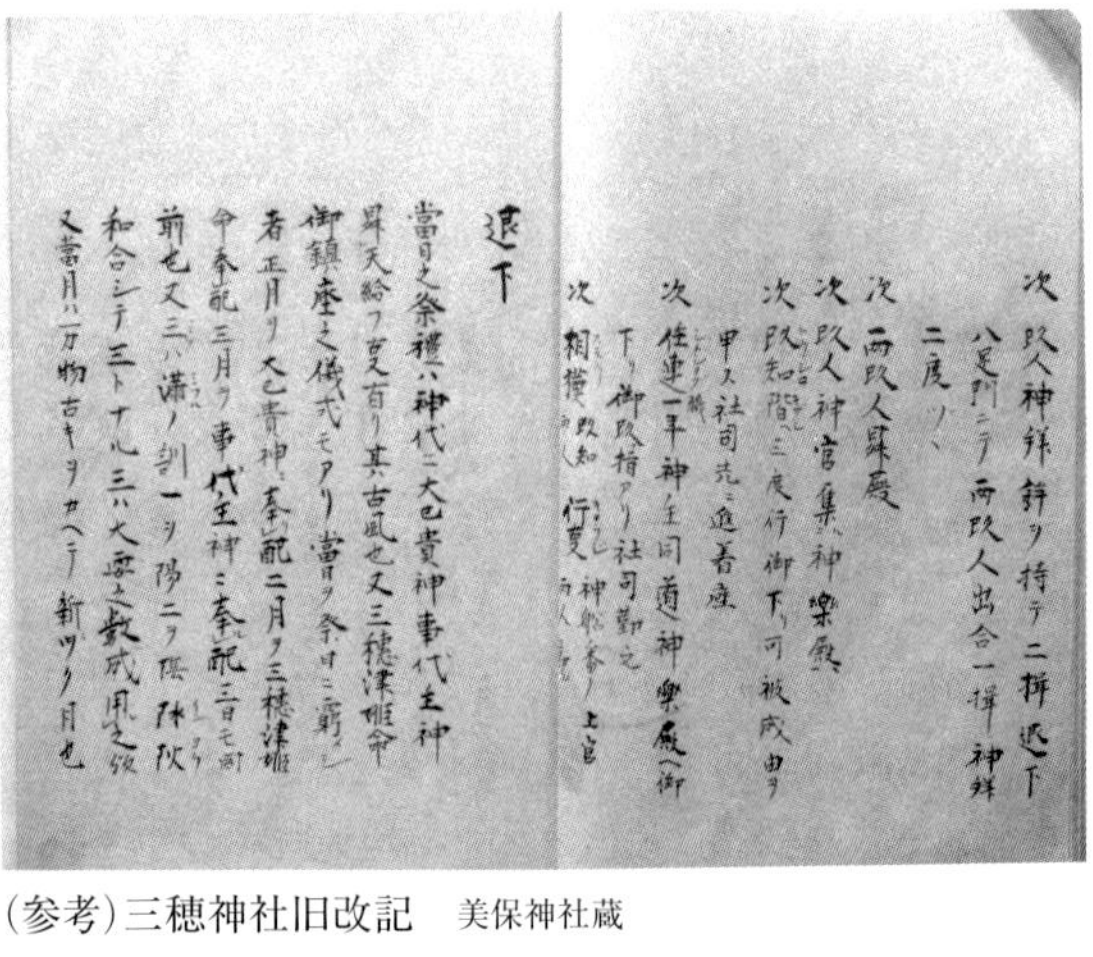

次　敗人神拝鈴ヲ持テ二拝退下
八足門ニテ両敗人出合一揖　神拝
二度ソノ、
次　両敗人昇殿
次　敗人神官集ハ神楽殿
次　敗知階ニ三度行御下リ可被成由ヲ
甲ノ社司先ニ進着座
次　往還一年神主同道神楽殿ヘ御
下リ御敗指アリ社司勤之
次　相撲　敗知　行更　神船参ノ上宮

退下
當日之祭禮ハ神代ニ大己貴神事代主神
昇天給フ更有リ其古風也又三穂津姫命
御鎮座之儀式モアリ當日ヲ祭日ニ霸シ
者正月ヨリ大己貴神ニ奉祀二月ヨリ三穂津姫
命奉祀三月ヨリ事代主神ニ奉祀三百モ町
前也又三ハ満ノ訓一ヨリ陽ニヲ陽
和合シテ三ト十ル三ハ大要之数成風之敬
又當月ハ一万物古キヲサヘテ新ツク月也

（参考）三穂神社旧改記　美保神社蔵

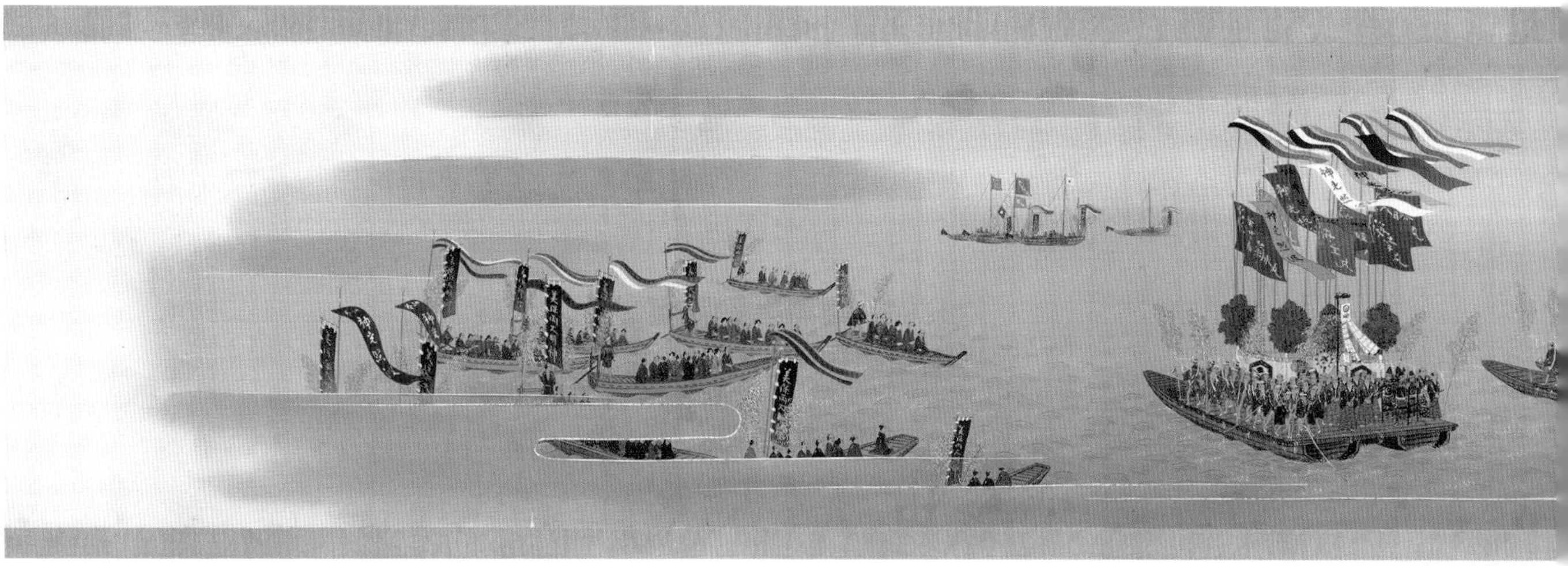

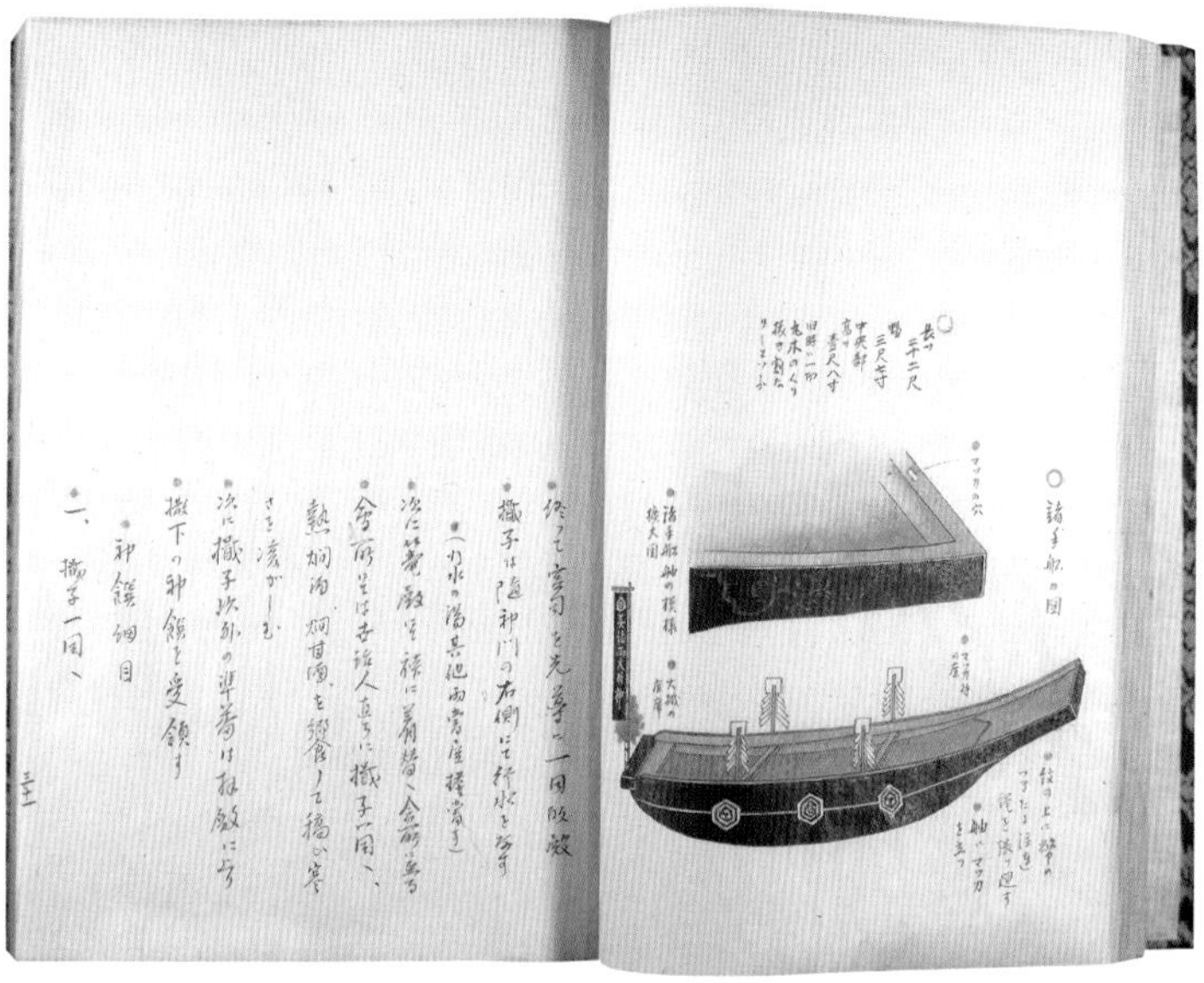

124[1]　美保神社私祭詳解　野村憲治　美保神社蔵

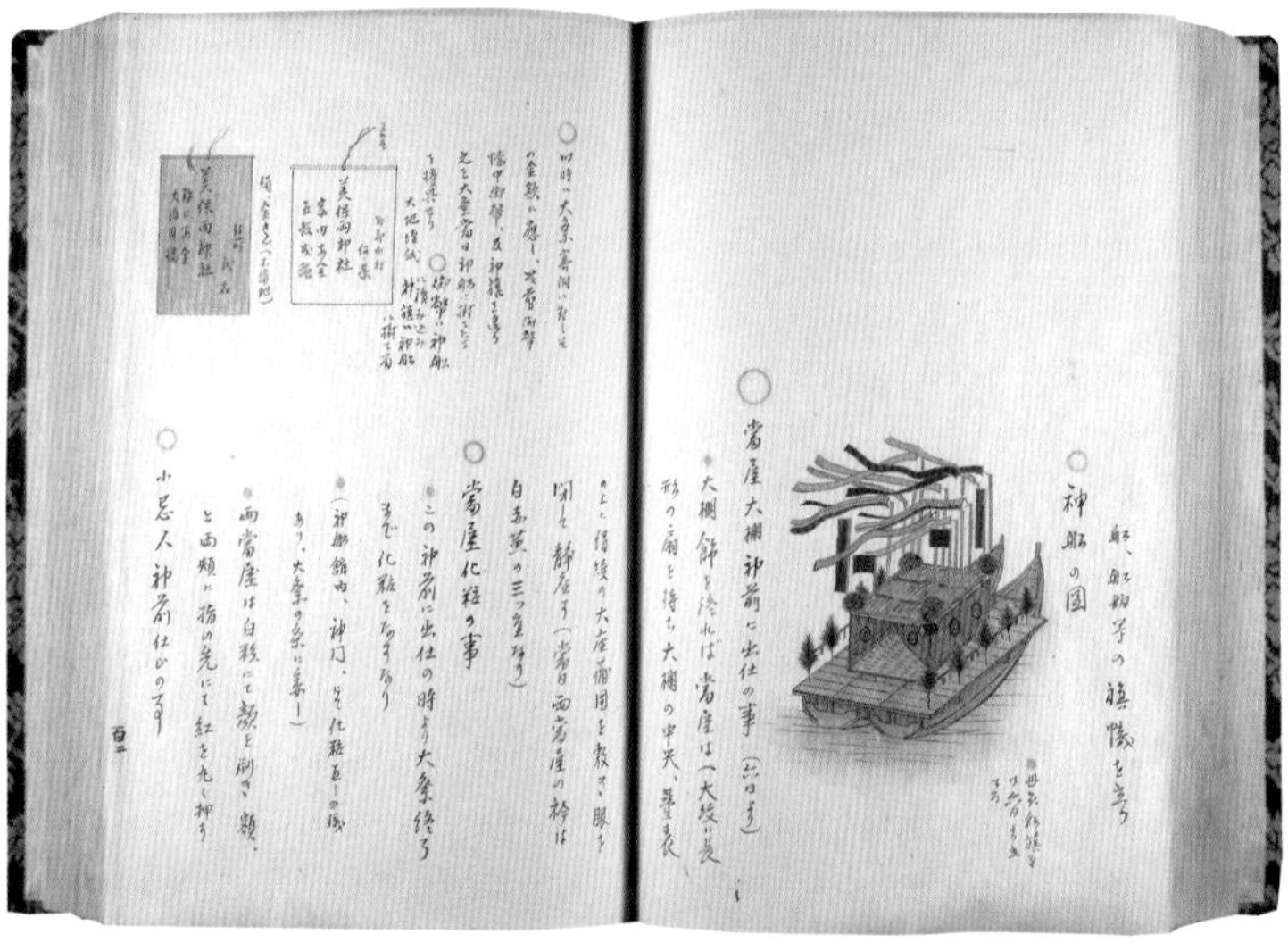

124[2]　美保神社私祭詳解　野村憲治　美保神社蔵

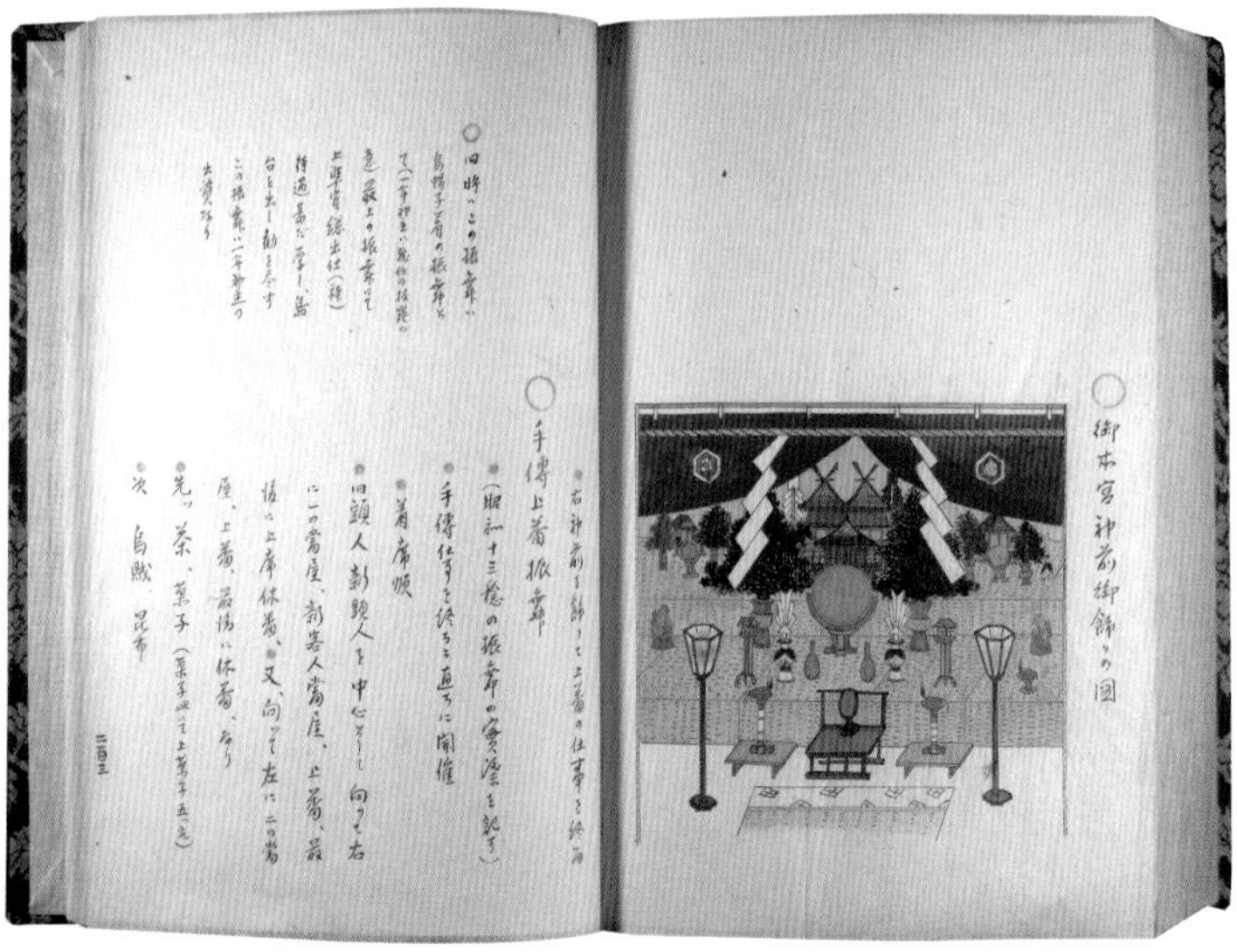

124[3]　美保神社私祭詳解　野村憲治　美保神社蔵

125　諸手船神事 マッカ
美保神社蔵

諸手船神事

諸手船に乗って対岸の岬に鎮座する客人社《まろうどしゃ》に大きく港回りをしてむかい、客人社を遙拝した後、岸まで船競争をする。

船競争後に着岸して水を掛けあう。そして再び船を漕ぎ出す。

2回目の着岸で、マッカ持《もち》が船の舳先からマッカを取り、神社に奉納する。そして、再び船を漕ぎ出し、今度は船尾から着岸。ここで宮司と大櫂《おおがい》(船の舵取り役)による祝言がなされる。

青柴垣神事

大御前、二の御前にそれぞれ仕える一の當屋《とうや》と二の當屋がそれぞれの大棚前で、目を閉じ、正座した状態で祗候《しこう》する。

神具を携えた諸役の者とともに、當屋が宮灘に降り(御船下向)、一の御船、二の御船に乗って美保関湾に繰り出す(御船神事)。

下船の後、一行はササラ役の子どもを先頭に、神社まで行列する。小忌人《おんど》は白い布に包まれ、當為知《たっしゃ》に背負われる。

出雲神楽「荒神」

いわゆる国譲り神話を神楽化した演目としての「荒神」は、タケミカヅチとフツヌシが天下を平定するために登場し、やがてタケミナカタが現れ、戦いとなるが、タケミナカタが降伏し、宝剣（天叢雲剣《あめのむらくものつるぎ》）を二神に奉るという筋立てで、基本的にオオクニヌシは登場しない。

この演目は本来、第六天魔王とアマテラスとの間の国譲りを神楽化したものであったが、やがて『古事記』の国譲り神話にあわせる形に変容したものである。

126　神楽面　武甕槌之尊　勝部一郎氏蔵（林木屋コレクション）

127　神楽面　経津主之尊　勝部一郎氏蔵（林木屋コレクション）

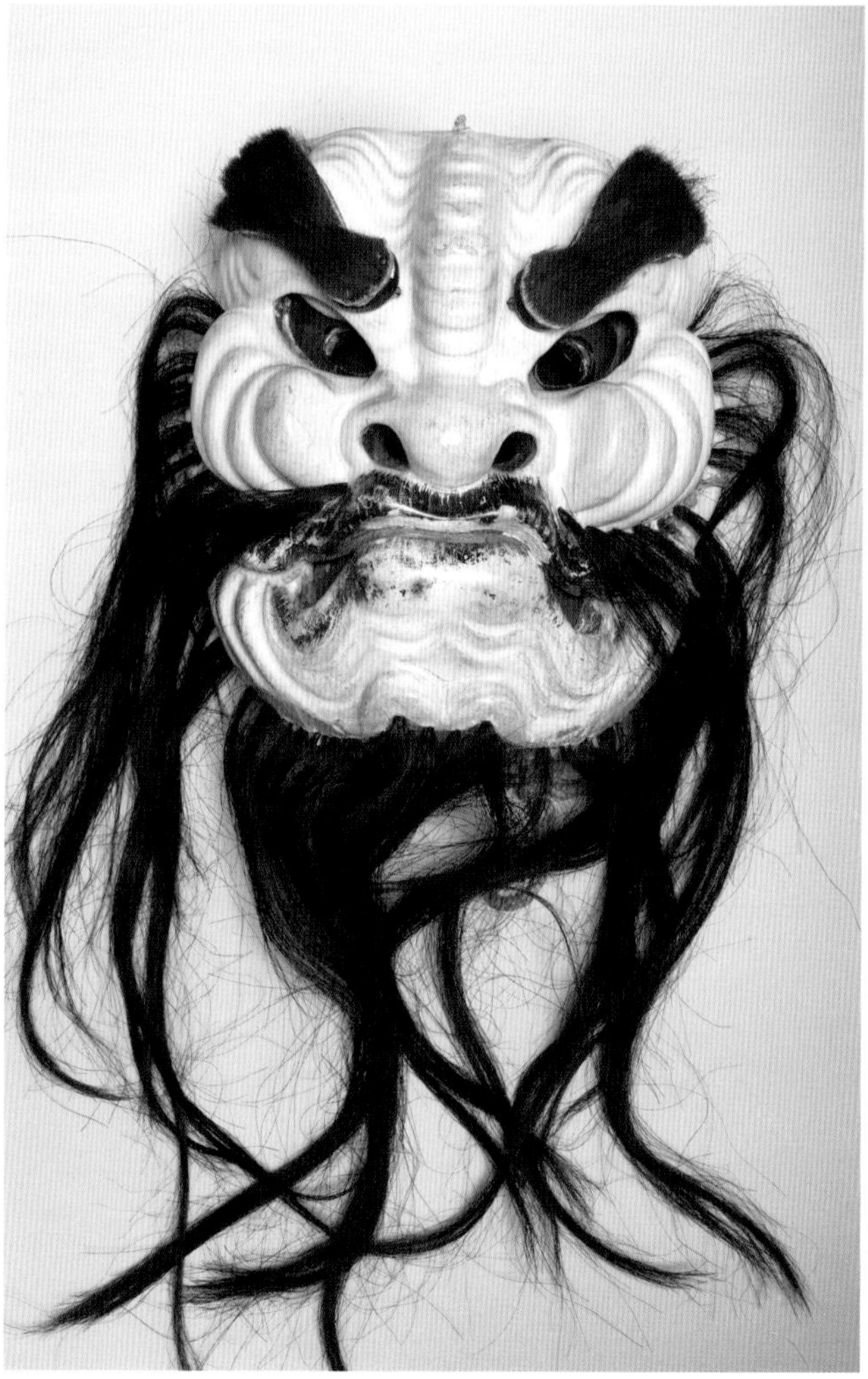

128　神楽面　荒神（建御名方）　勝部一郎氏蔵（林木屋コレクション）

エピローグ

神々の国　出雲

神国出雲観

出雲を神国（神境）とみなす理解は、早く中世にみられ、近世には国学の隆盛のもと、より強く意識されるようになる。そして、鉄道網が発達し、旅行が容易にできるようになる近代以降に特に強調される。つまり、観光誘致のなか、他地域とは異なる出雲の特殊性として神国が強調されるようになったのであり、これは現代にもつながっている。

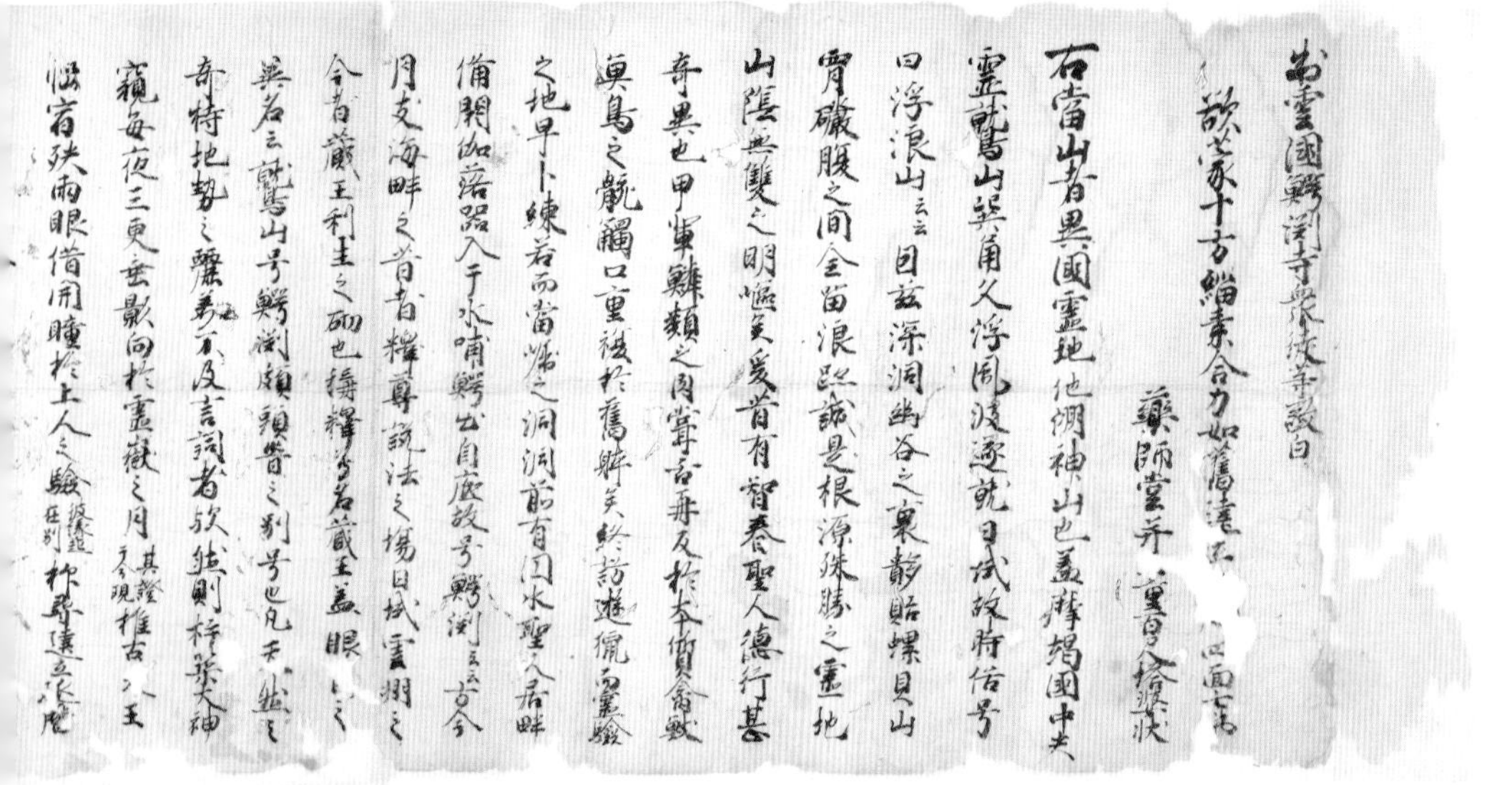

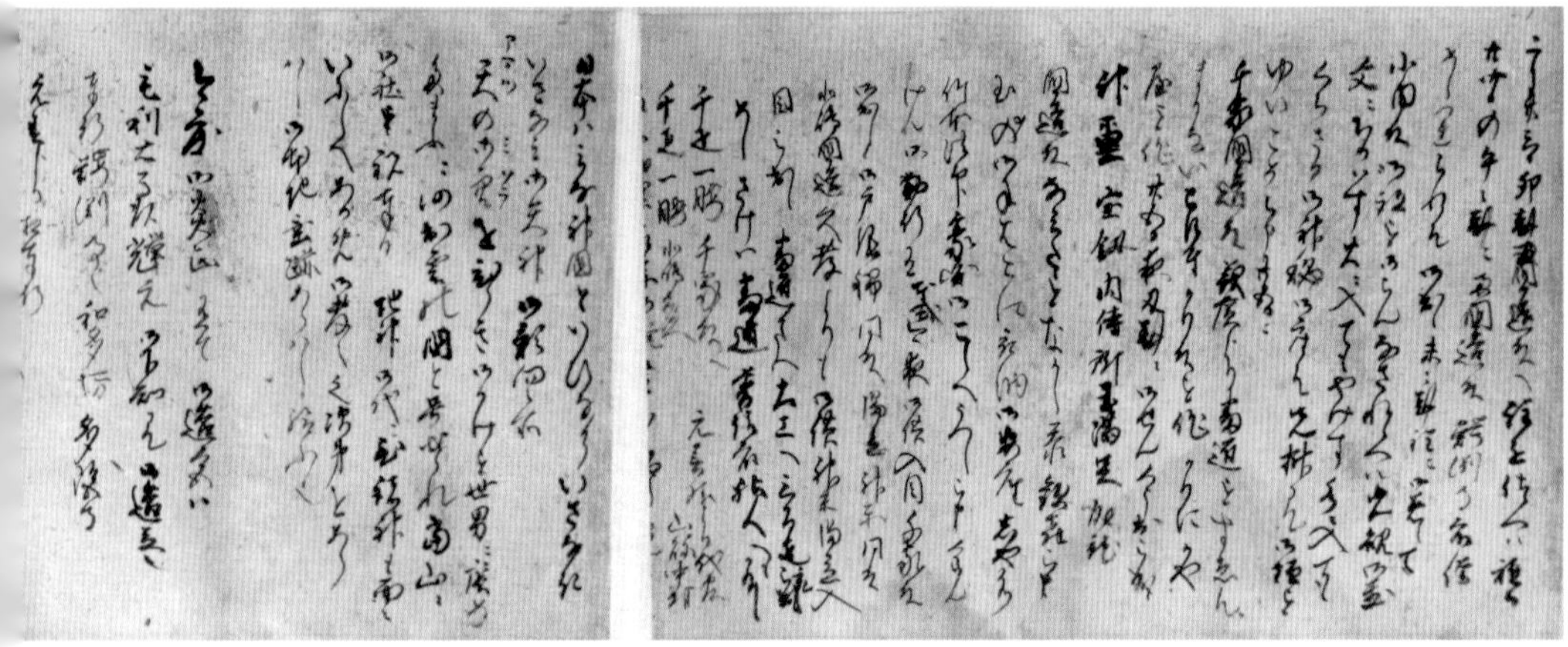

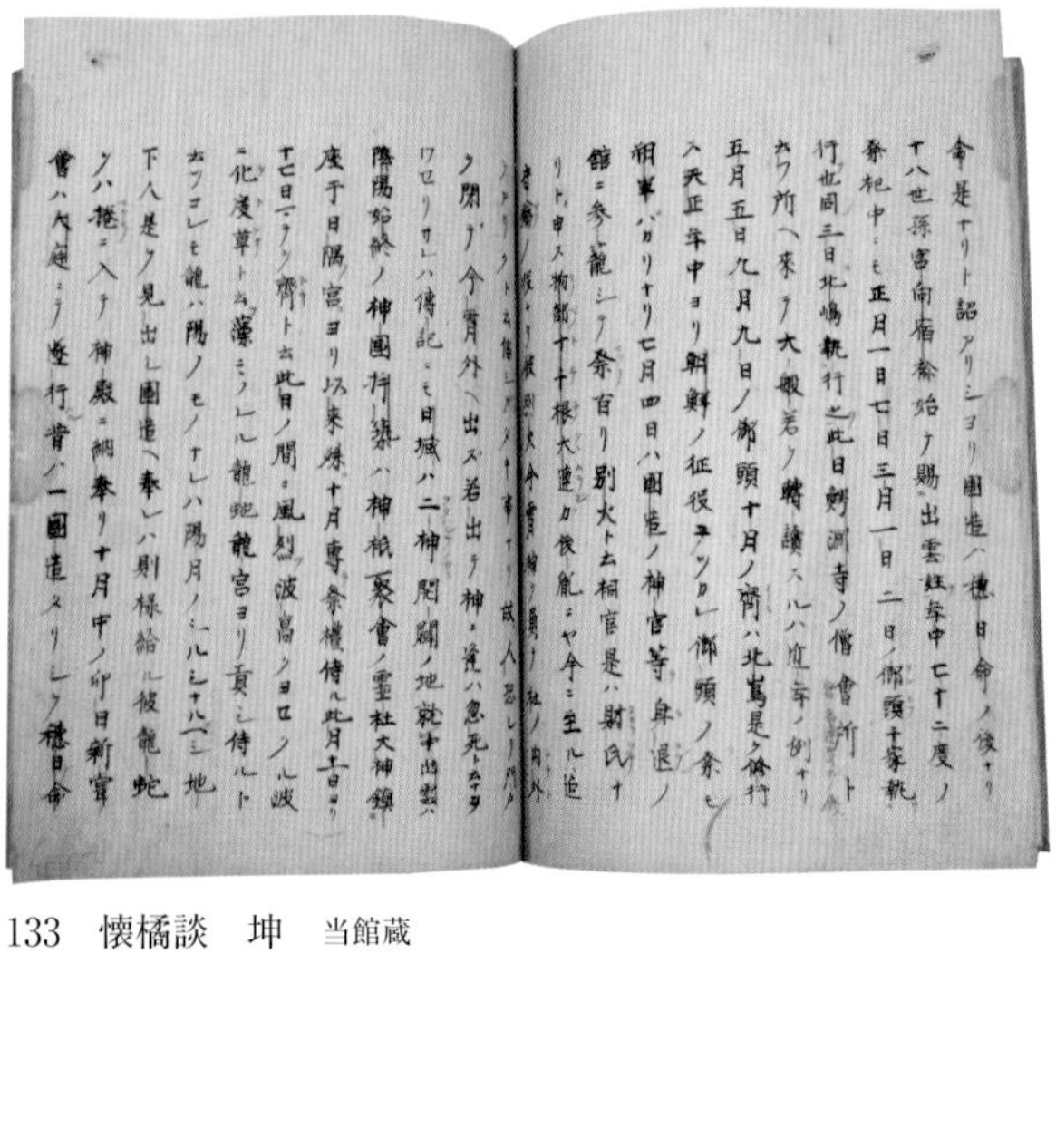

133　懐橘談　坤　当館蔵

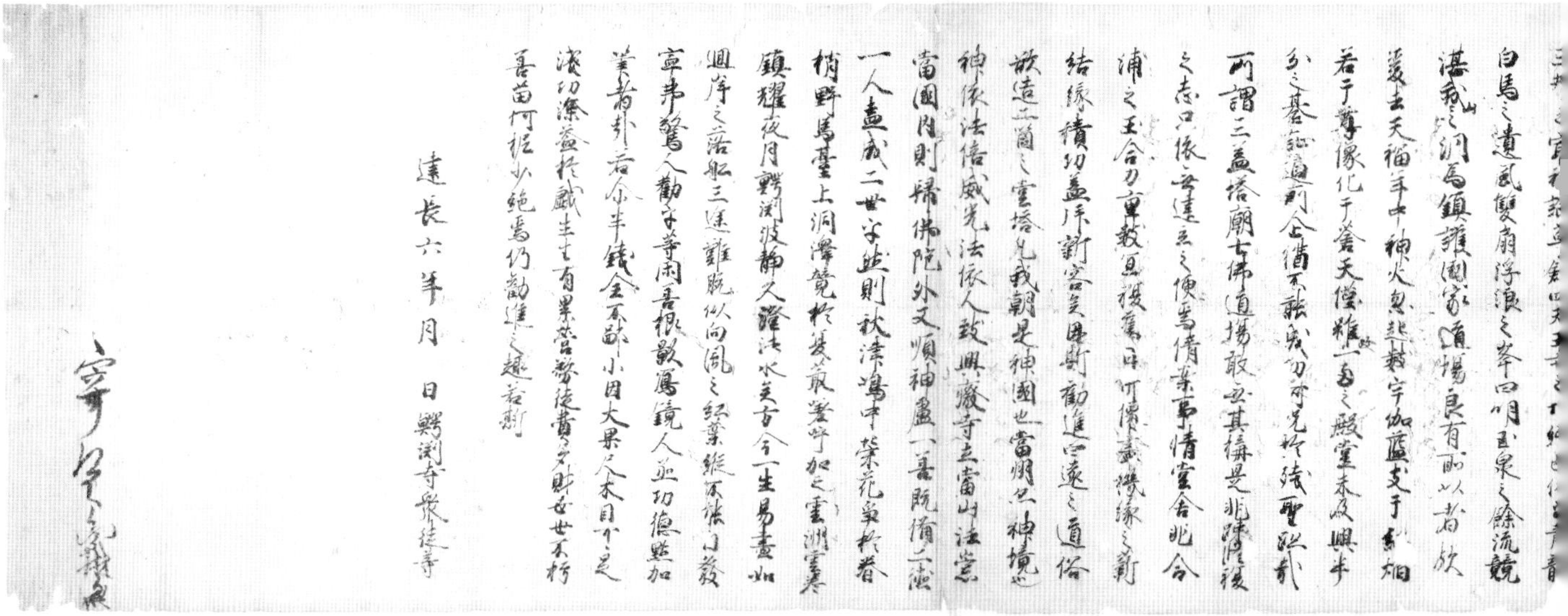

131　◎鰐淵寺衆徒勧進帳案　鰐淵寺蔵

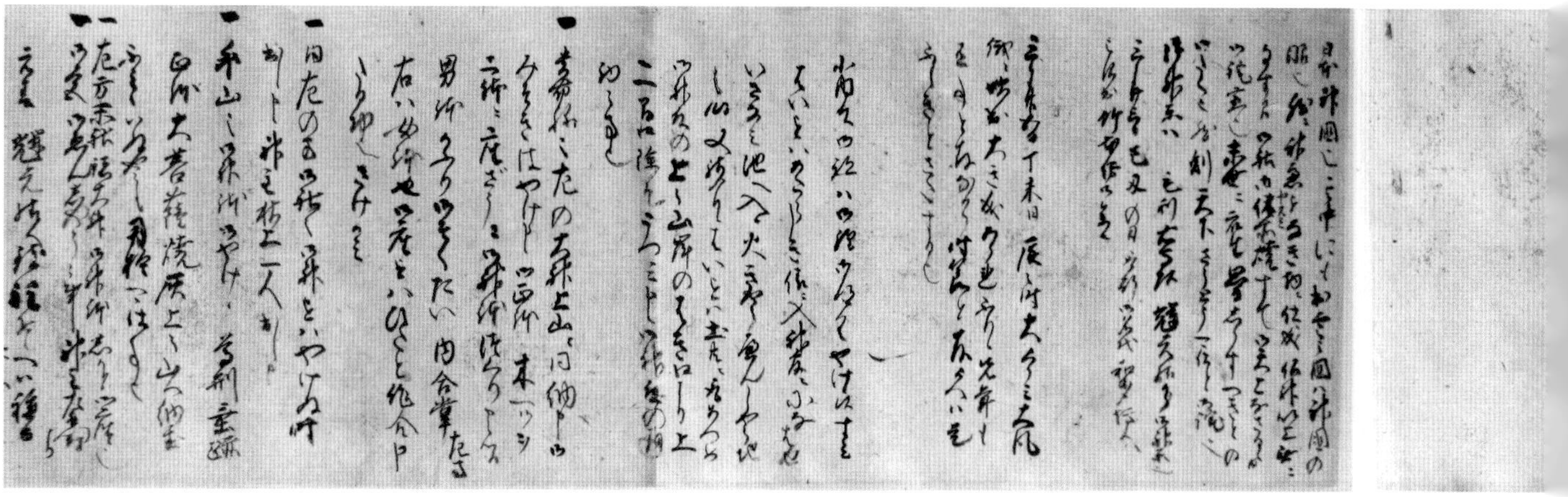

132　○神魂社造営覚書断簡　秋上家蔵

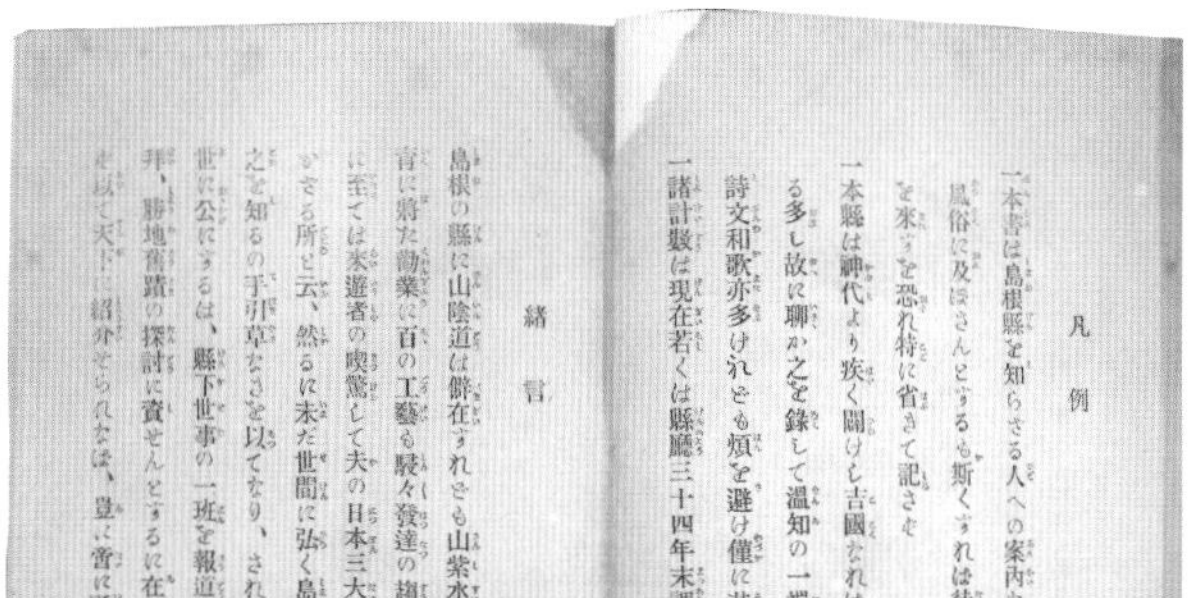

136　島根県案内記　当館蔵

134　鈴屋集　歌集五之巻　当館蔵

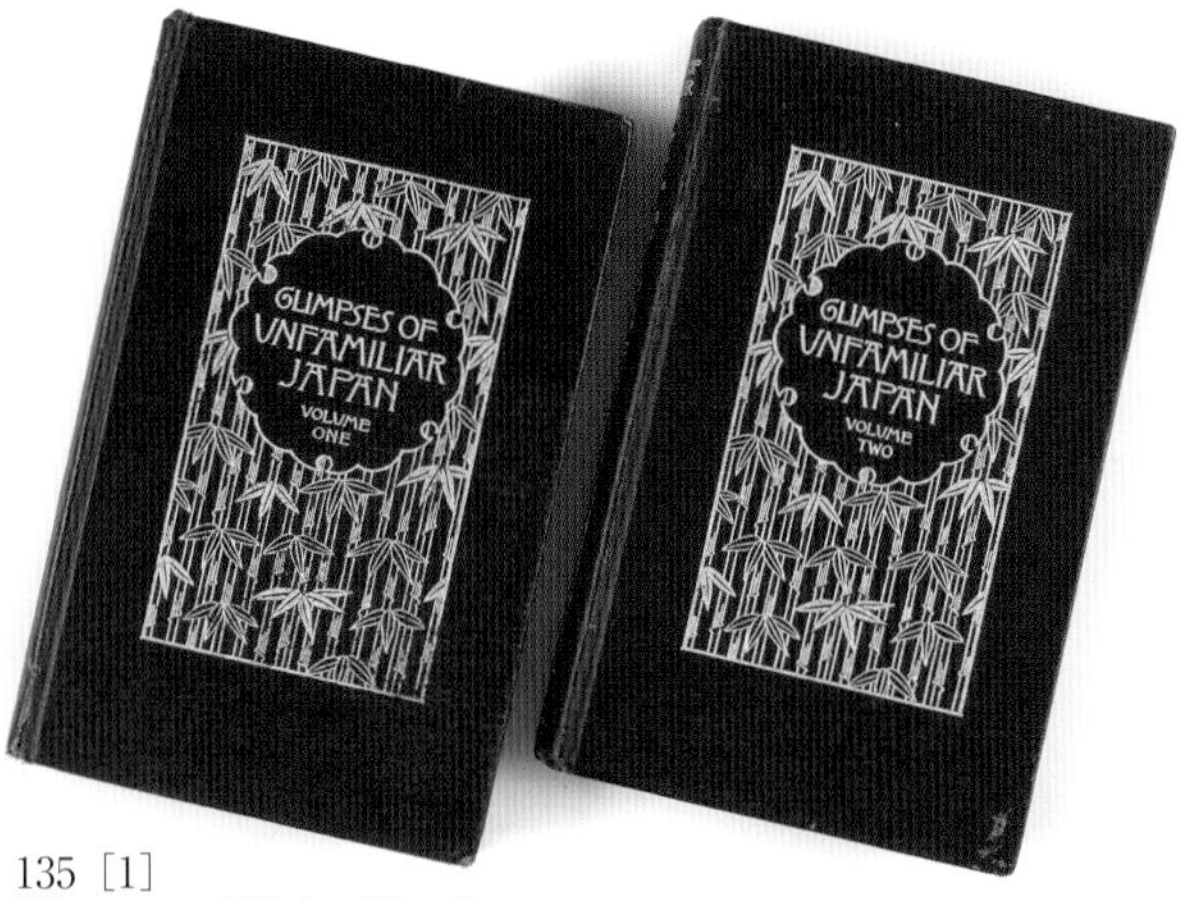

135［1］
Glimpses of Unfamiliar Japan
（知られざる日本の面影）
当館蔵

小泉八雲

137［2］一畑薬師及出雲名所図絵　当館蔵

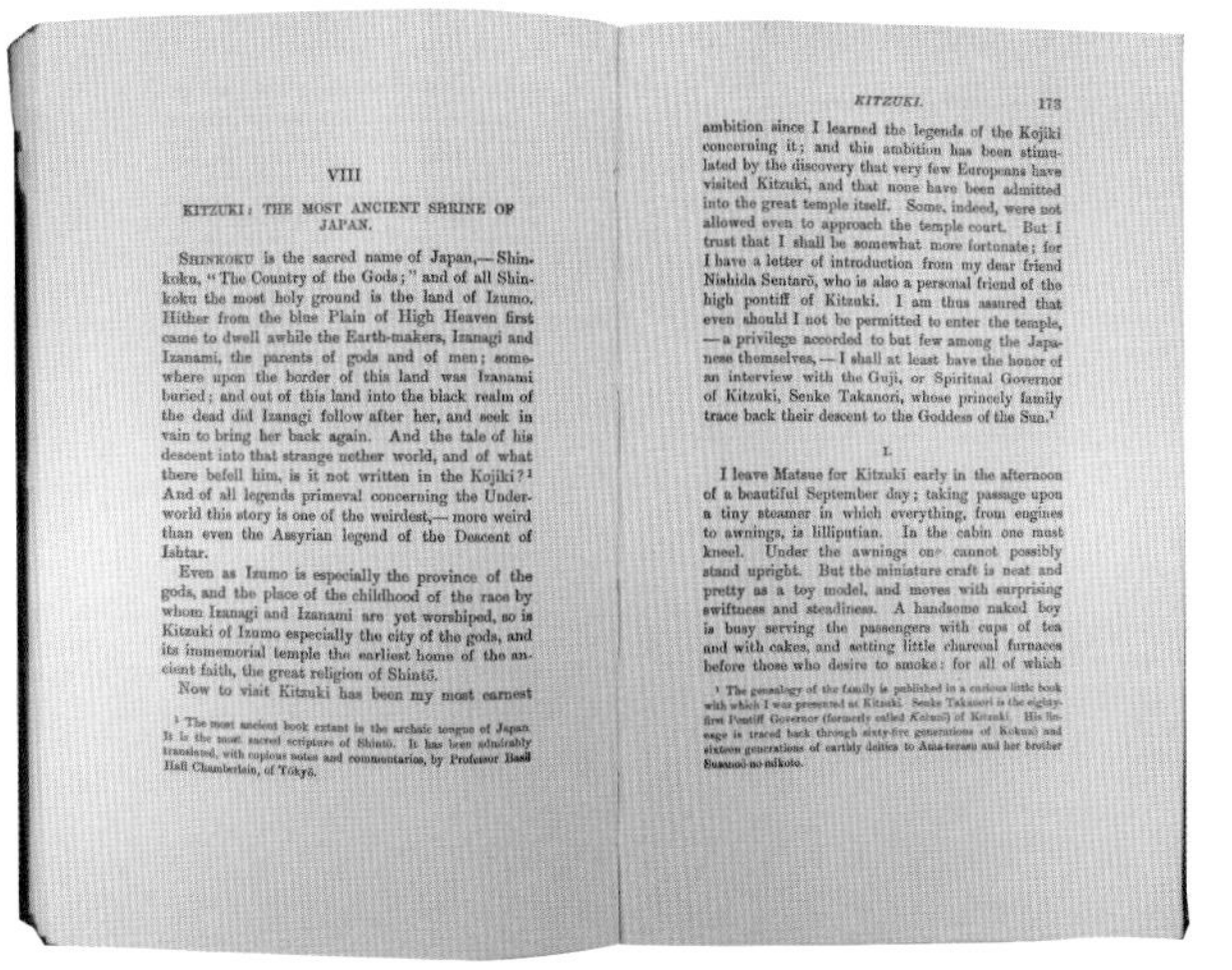

VIII

KITZUKI: THE MOST ANCIENT SHRINE OF JAPAN.

SHINKOKU is the sacred name of Japan,—Shinkoku, "The Country of the Gods;" and of all Shinkoku the most holy ground is the land of Izumo. Hither from the blue Plain of High Heaven first came to dwell awhile the Earth-makers, Izanagi and Izanami, the parents of gods and of men; somewhere upon the border of this land was Izanami buried; and out of this land into the black realm of the dead did Izanagi follow after her, and seek in vain to bring her back again. And the tale of his descent into that strange nether world, and of what there befell him, is it not written in the Kojiki?[1] And of all legends primeval concerning the Underworld this story is one of the weirdest,—more weird than even the Assyrian legend of the Descent of Ishtar.

Even as Izumo is especially the province of the gods, and the place of the childhood of the race by whom Izanagi and Izanami are yet worshiped, so is Kitzuki of Izumo especially the city of the gods, and its immemorial temple the earliest home of the ancient faith, the great religion of Shintō.

Now to visit Kitzuki has been my most earnest

[1] The most ancient book extant in the archaic tongue of Japan. It is the most sacred scripture of Shintō. It has been admirably translated, with copious notes and commentaries, by Professor Basil Hall Chamberlain, of Tōkyō.

KITZUKI. 173

ambition since I learned the legends of the Kojiki concerning it; and this ambition has been stimulated by the discovery that very few Europeans have visited Kitzuki, and that none have been admitted into the great temple itself. Some, indeed, were not allowed even to approach the temple court. But I trust that I shall be somewhat more fortunate; for I have a letter of introduction from my dear friend Nishida Sentarō, who is also a personal friend of the high pontiff of Kitzuki. I am thus assured that even should I not be permitted to enter the temple,—a privilege accorded to but few among the Japanese themselves,—I shall at least have the honor of an interview with the Guji, or Spiritual Governor of Kitzuki, Senke Takanori, whose princely family trace back their descent to the Goddess of the Sun.[1]

I.

I leave Matsue for Kitzuki early in the afternoon of a beautiful September day; taking passage upon a tiny steamer in which everything, from engines to awnings, is lilliputian. In the cabin one must kneel. Under the awnings one cannot possibly stand upright. But the miniature craft is neat and pretty as a toy model, and moves with surprising swiftness and steadiness. A handsome naked boy is busy serving the passengers with cups of tea and with cakes, and setting little charcoal furnaces before those who desire to smoke: for all of which

[1] The genealogy of the family is published in a curious little book with which I was presented at Kitzuki. Senke Takanori is the eighty-first Pontiff Governor (formerly called *Kokusō*) of Kitzuki. His lineage is traced back through sixty-five generations of Kokusō and sixteen generations of earthly deities to Ama-terasu and her brother Susanoö-no-mikoto.

135［2］　Glimpses of Unfamiliar Japan（知られざる日本の面影）
当館蔵

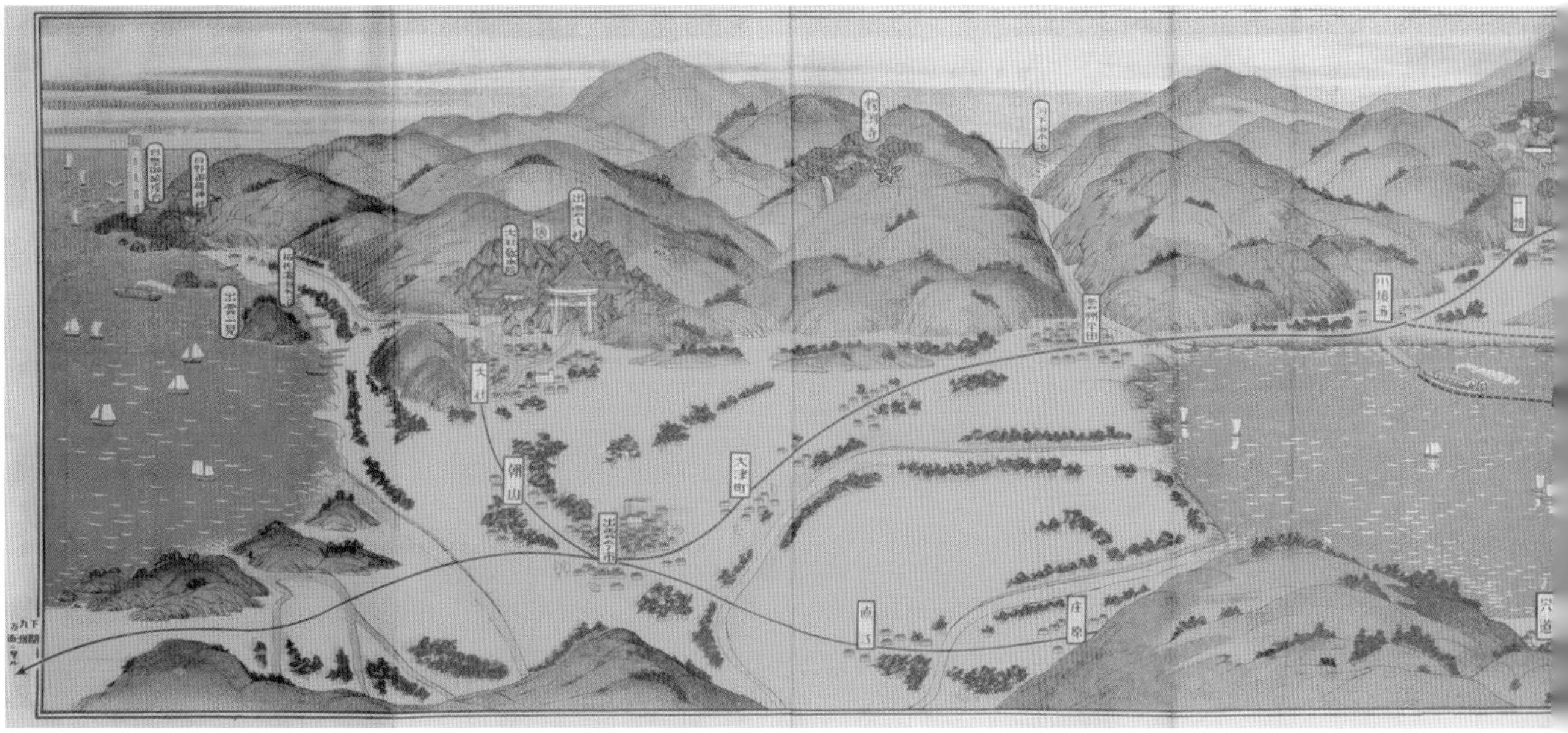

137［1］一畑薬師及出雲名所図絵
当館蔵

出雲まゐりはしがき

本紙は出雲の神社佛閣參拜若くは、名所舊蹟を探勝せらるゝ人々の御便利を計るが爲めに發行したものであります、紙面に限りが有りますので其蘊を盡さゞる恨みがありますが、その重なる地が擧げてあります、表面の繪圖と裏面の記事とを御覽になれば多少の參考となるべきことゝ思ひます。

一度出雲國に御來遊の人々が此山姿水明なる地を賞せらるゝことは今更申すまでもありません。北に横はる大和島根は宍道湖、中海を圍繞し、東端に突出せる美保關より西端日御碕に至る湖北一帶の連峰は神話佛蹟に富み、殊に出雲は日本最古の神國にして、神德伊勢大廟に亞ぐ出雲大社あり、其外日御碕神社、一畑藥師、鰐淵寺、美保神社等最も著し。

明鏡の如き菅雲湖(宍道湖)及中海は水滿々として鬱蒼たる周圍の翠樹を映じ古き神代の神秘を語るが如く詩趣に富む、皓々たる月夜舟を浮べて此湖中の風光を賞するは彼の蘇子が赤壁の下に遊びしにも比すべく、實に仙境にあるの思ひあらしむ、文豪大町桂月氏が世界の瑞西になぞらへしも過言にあらず、されば出雲の此風光を皆樣に推賞する所以であります。

本會は出雲に遊覽せらるゝ人々の便宜を圖るに必要なる諸般の方法を講究し、之が實行に努むる目的を以て、生れたものでありまして、一意專心旅客本位を旨とし、其力の及ばざらんことを恐るゝ次第であります、この點に就ては特に皆樣の御指導啓發せられんことを希望する次第であります。

本會の會員は出雲大社々務所、同教本院、一畑藥師寺事務所、美保神社々務所、一畑輕便鐵道株式會社、合同汽船株式會社等でありまして、事務所は一畑輕便鐵道株式會社内に設けて有りますから御旅行の計畫に必要な事が有りますれば同會社内出雲名所案内會宛御照會下さい。

出雲名所案内

【出雲大社】出雲大社の祭神大國主大神は、皇祖天照大御神の御弟、建速須佐之男尊の御子にして、父神の御遺志を繼ぎて、國土を開拓し大に領地を擴め、農業を勸め水利を通じ、醫藥、禁厭の法をはじめ、國利民福の增進に盡力し給へたれば、そこで大神の領土は、出雲を中心として、中國四國九州より、遠く北陸東山に渉りて、豐葦原中津國の大部分に及びたれば、御父須佐之男尊の勅命によりて、大國の主となり給へたるなり。

たま〳〵皇孫瓊々杵尊、此國土に君臨ましまさんとするに際し、皇祖天照大御神の神勅を遵奉して、大神が多年辛苦經營あらせられた、全領土を擧げて、皇孫尊に獻上して、大義名分を明かにし、忠君愛國の範を千載に垂れ給ひ、身は退きて皇室國家の守護神とならせ給ふた。

天照大神は、大國主大神の忠誠無比なるを嘉賞し給ひ、諸神に命して、日本一の大宮殿を造らしめ賜ひ、大神の祭祀を司るに、天照大御神の第二の御子、天穗日命を以てせらる、命の御子孫は出雲の國造として、大社に奉仕せられ、現宮司男爵千家尊統卿に至る、殊に注意すべきは、出雲大社は皇祖以來の勅祭社である。

されば朝廷に於かせられても、歷代御崇敬淺からず、近くは明治四十年には、東宮に御在まし、今上陛下の御參拜あり、大正六年には、皇太子殿下の御參拜があつた、國民の信仰厚く、參詣者年一年と增加する。

御祭日は毎年五月十四日より三日間で十四日には勅使の參向がある。

出雲大社拝殿と本宮

137［3］一畑薬師及出雲名所図絵
当館蔵

島根縣名勝遊覽圖繪

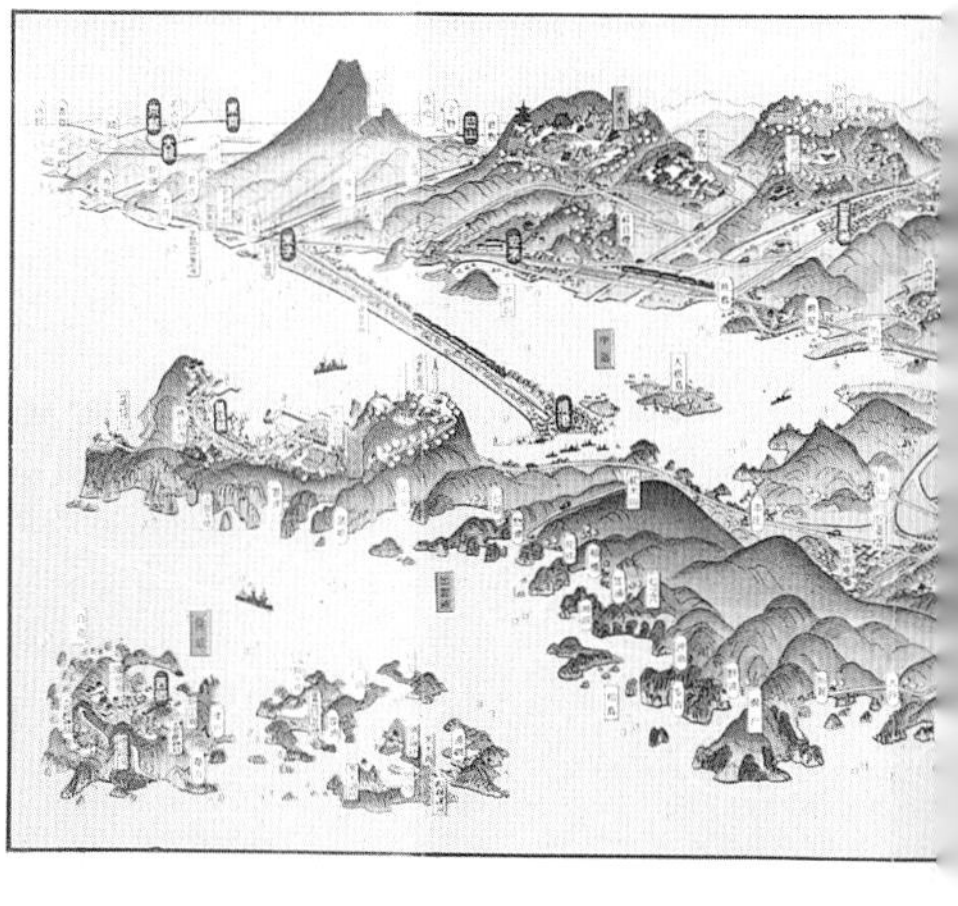

138［1］島根県鳥瞰図　吉田初三郎　当館蔵

138［2］島根県鳥瞰図　吉田初三郎　当館蔵

千鳥城

宍道湖

安来港

日本文化の發祥地

島根縣へ！

神國出雲……海上のパラダイス隠岐の國

美保関港

加賀の潜戸

138［3］島根県鳥瞰図　当館蔵

139　島根県観光鳥瞰図　吉田初三郎　当館蔵

140［1］水郷松江と神国出雲　金子常光　当館蔵

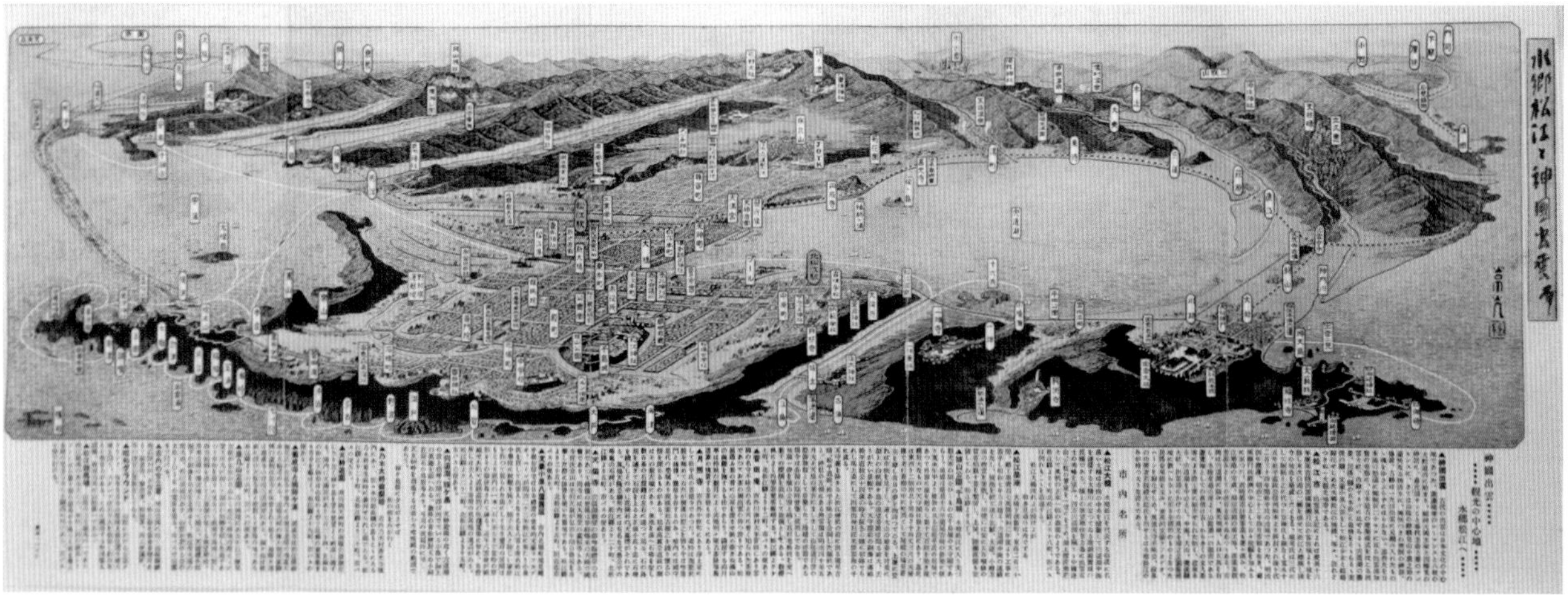

140［2］　水郷松江と神国出雲　金子常光　当館蔵

年	資料名	主な記載内容	関連事項
明治８年(1875)			外輪船波濤丸就航
明治11年(1878)			松江・宍道間定期航路(外輪船)
明治14年(1881)	出雲名勝摘要	出雲の名所・古跡15ヶ所の由緒とその地を詠んだ詩を記す　宍道湖は碧雲湖とも呼ばれ、「皇国十二景」の一つとされている	
明治17年(1884)			大阪・境間航路
明治20年(1887)ごろ			宍道湖・中海航路 (松江・秋鹿・小境・平田、松江・来待・宍道・荘原など)
明治31年(1898)	松江八景(山陰新聞4月3日付)	「大橋夕照」、「嫁島夜雨」、「袖師落雁」など宍道湖をとりまく風景　禅山のものと比して若干の異同あり	
明治36年(1903)	島根県案内記(第5回内国勧業博覧会島根県出品協議会編纂)	松江の光景は日本三景も及ばない　出雲は「神代より疾く闢けし吉国」	第5回内国勧業博覧会(大阪)
明治38年(1905)ごろ			境・舞鶴間定期航路
明治40年(1907)			合同汽船発足
明治41年(1908)	島根県名勝誌(奥原碧雲編)	出雲を「上つ代の神都」とし、また国引き神話をひいて「神代の旧国」とした上で、宍道湖中海の眺望を賞賛している　出雲大社・八重垣神社の縁結び	山陰本線　松江まで開通
明治45年(1912)	山陰名勝乃栞(西部鉄道管理局(神戸)発行)	宍道湖は碧雲湖とも呼ばれ、「本邦十二景」の一つとされる　神西湖も名勝として記す	山陰本線　京都・出雲今市間全通
			一畑軽便鉄道　出雲今市・雲州平田間開通
大正4年(1915)	一畑軽便鉄道名所案内	鏡の如き碧雲湖　伊勢に亞ぐ出雲　水郷たる松江	一畑軽便鉄道　雲州平田間・一畑間開通　八雲会設立
大正年間(1912〜26)	山陰沿線名勝案内	風光明媚なこと吾朝十二景の一つ	
大正13年(1924)	一畑薬師及出雲名所図絵(出雲名所案内会発行)	出雲は日本最古の神国にて神徳伊勢大廟に亞ぐ出雲大社あり　明鏡の如き碧雲湖、スイスになぞらえる　小境灘から美保関への航路明示	
	島根県名勝誌	出雲国は古代文化の発祥地で史跡に富み、景勝の地頗る多し　市街は宍道湖に臨み山光水色画くが如し　碧雲湖とも称す	
大正15年(1926)	出雲大社御案内(出雲名所案内会発行)	小境灘からの航路　最古の神国　碧雲湖　水郷松江	
	いづも大社まうで(門司鉄道局発行)	縁結び	
昭和元年(1926)	日本鳥瞰中国四国大図絵(大阪毎日新聞発行　鳥瞰図:初三郎)	天守閣上の眺望は山陰無比の絶景	
昭和2年(1927)			全国土産品展覧会(松江)
昭和3年(1928)	一畑薬師と出雲名所図絵(一畑電鉄発行　鳥瞰図:常光)	風光明媚なる出雲　ハーンをぞっこん美しい出雲にほれこましめたのは無理もない　「日本十二景」の一　水郷松江　日本最古の神国	
昭和4年(1929)			第1回松江水郷際開催
昭和5年(1930)	島根県鳥瞰図(島根県観光協会発行　鳥瞰図:初三郎)	日本文化発祥地島根県　神国島根　表紙は神話の絵(初三郎)　波根湖　初三郎の序に出雲は神話の国　出雲の風景は第一に宍道湖　中国の西湖、ヴェニス、ジェノバに比される　ヘルン旧居の紹介	島根観光協会設立
昭和7年(1932)	出雲大社まうで(大社駅長発行)	神の国出雲	
	水郷松江と神国出雲(松江観光協会発行　鳥瞰図:常光)	水郷松江　神国出雲　古代出雲は日本文化の中心　ジェノバに比す　文豪小泉八雲	
昭和8年(1933)			松江・城崎間定期航路(水上飛行機)(〜昭和12年〈1937〉)小泉八雲記念館設立
昭和11年(1936)	島根めぐり(島根観光協会発行)	八雲立つ出雲の国　日本文化は此地に発祥　日本の魂のふるさと　神代の縮図　神代の故国　水郷松江　八雲の「神々の国の首都」を引用	
昭和12年(1937)	How to see Matsue	八雲記念館　ナポリ・ジェノバに比す　『知られざる日本の面影』引用	
昭和13年(1938)	一畑電車と自動車(一畑電鉄発行　鳥瞰図:柳城)	出雲は神話の国　松江は宍道湖畔に望み風光明媚、東洋のジェノバの観あり　縁結び　小泉八雲旧居	
昭和15年(1940)	湖都松江の印象	八雲の文章を冒頭に紹介	
昭和10年代	出雲(島根観光協会発行)	八雲が東洋のジュネーブにたとえる	

戦前の名所案内・観光案内にみえる「出雲観」

付録Ⅰ

向日神社本『日本書紀』

向日《むこう》神社本『日本書紀』

『日本書紀』巻二神代下、一冊。縦二二・一cm、横一五・〇cm。表紙に「日本書紀巻第二」の墨書をもち、本紙と共紙の厚手の楮《こうぞ》紙である。表紙・本紙あわせて全六四紙で、二つ折りにした紙の外側をのり付けする粘葉装《でっちょうそう》仕立てとなっている。本文には押《おし》界《かい》線が施され、一頁六行、一行につき約一四字で、墨書によって訓点などが付されているが、ヲコト点はみえない。重要文化財で、向日神社所蔵、向日市文化資料館寄託。なお、以下に掲載する向日神社本『日本書紀』の写真はすべて向日市文化資料館提供。

（参考）向日神社参道大鳥居　写真提供：向日市文化資料館

表紙

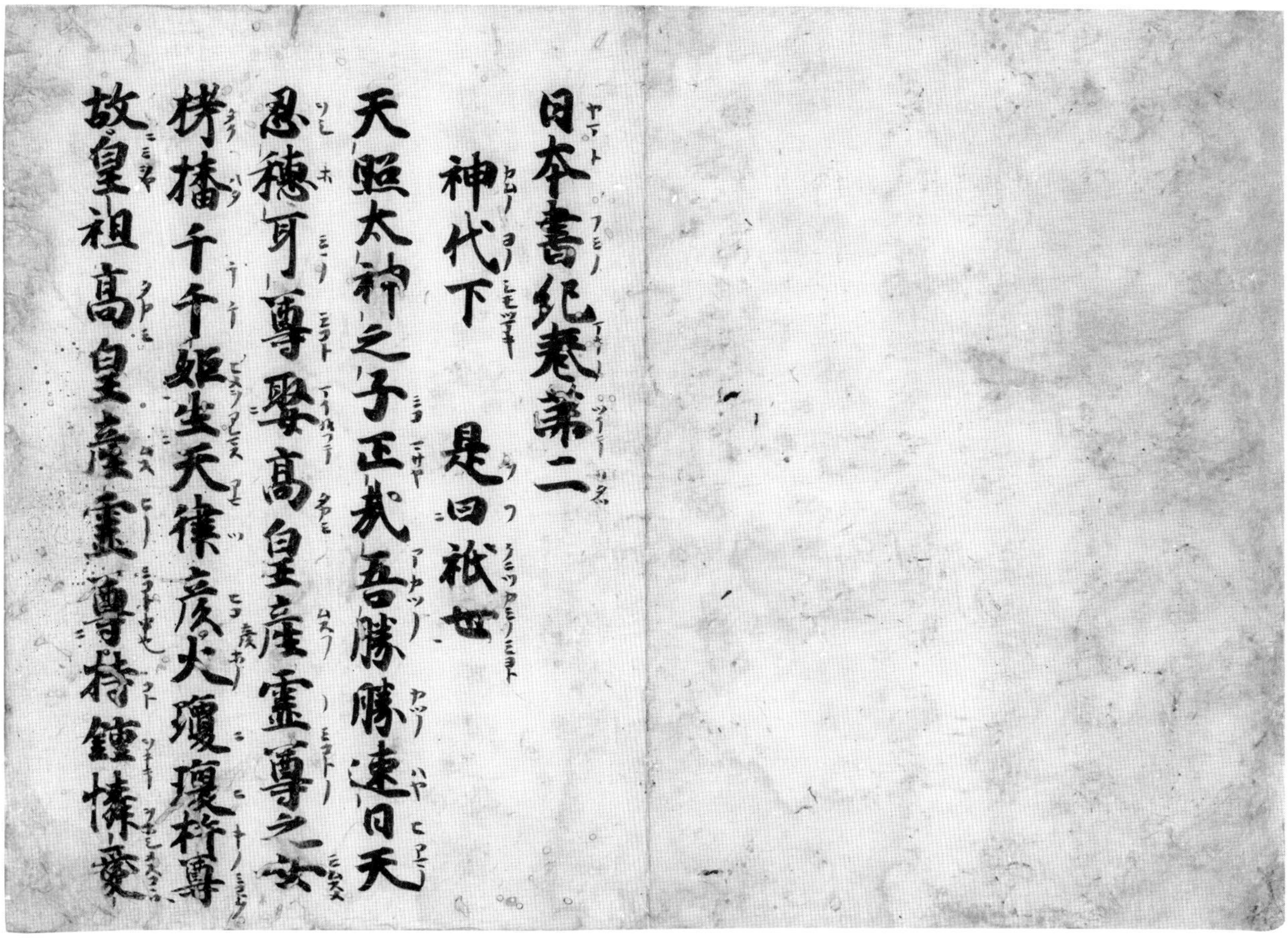
日本書紀巻第二
神代下　是曰祇世
天照太神之子正哉吾勝勝速日天
忍穂耳尊娶高皇産霊尊之女
栲幡千千姫生天津彦火瓊瓊杵尊
故皇祖高皇産霊尊特鍾憐愛

見返し・本紙1丁オモテ

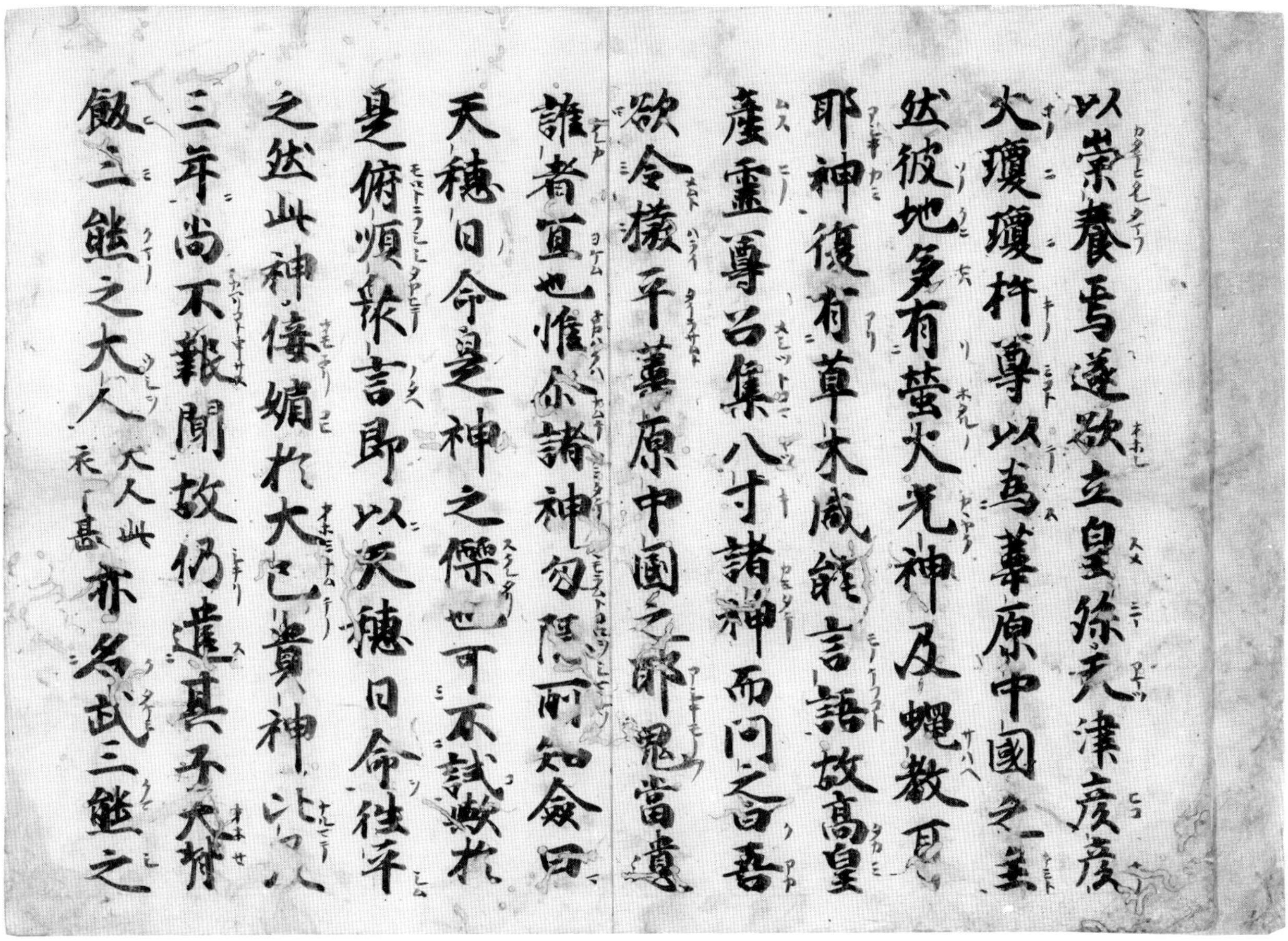
以崇養焉遂欲立皇孫天津彦彦
火瓊瓊杵尊以為葦原中國之主
然彼地多有螢火光神及蠅聲邪
神復有草木咸能言語故高皇
産霊尊召集八十諸神而問之曰吾
欲令撥平葦原中國之邪鬼當遣
誰者宜也惟爾諸神勿隱所知僉曰
天穂日命是神之傑也可不試歟於
是俯順衆言即以天穂日命往平
之然此神佞媚於大己貴神比及
三年尚不報聞故仍遣其子大背
飯三熊之大人　大人此云于志　亦名武三熊之

本紙1丁ウラ・2丁オモテ

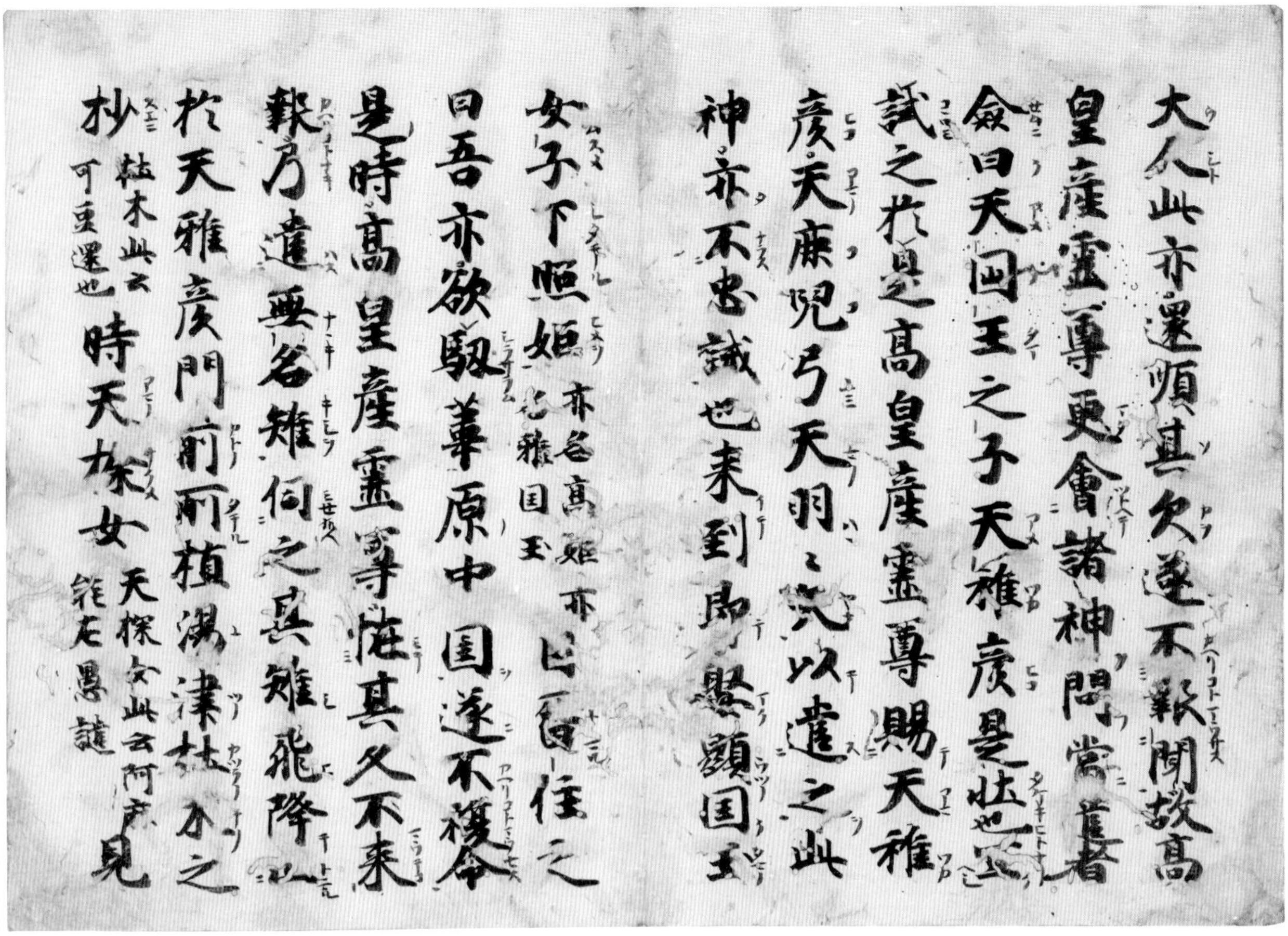

大人此亦還順其父遂不報聞故高
皇産霊尊更會諸神問當遣者
僉曰天国玉之子天稚彦是壮也宜
試之於是高皇産霊尊賜天稚
彦天鹿児弓天羽々矢以遣之此
神亦不忠誠也来到即娶顕国玉
女子下照姫 亦名高姫亦名稚国玉 因留住之
曰吾亦欲馭葦原中国遂不復命
是時高皇産霊尊怪其久不来
報乃遣無名雉伺之其雉飛降止
於天稚彦門前所植湯津杜木之
杪 杜木此云可豆邏也 時天探女 天探女此云阿麻能左愚謎 見

本紙２丁ウラ・３丁オモテ

而謂天稚彦曰奚鳥来居杜杪天
稚彦乃取高皇産霊尊所賜天
鹿児弓天羽々矢射雉斃之其矢
洞達雉胸而至高皇産霊尊之
座前也時高皇産霊尊見其矢
曰是矢則昔我賜天稚彦之矢也
血染其矢蓋与国神相戦而然歟於是
取矢還投下之其矢落下則中天稚彦
之胸上于時天稚彦新嘗休臥之時
也中矢立死此世人所謂反矢可畏之縁
也天稚彦妻下照姫哭泣悲哀声達于
天是時天国玉聞其哭声則知夫天稚

本紙３丁ウラ・４丁オモテ

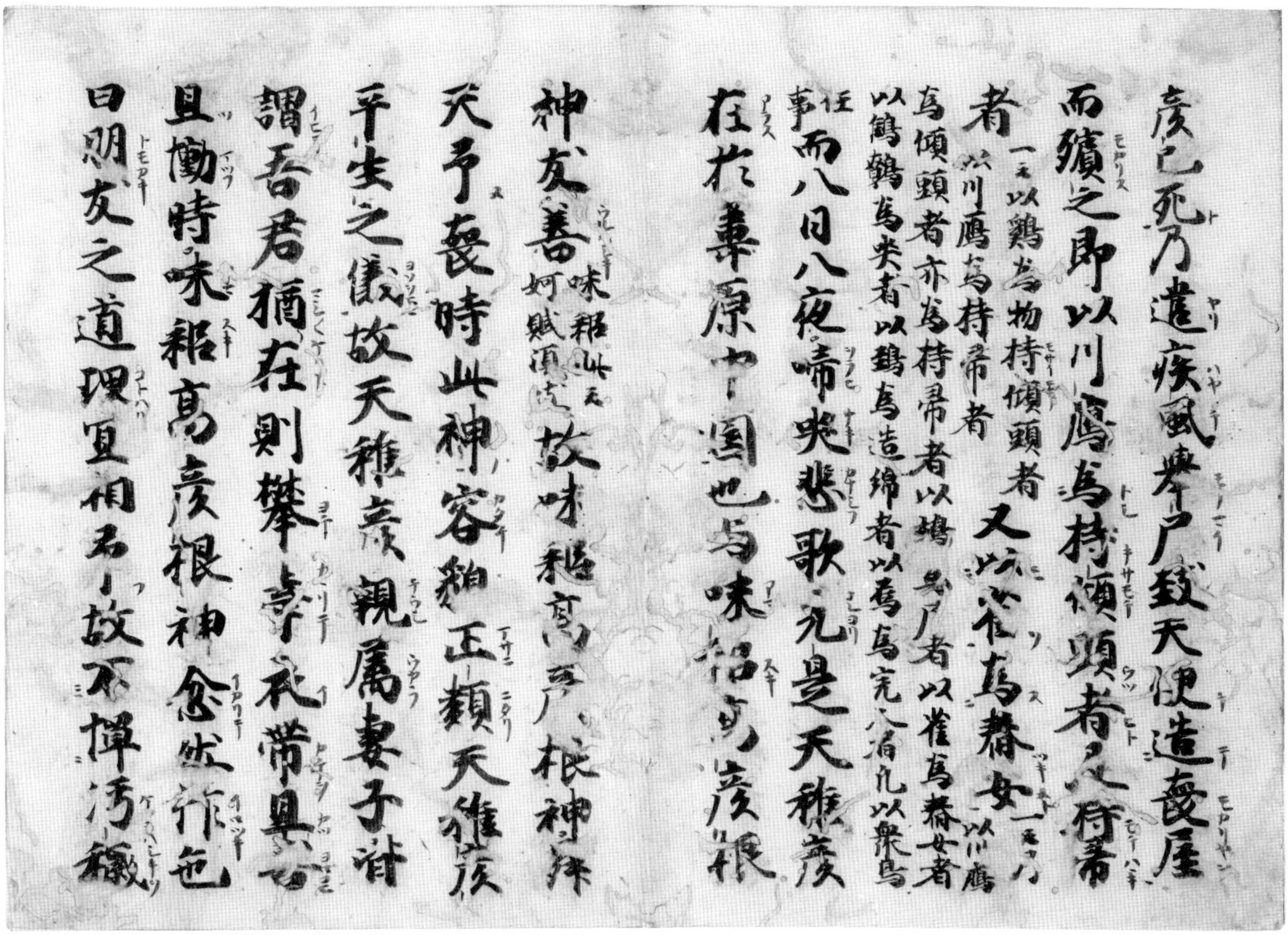

彦已死乃遣疾風擧尸致天便造喪屋
而殯之即以川鴈爲持傾頭者及持帚
者 一云以鷄爲物持傾頭者以川鴈爲持帚者 又以雀爲舂女 一云乃以川鴈
爲傾頭者亦爲持帚者以鴗爲尸者以雀爲舂女者
以鷦鷯爲哭者以鵄爲造綿者以烏爲宍人者凡以衆鳥
任事而八日八夜啼哭悲歌先是天稚彦
在於葦原中國也與味耜高彦根
神友善 味耜此云婀膩須岐 故味耜高彦根神昇
天弔喪時此神容貌正類天稚彦
平生之儀故天稚彦親屬妻子皆
謂吾君猶在則攀牽衣帶且喜
且慟時味耜高彦根神忿然作色
曰朋友之道理宜相弔故不憚汚穢

本紙４丁ウラ・５丁オモテ

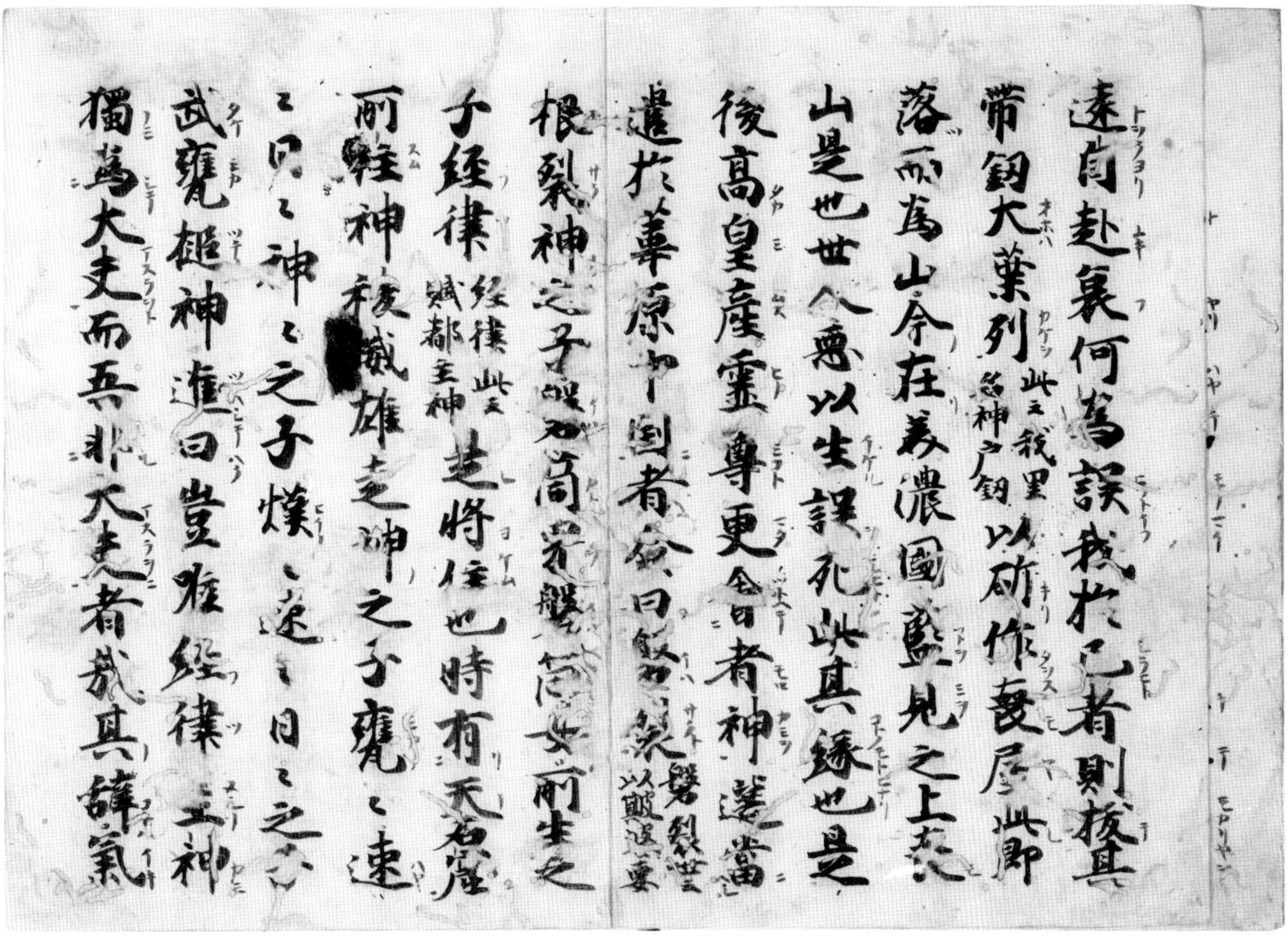

遠自赴哀何爲誤我於亡者則拔其
帶劒大葉刈 此云我里 亦名神戸劒 以斫仆喪屋此即
落而爲山今在美濃國藍見之上
山是也世人惡以生誤死此其緣也是
後高皇産靈尊更會諸神選當
遣於葦原中國者僉曰磐裂 磐裂此云以簸娑窶
根裂神之子磐筒男磐筒女所生之
子經津 經津此云賦都 主神是將佳也時有天石窟
所住神稜威雄走神之子甕ゝ速
ゝ日ゝ神ゝ之子熯ゝ速ゝ日ゝ之子
武甕槌神進曰豈唯經津主神
獨爲丈夫而吾非丈夫者哉其辭氣

本紙５丁ウラ・６丁オモテ

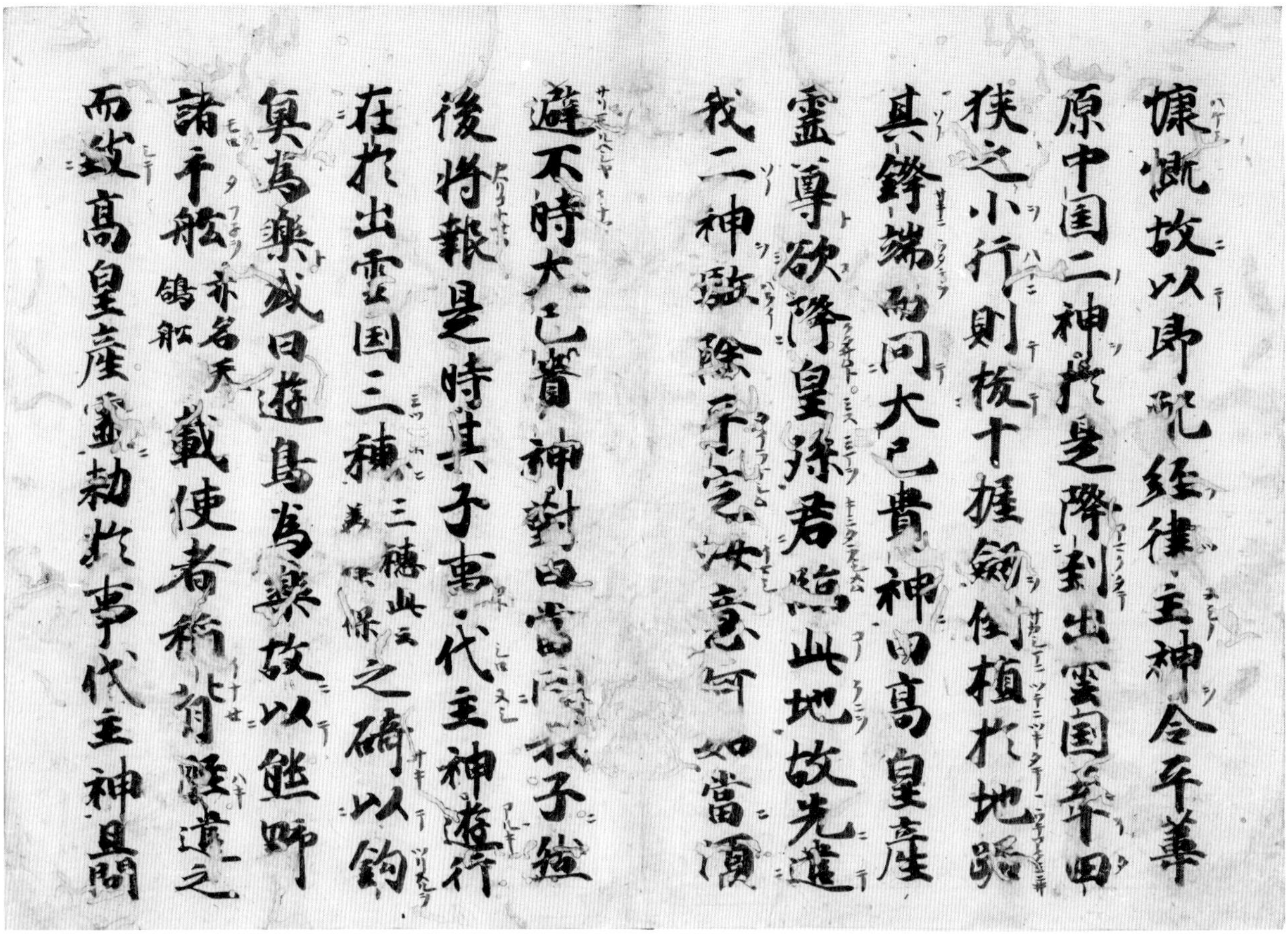
慷慨故以即配経津主神令平葦
原中国二神於是降到出雲国五十田
狭之小汀則抜十握剣倒植於地踞
其鋒端而問大己貴神曰高皇産
霊尊欲降皇孫君臨此地故先遣
我二神駈除平定汝意何如當須
避不時大己貴神對曰當問我子然
後将報是時其子事代主神遊行
在於出雲国三穂 三穂此云美保 之碕以釣
魚為楽或曰遊鳥為楽故以熊野
諸手船 亦名天鴿船 載使者稲背脛遣之
而致高皇産霊勅於事代主神且問

本紙６丁ウラ・７丁オモテ

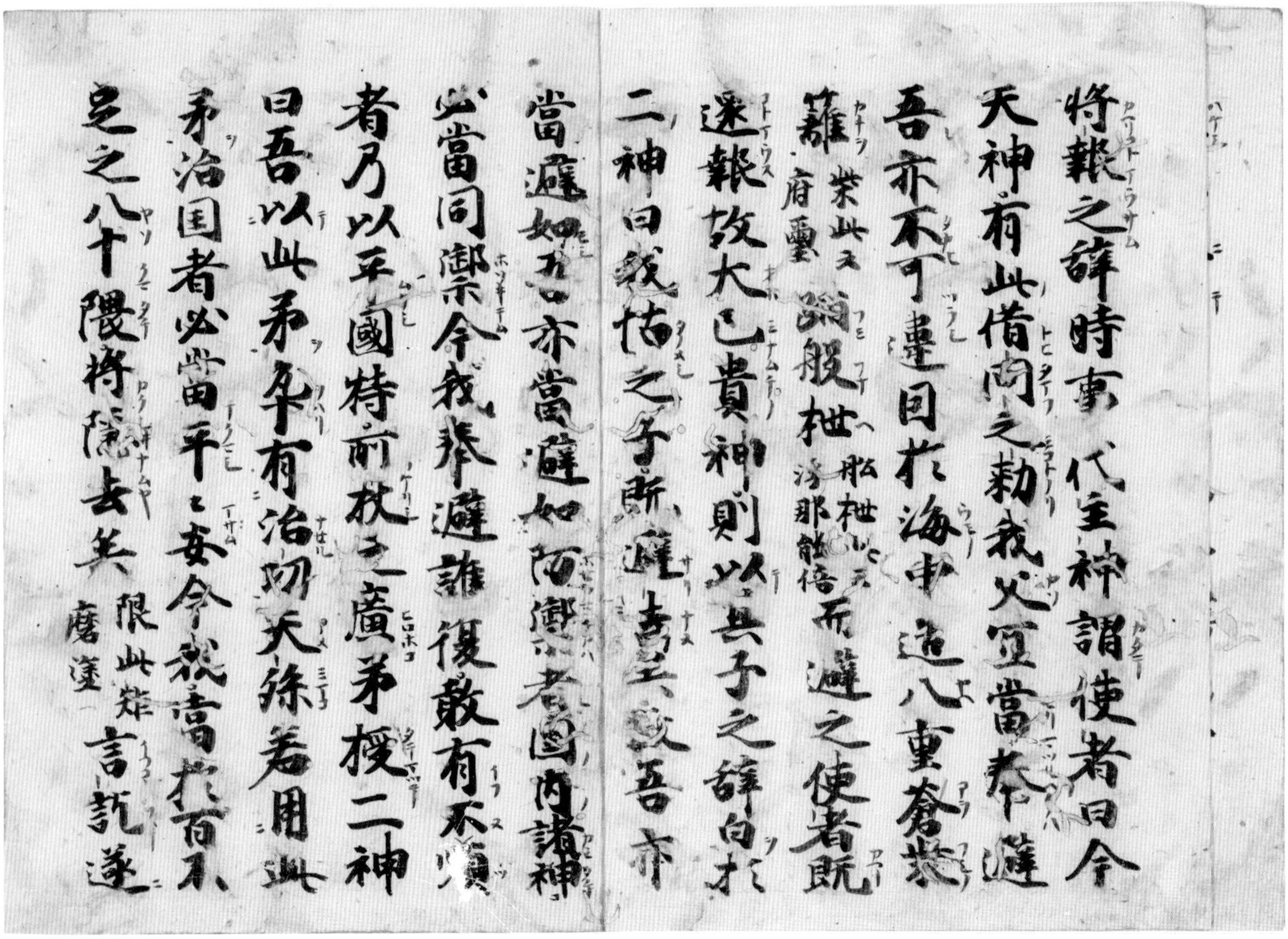
将報之辞時事代主神謂使者曰今
天神有此借問之勅我父宜當奉避
吾亦不可違因於海中造八重蒼柴
籬 柴此云府璽 蹈船枻 船枻此云浮那能倍 而避之使者既
還報故大己貴神則以其子之辞白於
二神曰我怙之子既避去矣故吾亦
當避如吾防禦者国内諸神
必當同禦今我奉避誰復敢有不順
者乃以平国時所杖之廣矛授二神
曰吾以此矛卒有治功天孫若用此
矛治国者必當平安今我當於百不
足之八十隈将隠去矣 隈此云矩磨遅 言訖遂

本紙７丁ウラ・８丁オモテ

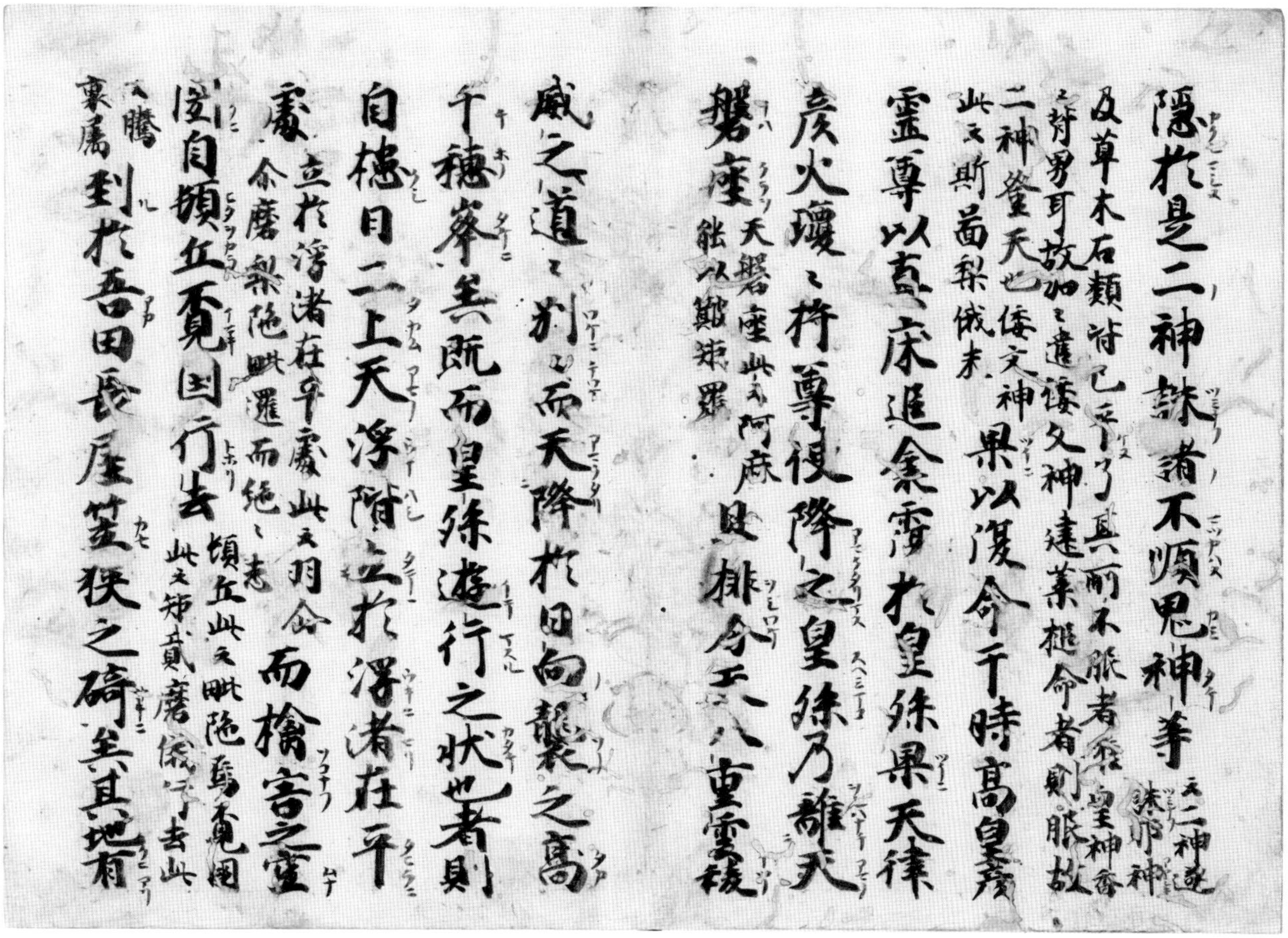
隱於是二神誅諸不順鬼神等 一云二神遂誅邪神
及草木石類皆已平了其所不服者唯星神香
〻背男耳故加遣倭文神建葉槌命者則服故
二神登天也倭文神果以復命于時高皇産
此云斯図梨俄末
霊尊以真床追衾覆於皇孫天津
彦火瓊〻杵尊使降之皇孫乃離天
磐座 天磐座此云阿麻能以簸矩羅 且排分天八重雲稜
威之道〻別〻而天降於日向襲之高
千穂峯矣既而皇孫遊行之状也者則
自槵日二上天浮橋立於浮渚在平
處 立於浮渚在平處此云羽企爾磨梨陀毘邏而陀陀志 而膂宍之空
國自頓丘覓國行去 頓丘此云毘陀烏覓國此云矩貳磨儀行去此
云騰 乎羅 到於吾田長屋笠狭之碕矣其地有

本紙８丁ウラ・９丁オモテ

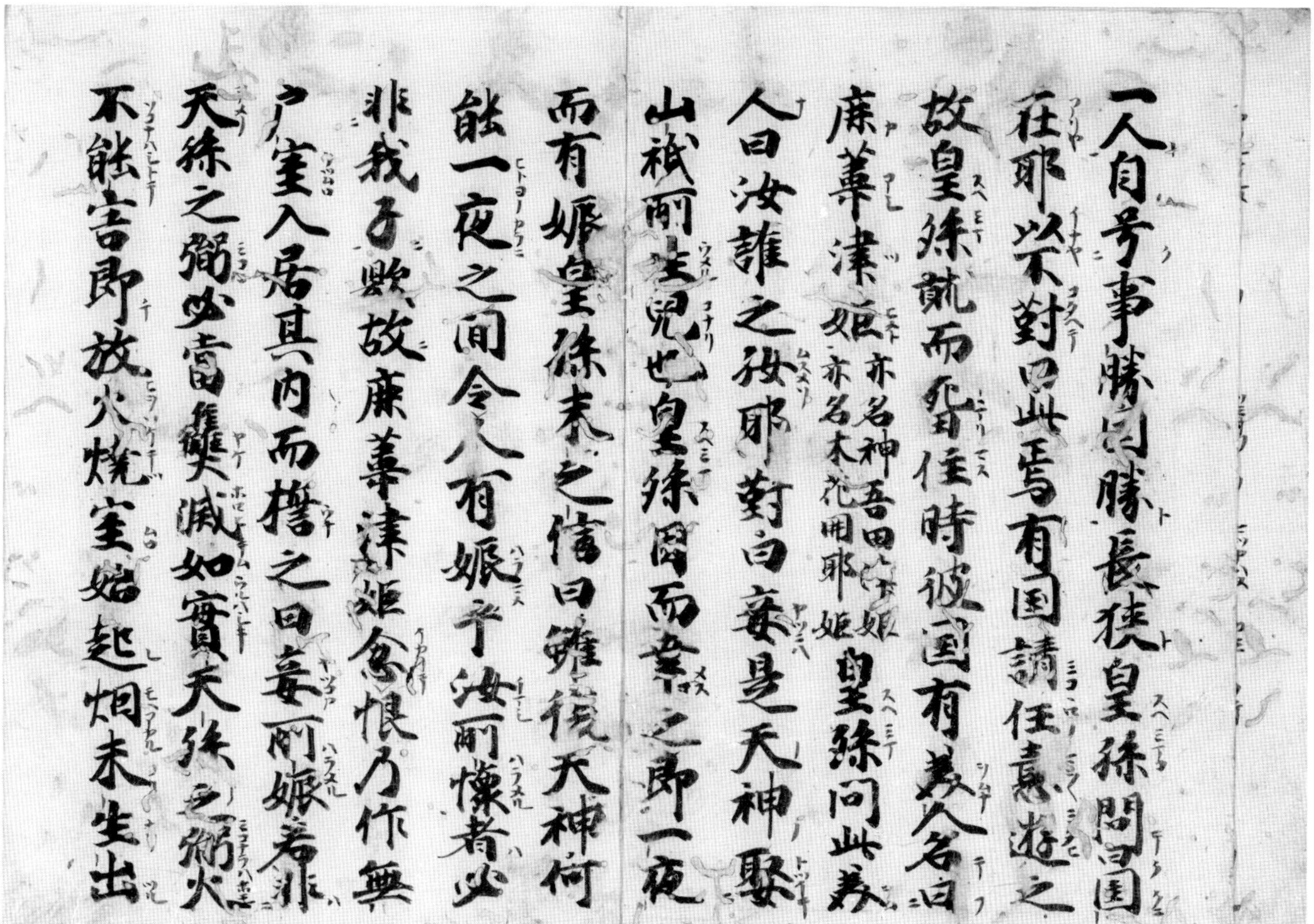
一人自号事勝國勝長狭皇孫問曰國
在耶以不對曰此焉有國請任意遊之
故皇孫就而留住時彼國有美人名曰
鹿葦津姫 亦名神吾田津姫亦名木花開耶姫 皇孫問此美
人曰汝誰之子耶對曰妾是天神娶
山祇所生兒也皇孫因而幸之即一夜
而有娠皇孫未信之曰雖復天神何
能一夜之間令人有娠乎汝所懐者必
非我子歟故鹿葦津姫忿恨乃作無
戸室入居其内而誓之曰妾所娠若非
天孫之胤必當焦滅如實天孫之胤火
不能害即放火燒室始起烟末生出

本紙９丁ウラ・10丁オモテ

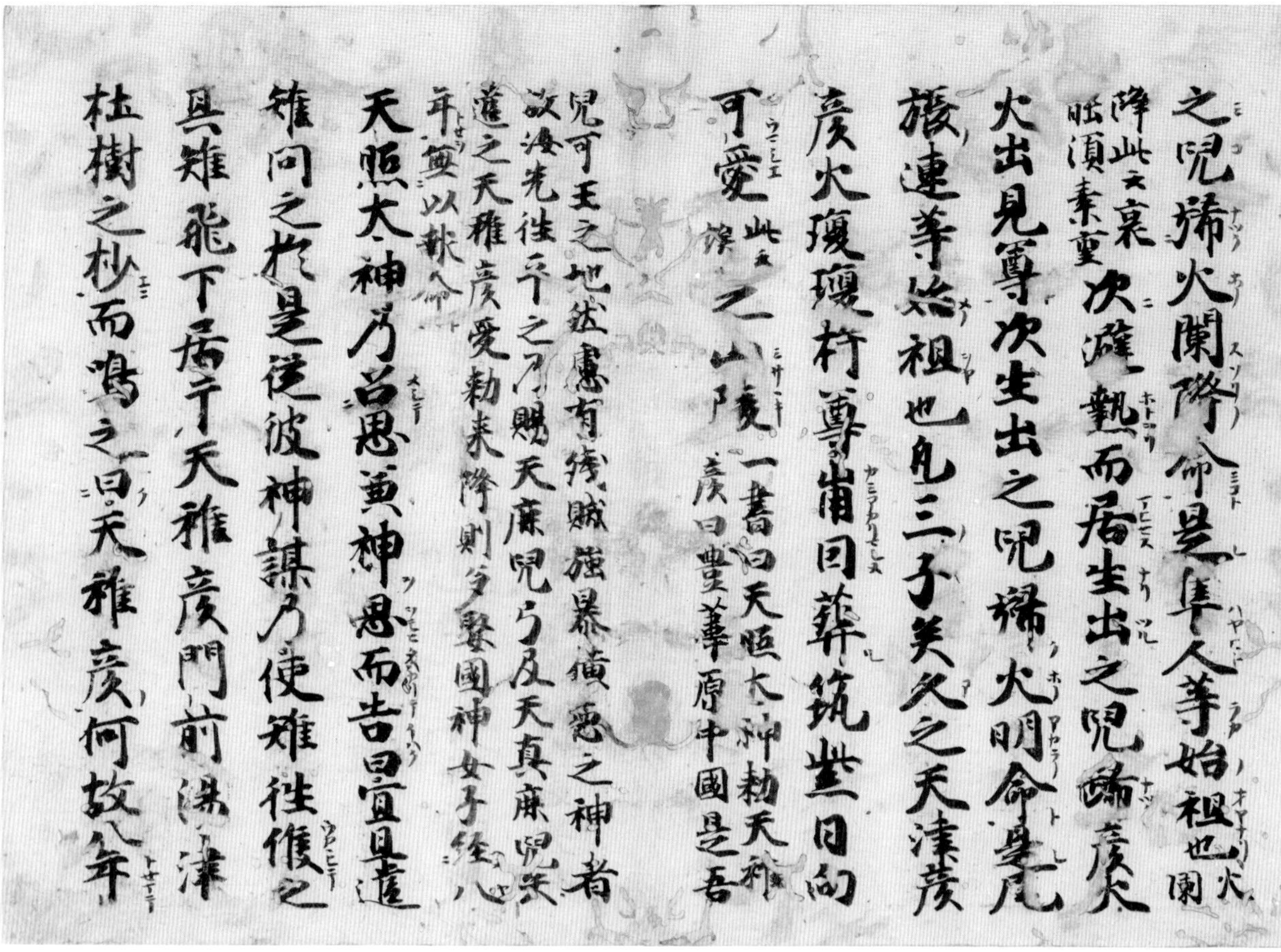
之兒號火闌降命是隼人等始祖也火闌降此云褒能須素里次避熱而居生出之兒號彦火火出見尊次生出之兒號火明命是尾張連等始祖也凡三子矣久之天津彦彦火瓊瓊杵尊崩因葬筑紫日向可愛此云埃之山陵一書曰天照大神勅天稚彦曰豊葦原中國是吾兒可王之地然慮有殘賊强暴横惡之神者故汝先往平之乃賜天鹿兒弓及天真鹿兒矢遣之天稚彦受勅來降則多娶國神女子經八年無以報命天照大神乃召思兼神思而告曰宜且遣雉問之於是從彼神謀乃使雉往候之其雉飛下居于天稚彦門前湯津杜樹之杪而鳴之曰天稚彦何故八年

本紙10丁ウラ・11丁オモテ

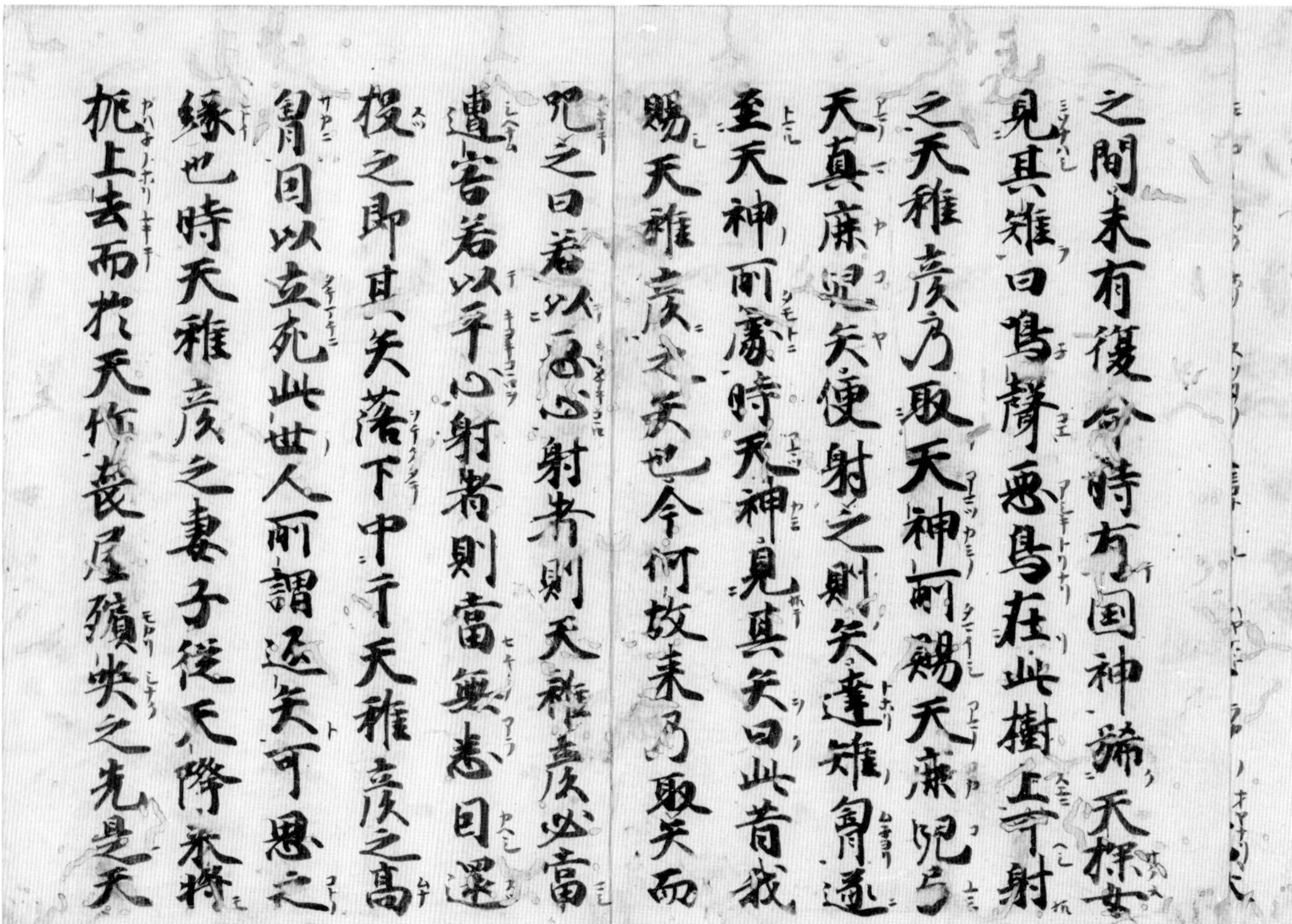
之間未有復命時有国神號天探女見其雉曰鳴聲惡鳥在此樹上可射之天稚彦乃取天神所賜天鹿兒弓天真鹿兒矢便射之則矢達雉胸遂至天神所處時天神見其矢曰此昔我賜天稚彦之矢也今何故来乃取矢而兒之曰若以惡心射者則天稚彦必當遭害若以平心射者則當無恙因還投之即其矢落下中于天稚彦之高胸因以立死此世人所謂返矢可畏之緣也時天稚彦之妻子從天降來將柩上去而於天作喪屋殯哭之先是天

本紙11丁ウラ・12丁オモテ

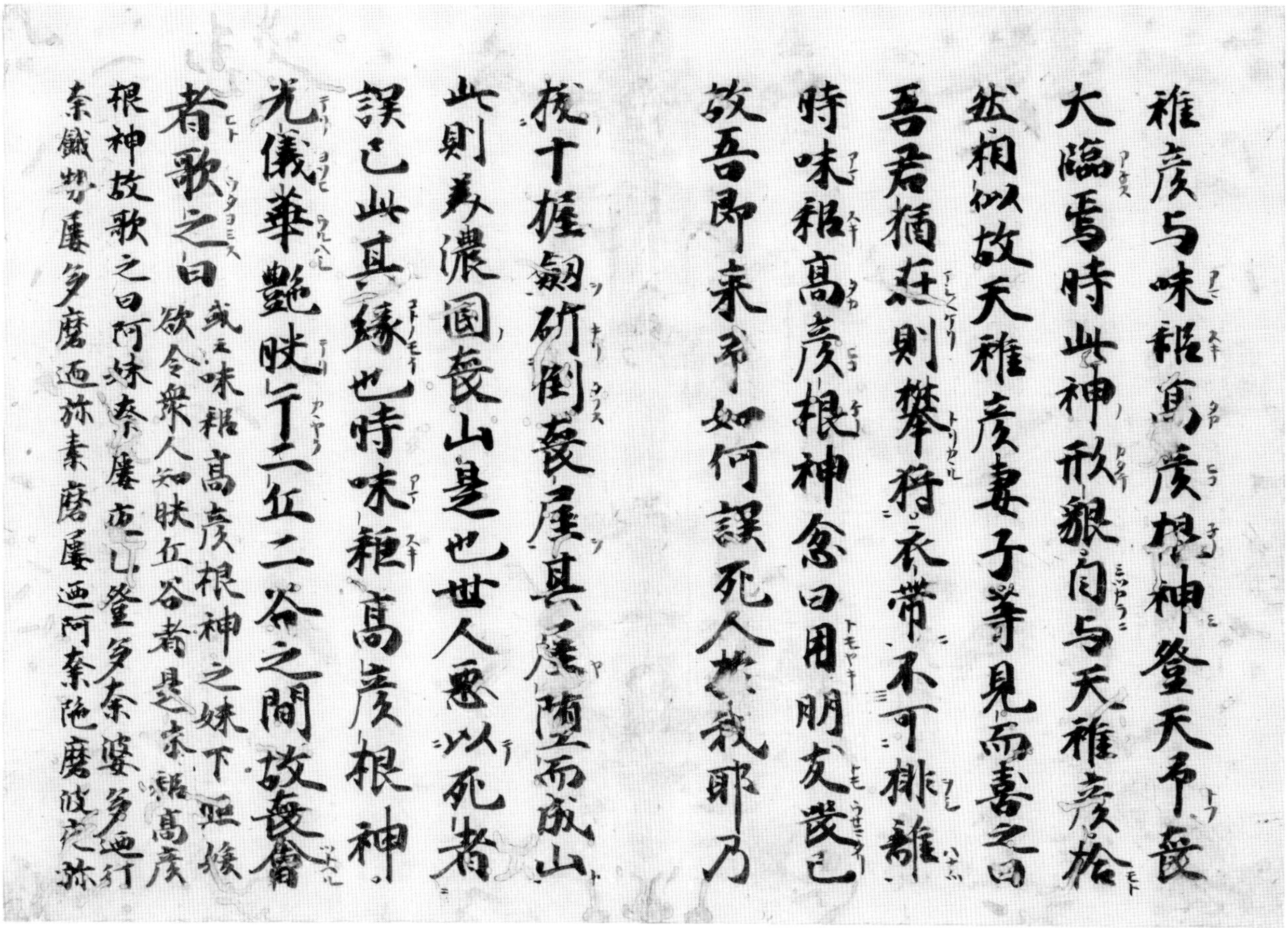

稚彦与味《アヂ》耜《スキ》高《タカ》彦《ヒコ》根神登天弔喪
大臨焉時此神形貌自与天稚彦恰
然相似故天稚彦妻子等見而喜之曰
吾君猶在則攀持衣帯不可排離
時味耜高彦根神忿曰朋友喪亡
故吾即来弔如何誤死人於我耶乃
抜十握劒斫倒喪屋其屋堕而成山
此則美濃國喪山是也世人悪以死者
誤己此其縁也時味耜高彦根神
光儀華艶映于二丘二谷之間故喪會
者歌之曰 或云味耜高彦根神之妹下照媛欲令衆人知映丘谷者是味耜高彦
根神故歌之曰阿妹奈屢夜乙登多奈婆多廼汙
奈餓勢屢多磨廼彌素磨屢廼阿奈陀磨波夜彌

本紙 12 丁ウラ・13 丁オモテ

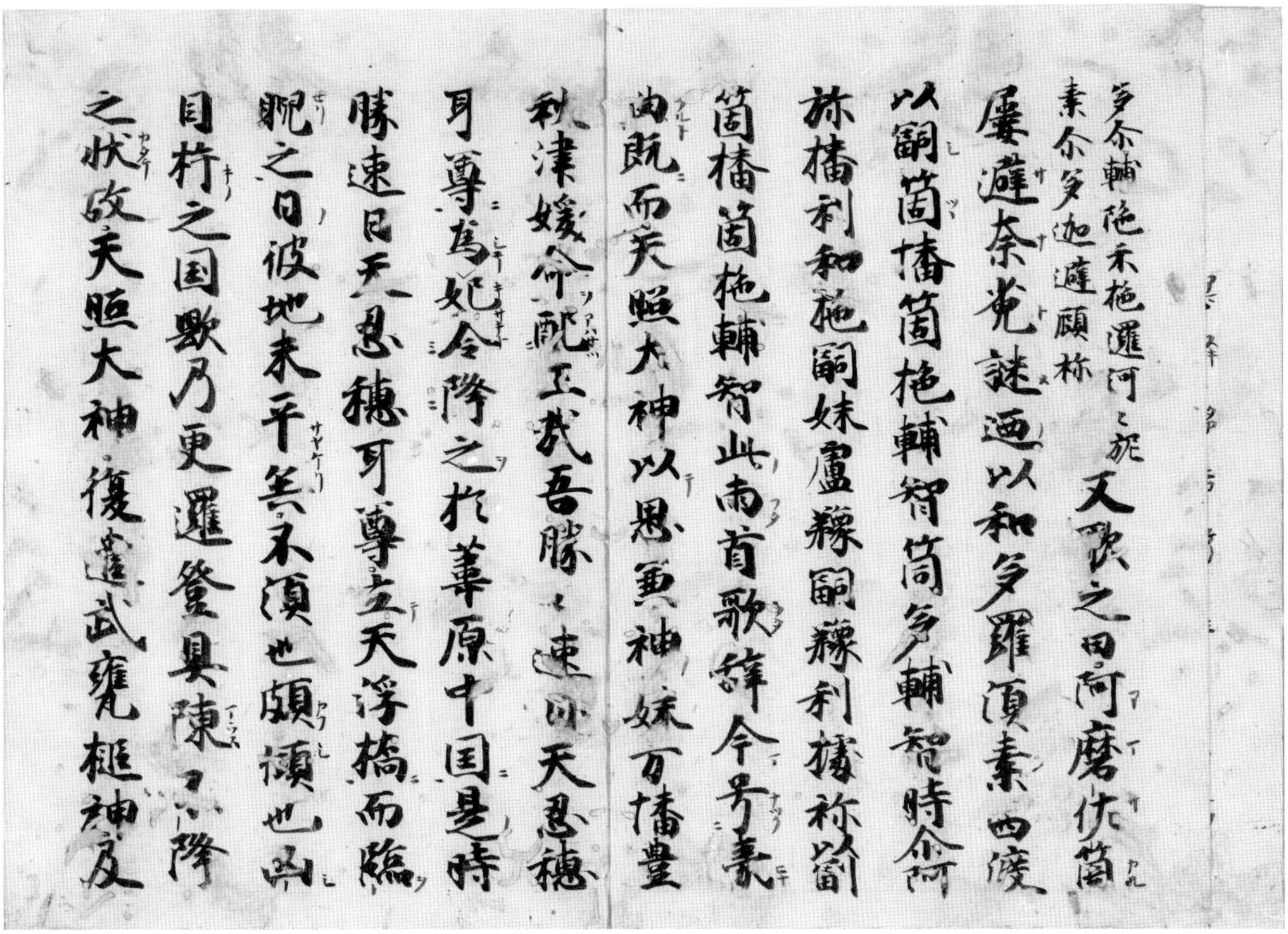

多尓輔柁禾柁邏河々柁素尓多迦邏顧祢 又歌之曰阿磨佐箇
屢避奈菟謎廼以和多羅須素西渡以
以嗣箇播箇柁輔智箇多輔智爾阿
祢播利和柁嗣妹盧豫嗣豫利據祢
箇播箇柁輔智此両首歌辞今号夷
曲既而天照大神以思兼神妹万幡豊
秋津媛命配正哉吾勝〻速日天忍穂
耳尊為妃令降之於葦原中国是時
勝速日天忍穂耳尊立于天浮橋而臨
睨之曰彼地未平矣不須也頗傾凶
目杵之国歟乃更還登具陳不〻降
之状故天照大神復遣武甕槌神及

本紙 13 丁ウラ・14 丁オモテ

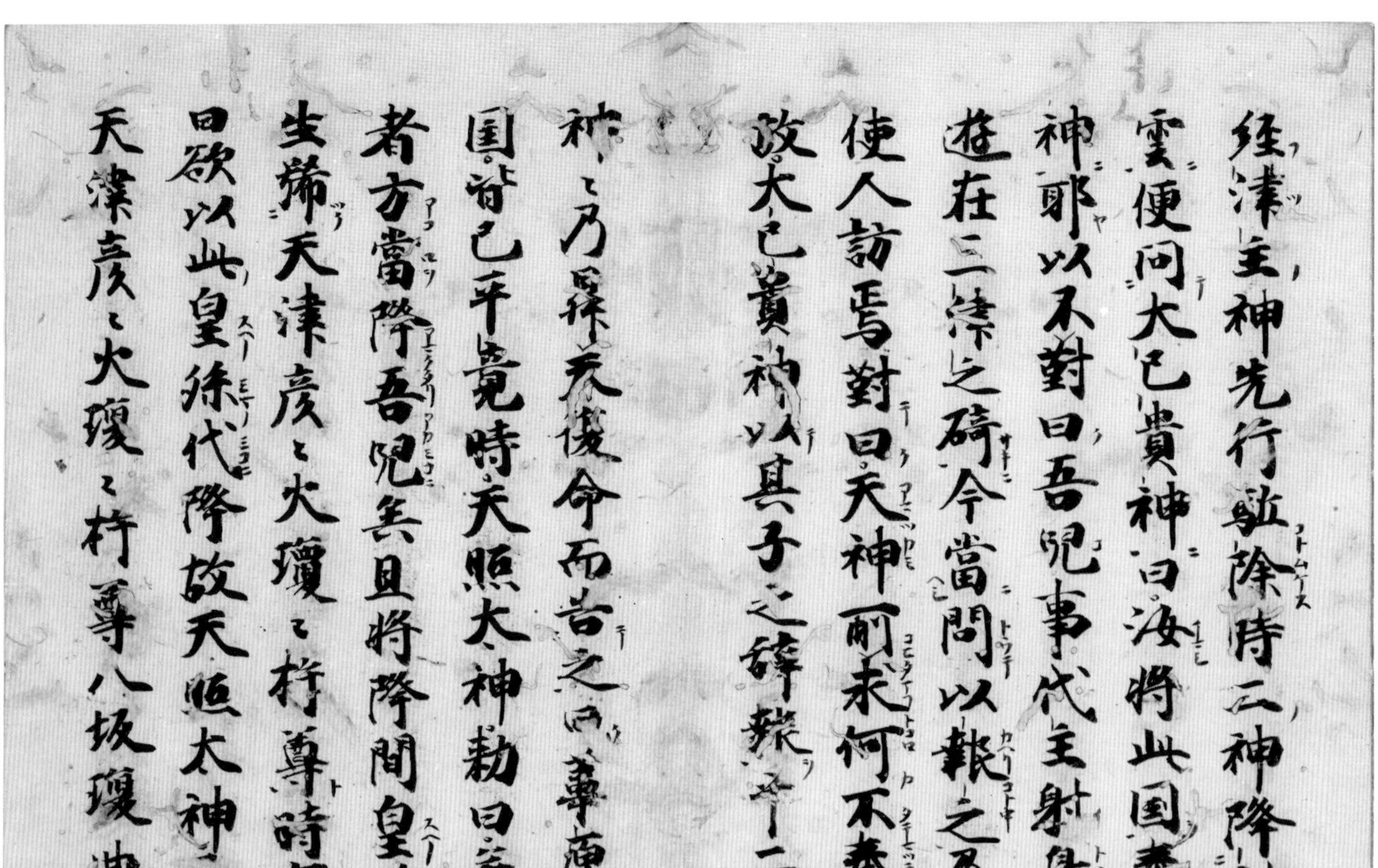

経津主神先行駈除時二神降到出
雲便問大己貴神曰汝将此国奉天
神耶以不對曰吾兒事代主射鳥遨
遊在三津之碕今當問以報之乃遣
使人訪焉對曰天神所求何不奉歟
故大己貴神以其子之辞報乎二ゝ神
神ゝ乃昇天復命而告之曰葦原中
国皆已平竟時天照大神勅曰若然
者方當降吾兒矣且将降間皇孫已
生號天津彦ゝ火瓊ゝ杵尊時有奏
曰欲以此皇孫代降故天照太神乃賜
天津彦ゝ火瓊ゝ杵尊八坂瓊曲玉

本紙 14 丁ウラ・15 丁オモテ

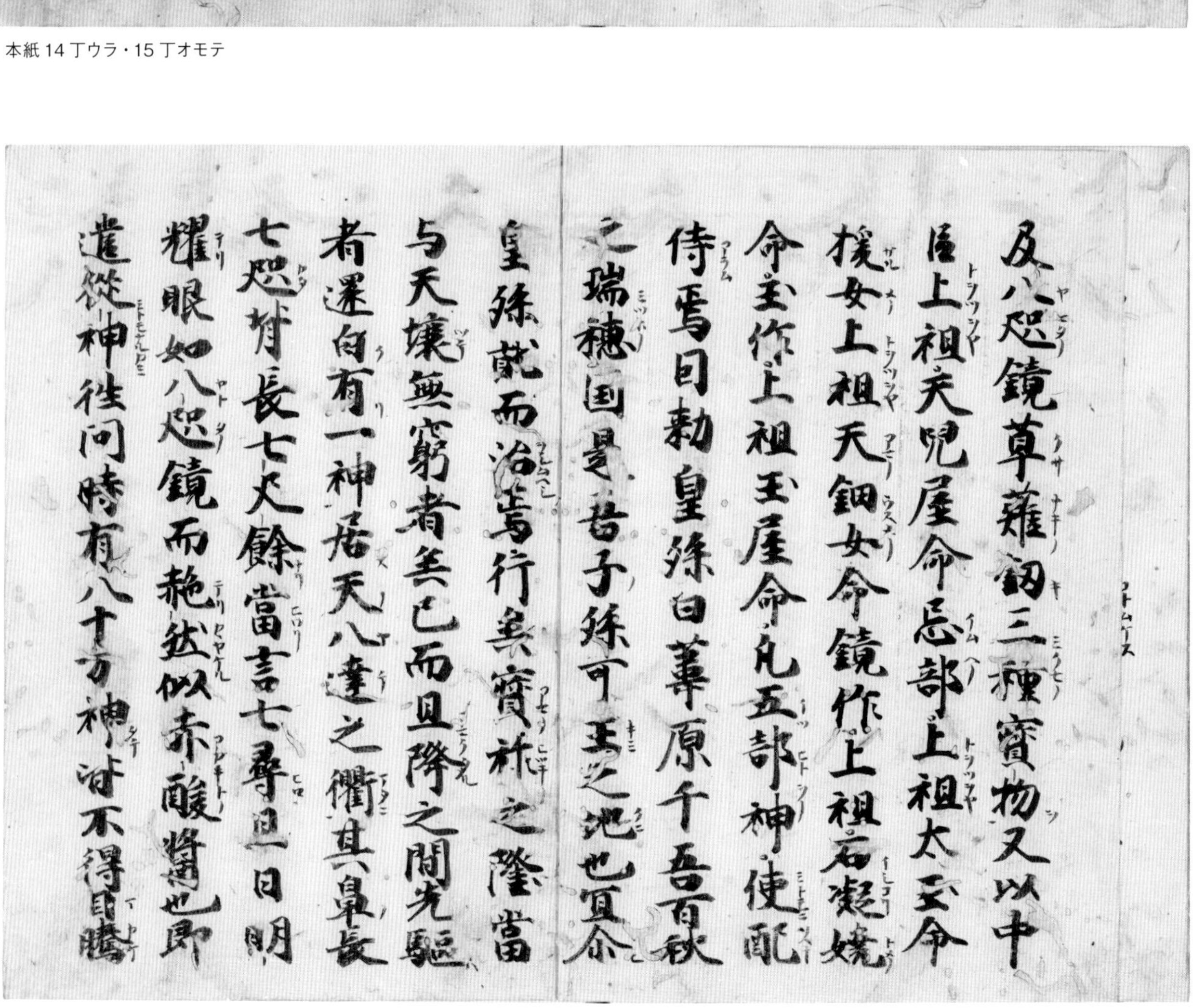

及八咫鏡草薙剱三種寳物又以中
臣上祖天兒屋命忌部上祖太玉命
猨女上祖天鈿女命鏡作上祖石凝姥
命玉作上祖玉屋命凡五部神使配
侍焉因勅皇孫曰葦原千五百秋
之瑞穂国是吾子孫可王之地也宜尓
皇孫就而治焉行矣寳祚之隆當
与天壌無窮者矣已而且降之間先駈
者還白有一神居天八達之衢其鼻長
七咫背長七尺餘當言七尋且口尻明
耀眼如八咫鏡而赩然似赤酸醤也即
遣従神往問時有八十万神皆不得目勝

本紙 15 丁ウラ・16 丁オモテ

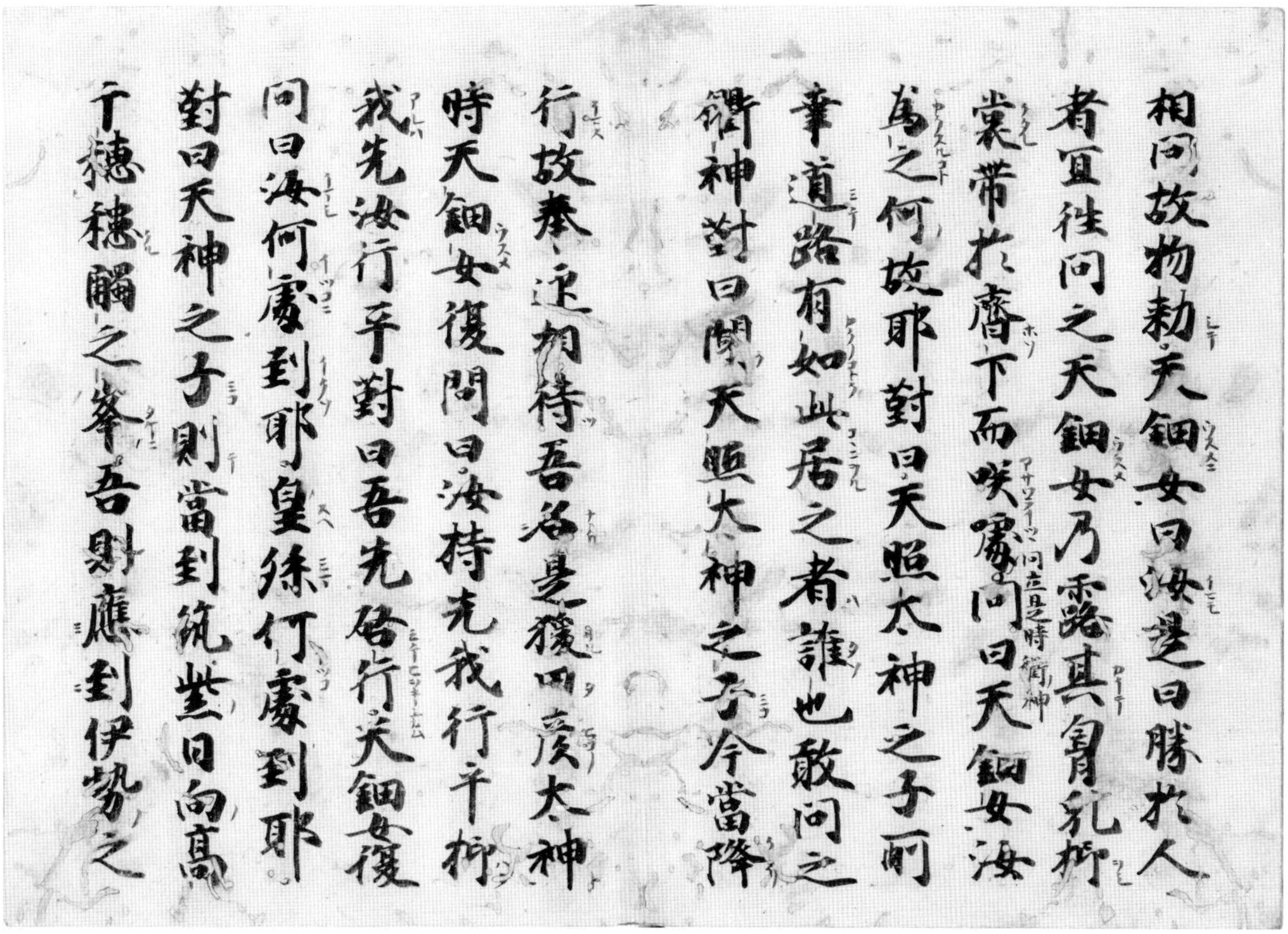
相問故物勅天鈿女曰汝是目勝於人
者宜往問之天鈿女乃露其胸乳抑
裳帶於臍下而咲噱向立是時衢神問曰天鈿女汝
爲之何故耶對曰天照太神之子所
幸道路有如此居之者誰也敢問之
衢神對曰聞天照大神之子今當降
行故奉迎相待吾名是猨田彦大神
時天鈿女復問曰汝將先我行乎抑
我先汝行乎對曰吾先啓行天鈿女復
問曰汝何處到耶皇孫何處到耶
對曰天神之子則當到筑紫日向高
千穗槵觸之峯吾則應到伊勢之

本紙16丁ウラ・17丁オモテ

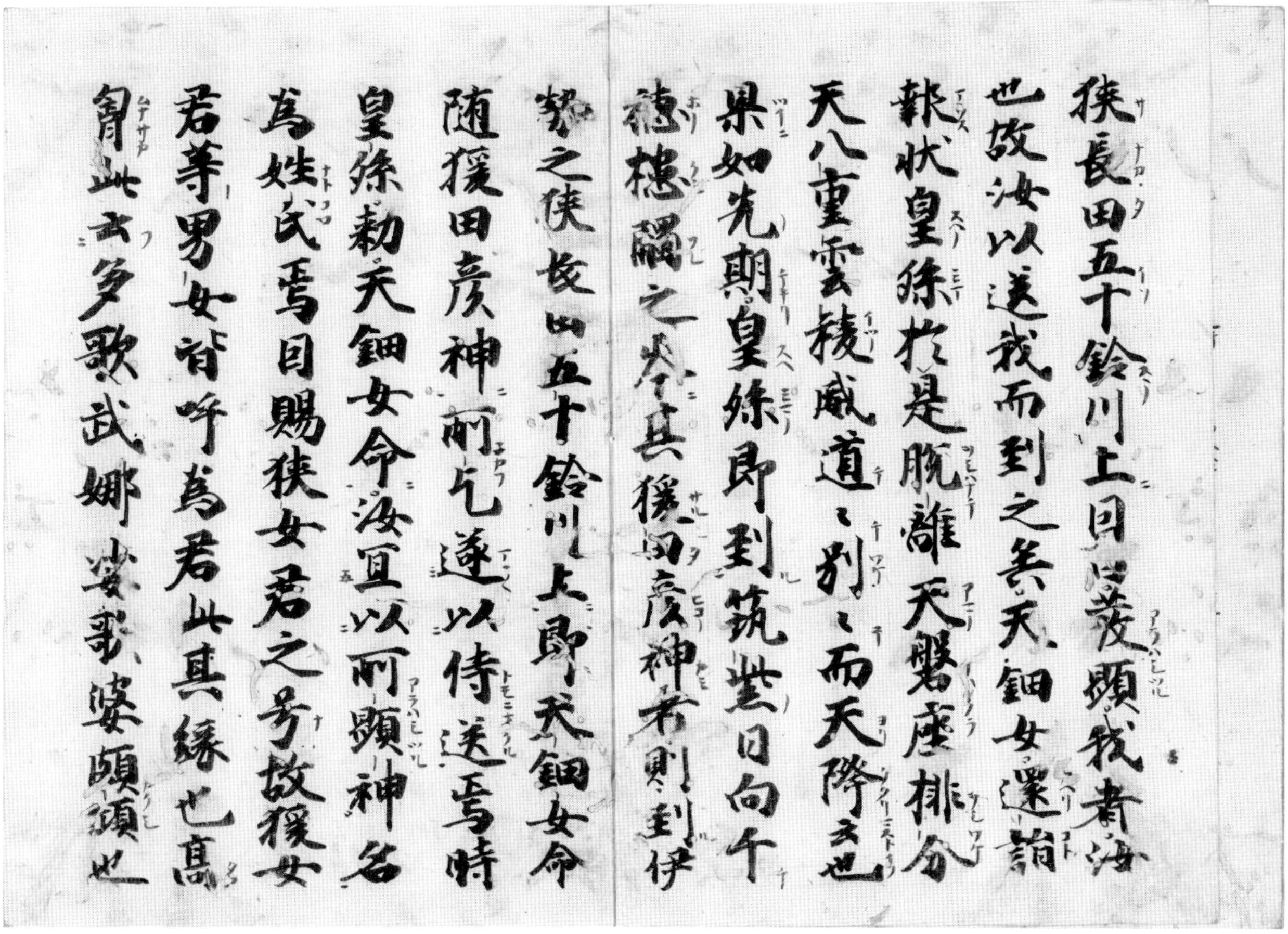
狹長田五十鈴川上因曰發顯我者汝
也故汝以送我而到之矣天鈿女還詣
報狀皇孫於是脱離天磐座排分
天八重雲稜威道々別々而天降之也
果如先期皇孫則到筑紫日向千
穗槵觸之峯其猨田彦神者則到伊
勢之狹長田五十鈴川上即天鈿女命
隨猨田彦神所乞遂以侍送焉時
皇孫勅天鈿女命汝宜以所顯神名
爲姓氏焉因賜猨女君之號故猨女
君等男女皆呼爲君此其縁也高
胸此云多歌武娜娑歌頗傾也

本紙17丁ウラ・18丁オモテ

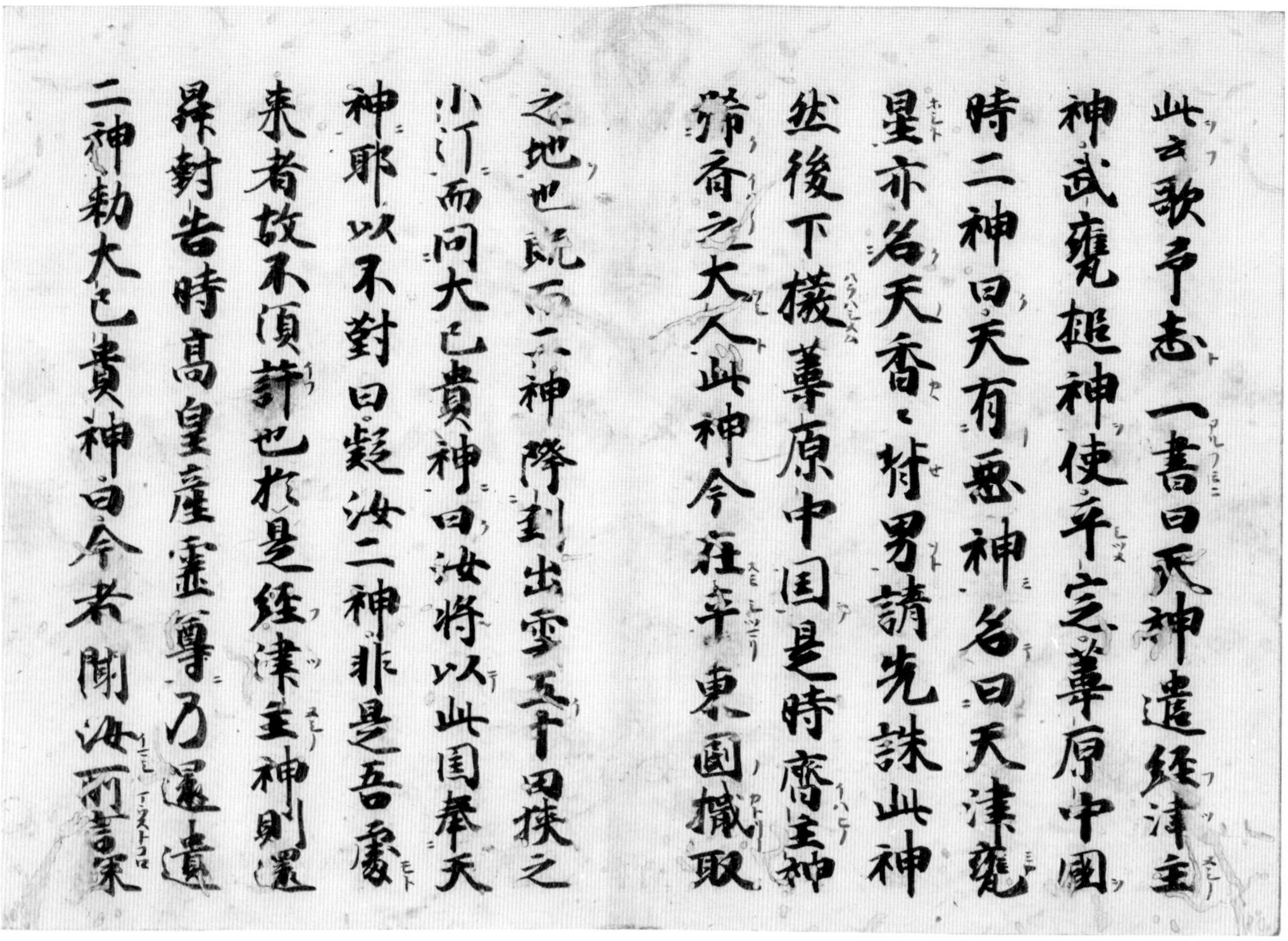

此云歌予志　一書曰天神遣經津主
神武甕槌神使平定葦原中國
時二神曰天有惡神名曰天津甕
星亦名天香香背男請先誅此神
然後下撥葦原中国是時齋主神
號齋之大人此神今在乎東國檝取
之地也既而二神降到出雲五十田狹之
小汀而問大己貴神曰汝將以此国奉天
神耶以不對曰疑汝二神非是吾處
來者故不須許也於是經津主神則還
昇對告時高皇産靈尊乃還遣
二神勅大己貴神曰今者聞汝所言深

本紙18丁ウラ・19丁オモテ

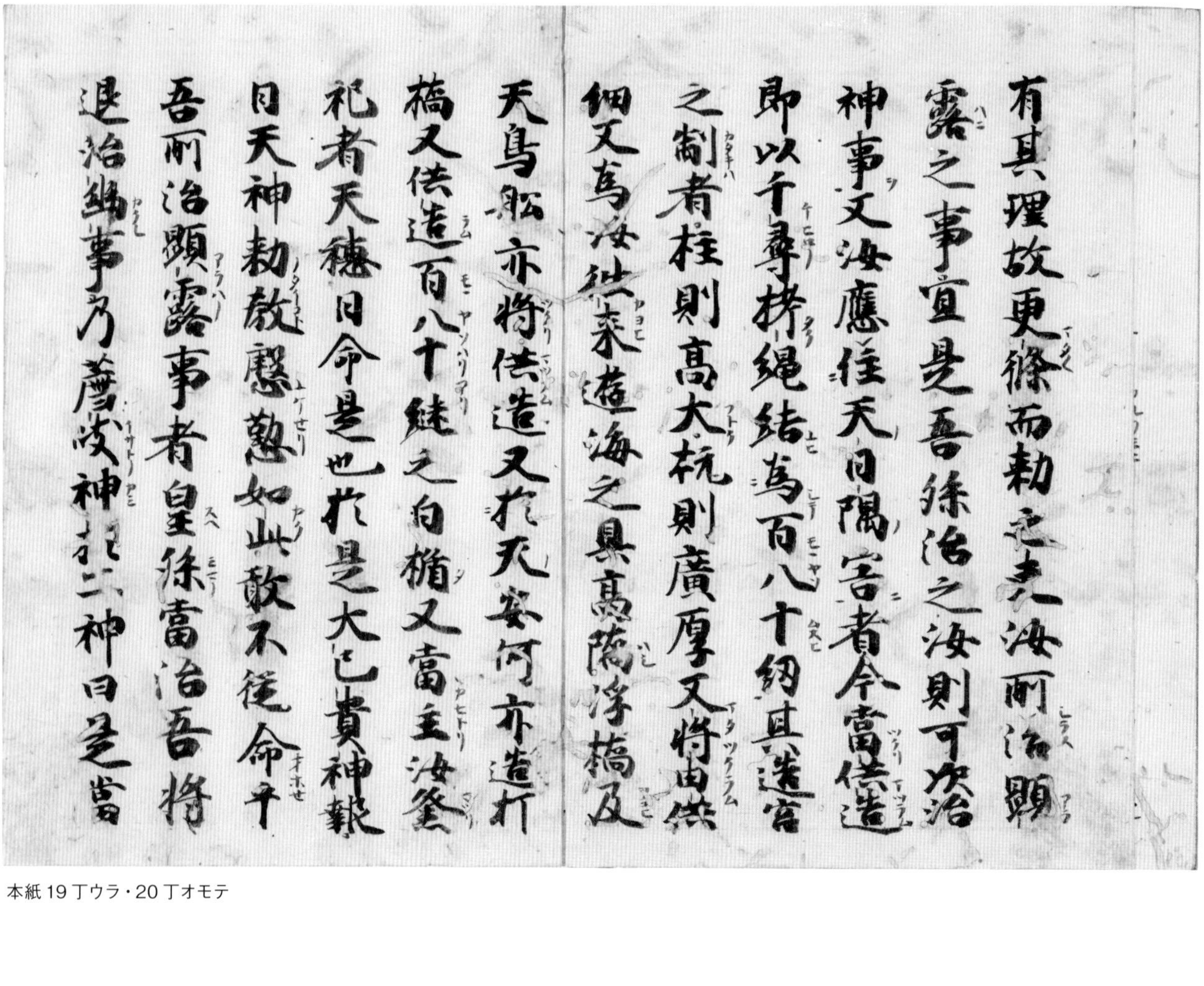

有其理故更條而勅之夫汝所治顯
露之事宜是吾孫治之汝則可以治
神事又汝應住天日隅宮者今當供造
即以千尋栲繩結爲百八十紐其造宮
之制者柱則高大板則廣厚又將田供
佃又爲汝往來遊海之具高橋浮橋及
天鳥船亦將供造又於天安河亦造打
橋又供造百八十縫之白楯又當主汝祭
祀者天穂日命是也於是大己貴神報
曰天神勅教慇懃如此敢不從命乎
吾所治顯露事者皇孫當治吾將
退治幽事乃薦岐神於二神曰是當

本紙19丁ウラ・20丁オモテ

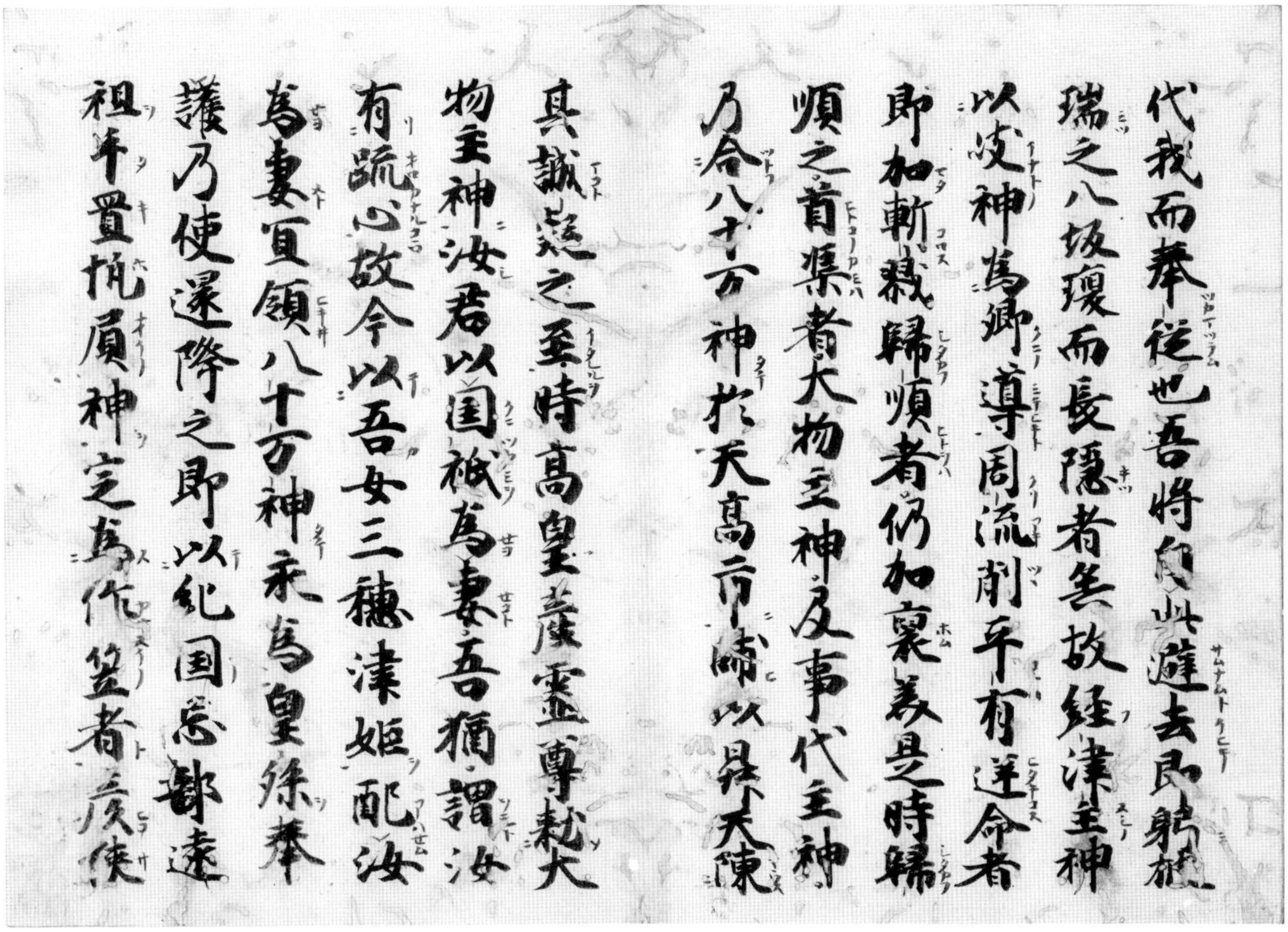

代我而奉従也吾将自此避去即躬被
瑞之八坂瓊而長隠者矣故経津主神
以岐神為郷導周流削平有逆命者
即加斬戮帰順者仍加褒美是時帰
順之首渠者大物主神及事代主神
乃合八十万神於天高市帥以昇天陳
其誠款之至時高皇産霊尊勅大
物主神汝若以国神為妻吾猶謂汝
有疏心故今以吾女三穂津姫配汝
為妻宜領八十万神永為皇孫奉
護乃使還降之即以紀国忌部遠
祖手置帆負神定為作笠者彦狭

本紙 20 丁ウラ・21 丁オモテ

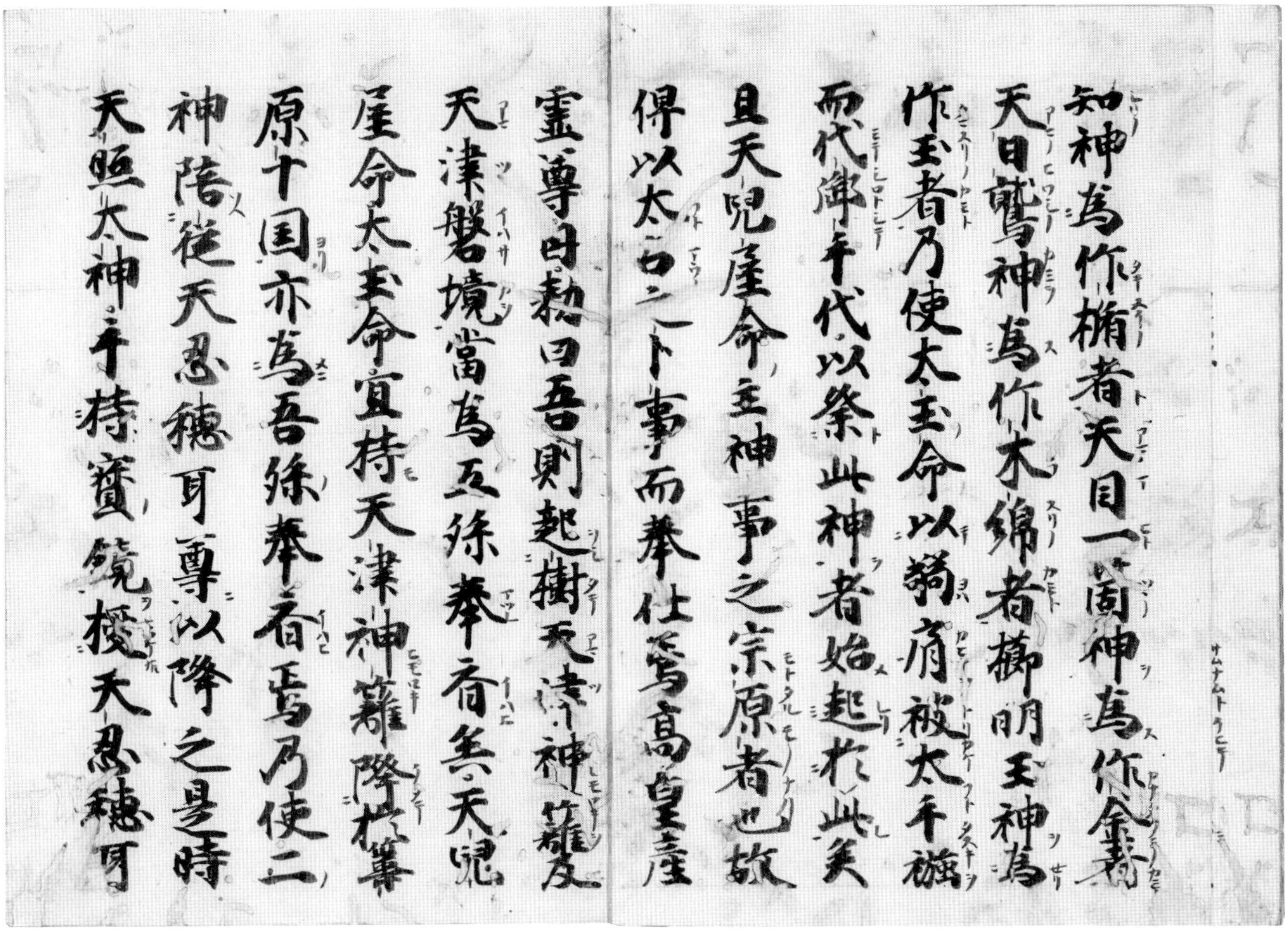

知神為作楯者天目一箇神為作金者
天日鷲神為作木綿者櫛明玉神為
作玉者乃使太玉命以弱肩被太手繦
而代御手以祭此神者始起於此矣
且天児屋命主神事之宗源者也故
俾以太占之卜事而奉仕焉高皇産
霊尊因勅曰吾則起樹天津神籬及
天津磐境當為吾孫奉斎矣天児
屋命太玉命宜持天津神籬降於葦
原中国亦為吾孫奉斎焉乃使二
神陪従天忍穂耳尊以降之是時
天照大神手持寶鏡授天忍穂耳

本紙 21 丁ウラ・22 丁オモテ

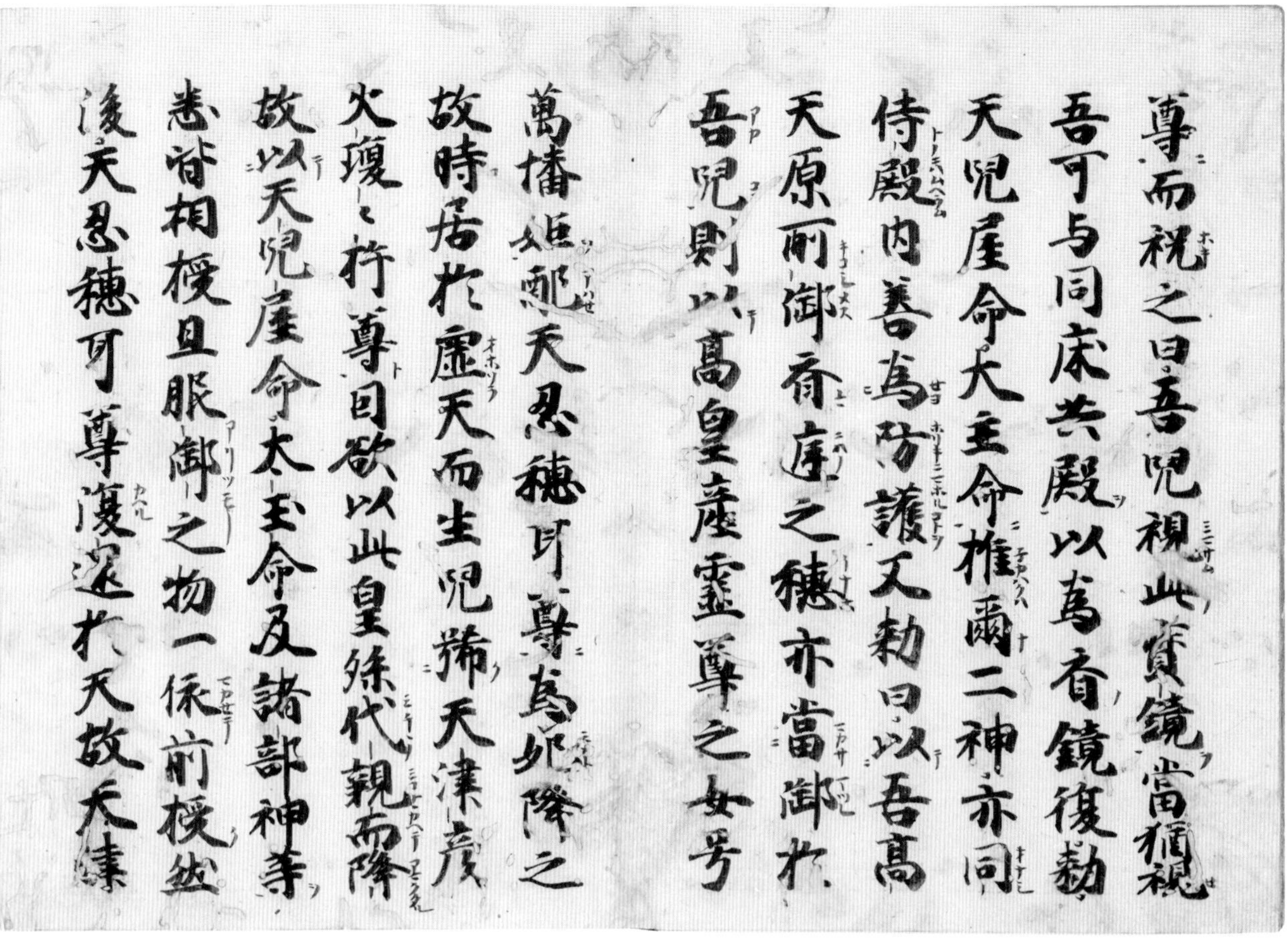
尊而祝之曰吾兒視此寶鏡當猶視
吾可与同床共殿以爲齋鏡復勅
天兒屋命太玉命惟爾二神亦同
侍殿内善爲防護又勅曰以吾高
天原所御齋庭之穗亦當御於
吾兒則以高皇産靈尊之女号
萬幡姫配天忍穗耳尊爲妃降之
故時居於虚天而生兒號天津彦
火瓊々杵尊因欲以此皇孫代親而降
故以天兒屋命太玉命及諸部神等
悉皆相授且服御之物一依前授然
後天忍穗耳尊復還於天故天津

本紙 22 丁ウラ・23 丁オモテ

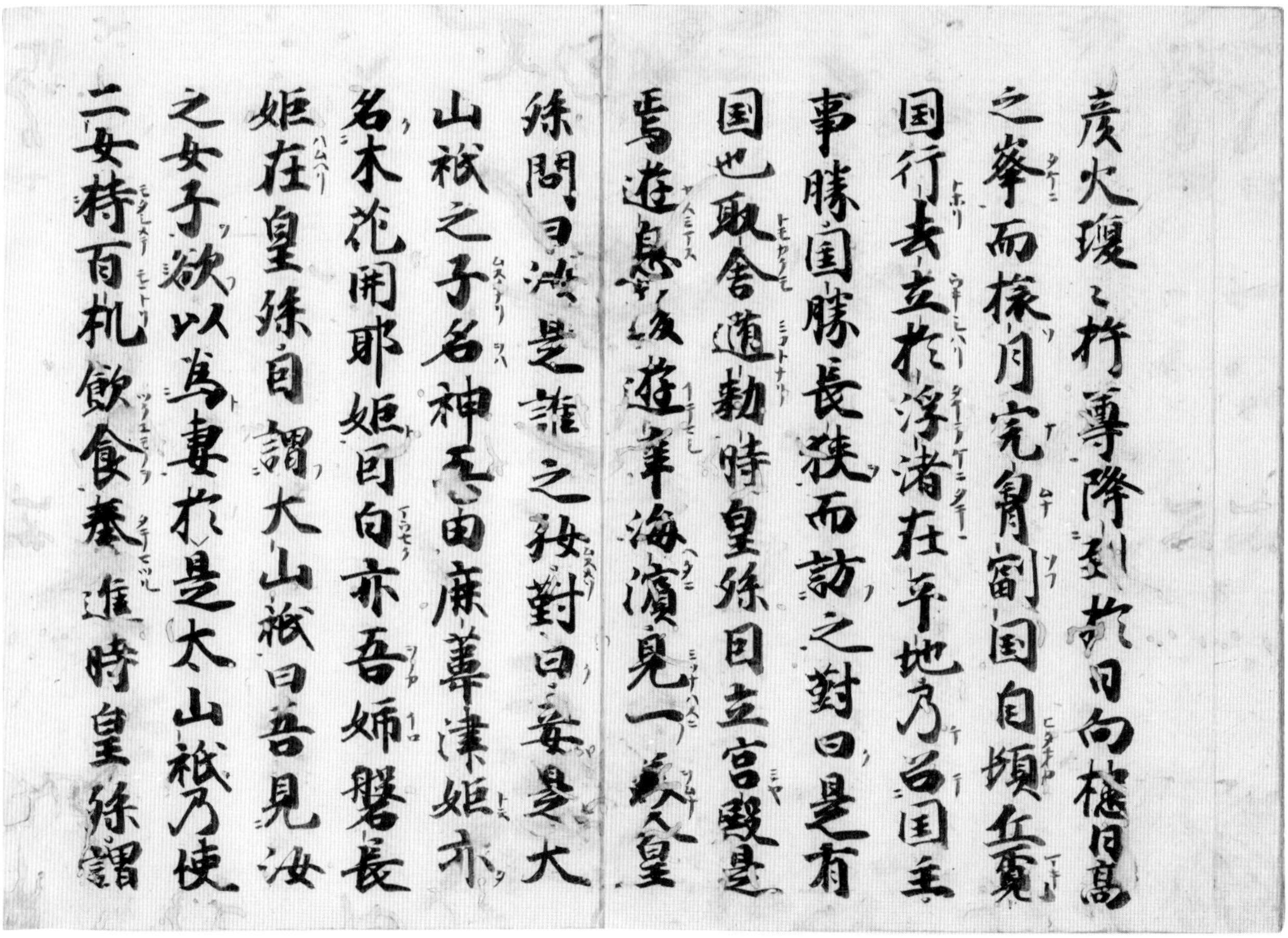
彦火瓊々杵尊降到於日向槵日高
之峯而膂宍胸副国自頓丘覓
国行去立於浮渚在平地乃召国主
事勝国勝長狭而訪之對曰是有
国也取舍随勅時皇孫因立宮殿是
焉遊息後遊幸海濱見一美人皇
孫問曰汝是誰之子對曰妾是大
山祇之子名神吾田鹿葦津姫亦
名木花開耶姫因白亦吾姉磐長
姫在皇孫因謂大山祇曰吾見汝
之女子欲以爲妻於是大山祇乃使
二女持百机飲食奉進時皇孫謂

本紙 23 丁ウラ・24 丁オモテ

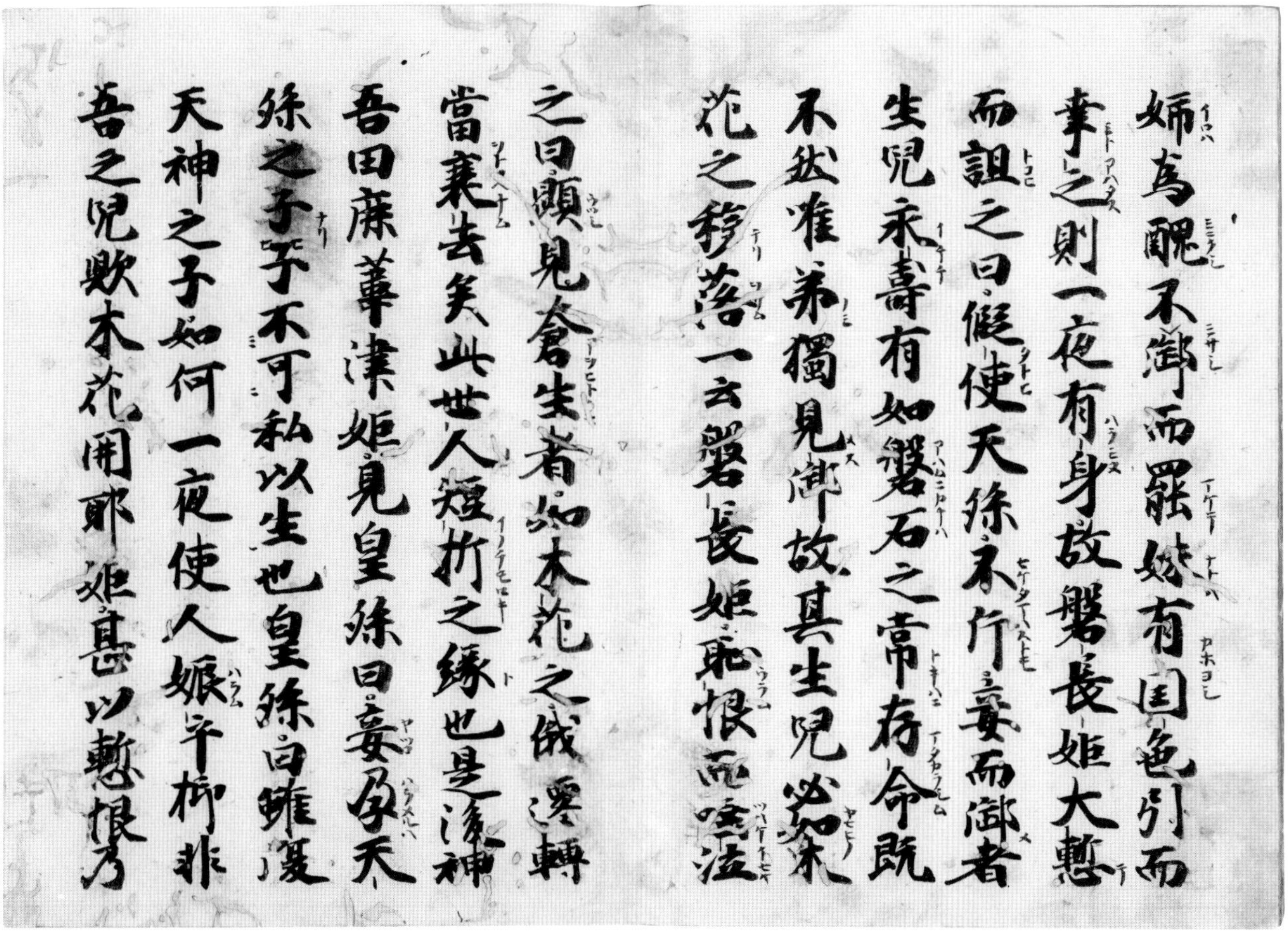

姉《イロハ》為醜《ミニクし》不御《ミサし》而罷妹有国色《カホヨし》引而
幸之則一夜有身《ハラミヌ》故磐長姫大慙
而詛《トコヒ》之曰假使天孫不斥妾而御者
生兒永壽有如磐石之常存今既
不然唯弟獨見御故其生兒必如木
花之移落一云磐長姫恥恨《ウラム》而唾泣
之曰顯見《ウツし》蒼生者如木花之俄遷轉
當衰去矣此世人短折之緣也是後神
吾田鹿葦津姫見皇孫曰妾孕天
孫之子不可私以生也皇孫曰雖復
天神之子如何一夜使人娠《ハラム》乎抑非
吾之兒歟木花開耶姫甚以慙恨乃

本紙 24 丁ウラ・25 丁オモテ

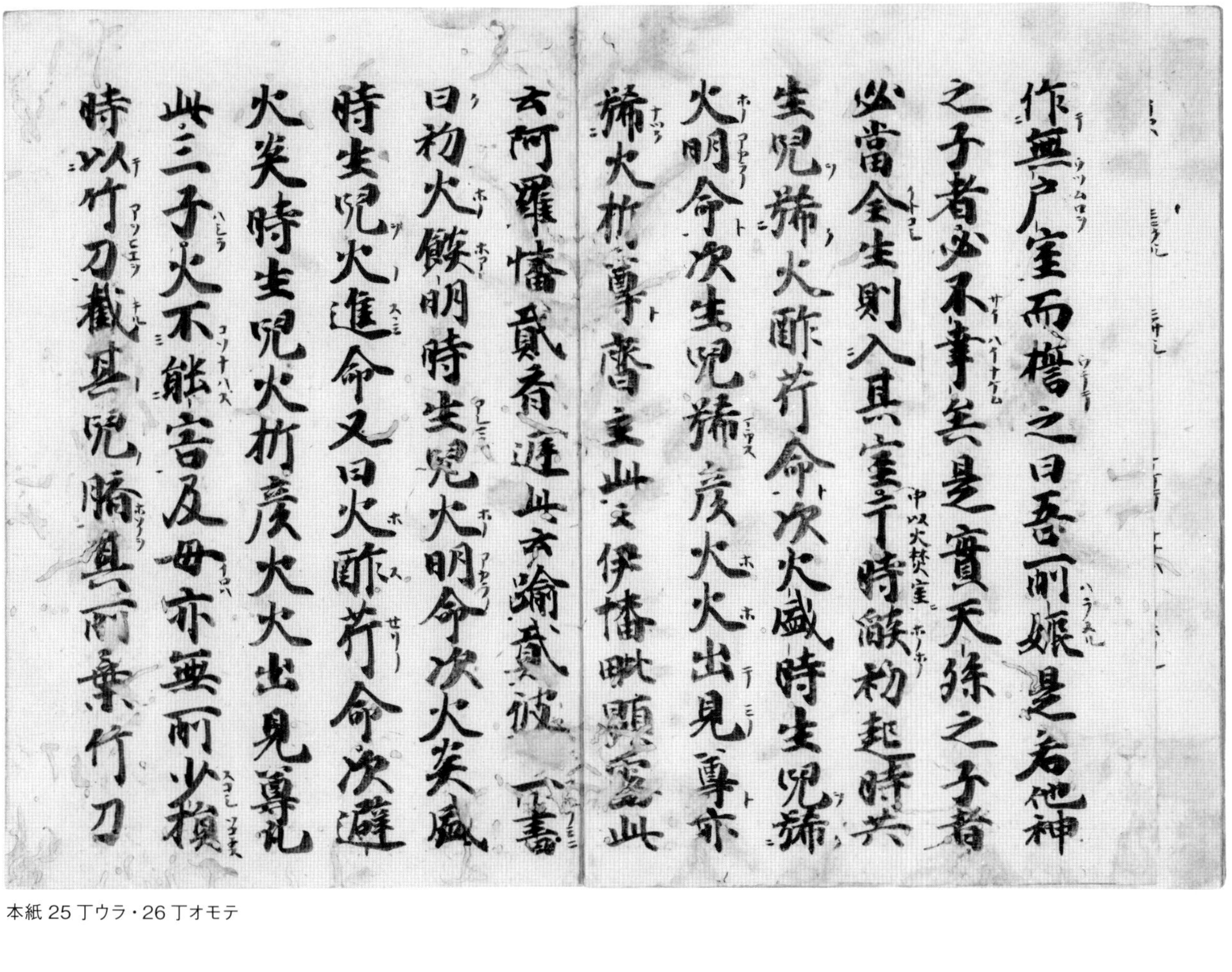

作無戸室而誓之曰吾所娠是若他神
之子者必不幸矣是實天孫之子者
必當全生則入其室中以火焚室于時燄初起時共
生兒號火酢芹命次火盛時生兒號
火明命次生兒號彦火火出見尊亦
號火折尊齋主此云伊播毗顯齋此
云阿羅播貳斉避此云踰貳被一書
曰初火燄明時生兒火明命次火炎盛
時生兒火進命又曰火酢芹命次避
火炎時生兒火折彦火火出見尊凡
此三子火不能害及母亦無所少損
時以竹刀截其兒臍其所棄竹刀

本紙 25 丁ウラ・26 丁オモテ

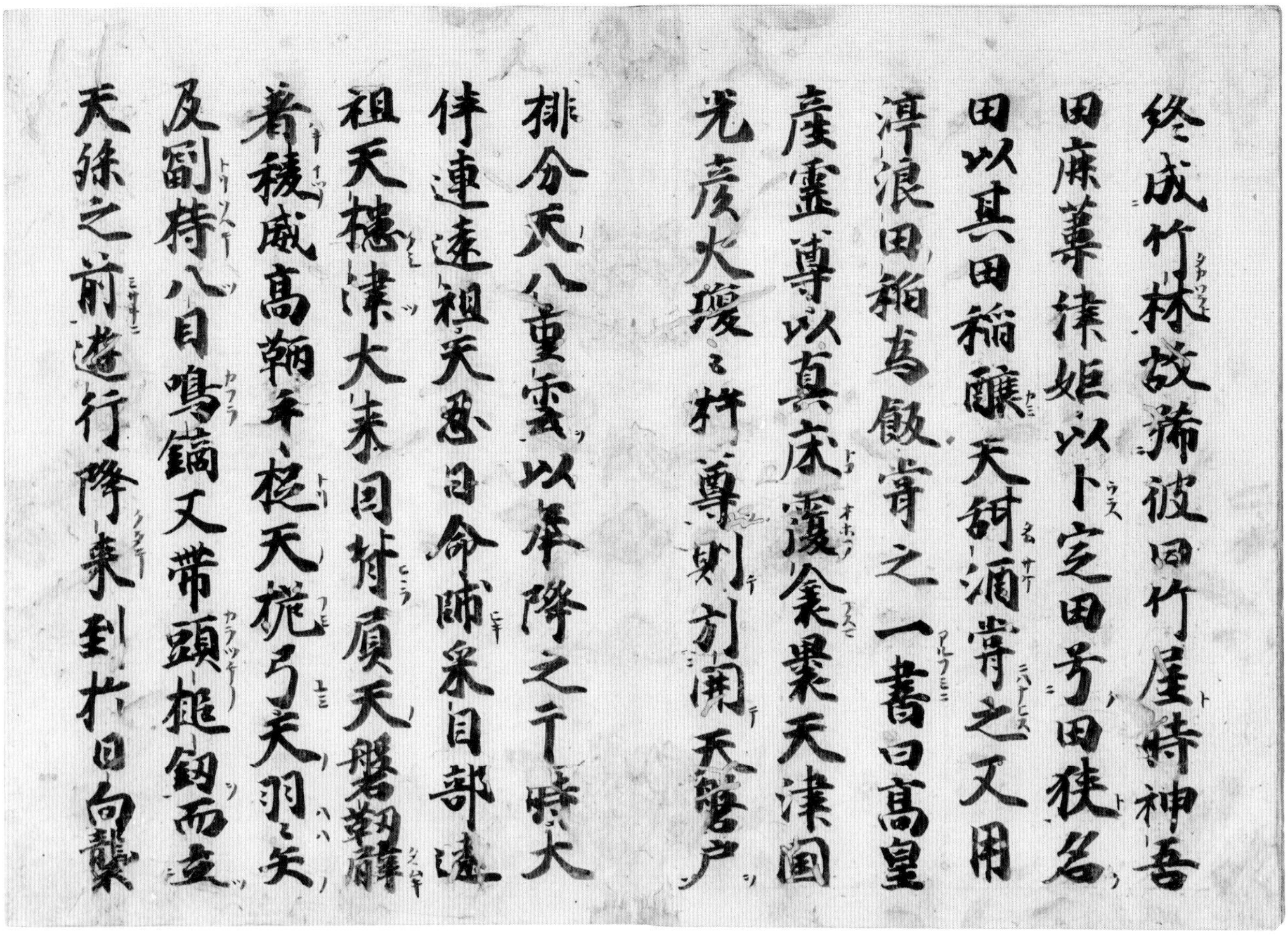

終成竹林故號彼田竹屋時神吾
田鹿葦津姫以卜定田号田狭名
田以其田稲醸天甜酒嘗之又用
渟浪田稲為飯嘗之 一書曰高皇
産霊尊以真床覆衾裹天津国
光彦火瓊々杵尊則引開天磐戸
排分天八重雲以奉降之于時大
伴連遠祖天忍日命帥来目部遠
祖天槵津大来目背負天磐靫
着稜威高鞆手捉天梔弓天羽々矢
及副持八目鳴鏑又帯頭槌劔而立
天孫之前遊行降来到於日向襲

本紙 26 丁ウラ・27 丁オモテ

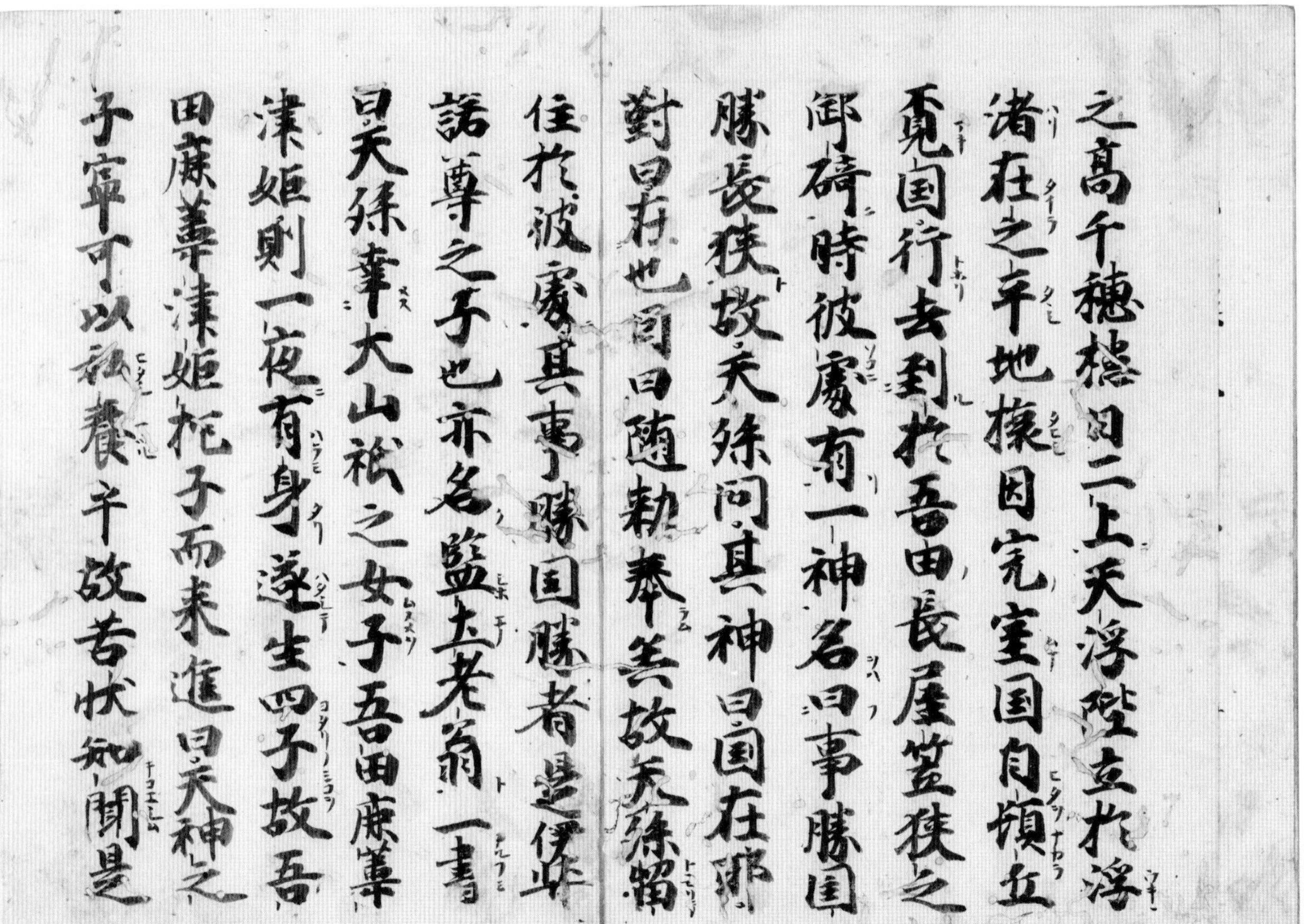

之高千穂槵日二上天浮橋立於浮
渚在之平地膂宍空国自頓丘
覓国行去到於吾田長屋笠狭之
御碕時彼處有一神名曰事勝国
勝長狭故天孫問其神曰国在耶
對曰在也因曰随勅奉矣故天孫留
住於彼處其事勝国勝者是伊弉
諾尊之子也亦名塩土老翁 一書
曰天孫幸大山祇之女子吾田鹿葦
津姫則一夜有身遂生四子故吾
田鹿葦津姫抱子而来進曰天神之
子寧可以私養乎故告状知聞是

本紙 27 丁ウラ・28 丁オモテ

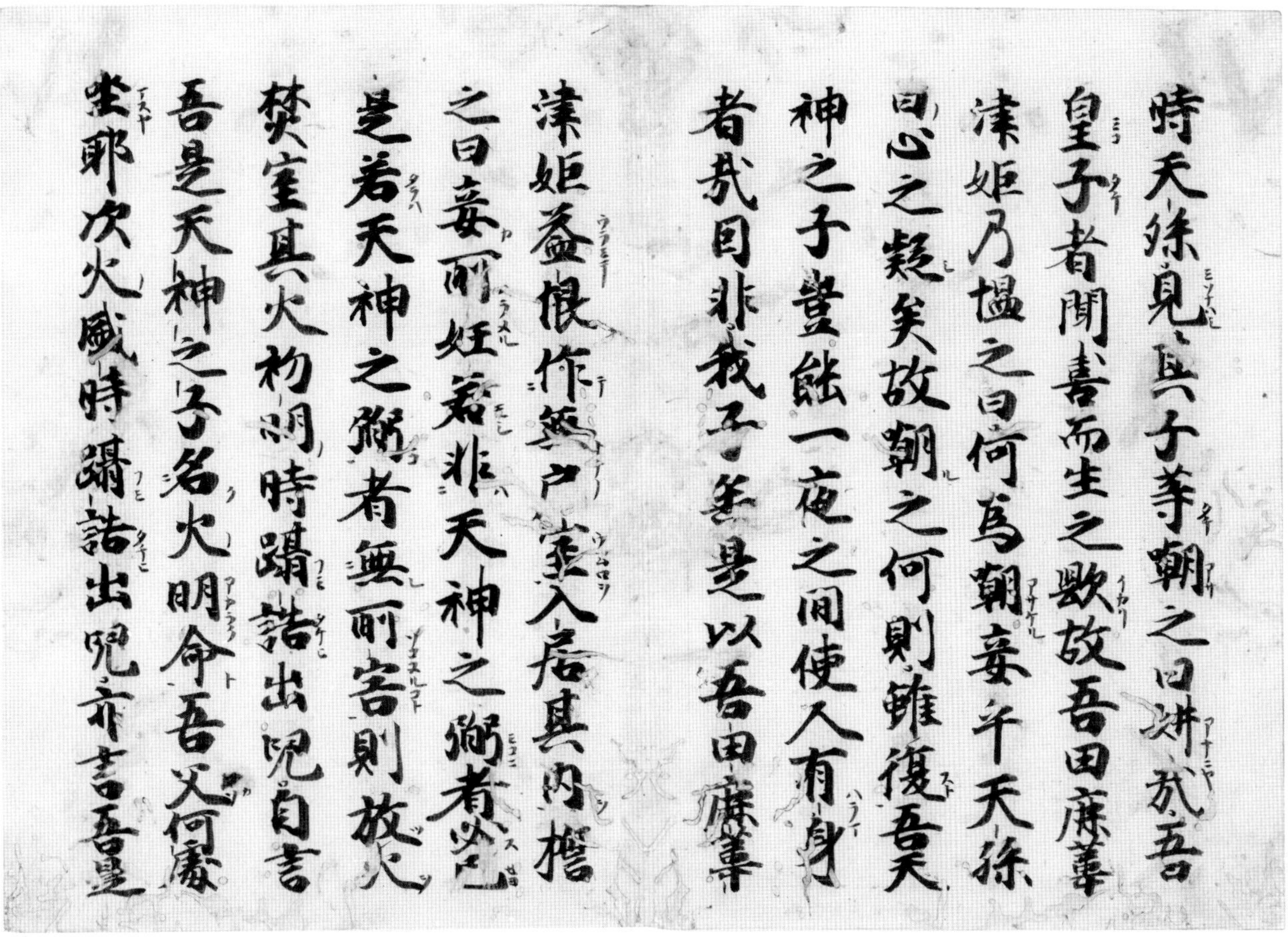

時天孫見其子等嘲之曰妍哉吾
皇子者聞喜而生之歟故吾田鹿葦
津姫乃慍之曰何為嘲妾乎天孫
曰心之疑矣故嘲之何則雖復吾天
神之子豈能一夜之間使人有身
者哉固非我子乎是以吾田鹿葦
津姫益恨作無戸室入居其内誓
之曰妾所娠若非天神之胤者必亡
是若天神之胤者無所害則放火
焚室其火初明時躡誥出兒自言
吾是天神之子名火明命吾父何處
坐耶次火盛時躡誥出兒亦言吾是

本紙 28 丁ウラ・29 丁オモテ

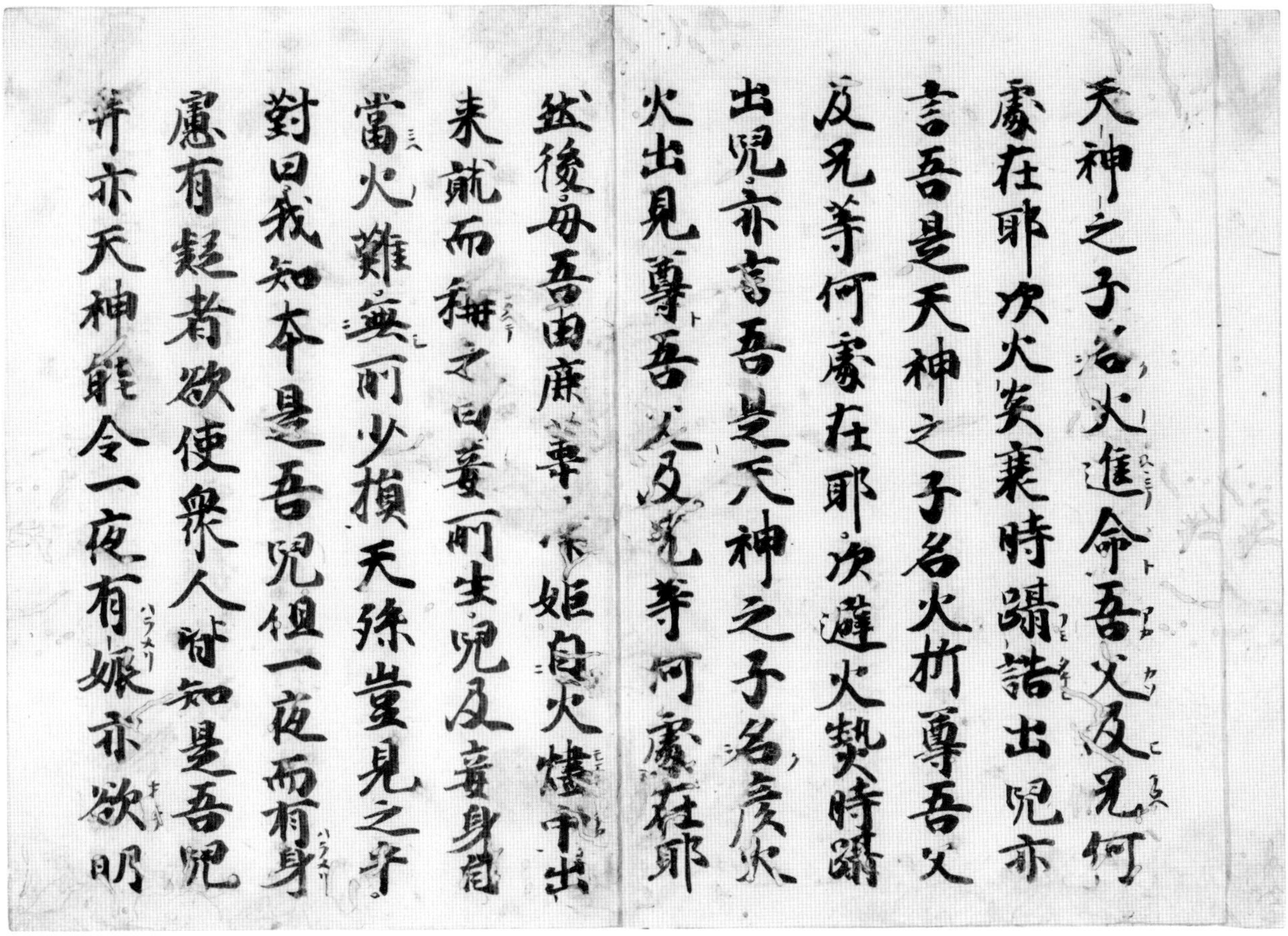

天神之子名火進命吾父及兄何
處在耶次火炎衰時躡誥出兒亦
言吾是天神之子名火折尊吾父
及兄等何處在耶次避火熱時躡
出兒亦言吾是天神之子名彦火
火出見尊吾父及兄等何處在耶
然後母吾田鹿葦津姫自火燼中出
来就而稱之曰妾所生兒及妾身自
當火難無所少損天孫豈見之乎
對曰我知本是吾兒但一夜而有身
慮有疑者欲使衆人皆知是吾兒
并亦天神能令一夜有娠亦欲明

本紙 29 丁ウラ・30 丁オモテ

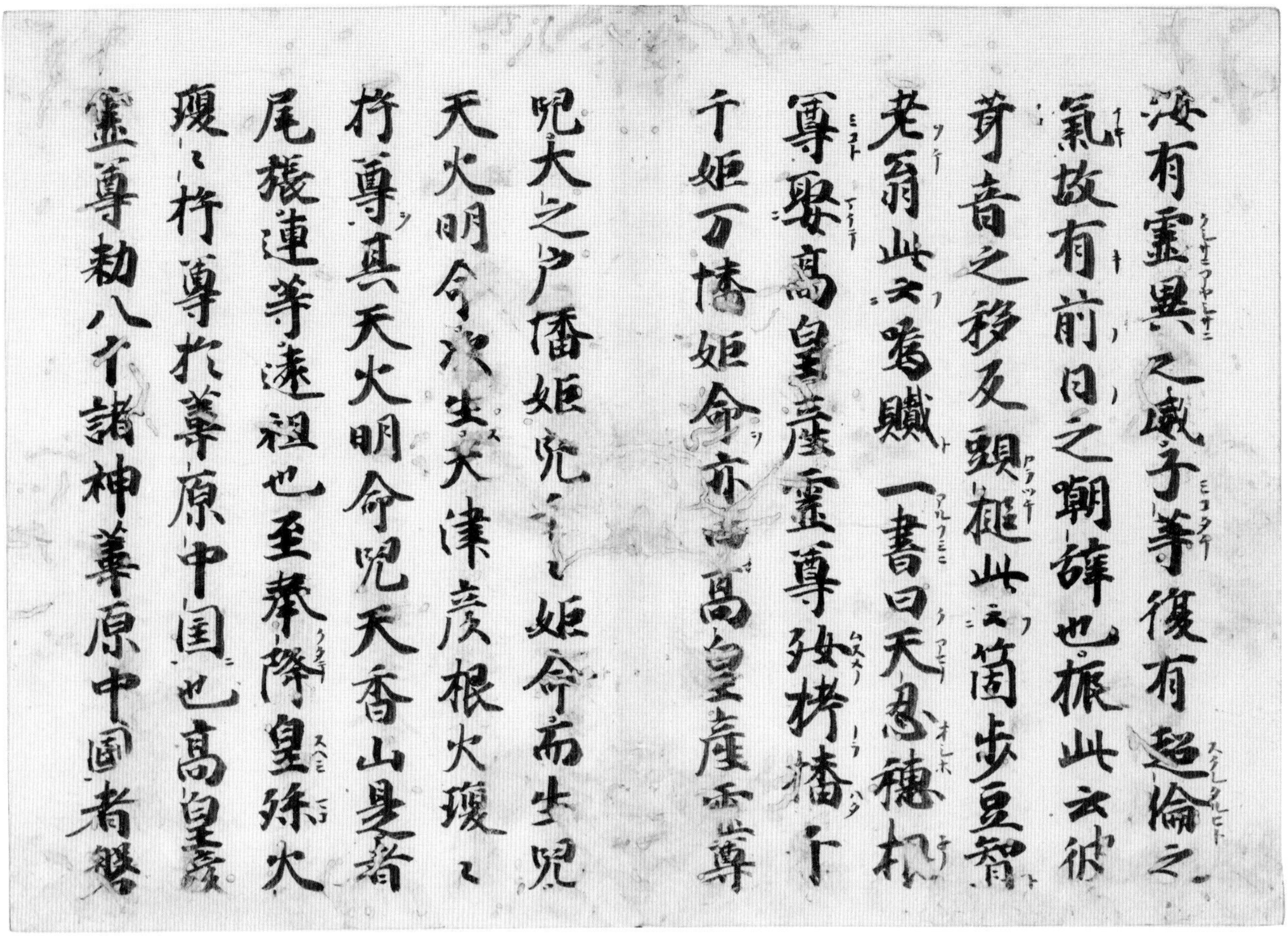
洩有靈異之威子等復有超倫之
氣故有前日之鞆韘也振此云彼
賛音之移反頸槌此云箇歩豆智
老翁此云烏賊 一書曰天忍穂根
尊娶高皇産靈尊女栲幡千
千姫万幡姫命亦云高皇産靈尊
児火之戸幡姫児千々姫命而生児
天火明命次生天津彦根火瓊々
杵尊其天火明命児天香山是者
尾張連等遠祖也至奉降皇孫火
瓊々杵尊於葦原中国也高皇産
靈尊勅八十諸神葦原中國者磐

本紙 30 丁ウラ・31 丁オモテ

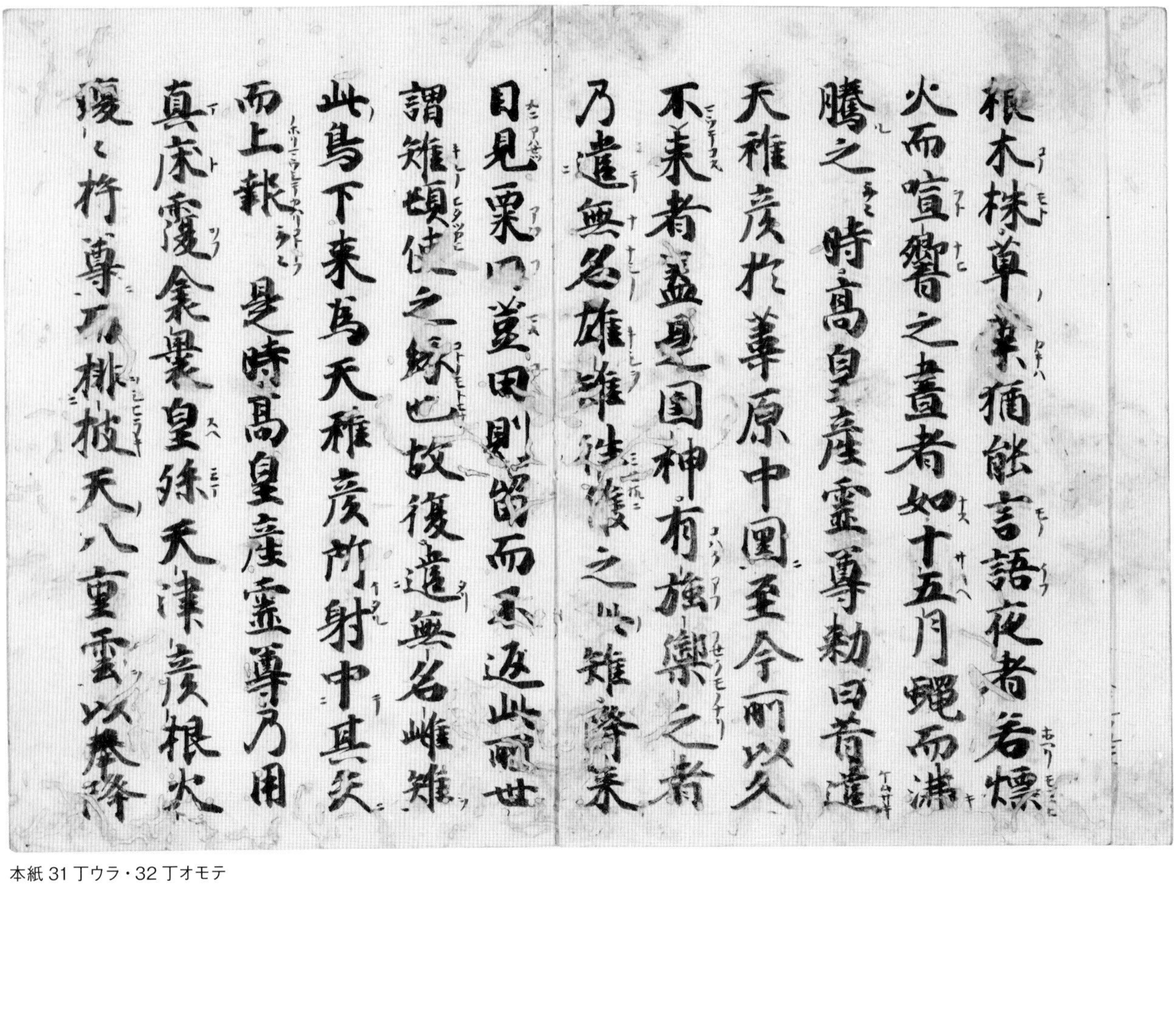
根木株草葉猶能言語夜者若熛
火而喧響之晝者如五月蠅而沸
騰之 時高皇産靈尊勅曰昔遣
天稚彦於葦原中国至今所以久
不来者蓋是国神有強禦之者
乃遣無名雄雉往候之此雉降来
因見粟田豆田則留而不返此所世
謂雉頓使之縁也故復遣無名雌雉
此鳥下来爲天稚彦所射中其矢
而上報 是時高皇産靈尊乃用
真床覆衾裹皇孫天津彦根火
瓊々杵尊而排披天八重雲以奉降

本紙 31 丁ウラ・32 丁オモテ

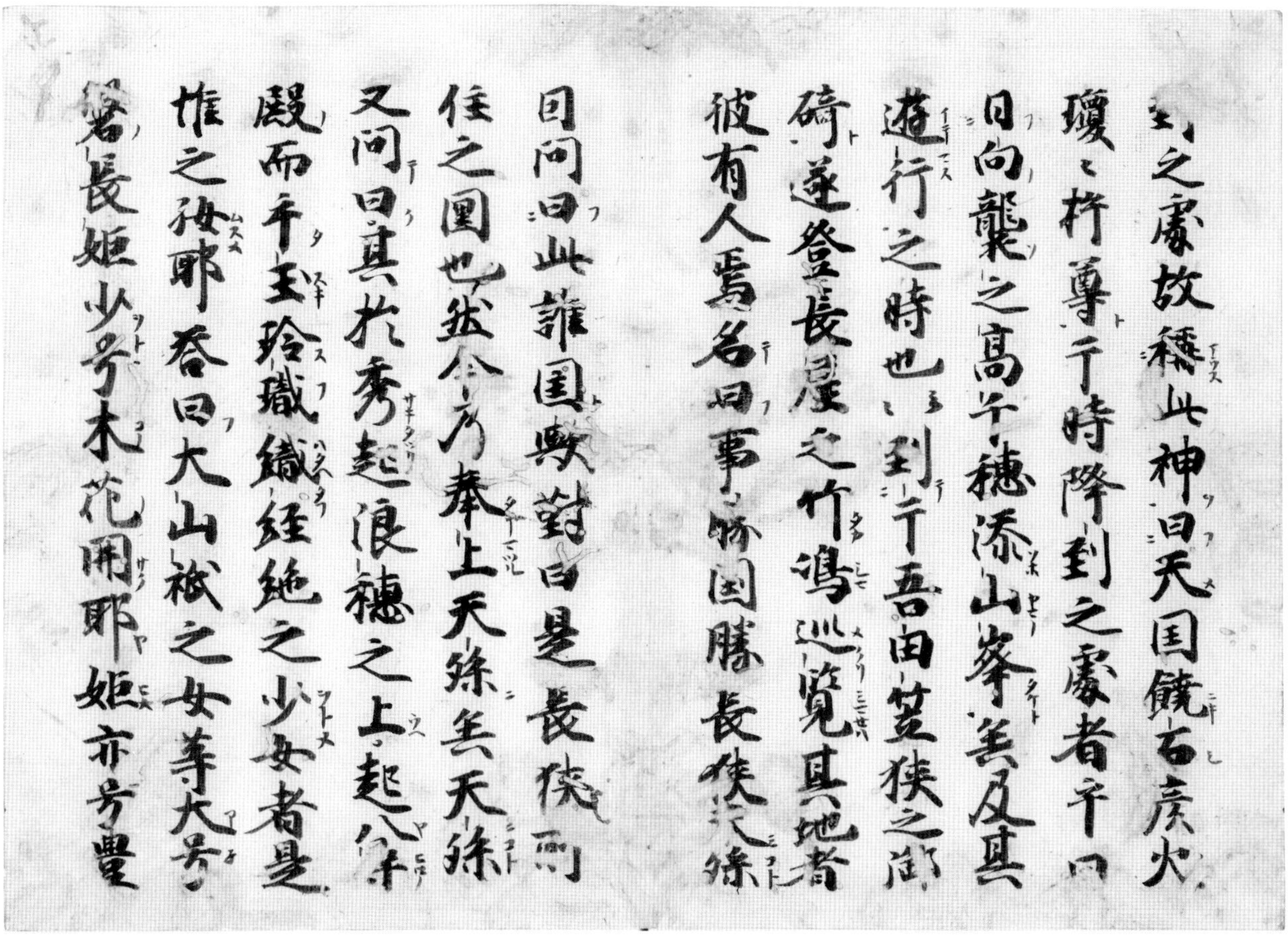
到之處故稱此神曰天国饒石彦火
瓊〻杵尊于時降到之處者乎曰
日向襲之高千穗添山峯矣及其
遊行之時也云〻到于吾田笠狹之御
碕遂登長屋之竹嶋巡覽其地者
彼有人焉名曰事勝国勝長狹天孫
因問曰此誰国歟對曰是長狹所
住之国也然今乃奉上天孫矣天孫
又問曰其於秀起浪穗之上起八尋
殿而手玉玲瓏織絍之少女者是
誰之子女耶答曰大山祇之女等大号
磐長姫少号木花開耶姫亦号豐

本紙 32 丁ウラ・33 丁オモテ

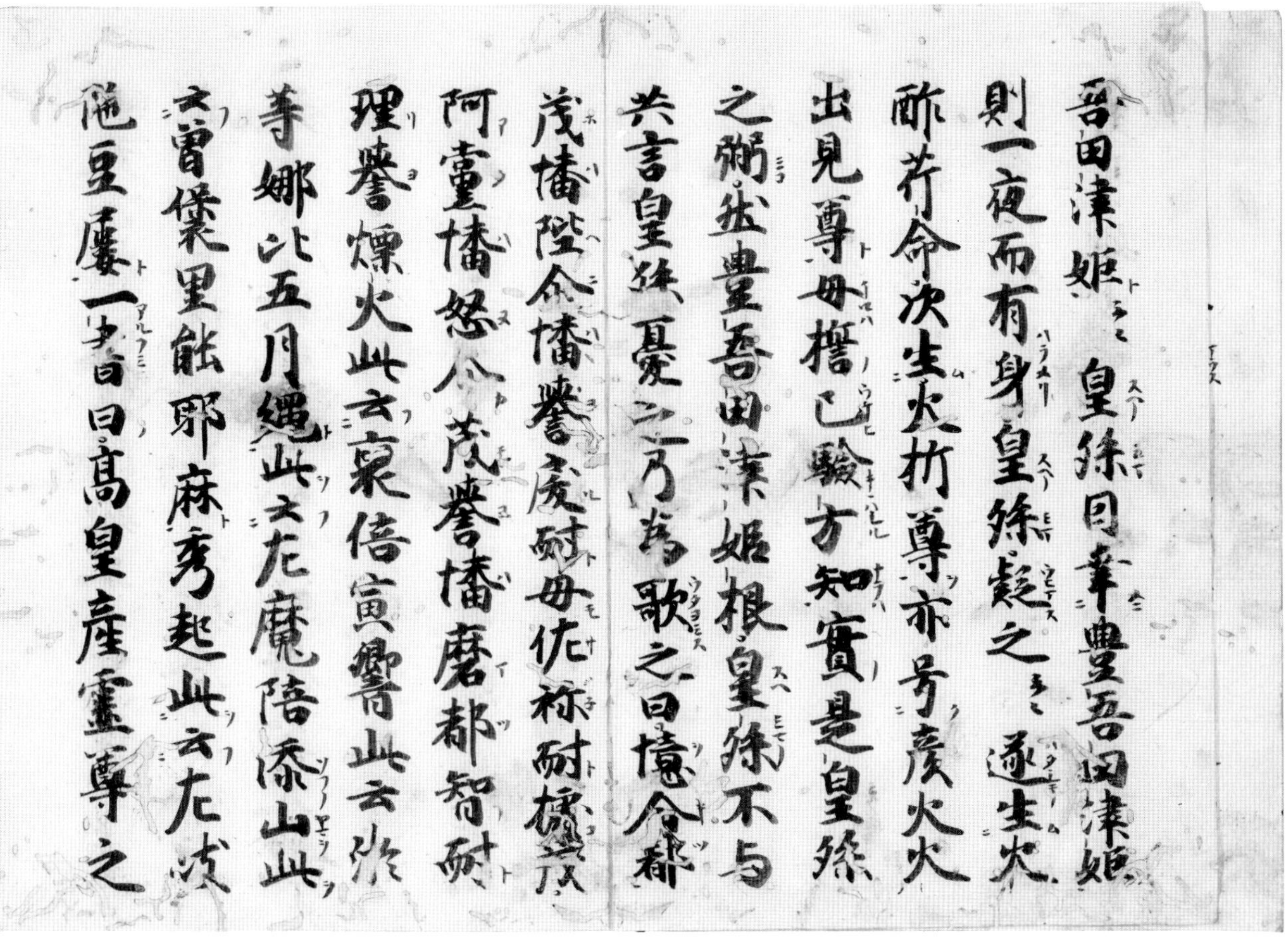
吾田津姫〻〻 皇孫因幸豐吾田津姫
則一夜而有身皇孫疑之〻〻遂生火
酢芹命次生火折尊亦号彦火火
出見尊母誓已驗方知實是皇孫
之胤然豐吾田津姫恨皇孫不与
共言皇孫憂之乃為歌之曰憶企都
茂播陛介播譽戻耐母佐称耐據茂
阿黨播怒介茂譽播磨都智耐
理譽熛火此云裒倍宣響此云[illegible]
等娜比五月蠅此云左魔陪添山此
云曽褒里能耶麻秀起此云左岐
陁豆屢一書曰高皇產靈尊之

本紙 33 丁ウラ・34 丁オモテ

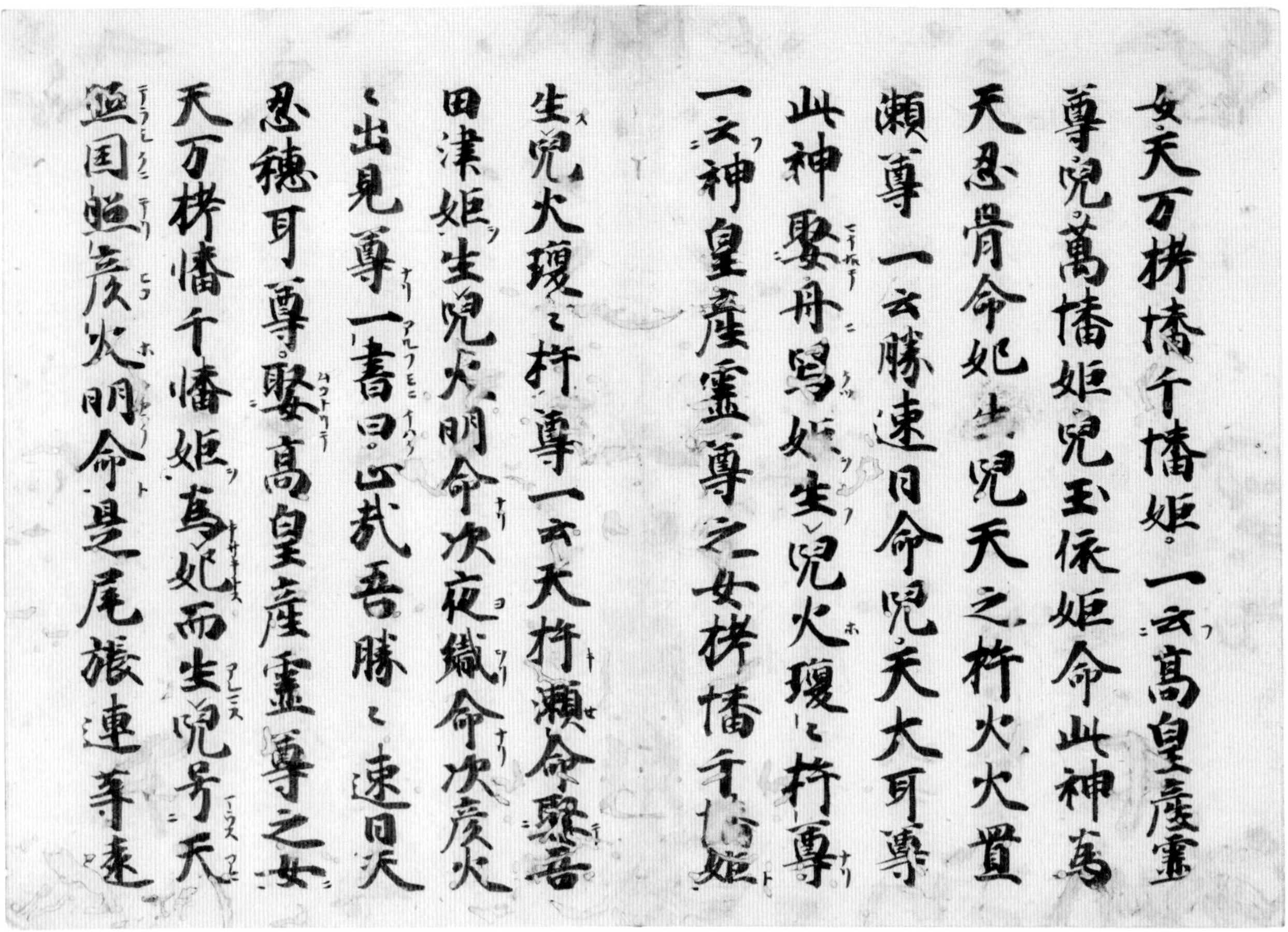

女天万栲幡千幡姫。一云高皇產靈
尊兒萬幡姫兒玉依姫命此神為
天忍骨命妃生兒天之杵火火置
瀬尊一云勝速日命兒天大耳尊
此神娶丹舄姫生兒火瓊々杵尊
一云神皇產靈尊之女栲幡千幡姫
生兒火瓊々杵尊一云天杵瀬命娶吾
田津姫生兒火明命次夜織命次彥火
々出見尊一書曰正哉吾勝々速日天
忍穗耳尊娶高皇產靈尊之女
天万栲幡千幡姫為妃而生兒號天
照國照彥火明命是尾張連等遠

本紙 34 丁ウラ・35 丁オモテ

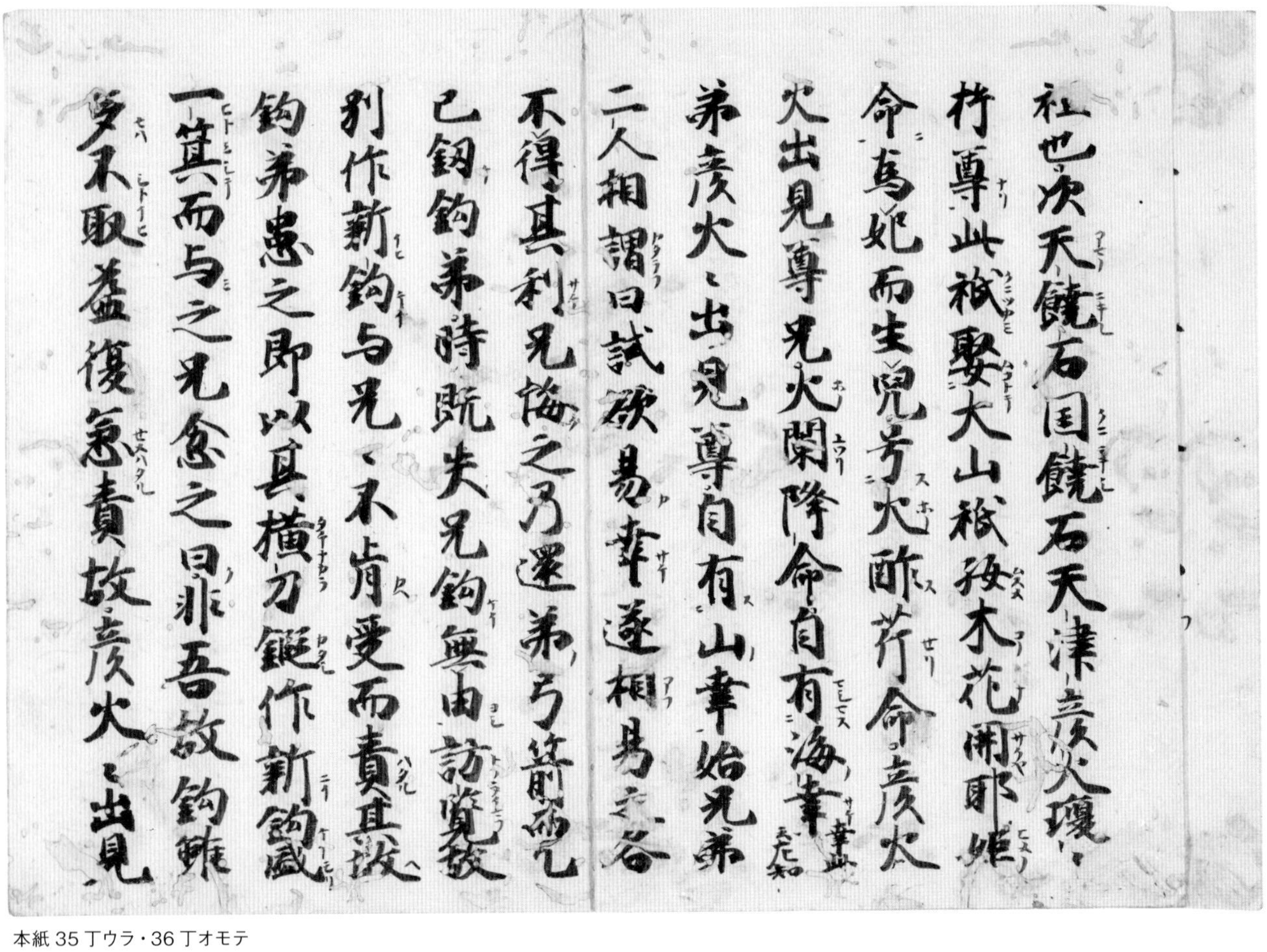

祖也次天饒石國饒石天津彥火瓊々
杵尊此神娶大山祇神女木花開耶姫
命為妃而生兒號火酢芹命彥火
火出見尊兄火闌降命自有海幸 幸山 云尼知
弟彥火々出見尊自有山幸始兄弟
二人相謂曰試欲易幸遂相易之各
不得其利兄悔之乃還弟弓箭而乞
己釣鉤弟時既失兄鉤無由訪覓故
別作新鉤與兄々不肯受而責其故
鉤弟患之即以其橫刀鍛作新鉤盛
一箕而與之兄忿之曰非吾故鉤雖
多不取益復急責故彥火々出見

本紙 35 丁ウラ・36 丁オモテ

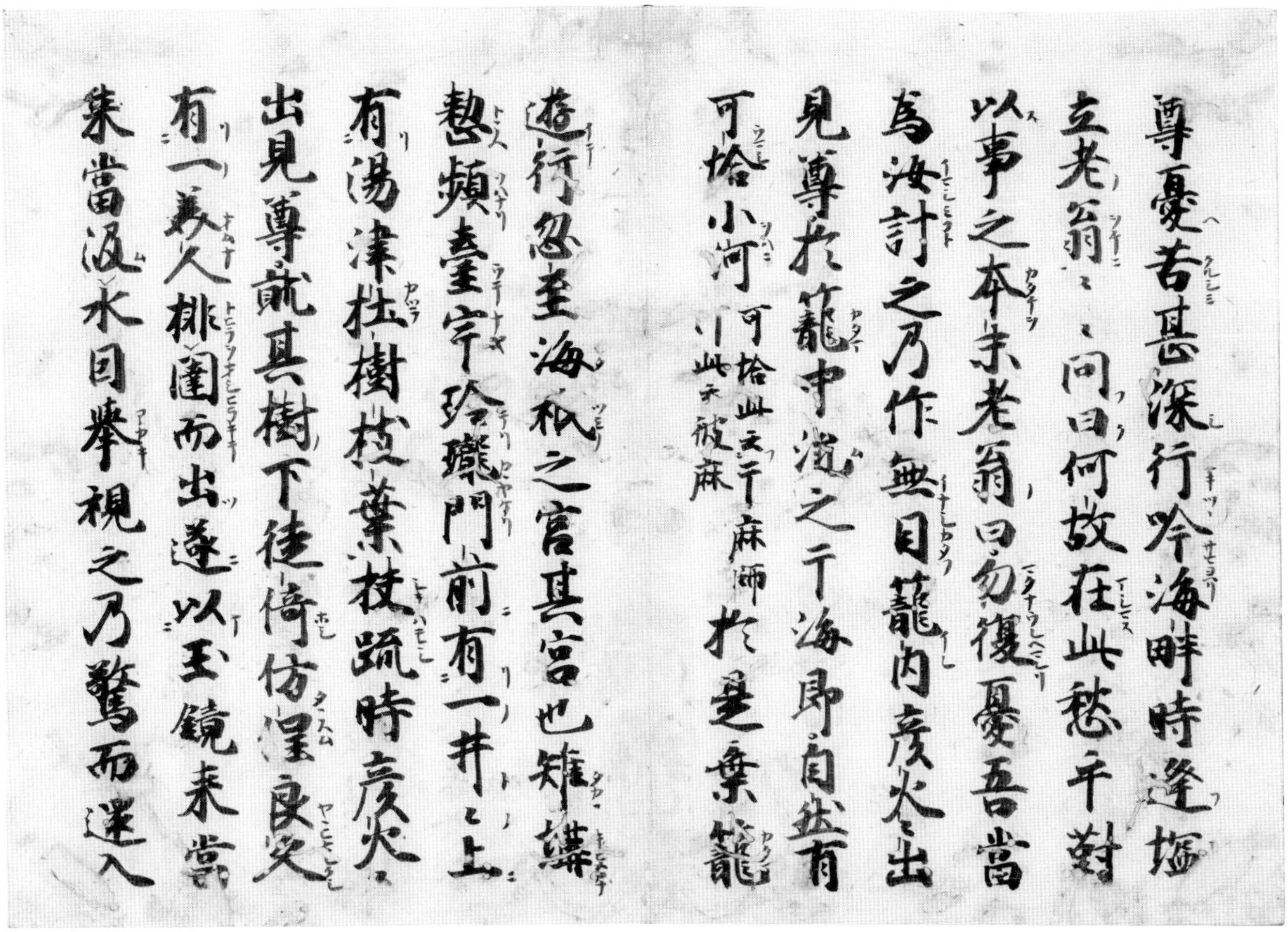
尊憂苦甚深行吟海畔時逢塩
土老翁〻〻問曰何故在此愁乎對
以事之本末老翁曰勿復憂吾當
爲汝計之乃作無目籠内彦火〻出
見尊於籠中沈之于海即自然有
可怜小汀可怜此云于麻師汀此云波麻於是棄籠
遊行忽至海神之宮其宮也雉堞
整頓臺宇玲瓏門前有一井〻上
有湯津杜樹枝葉扶疏時彦火〻
出見尊就其樹下徙倚彷徨良久
有一美人排闥而出遂以玉鋺来當
汲水因挙目視之乃驚而還入

本紙 36 丁ウラ・37 丁オモテ

白其父母曰有一希客者在門前樹
下海神於是鋪設八重席薦以延内
之坐定因問其来意時彦火〻出見
尊對以情之委曲海神乃集大小
之魚逼問之僉曰不識唯赤女赤女鯛魚名也
比有口疾而不来固召之探其口者
果得失鉤已而彦火〻出見尊因娶
海神女豊玉姫仍留住海宮已経三
年彼處雖復安楽猶有憶郷之情
故時復太息豊玉姫聞之謂其父
曰天孫悽然數歎蓋懐土之憂乎海
神乃延彦火〻出見尊従容語曰天

本紙 37 丁ウラ・38 丁オモテ

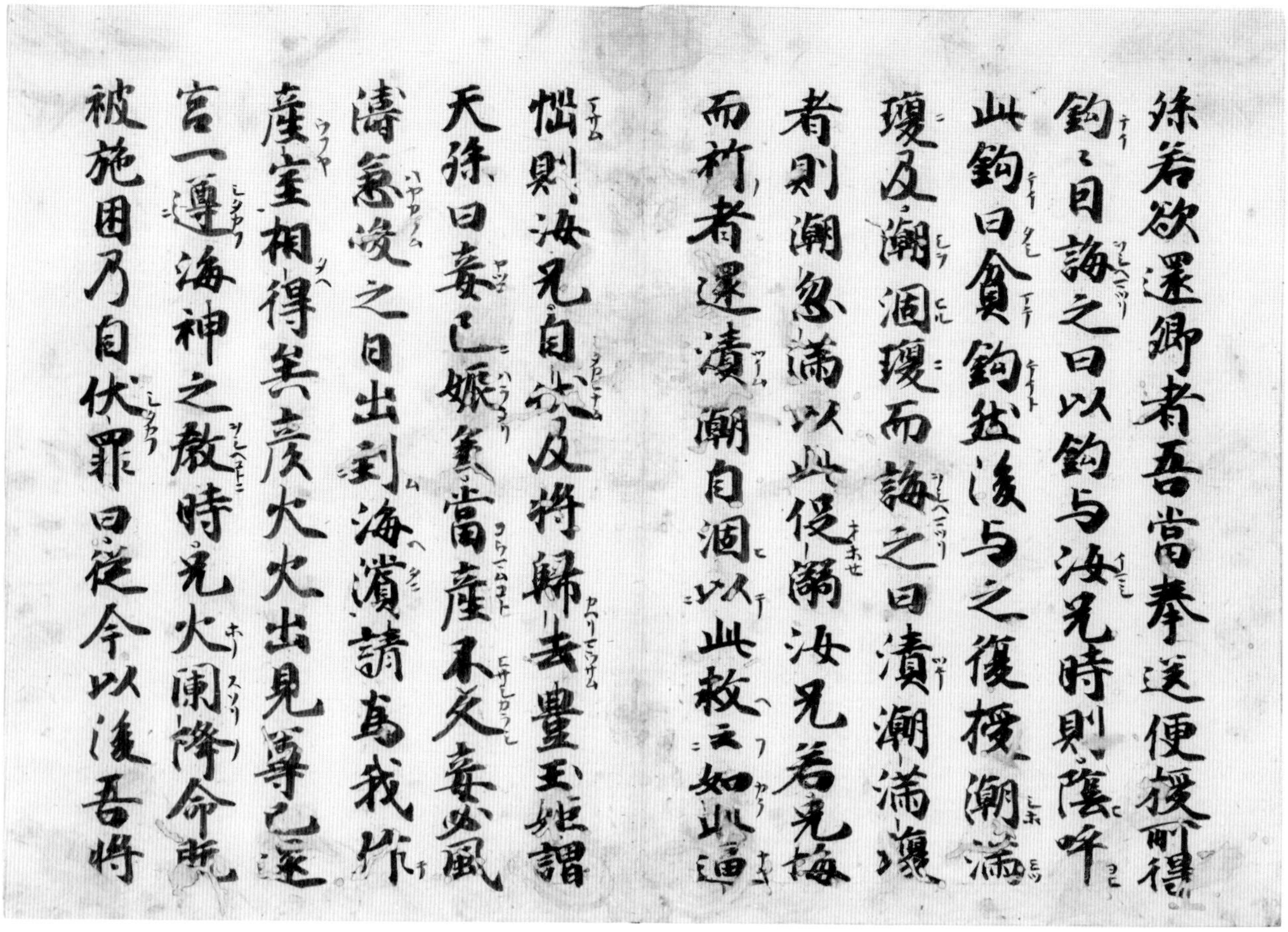
孫若欲還郷者吾當奉送便授所得
鉤〻曰誨之曰以鉤与汝兄時則陰呼
此鉤曰貧鉤然後与之復授潮滿
瓊及潮涸瓊而誨之曰漬潮滿瓊
者則潮忽滿以此没溺汝兄若兄悔
而祈者還漬潮涸瓊則潮自涸以此救之如此逼
惱則汝兄自伏及將歸去豐玉姫謂
天孫曰妾已娠矣當産不久妾必以風
濤急峻之日出到海濱請為我作
産室相待矣彦火火出見尊已還
宮一遵海神之敎時兄火闌降命既
被厄困乃自伏罪曰從今以後吾將

本紙 38 丁ウラ・39 丁オモテ

為汝俳優之民請施恩活於是隨其
所乞遂赦之其火闌降命即吾田君
小橋等之本祖也後豐玉姫果如前
期將其女弟玉依姫直冒風波來
到海邊逮臨産時請曰妾産時幸
勿以看之天孫猶不能忍竊往覘之
豐玉姫方産化為龍而甚慙之曰如
不辱我者則使海陸相通永無隔絶
今既辱之將何以結親昵之情乎乃
以草裹兒棄之海邊閉海途而徑去
矣故因以名兒曰彦波瀲武鸕鶿草
葺不合尊後久之彦火火出見尊崩

本紙 39 丁ウラ・40 丁オモテ

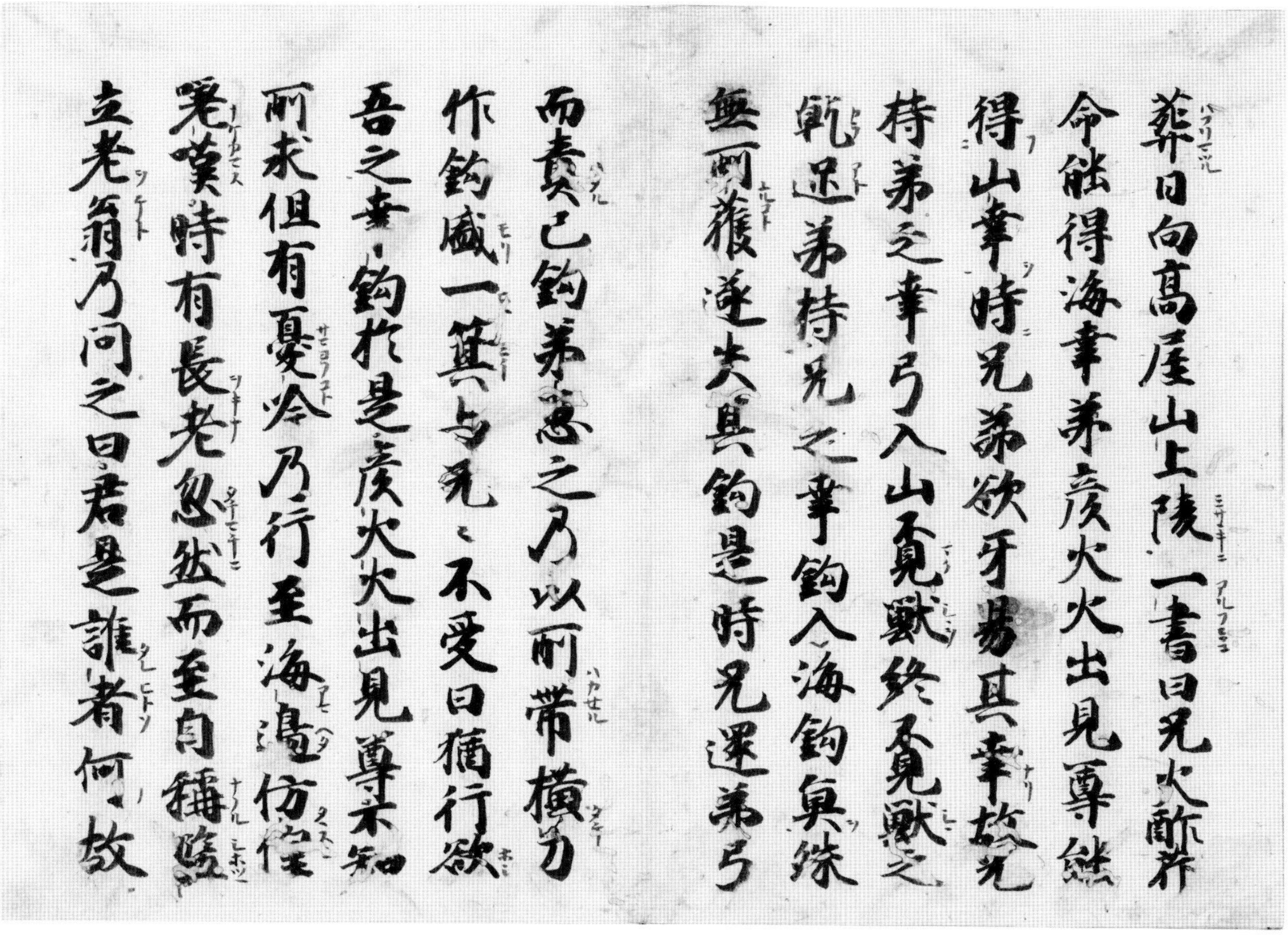
葬日向高屋山上陵 一書曰兄火酢芹
命能得海幸弟彦火火出見尊能
得山幸時兄弟欲牙易其幸故兄
持弟之幸弓入山覔獸終不見獸之
乾迹弟持兄之幸鉤入海釣魚殊
無所獲遂失其鉤是時兄還弟弓
而責己鉤弟患之乃以所帯横刀
作鉤盛一箕与兄々不受曰猶行欲
吾之幸鉤於是彦火火出見尊不知
所求但有憂吟乃行至海邉彷徨
嗟嘆時有長老忽然而至自稱鹽
土老翁乃問之曰君是誰者何故

本紙 40 丁ウラ・41 丁オモテ

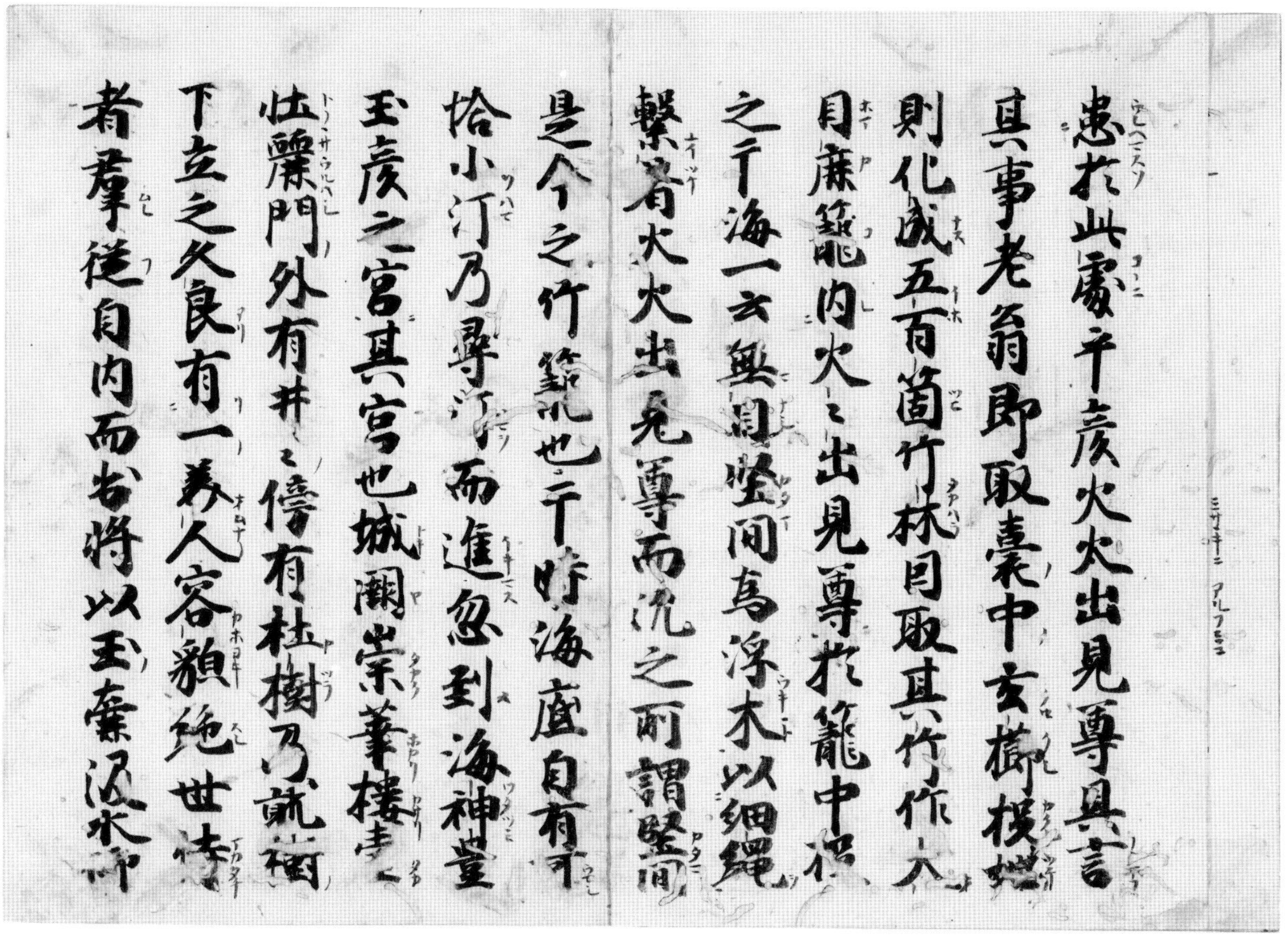
患於此處乎彦火火出見尊具言
其事老翁即取嚢中玄櫛投地
則化成五百箇竹林因取其竹作大
目麁籠内火々出見尊於籠中投
之于海一云無目堅間爲浮木以細縄
繋着火火出見尊而沈之所謂堅間
是今之竹籠也于時海底自有可
怜小汀乃尋汀而進忽到海神豊
玉彦之宮其宮也城闕崇華樓臺
壯麗門外有井々傍有杜樹乃就樹
下立之久良有一美人容貌絶世侍
者羣從自内而出將以玉壺汲水仰

本紙 41 丁ウラ・42 丁オモテ

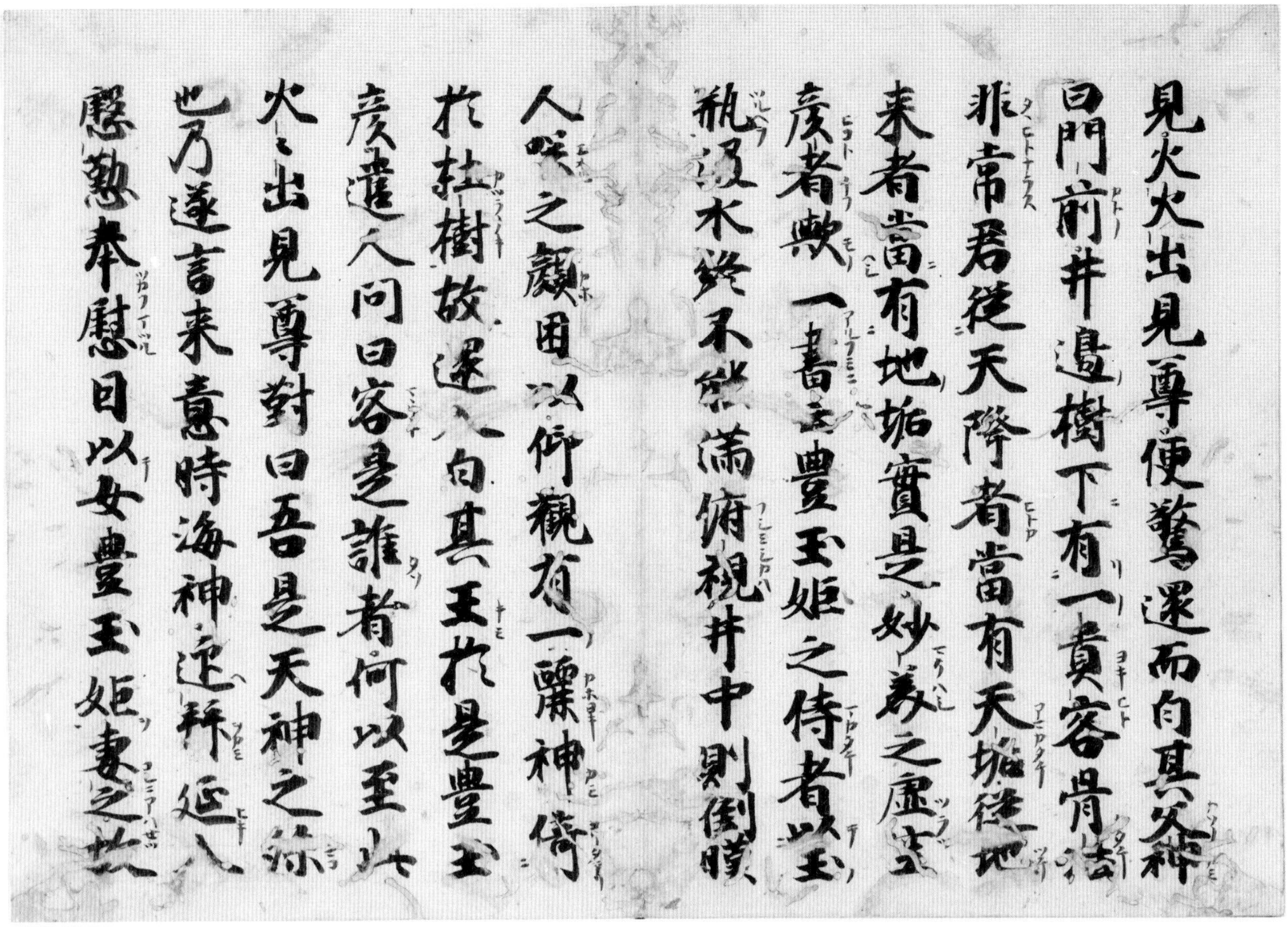
見火火出見尊便驚還而白其父神
曰門前井邉樹下有一貴客骨法
非常若從天降者當有天垢從地
来者當有地垢實是妙美之虛空
彥者歟　一書云豐玉姫之侍者以玉
鋺汲水終不能滿俯視井中則倒映
人咲之顏因以仰觀有一麗神倚
於杜樹故還入白其王於是豐玉
彥遣人問曰客是誰者何以至此
火火出見尊對曰吾是天神之孫
也乃遂言来意時海神迎拜延入
慇懃奉慰曰以女豐玉姫妻之故

本紙 42 丁ウラ・43 丁オモテ

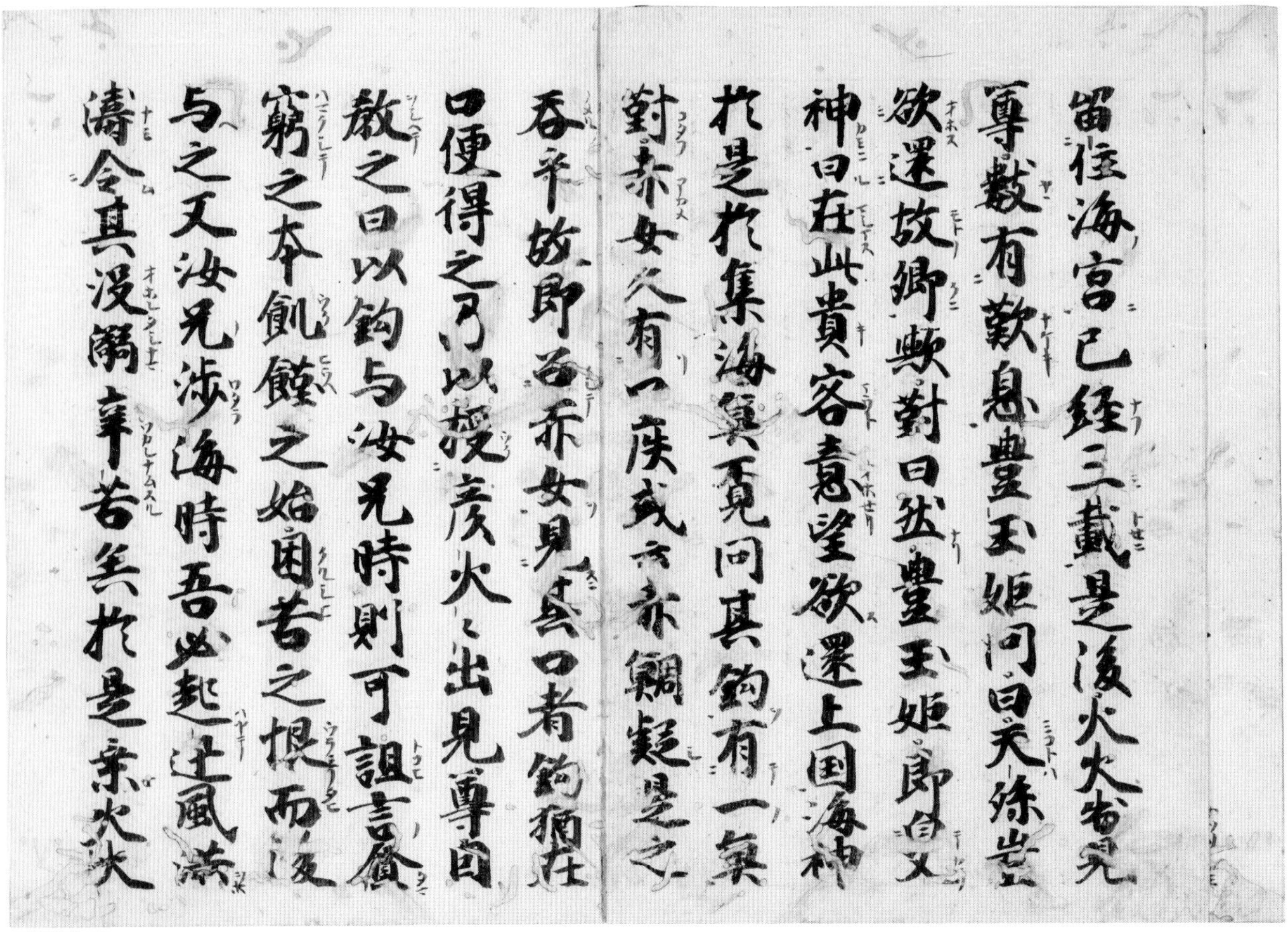
留住海宮已經三載是後火火出見
尊數有歎息豐玉姫問曰天孫豈
欲還故鄕歟對曰然豐玉姫卽白父
神曰在此貴客意望欲還上国海神
於是總集海魚覓問其鉤有一魚
對赤女久有一疾或云赤鯛疑是之
呑乎故卽召赤女見其口者鉤猶在
口便得之乃以授彥火火出見尊因
敎之曰以鉤与汝兄時則可詛言貧
窮之本飢饉之始困苦之根而後
与之又汝兄涉海時吾必起迅風洪
濤令其沒溺辛苦矣於是乘火火

本紙 43 丁ウラ・44 丁オモテ

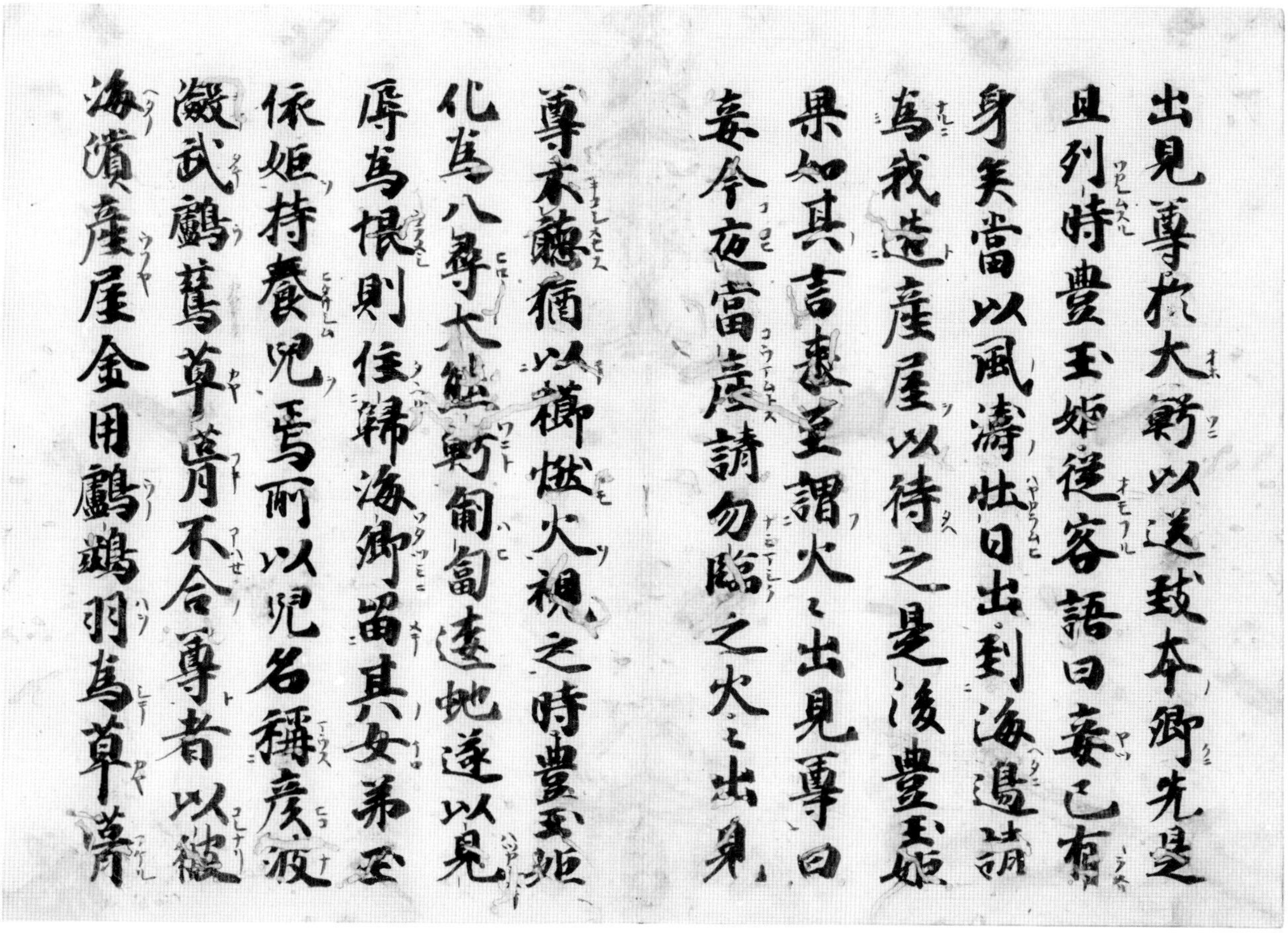
出見尊於大鉤以送致本御先是
且別時豊玉姫從容語曰妾已有
身矣當以風濤壯日出到海邊請
爲我造産屋以待之是後豊玉姫
果如其言來至謂火火出見尊曰
妾今夜當産請勿臨之火火出見
尊不聽猶以櫛燃火視之時豊玉姫
化爲八尋大熊鰐匍匐逶虵遂以見
辱爲恨則徑歸海鄕留其女弟玉
依姫持養兒焉所以兒名稱彥波
瀲武鸕鷀草葺不合尊者以彼
海濵産屋全用鸕鷀羽爲草葺

本紙 44 丁ウラ・45 丁オモテ

之而葺未合時兒即生焉故因以名
焉上国此羽播豆矩除　一書曰門前
有一好井井上有百枝杜樹故彥火火
出見尊跳昇其樹而立之于時海神
之女豊玉姫手持玉鋺來將汲水正
見人影在於井中乃仰觀之驚而墜
鋺鋺既破碎不顧而還入謂父母曰妾
見一人在於井邊樹上顏色甚美容
貌且閑殆非常之人者也時父神聞
而奇之乃設八重席迎入坐定因問
來意對以情之委曲時海神便起
憐心盡召鰭廣鰭狹而問之皆曰

本紙 45 丁ウラ・46 丁オモテ

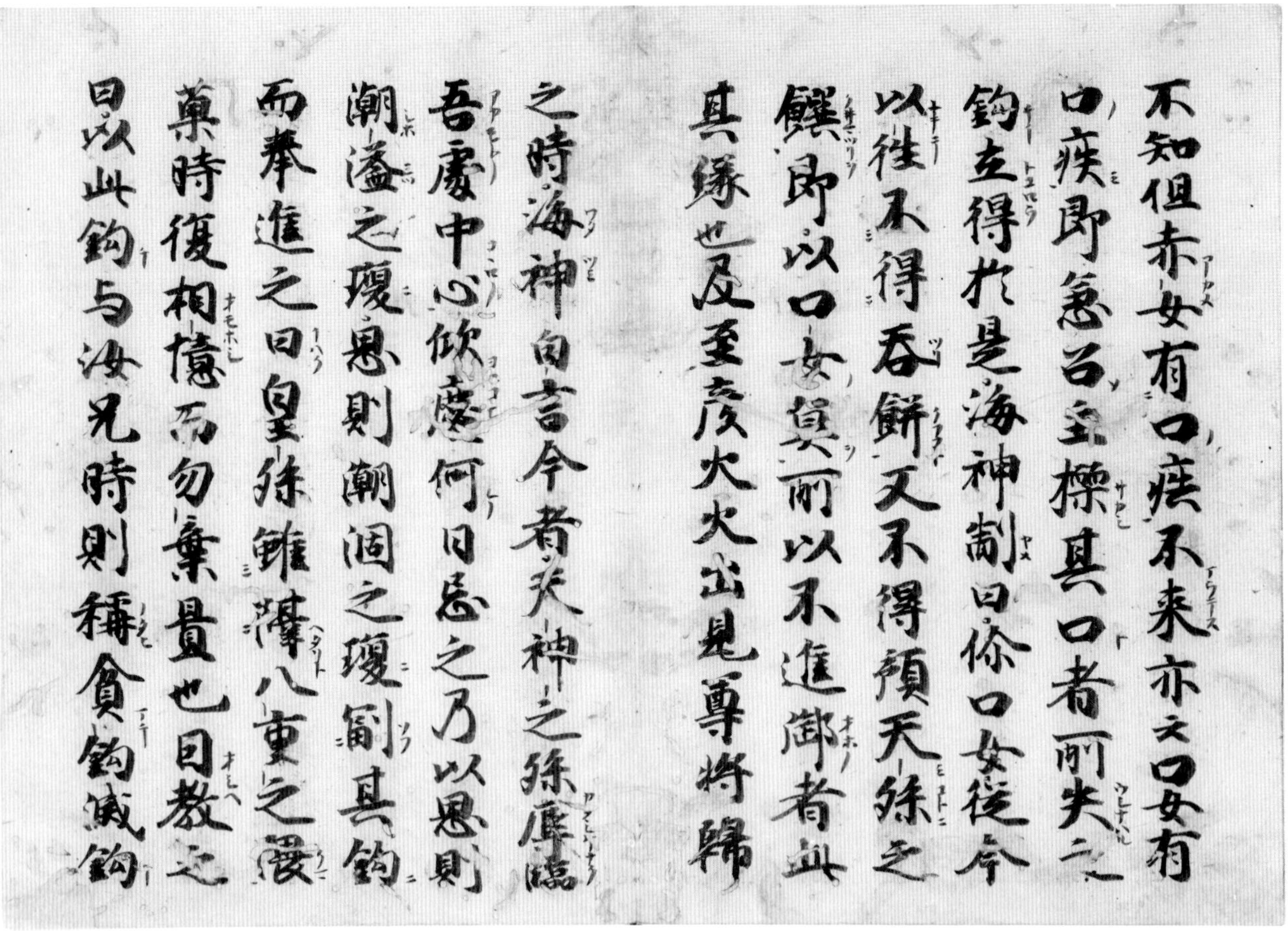
不知但赤女有口疾不来亦云口女有
口疾即急召至探其口者所失之
鈎立得於是海神制曰儞口女従今
以往不得呑餌又不得預天孫之
饌即以口女魚所以不進御者此
其縁也及至彦火火出見尊将帰
之時海神白言今者天神之孫辱臨
吾處中心欣慶何日忘之乃以思則
潮溢之瓊思則潮涸之瓊副其鈎
而奉進之曰皇孫雖隔八重之隈
冀時復相憶而勿棄置也因教之
曰以此鈎与汝兄時則稱貧鈎滅鈎

本紙 46 丁ウラ・47 丁オモテ

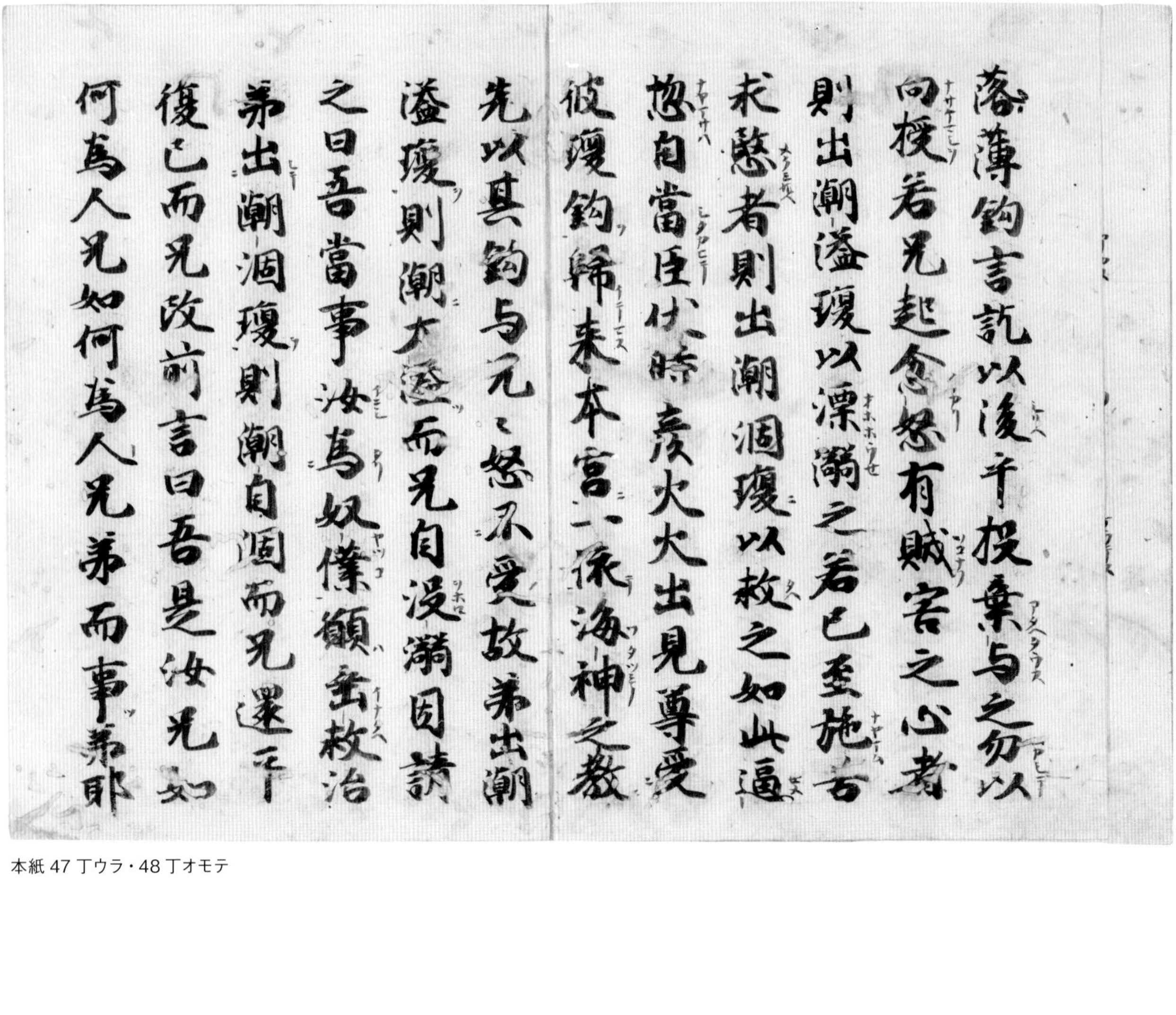
落薄鈎言訖以後手投棄与之勿以
向授若兄起忿怒有賊害之心者
則出潮溢瓊以漂溺之若已至危苦
求愍者則出潮涸瓊以救之如此逼
悩自當臣伏時彦火火出見尊受
彼瓊鈎帰来本宮一依海神之教
先以其鈎与兄兄怒不受故弟出潮
溢瓊則潮大溢而兄自没溺因請
之曰吾當事汝為奴僕願垂救活
弟出潮涸瓊則潮自涸而兄還平
復已而兄改前言曰吾是汝兄如
何為人兄如何為人兄弟而事弟耶

本紙 47 丁ウラ・48 丁オモテ

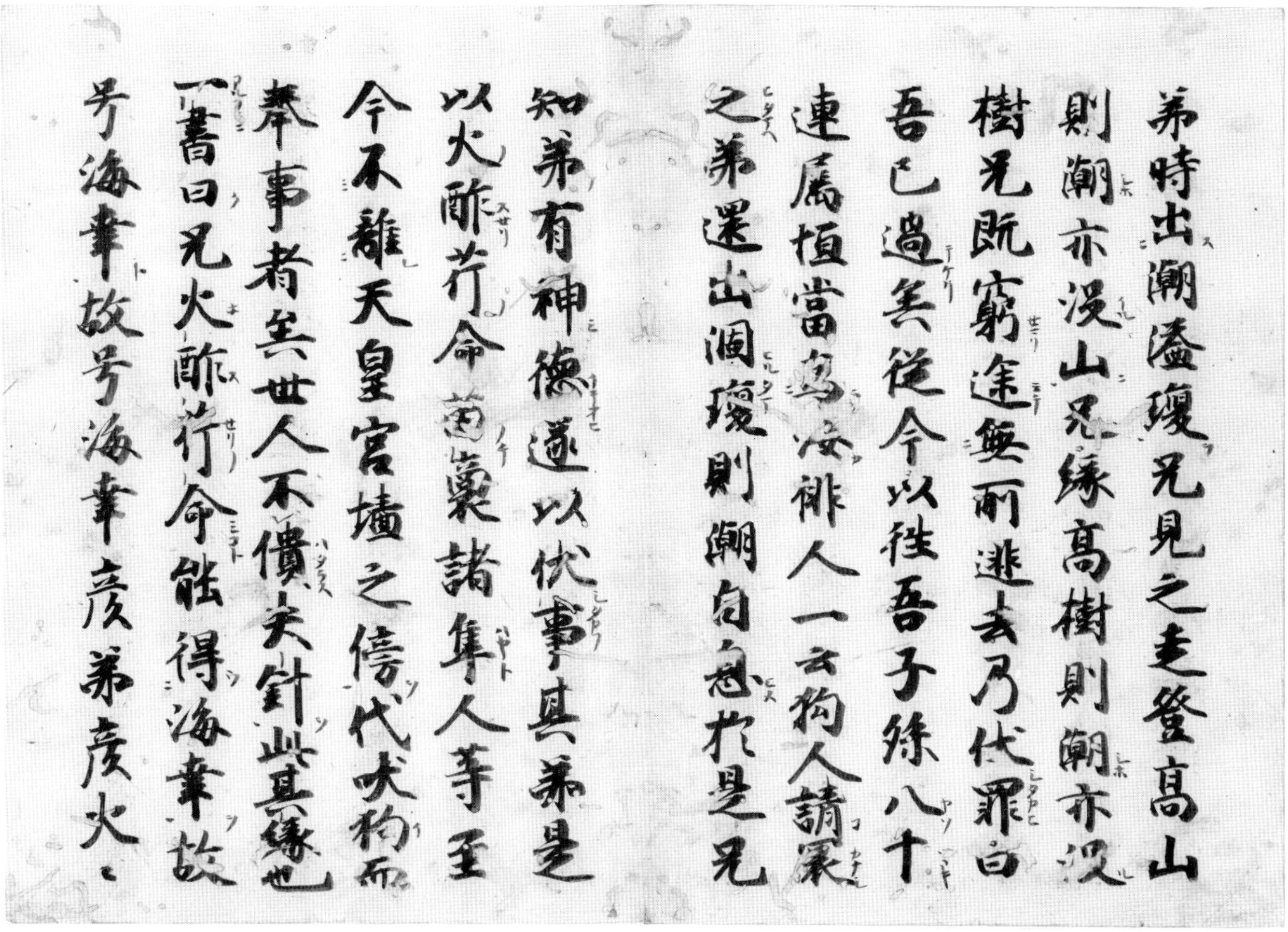
弟時出潮溢瓊兄見之走登高山
則潮亦没山兄縁高樹則潮亦没
樹兄既窮途無所逃去乃伏罪白
吾已過矣從今以往吾子孫八十
連屬恒當為汝俳人一云狗人請哀
之弟還出涸瓊則潮自息於是兄
知弟有神德遂以伏事其弟是
以火酢芹命苗裔諸隼人等至
今不離天皇宮墻之傍代吠狗而
奉事者矣世人不債失針此其縁也
一書曰兄火酢芹命能得海幸故
号海幸故号海幸彦弟彦火々

本紙 48 丁ウラ・49 丁オモテ

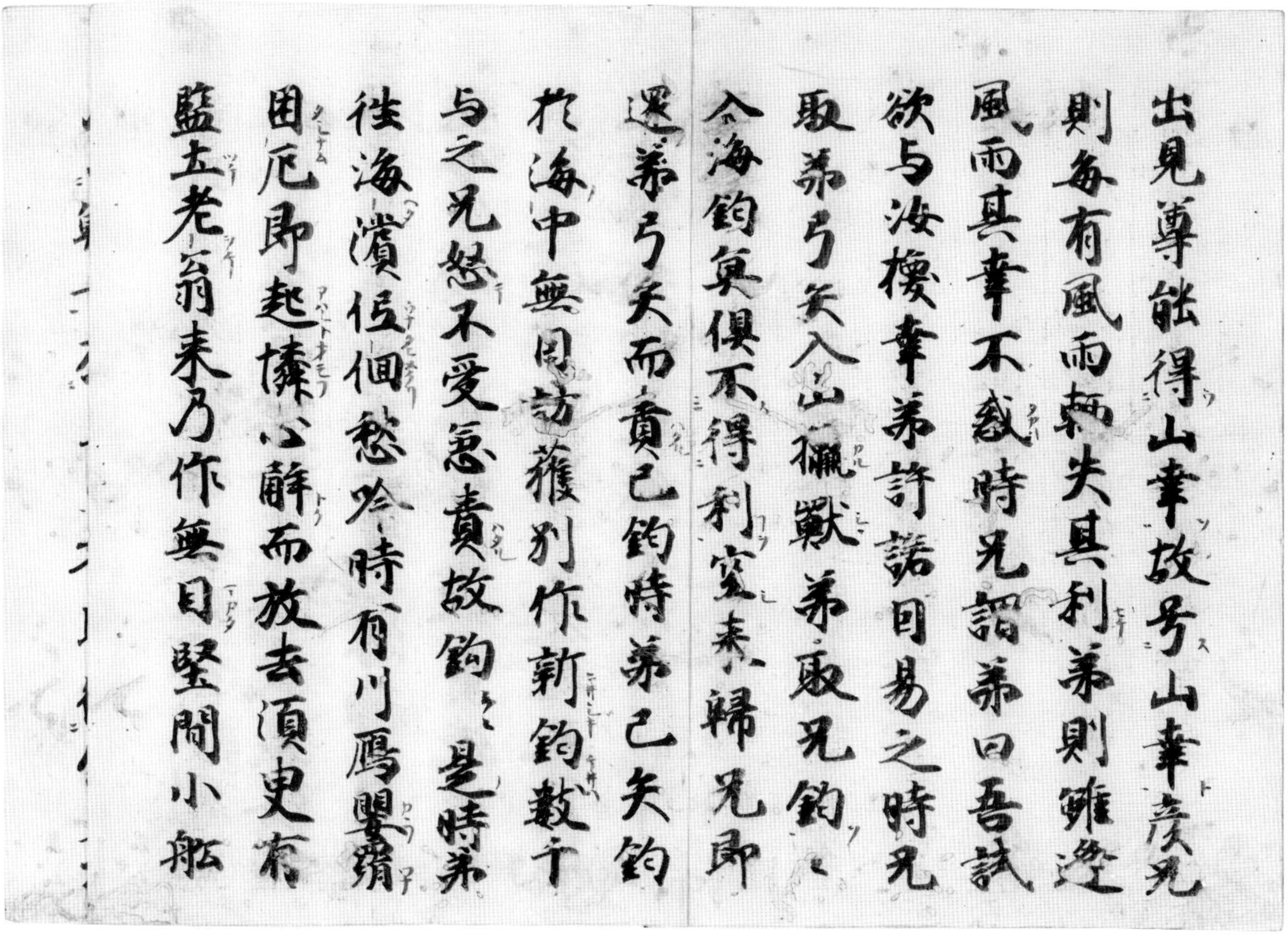
出見尊能得山幸故号山幸彦兄
則毎有風雨輙失其利弟則雖逢
風雨其幸不忒時兄謂弟曰吾試
欲与汝換幸弟許諾因易之時兄
取弟弓矢入山獵獸弟取兄釣々
入海釣魚俱不得利空手來歸兄即
還弟弓矢而責己釣時弟已失釣
於海中無由訪獲別作新釣數千
与之兄怒不受急責故釣々是時弟
往海濱低佪愁吟時有川鴈嬰羂
困厄即起憐心解而放去須臾有
鹽土老翁來乃作無目堅間小舩

本紙 49 丁ウラ・50 丁オモテ

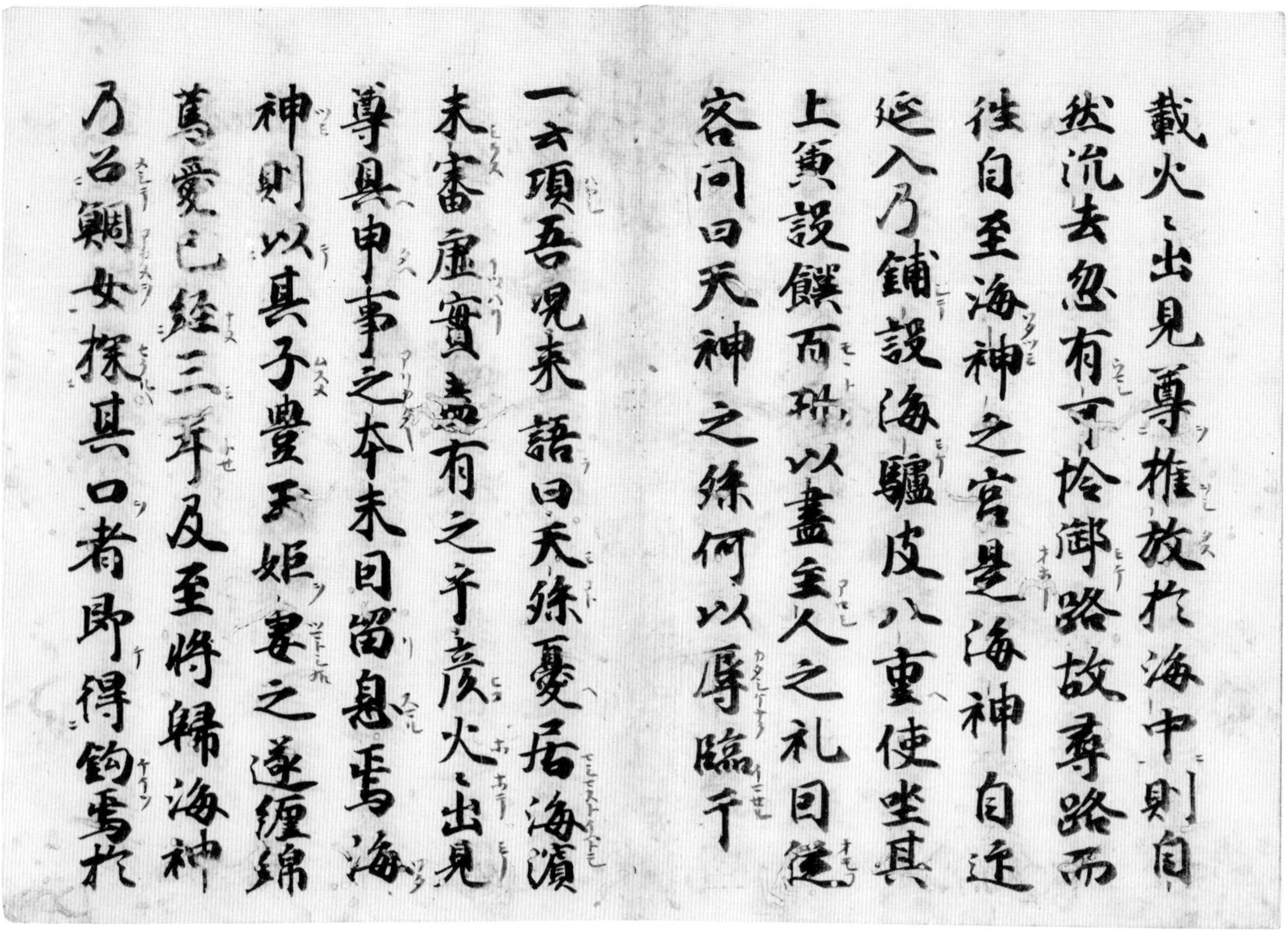

載火々出見尊推放於海中則自
然沈去忽有可怜御路故尋路而
往自至海神之宮是海神自迎
延入乃鋪設海驢皮八重使坐其
上兼設饌百机以盡主人之礼因從
容問曰天神之孫何以辱臨乎
一云頃吾児來語曰天孫憂居海濱
未審虚實蓋有之乎彦火々出見
尊具申事之本末因留息焉海
神則以其子豊玉姫妻之遂纒綿
篤愛已経三年及至將歸海神
乃召鯛女探其口者即得鉤焉於

本紙 50 丁ウラ・51 丁オモテ

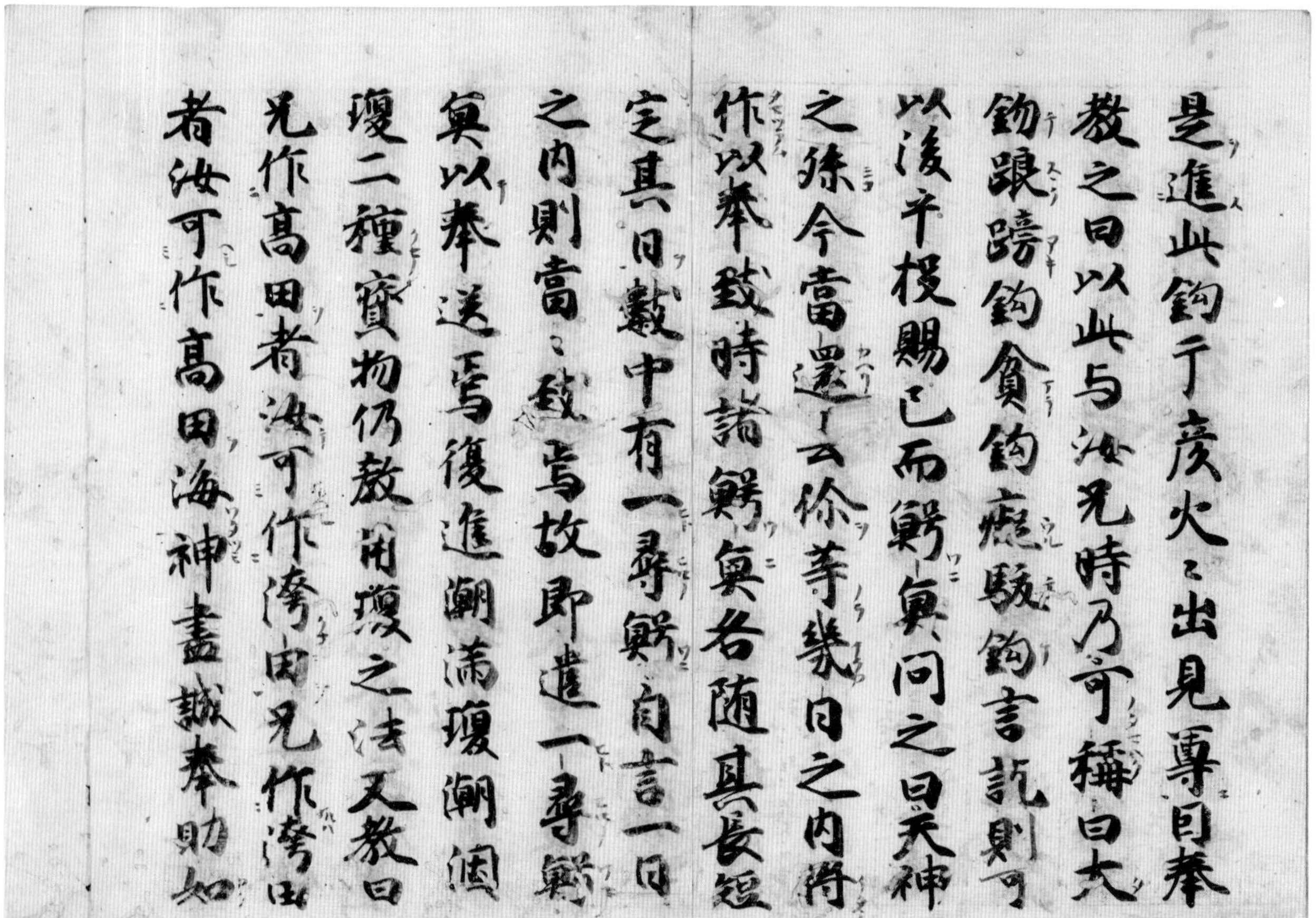

是進此鉤于彦火々出見尊因奉
教之曰以此与汝兄時乃可稱曰大
鉤踉蹐鉤貧鉤痴騃鉤言訖則可
以後手投賜已而鰐魚問之曰天神
之孫今當還去儞等幾日之内將
作以奉致時諸鰐魚各隨其長短
定其日數中有一尋鰐自言一日
之内則當致焉故即遣一尋鰐
魚以奉送焉復進潮滿瓊潮涸
瓊二種寶物仍教用瓊之法又教曰
兄作高田者汝可作洿田兄作洿田
者汝可作高田海神盡誠奉助如

本紙 51 丁ウラ・52 丁オモテ

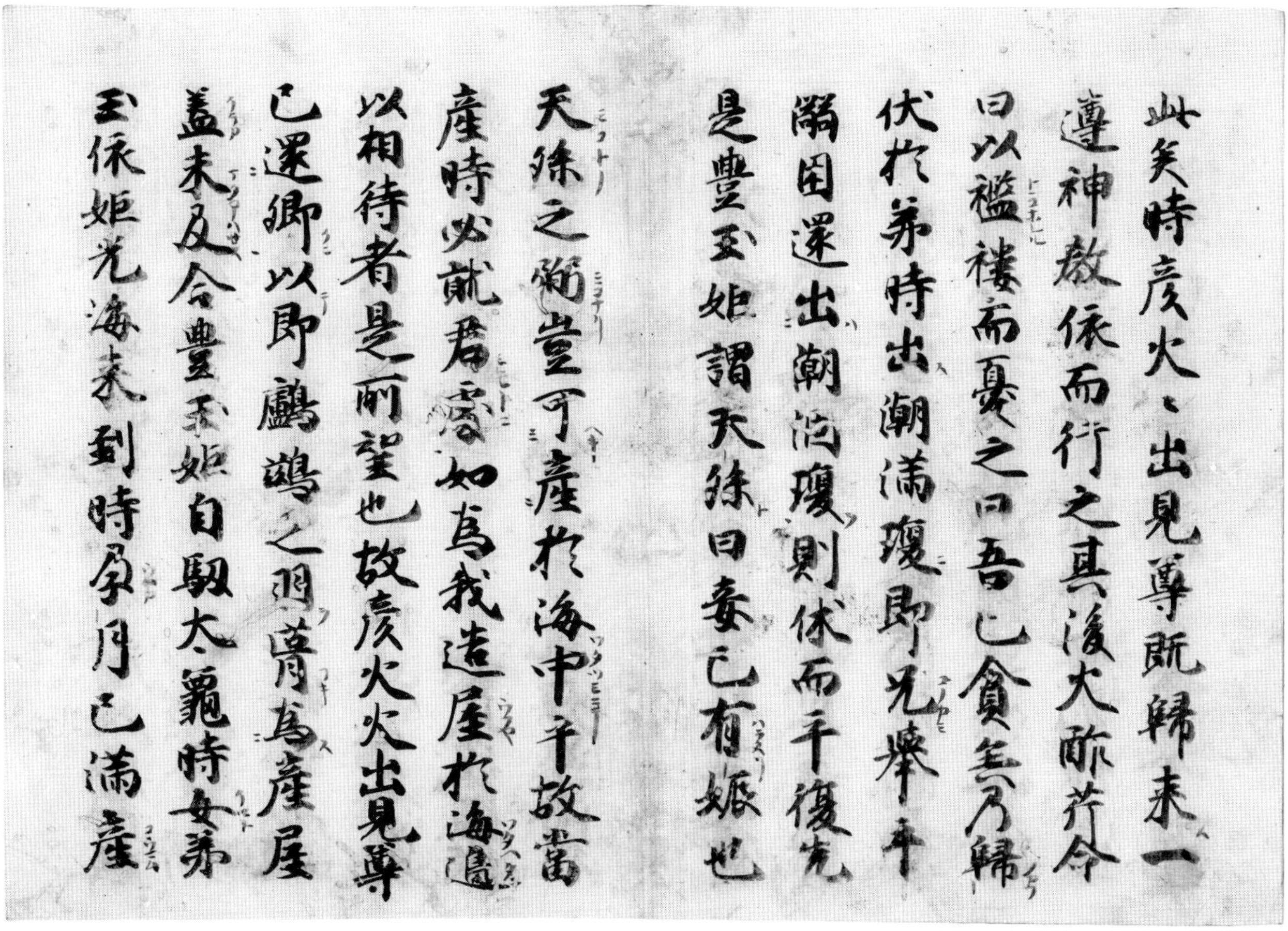
此矣時彦火〻出見尊既歸來一
遵神教依而行之其後火酢芹命
日以襤褸而憂之曰吾已貧矣乃歸
伏於弟時出潮滿瓊即兄擧手
溺困還出潮涸瓊則休而平復先
是豐玉姫謂天孫曰妾已有娠也
天孫之胤豈可産於海中乎故當
産時必就君處如爲我造屋於海邊
以相待者是所望也故彦火火出見尊
已還鄕以即鸕鷀之羽葺爲産屋
蓋未及合豐玉姫自馭大龜將女弟
玉依姫光海來到時孕月已滿産

本紙 52 丁ウラ・53 丁オモテ

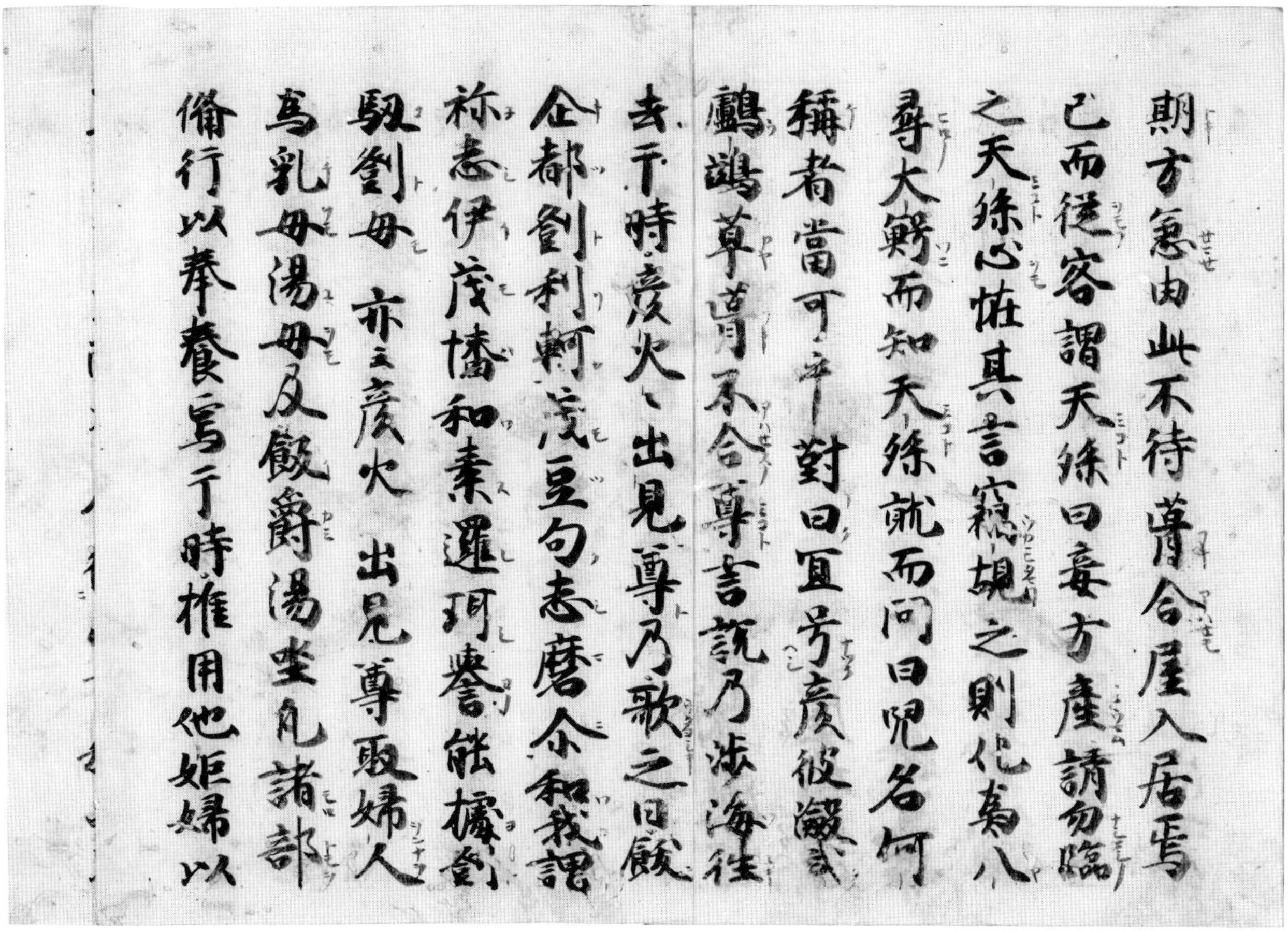
期方急由此不待葺合屋入居焉
已而從容謂天孫曰妾方産請勿臨
之天孫心怪其言竊覘之則化爲八
尋大鰐而知天孫就而問曰兒名何
稱者當可乎對曰宜号彦波瀲武
鸕鷀草葺不合尊言訖乃渉海徑
去于時彦火〻出見尊乃歌之曰飫
企都鄧利軻茂豆句志磨尓和我謂
祢志伊茂播和素邏珥餘能據鄧馭
馭鄧母 亦云彦火〻出見尊取婦人
爲乳母湯母及飯嚼湯坐凡諸部
備行以奉養焉于時權用他婦以

本紙 53 丁ウラ・54 丁オモテ

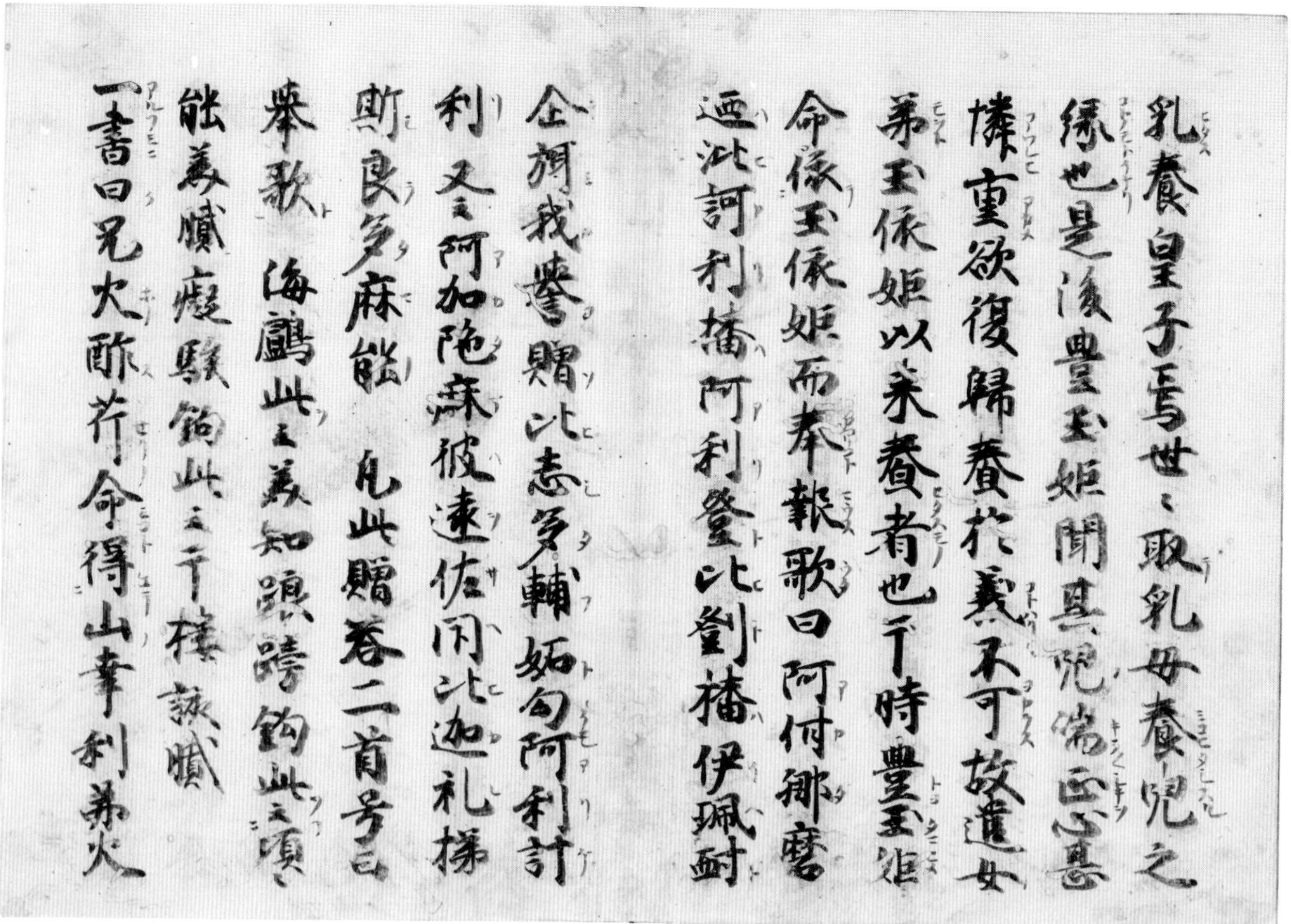
乳養皇子焉世々取乳母養児之
縁也是後豊玉姫聞其児端正心甚
憐重欲復帰養於義不可故遣女
弟玉依姫以来養者也于時豊玉姫
命依玉依姫而奉報歌曰阿付娜磨
迺比訶利播阿利登比鄧播伊珮耐
企弭我誉贈比志多輔妬勾阿利計
利 又云阿加陀麻彼遠佐閉比迦礼㨨
斯良多麻能 凡此贈答二首号曰
挙歌 海鸕此云羽知踉䠙鉤此云須
能美膩癡騃鉤此云于楼該膩
一書曰兄火酢芹命得山幸利弟火

本紙 54 丁ウラ・55 丁オモテ

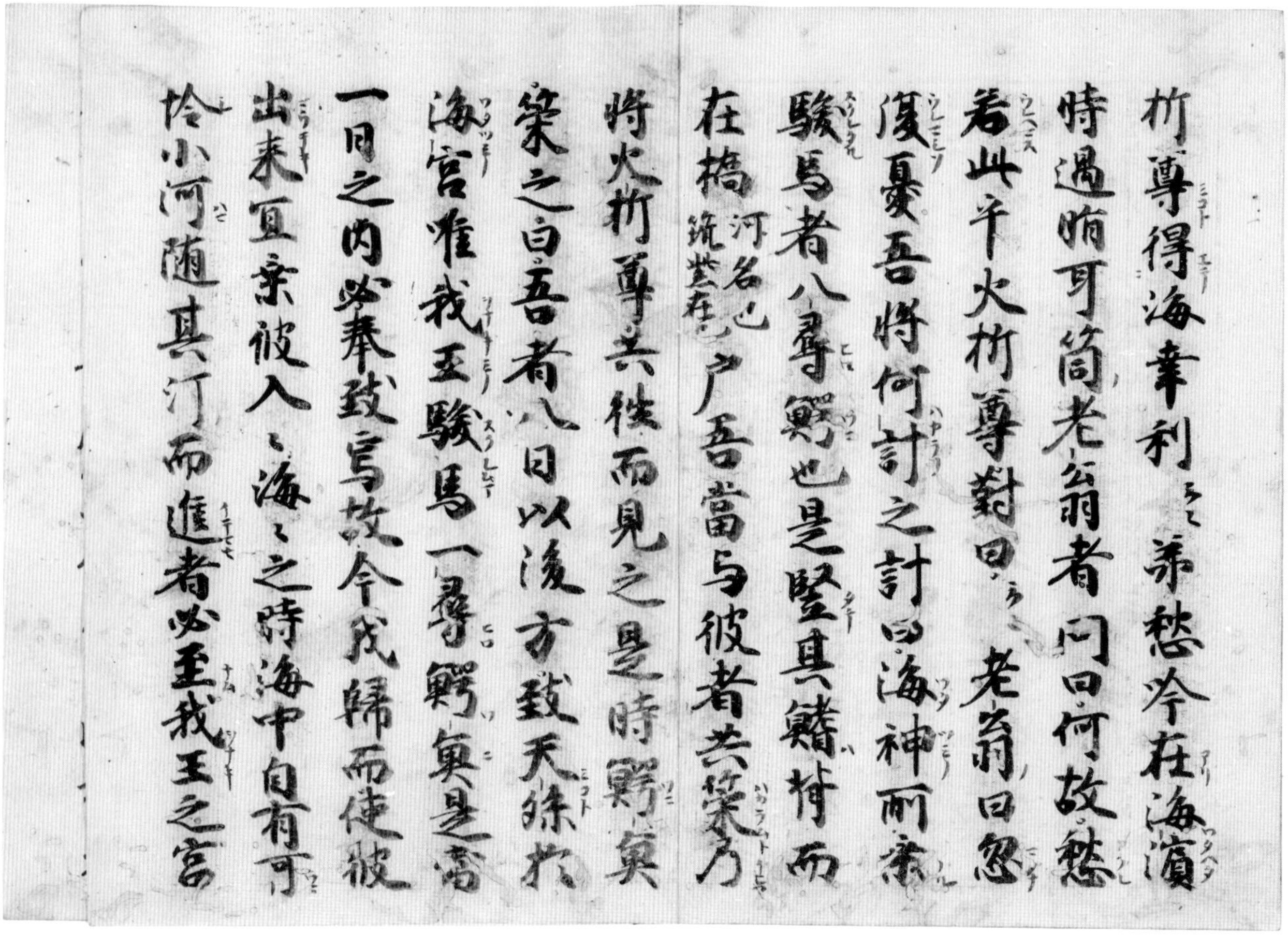
折尊得海幸利 弟愁吟在海濱
時遇暗耳筒老翁者問曰何故愁
若此乎火折尊對曰云々老翁曰勿
復憂吾将計之計曰海神所乗
駿馬者八尋鰐也是竪其鰭背而
在橘 河名也 筑紫在之 戸吾當与彼者共策乃
将火折尊共往而見之是時鰐魚
策之曰吾者八日以後方致天孫於
海宮唯我王駿馬一尋鰐魚是當
一日之内必奉致焉故今我帰而使彼
出来宜乗彼入々海々之時海中自有可
怜小河随其汀而進者必至我王之宮

本紙 55 丁ウラ・56 丁オモテ

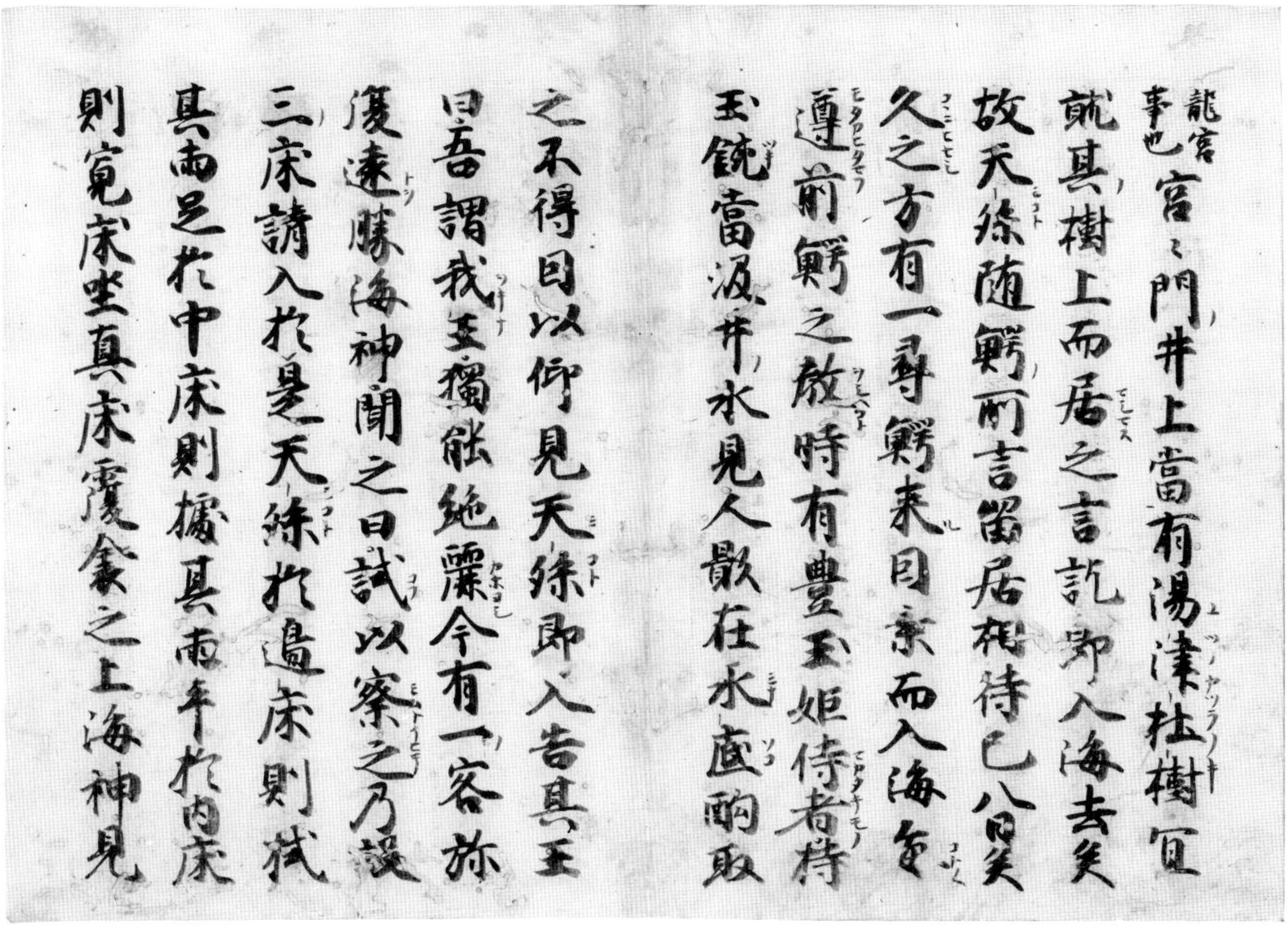

龍宮事也宮々門井上當有湯津杜樹宜
就其樹上而居之言訖即入海去矣
故天孫隨鰐所言留居相待已八日矣
久之方有一尋鰐來因乘而入海每
遵前鰐之教時有豐玉姫侍者持
玉鋺當汲井水見人影在水底酌取
之不得因以仰見天孫即入告其王
曰吾謂我王獨能絶麗今有一客彌
復遠勝海神聞之曰試以察之乃設
三床請入於是天孫於邊床則拭
其兩足於中床則據其兩手於內床
則寬坐眞床覆衾之上海神見

本紙 56 丁ウラ・57 丁オモテ

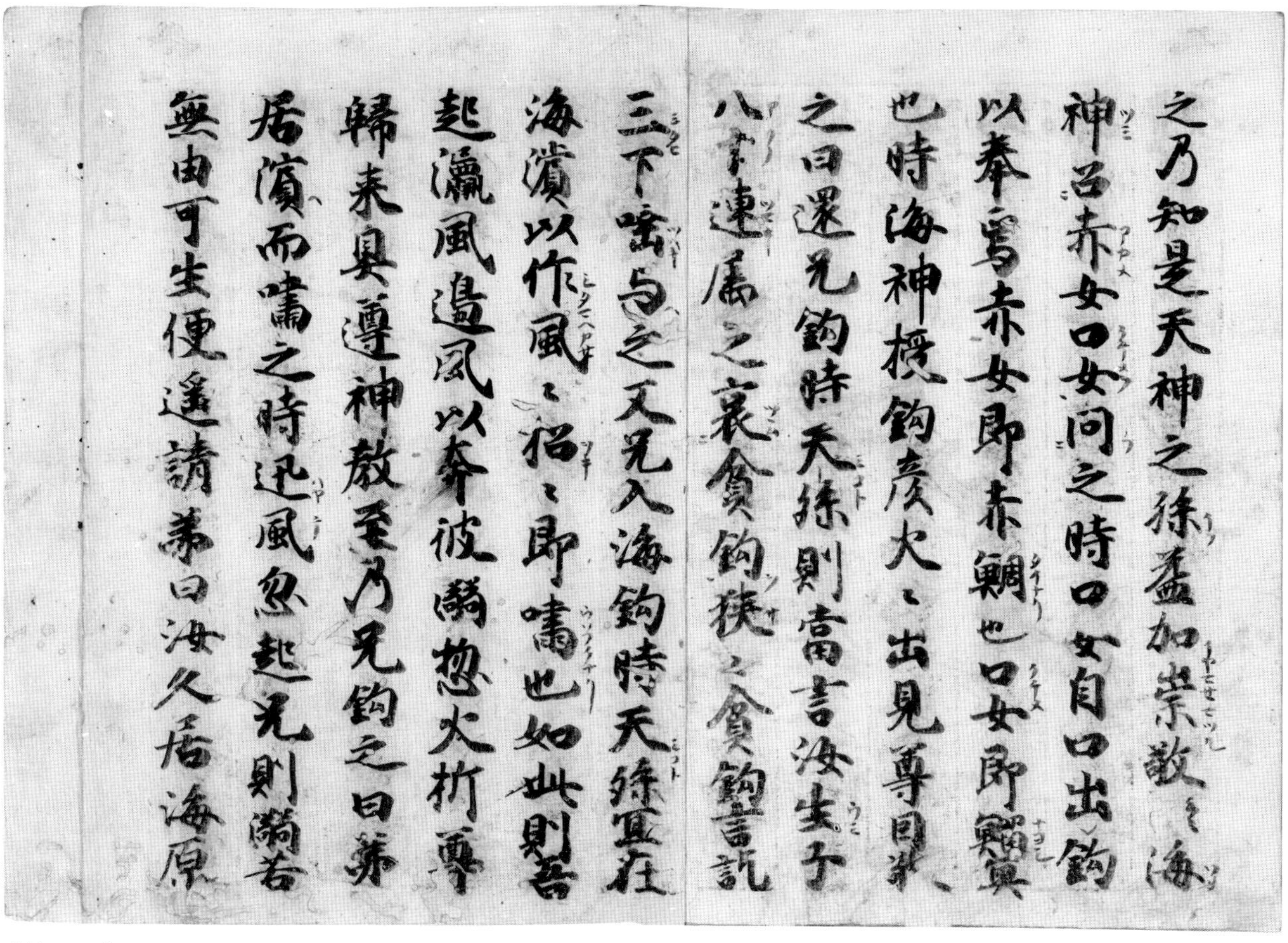

之乃知是天神之孫益加崇敬々々海
神召赤女口女問之時口女自口出鉤
以奉焉赤女即赤鯛也口女即鯔魚
也時海神授鉤彥火々出見尊因教
之曰還兄鉤時天孫則當言汝生子
八十連屬之裔貧鉤狹々貧鉤言訖
三下唾與之又兄入海釣時天孫宜在
海濱以作風々招々即嘯也如此則吾
起瀛風邊風以奔波溺惱火折尊
歸來具遵神教至及兄釣之日弟
居濱而嘯之時迅風忽起兄則溺苦
無由可生便遙請弟曰汝久居海原

本紙 57 丁ウラ・58 丁オモテ

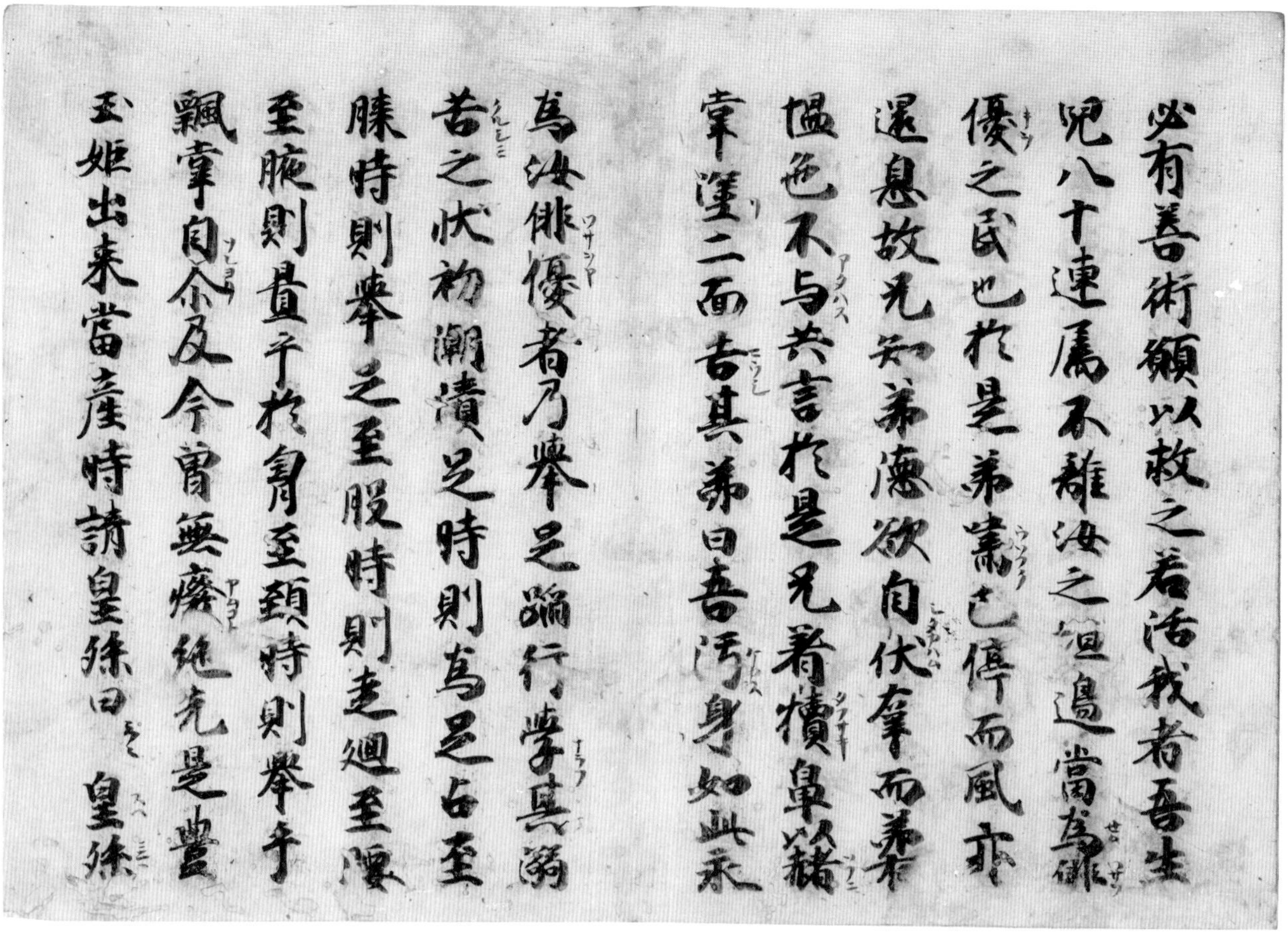
必有善術願以救之若活我者吾生
兒八十連屬不離海之垣邊當為俳
優之民也於是弟嘯《ウソフク》己停而風亦
還息故兄知弟德欲自伏辜而弟有
慍色不与共言於是兄着犢鼻《タフサキ》以赭《ソホニ》
掌塗二面告其弟曰吾汚《ケカス》身如此永
為汝俳優者乃舉足踏行學其溺
苦之狀初潮漬足時則為足占至
膝時則舉足至股時則走廻至腰
至腋則置手於胸至頸時則舉手
飄掌自尒及今曾無廢絶先是豐
玉姫出來當產時請皇孫曰云云　皇孫

本紙 58丁ウラ・59丁オモテ

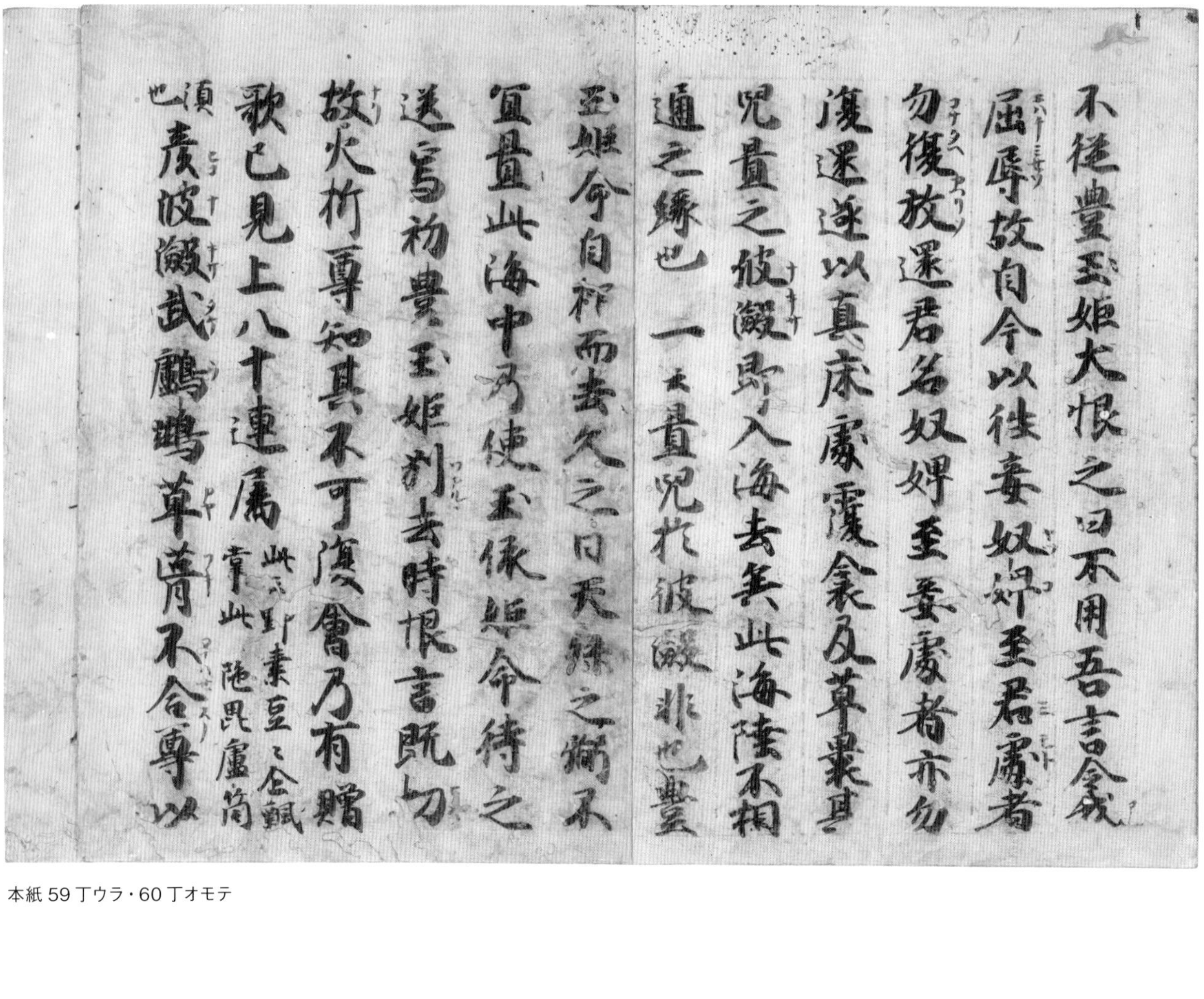
不從豐玉姫大恨之曰不用吾言令我
屈辱故自今以往妾奴婢至君處者
勿復放還君奴婢至妾處者亦勿
復還遂以真床覆衾及草裹其
兒置之波瀲《ナキサ》即入海去矣此海陸不相
通之緣也　一云置兒於波瀲非也豐
玉姫命自抱而去久之曰天孫之胤不
宜置此海中乃使玉依姫命持之
送出焉初豐玉姫別去時恨言既切
故火折尊知其不可復會乃有贈
歌已見上八十連屬 此云野素豆豆企 飄掌 此云陁毘盧箇須也
彦波瀲武鸕鷀草葺不合尊以

本紙 59丁ウラ・60丁オモテ

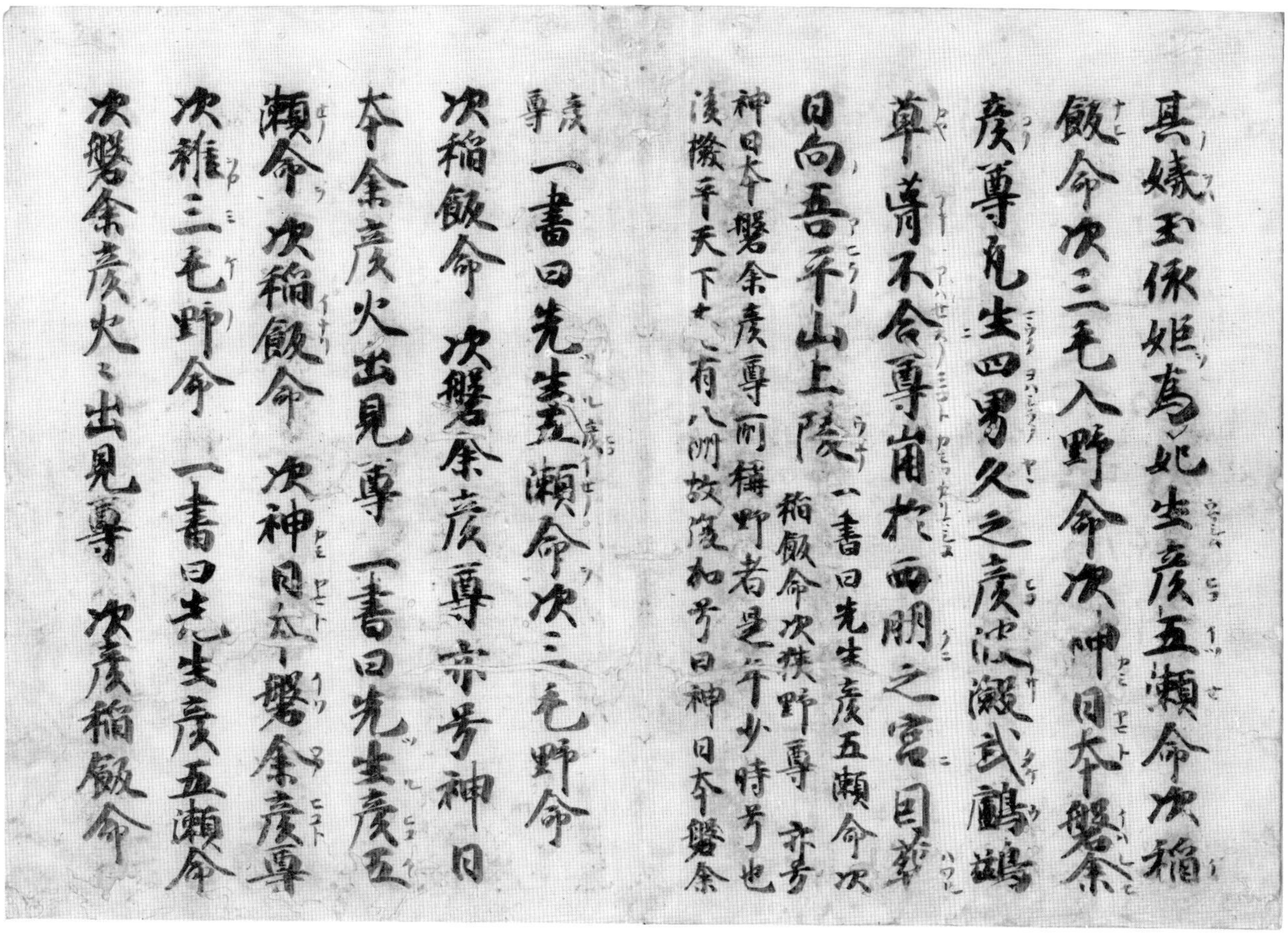

其姨玉依姫為妃生彦五瀬命次稲
飯命次三毛入野命次神日本磐余
彦尊凡生四男久之彦波瀲武鸕鷀
草葺不合尊崩於西洲之宮因葬
日向吾平山上陵 一書曰先生彦五瀬命次
稲飯命次狭野尊 亦号
神日本磐余彦尊所稱狭野者是年少時号也
後撥平天下奄有八洲故復加号曰神日本磐余
彦尊 一書曰先生彦五瀬命次三毛野命
次稲飯命 次磐余彦尊亦号神日
本磐余彦火出見尊 一書曰先生彦五
瀬命 次稲飯命 次神日本磐余彦尊
次稚三毛野命 一書曰先生彦五瀬命
次磐余彦火々出見尊 次彦稲飯命

本紙60丁ウラ・61丁オモテ

次三毛入野命
日本書紀巻第二 神代下

延喜四年勅月壽日従五位上守右少弁藤原朝臣清貫
左大史正六位上兼行算博士阿波権掾
奉行儀禄宜令持文等每枚別在之

本紙61丁ウラ・62丁オモテ

本紙 62 丁ウラ・後見返し

裏表紙

付録Ⅱ

内神社本『日本書紀』

内《うち》神社本『日本書紀』

『日本書紀』巻三、一冊。縦二四・〇cm、横一七・八cm。表紙に「日本書紀　人」の題簽《だいせん》が付され、本紙最初に「日本書紀巻第三　人」とある。本紙は全二四紙で、裏表紙裏の後見返しにも墨書がある。本文は一頁七行、一行につき一八字前後であるが、多少のばらつきがみられ、墨書による訓点のほか、朱もある。奥書には、三沢諏訪《すわ》の神主である陶山佐渡守が『日本書紀』を所持していると聞きおよび、借用して書き写したと『日本書紀』入手の経緯が記されている。

表紙

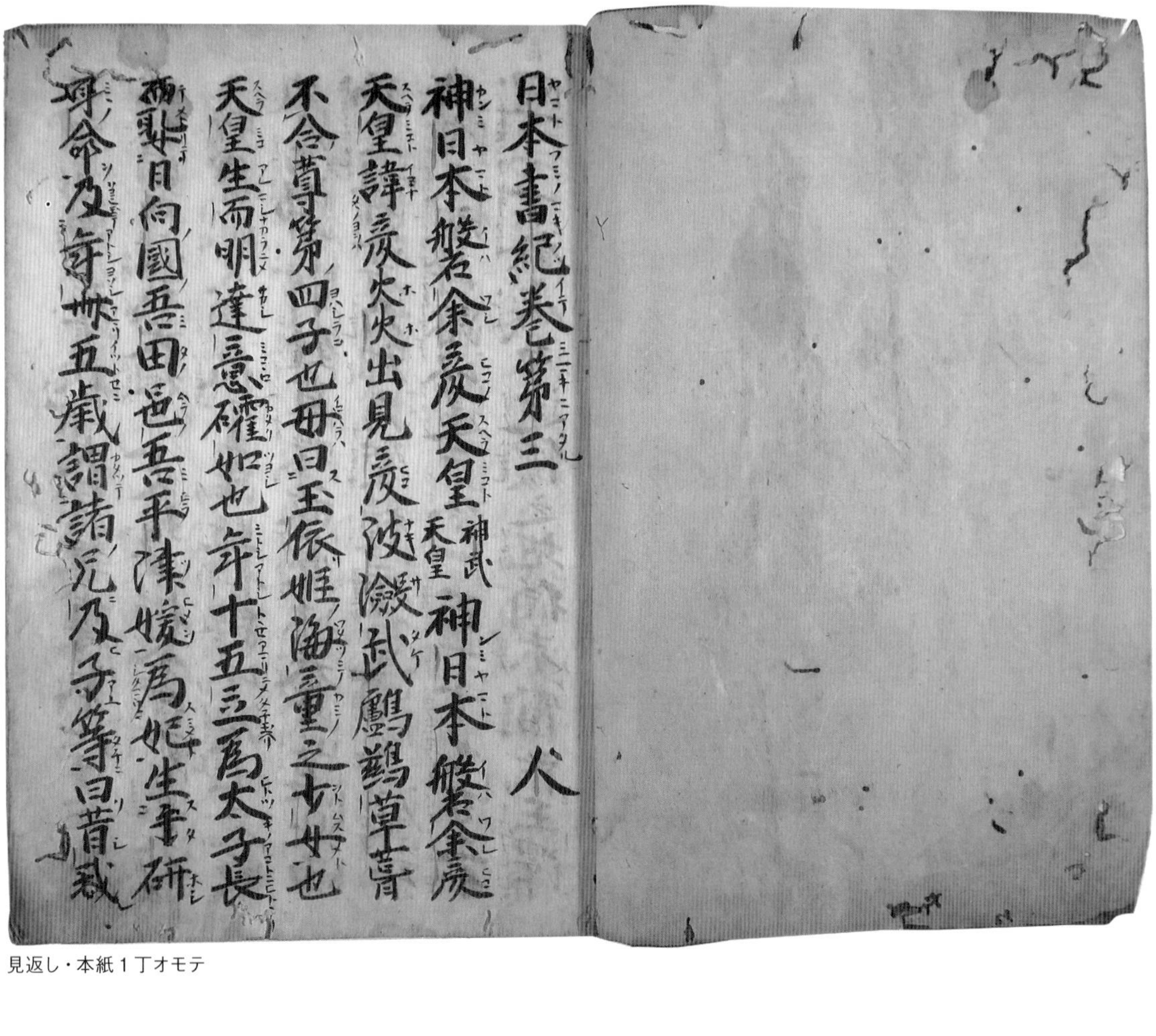

日本書紀巻第三　人
神日本磐余彦天皇　神武天皇
神日本磐余彦
天皇諱彦火火出見彦波瀲武鸕鷀草葺
不合尊第四子也母曰玉依姫海童之女也
天皇生而明達意礭如也年十五立爲太子長
而娶日向國吾田邑吾平津媛爲妃生手研
耳命及年卌五歳謂諸兄及子等曰昔我

見返し・本紙１丁オモテ

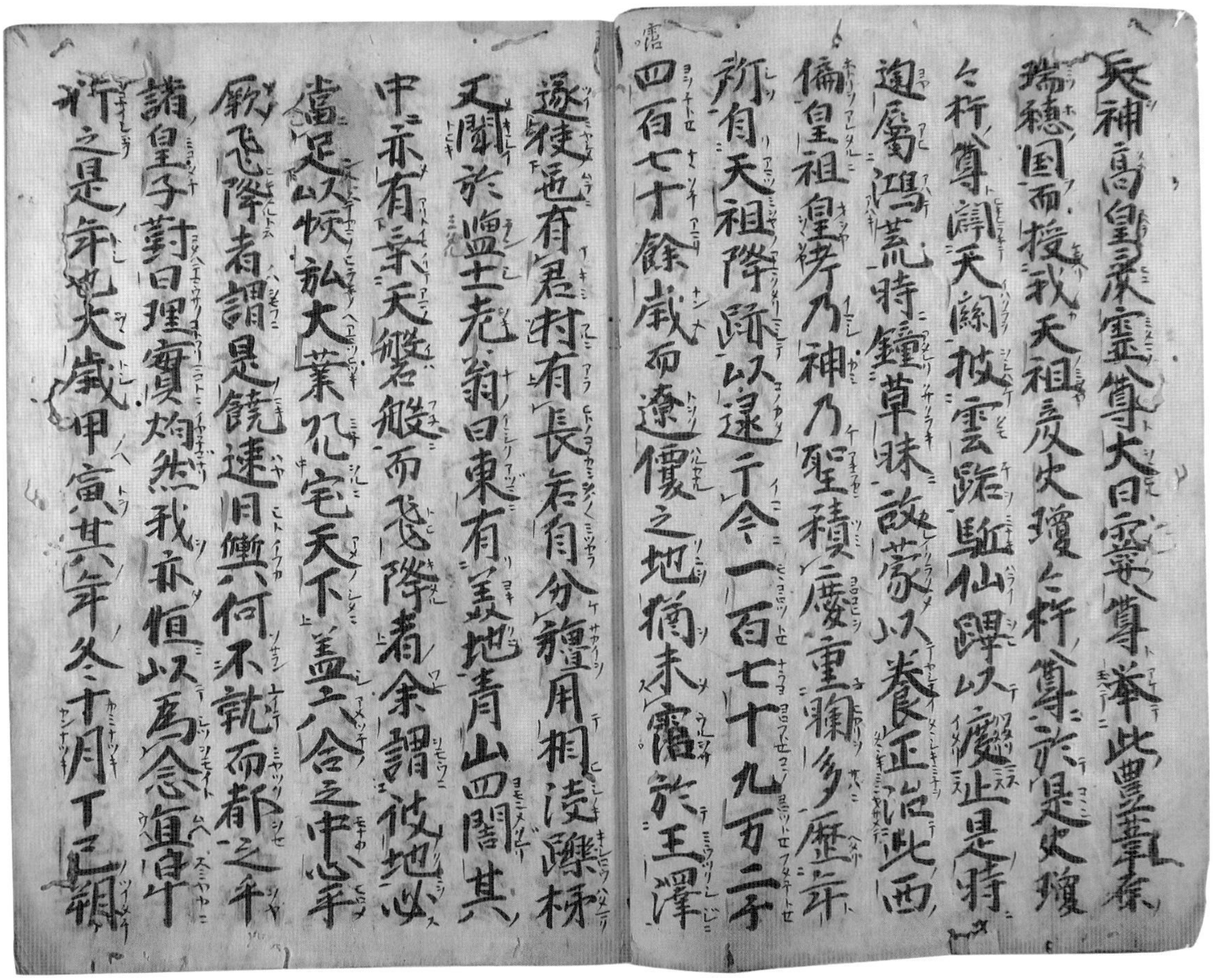
天神高皇産靈尊大日孁尊擧此豐葦原
瑞穗國而授我天祖彦火瓊瓊杵尊於是火瓊
瓊杵尊闢天關披雲路駈仙蹕以戻止是時
運屬鴻荒時鍾草昧故蒙以養正治此西
偏皇祖皇考乃神乃聖積慶重暉多歷年
所自天祖降跡以逮于今一百七十九万二千
四百七十餘歲而遼邈之地猶未霑於王澤
遂使邑有君村有長各自分疆用相凌躒抑
又聞於鹽土老翁曰東有美地青山四周其
中亦有乘天磐船而飛降者余謂彼地必
當足以恢弘大業光宅天下蓋六合之中心乎
厥飛降者謂是饒速日歟何不就而都之乎
諸皇子對曰理實灼然我亦恒以爲念宜早行
之是年也太歲甲寅其年冬十月丁巳朔

本紙１丁ウラ・２丁オモテ

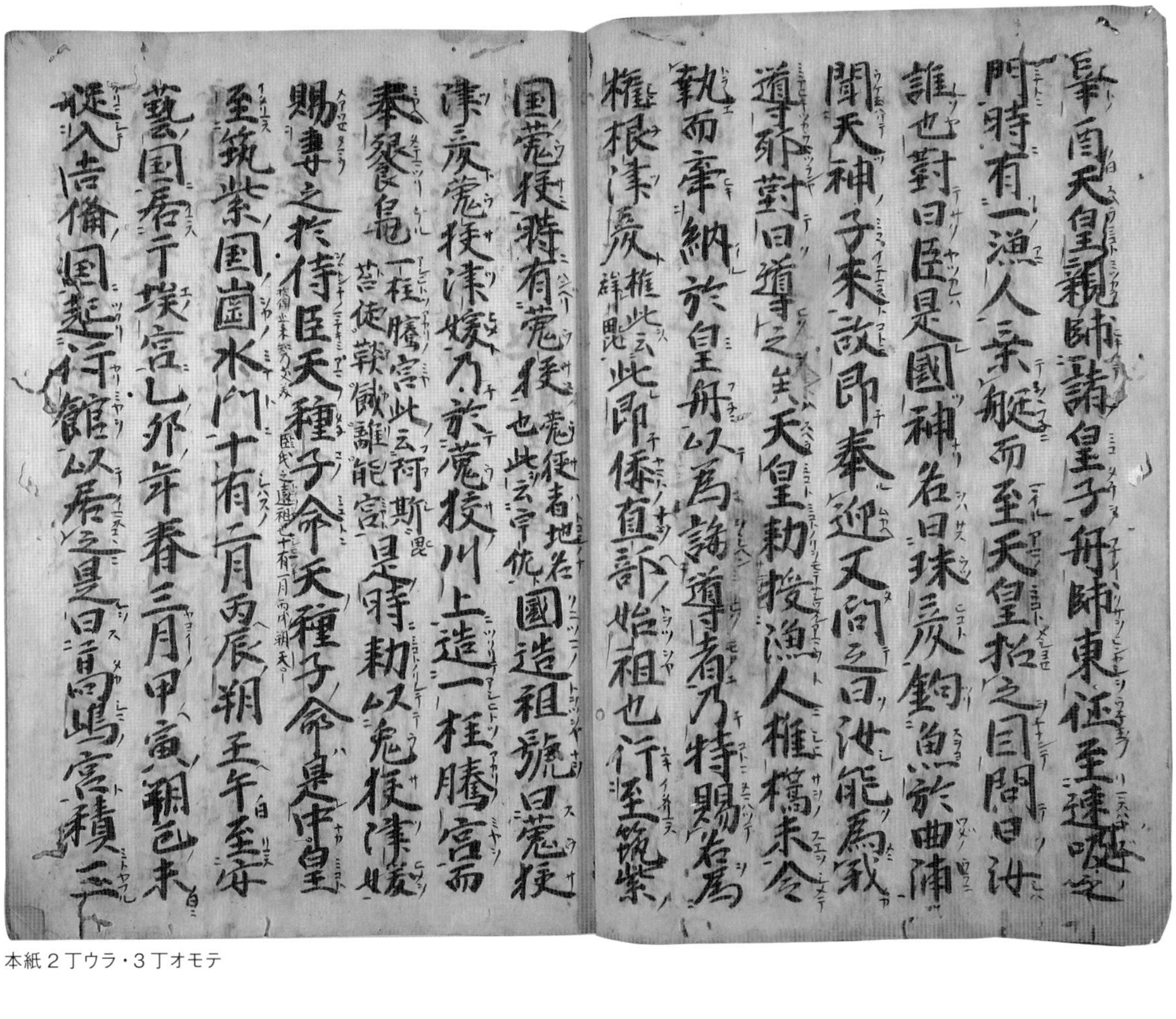
辛酉天皇親帥諸皇子舟師東征至速吸之
門時有一漁人乘艇而至天皇招之因問曰汝
誰也對曰臣是國神名曰珍彦釣魚於曲浦
聞天神子來故即奉迎又問之曰汝能爲我
導耶對曰導之矣天皇勅授漁人椎檝末令
執而牽納於皇舟以爲海導者乃特賜名爲
椎根津彦椎此云辭毗此即倭直部始祖也行至筑紫
國菟狹時有菟狹菟狹者地名也此云宇佐國造祖號曰菟狹
津彦菟狹津媛乃於菟狹川上造一柱騰宮而
奉饗焉一柱騰宮此云阿斯毗苔徒鞅餓離能宮是時勅以菟狹津媛
賜妻之於侍臣天種子命天種子命是中臣氏之遠祖十有一月丙戌朔甲午天皇
至筑紫國岡水門十有二月丙辰朔壬午至安
藝國居于埃宮乙卯年春三月甲寅朔己未
徙入吉備國起行館以居之是曰高嶋宮積三年

本紙２丁ウラ・３丁オモテ

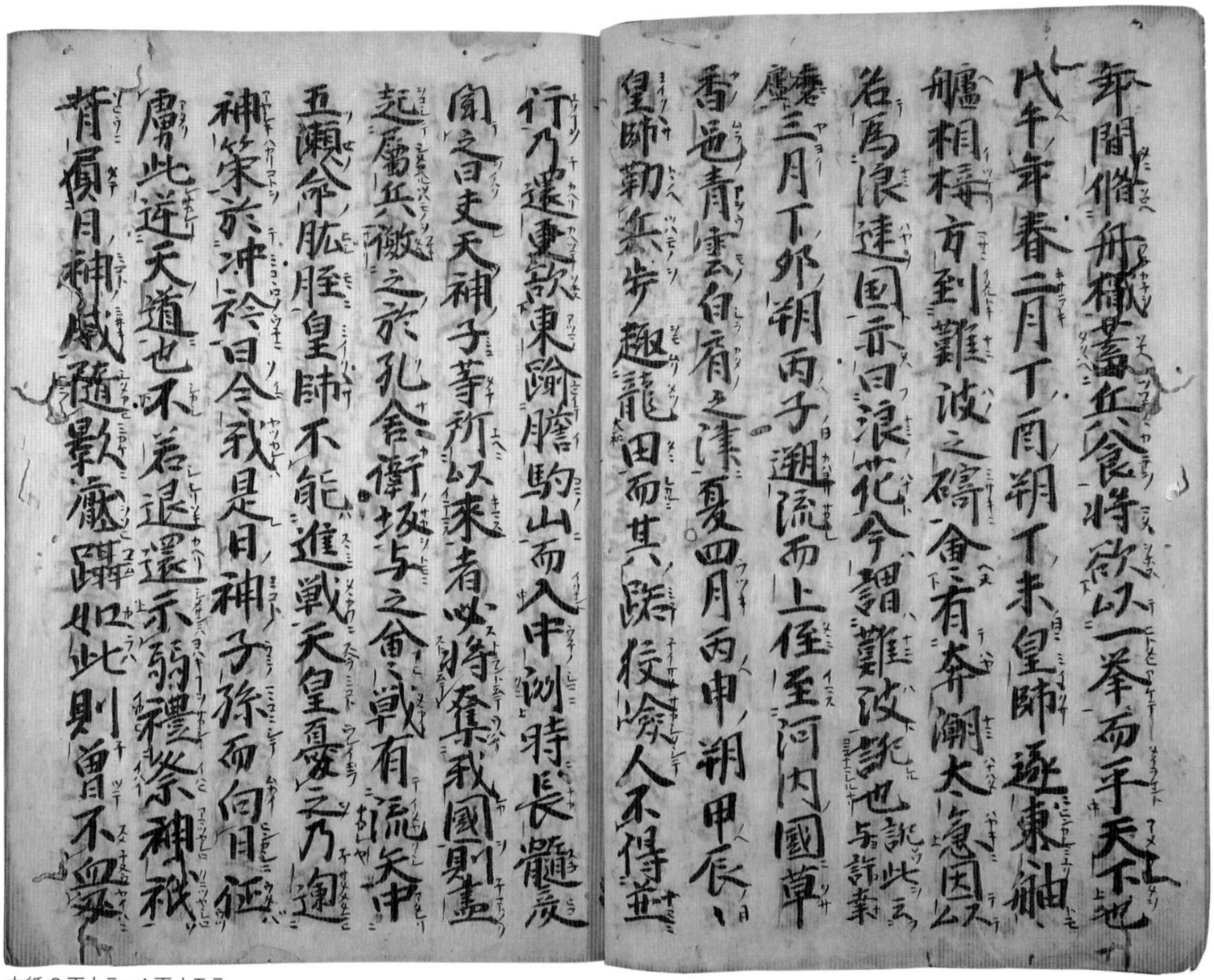
年間惟艤舟楫蓄兵食将欲以一挙而平天下也
戊午年春二月丁酉朔丁未皇師遂東舳
艫相接方到難波之碕会有奔潮太急因以
名為浪速国亦曰浪花今謂難波訛也訛此云与許奈
三月丁卯朔丙子遡流而上径至河内国草
香邑青雲白肩之津夏四月丙申朔甲辰
皇師勒兵歩趣龍田而其路狭嶮人不得並
行乃還更欲東踰膽駒山而入中洲時長髄彦
聞之曰夫天神子等所以来者必将奪我国則尽
起属兵徼之於孔舎衛坂与之会戦有流矢中
五瀬命肱脛皇師不能進戦天皇憂之乃運
神策於沖衿曰今我是日神子孫而向日征
虜此逆天道也不若退還示弱礼祭神祇
背負日神之威随影壓躡如此則曽不血刃

本紙３丁ウラ・４丁オモテ

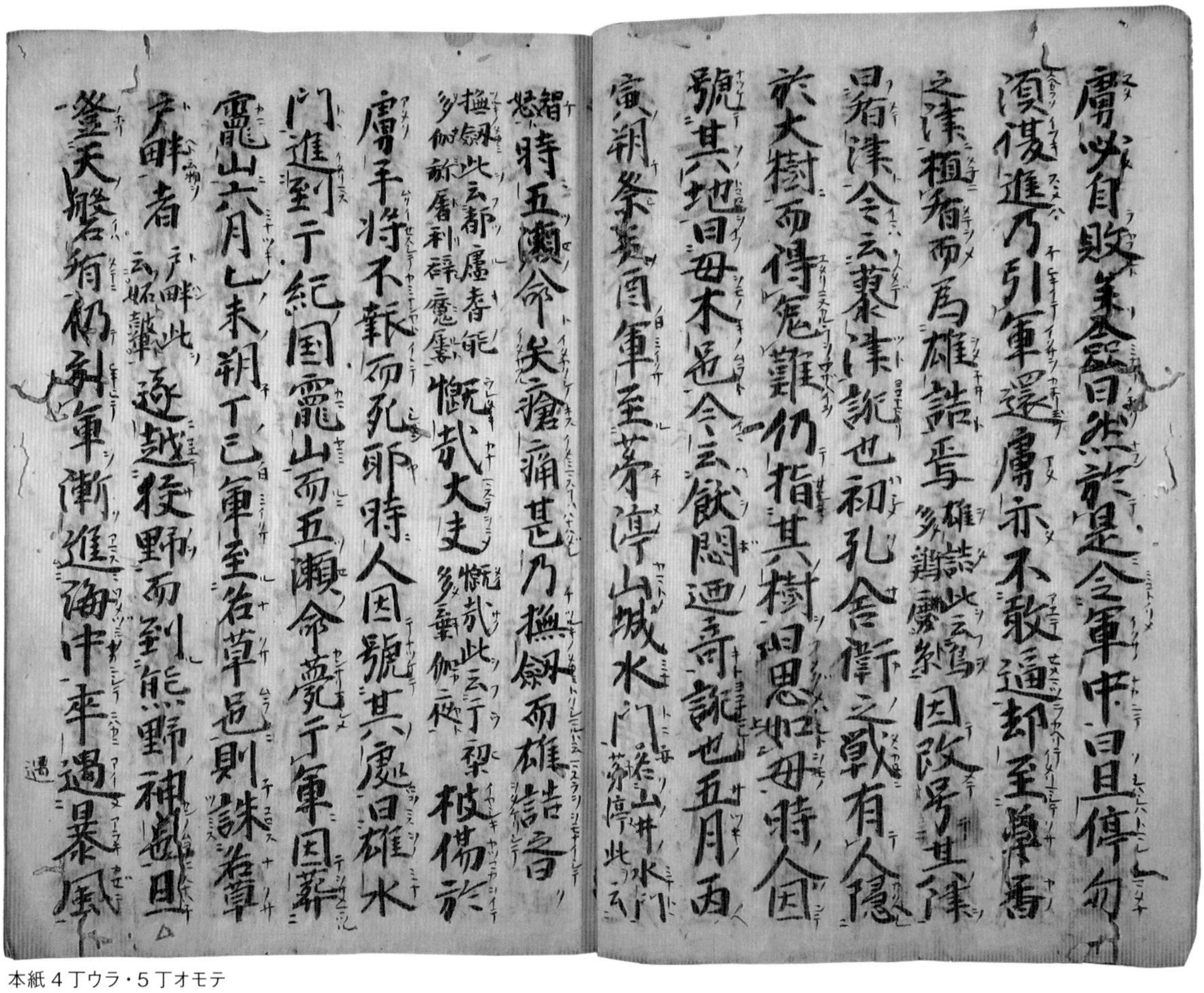
虜必自敗矣僉曰然於是令軍中曰且停勿
須復進乃引軍還虜亦不敢逼却至草香
之津植盾而為雄誥焉雄誥此云烏多鶏縻因改号其津
曰盾津今云蓼津訛也初孔舎衛之戦有人隠
於大樹而得免難仍指其樹曰恩如母時人因
號其地曰母木邑今云飫悶廼奇訛也五月丙
寅朔癸酉軍至茅渟山城水門亦名山井水門茅渟此云智
怒時五瀬命矢瘡痛甚乃撫剣而雄誥之曰
撫剣此云都盧耆能多伽彌屠利辞魔屢慨哉大丈夫慨哉此云宇黎多棄伽夜被傷於
虜手将不報而死耶時人因號其処曰雄水
門進到于紀国竈山而五瀬命薨于軍因葬
竈山六月乙未朔丁巳軍至名草邑則誅名草
戸畔者戸畔此云妬鼙遂越狭野而到熊野神邑且
登天磐盾仍引軍漸進海中卒遇暴風

本紙４丁ウラ・５丁オモテ

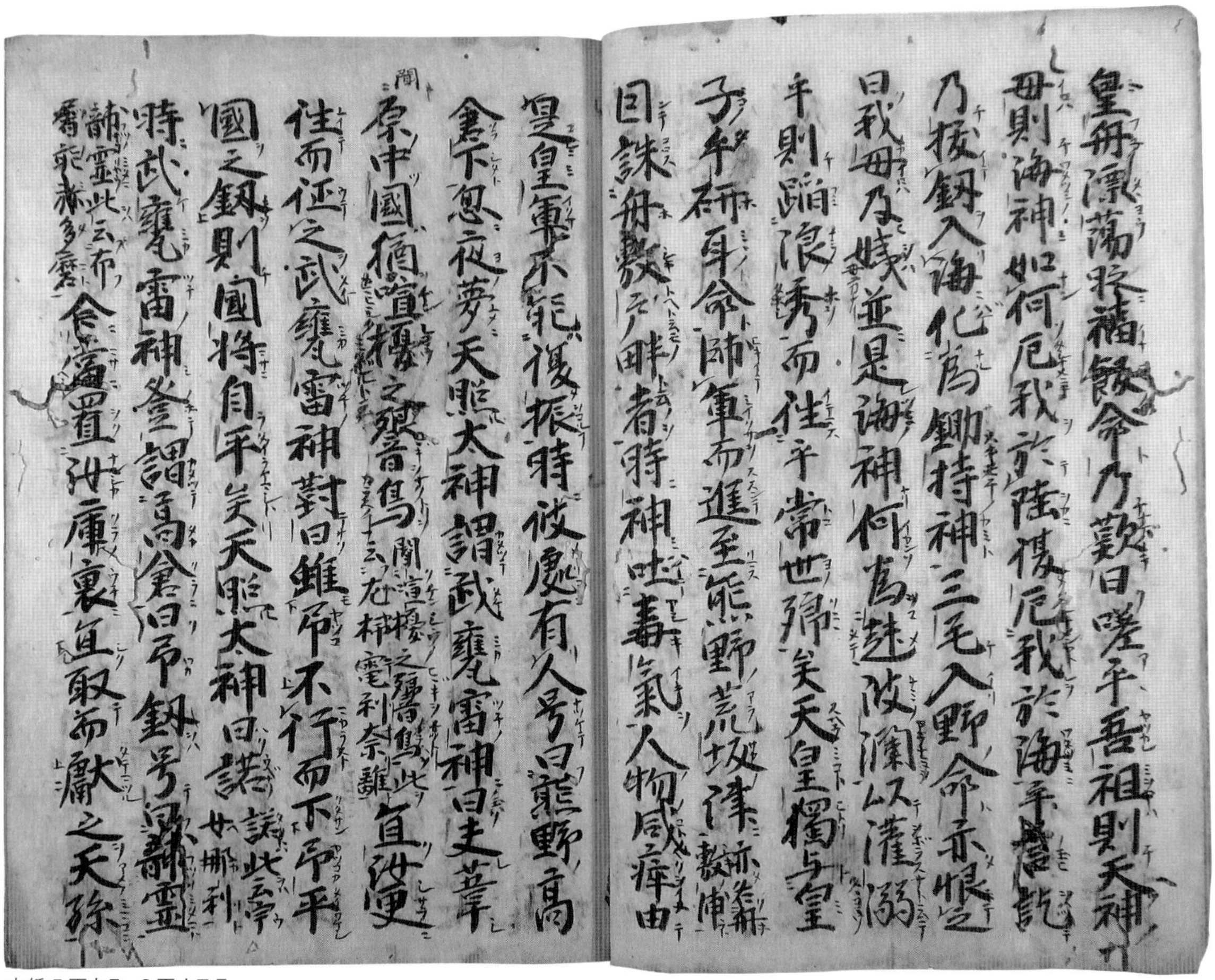
皇舟漂蕩時稲飯命乃歎曰嗟乎吾祖則天神
母則海神如何厄我於陸復厄我於海乎言訖
乃抜剣入海化為鋤持神三毛入野命亦恨之
曰我母及姨並是海神何為起波瀾以灌溺
乎則蹈浪秀而往乎常世郷矣天皇獨与皇
子手研耳命帥軍而進至熊野荒坂津亦名丹敷浦
因誅丹敷戸畔者時神吐毒気人物咸瘁由
是皇軍不能復振時彼處有人号曰熊野高
倉下忽夜夢天照大神謂武甕雷神曰夫葦
原中國猶聞喧擾之響焉聞喧擾之響焉此云左揶霓利奈離宜汝更
往而征之武甕雷神對曰雖予不行而下予平
國之剣則國将自平矣天照大神曰諾諾此云宇毎那利
時武甕雷神登謂高倉曰予剣号曰韴霊
韴霊此云赴屠能瀰哆磨今當置汝庫裏宜取而獻之天孫

本紙５丁ウラ・６丁オモテ

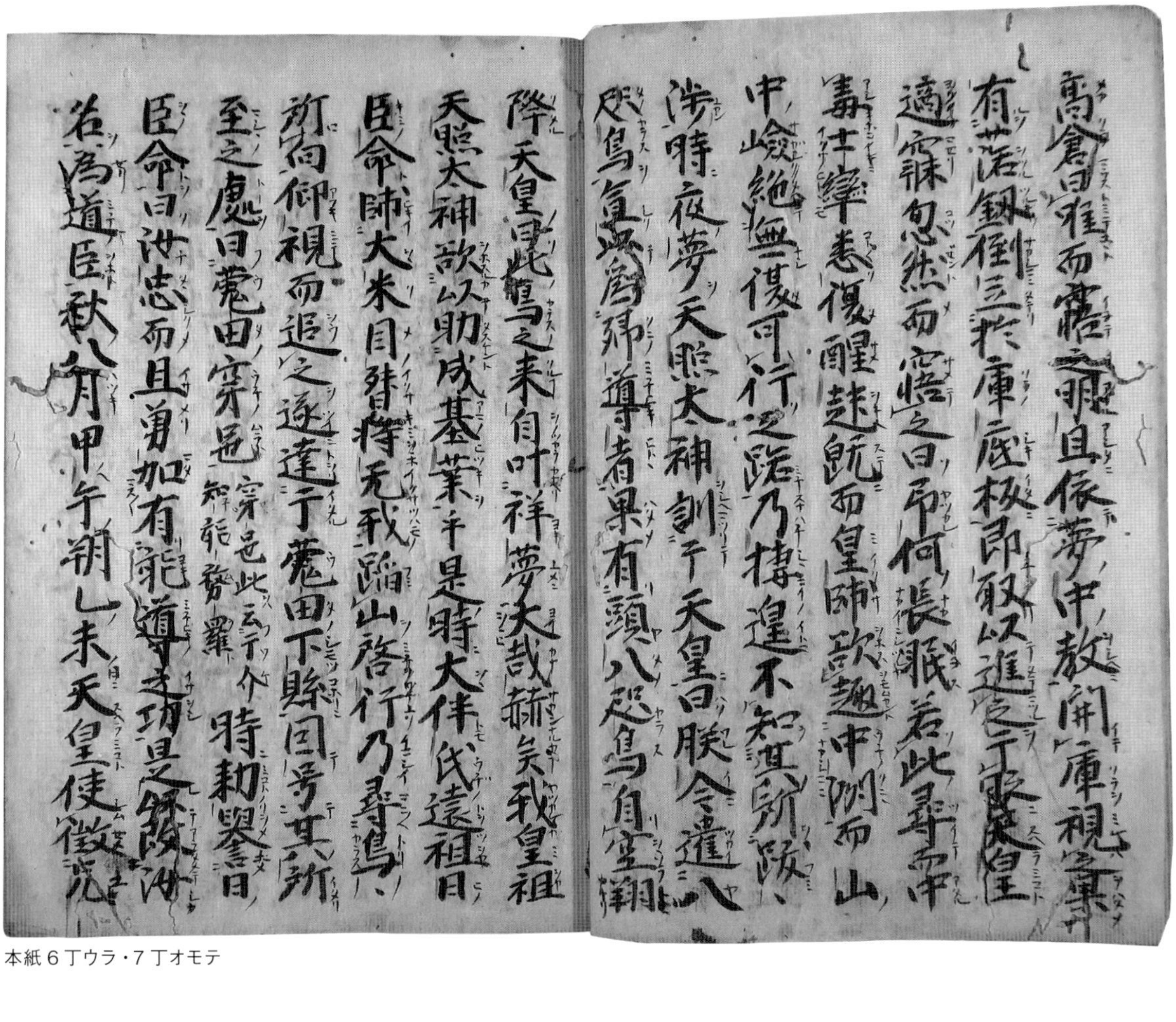
高倉曰唯而寤之明旦依夢中教開庫視之果
有落剣倒立於庫底板即取以進之于時天皇
適寐忽然而寤之曰予何長眠若此乎尋而
中毒士卒悉復醒起既而皇師欲趣中洲而山
中嶮絶無復可行之路乃棲遑不知其所跋
渉時夜夢天照大神訓于天皇曰朕今遣八
咫烏宜以為郷導者果有頭八咫烏自空翔
降天皇曰此烏之来自叶祥夢大哉赫矣我皇祖
天照大神欲以助成基業乎是時大伴氏之遠祖日
臣命帥大來目督将元戎蹈山啓行乃尋烏
所向仰視而追之遂達于菟田下縣因号其所
至之處曰菟田穿邑穿邑此云宇介知能務羅時勅誉日
臣命曰汝忠而且勇加能有導之功是以改汝
名為道臣秋八月甲午朔乙未天皇使徴兄

本紙６丁ウラ・７丁オモテ

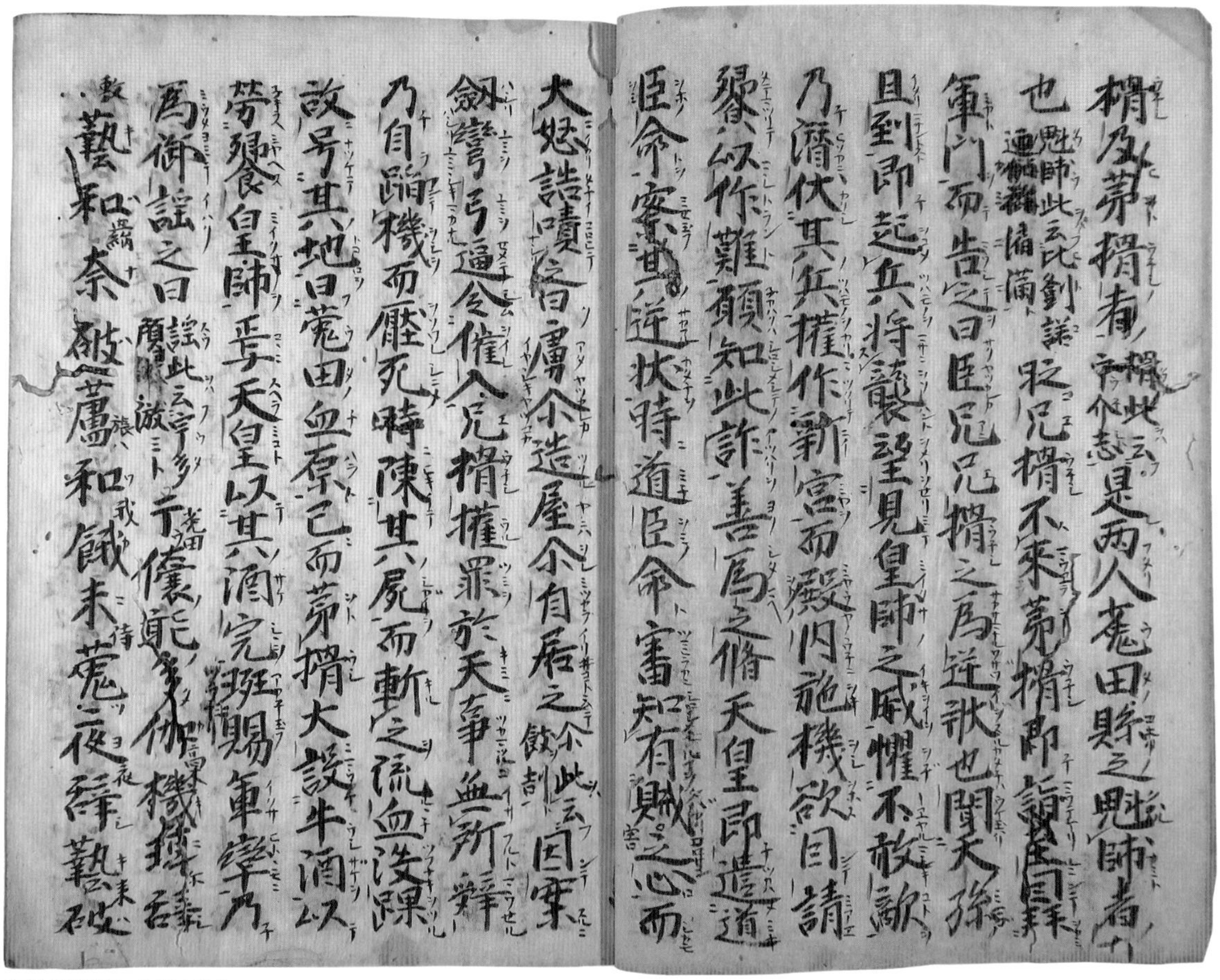

猾及弟猾者（猾此云宇介志）是兩人菟田縣之魁帥者
也（魁帥此云比鄧誤廼伽瀰）乃徴兄猾弟猾兄猾不來弟猾即詣至因拜
軍門而告之曰臣兄兄猾之爲逆状也聞天孫
且到即起兵將襲望見皇師之威懼不敢敵
乃潛伏其兵權作新宮而殿内施機欲因請
饗以作難願知此詐善爲之備天皇即遣道
臣命察其逆状時道臣命審知有賊害之心而
大怒誥嘖之曰虜爾所造屋爾自居之（爾此云飫例）因案
劒彎弓逼令催入兄猾獲罪於天事無所辭
乃自蹈機而壓死時陳其屍而斬之流血沒踝
故號其地曰菟田血原已而弟猾大設牛酒以
勞饗皇師焉天皇以其酒宍班賜軍卒乃
爲御謠之曰（謠此云宇哆預瀰）于儾能多伽機珥辭
藝和奈破蘆和餓末菟夜辭藝破佐

本紙７丁ウラ・８丁オモテ

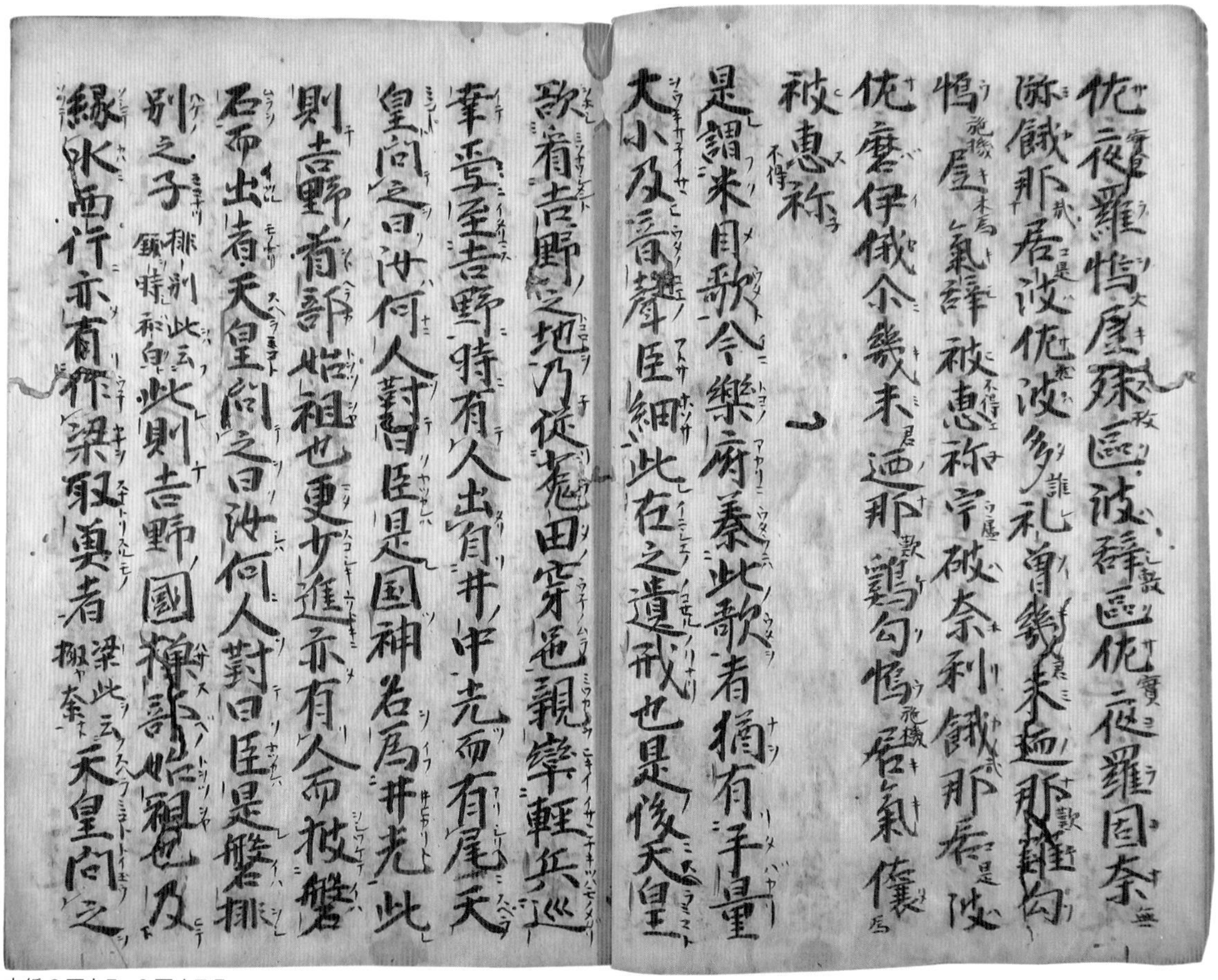

夜羅孺伊殊區波辭區旎羅佐夜離故奈瀰
餓那居波佐麼多智曾麼能未廼那鶏句
塢居氣辭被惠禰宇破奈利餓那居波佐
麼伊智佐介幾未廼於朋鶏句塢居氣辭
被惠禰
是謂來目歌今樂府奏此歌者猶有手量
大小及音聲巨細此古之遺式也是後天皇
欲省吉野之地乃從菟田穿邑親率輕兵巡
幸焉至吉野時有人出自井中光而有尾天
皇問之曰汝何人對曰臣是國神名爲井光此
則吉野首部始祖也更少進亦有尾而披磐
石而出者天皇問之曰汝何人對曰臣是磐排
別之子（排別此云飫時和句）此則吉野國樔部始祖也及
縁水西行亦有作梁取魚者（梁此云揶奈）天皇問之

本紙８丁ウラ・９丁オモテ

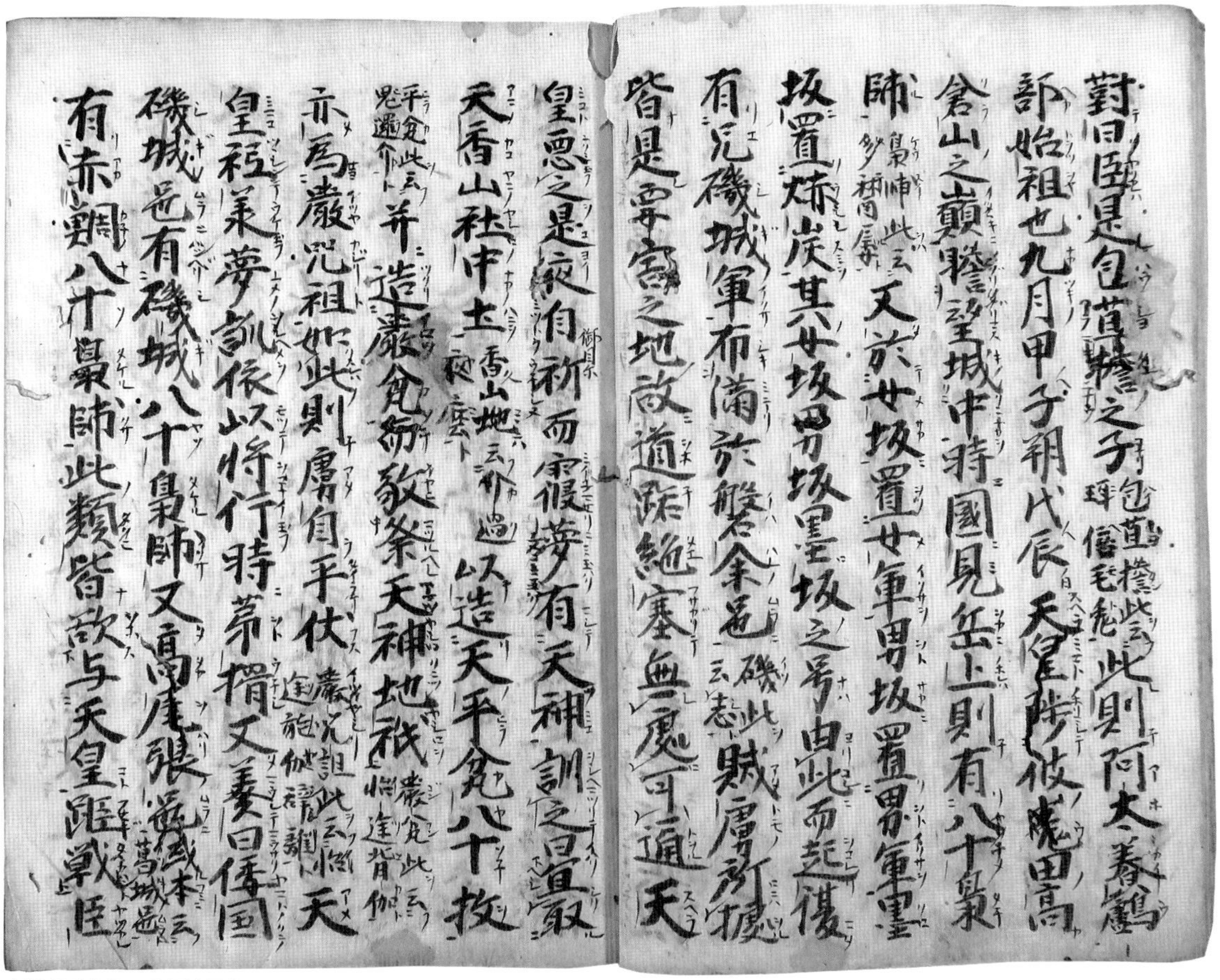

對曰臣是包苴擔之子包苴擔此云珥倍毛菟此則阿太養鸕
部始祖也九月甲子朔戊辰天皇陟彼菟田高
倉山之巓瞻望域中時國見丘上則有八十梟
帥梟帥此云多稽屢又於女坂置女軍男坂置男軍墨
坂置焃炭其女坂男坂墨坂之号由此而起復
有兄磯城軍布滿於磐余邑磯此云志賊虜所據
皆是要害之地故道路絶塞無處可通天
皇惡之是夜自祈而寢夢有天神訓之曰宜取
天香山社中土香山此云介遇夜摩以造天平瓮八十枚
平瓮此云毗邏介并造嚴瓮而敬祭天神地祇嚴瓮此云怡途背
亦爲嚴呪詛如此則虜自平伏嚴呪詛此云怡途能伊述毗天
皇祗承夢訓依以將行時弟猾又奏曰倭国
磯城邑有磯城八十梟帥又高尾張邑或本云葛城邑
有赤銅八十梟帥此類皆欲與天皇距戰臣

本紙９丁ウラ・10丁オモテ

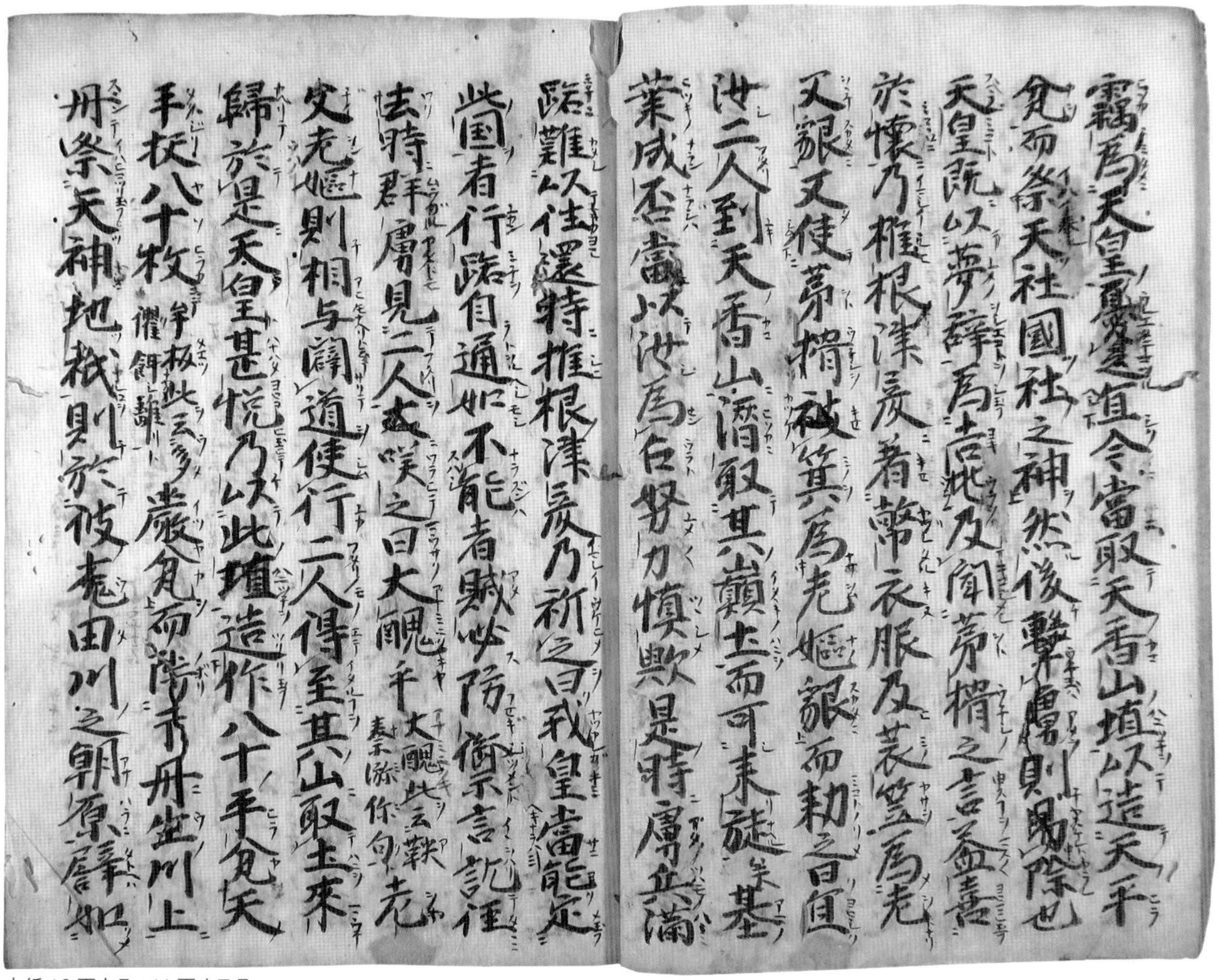

竊爲天皇憂之宜今當取天香山埴以造天平
瓮而祭天社國社之神然後擊虜則易除也
天皇既以夢辭爲吉兆及聞弟猾之言益喜
於懷乃使椎根津彦著弊衣服及蓑笠爲老
父貌又使弟猾被箕爲老嫗貌而勅之曰宜
汝二人到天香山潛取其巓土而可來旋矣基
業成否當以汝爲占努力愼歟是時虜兵滿
路難以往還時椎根津彦乃祈之曰我皇當能定
此国者行路自通如不能者賊必防禦言訖徑
去時群虜見二人大咲之曰大醜乎大醜此云鞅奈瀰爾句老
父老嫗則相與闢道使行二人得至其山取土來
歸於是天皇甚悅乃以此埴造作八十平瓮天
手抉八十枚手抉此云多衢餌離嚴瓮而陟于丹生川上
用祭天神地祇則於彼菟田川之朝原譬如

本紙10丁ウラ・11丁オモテ

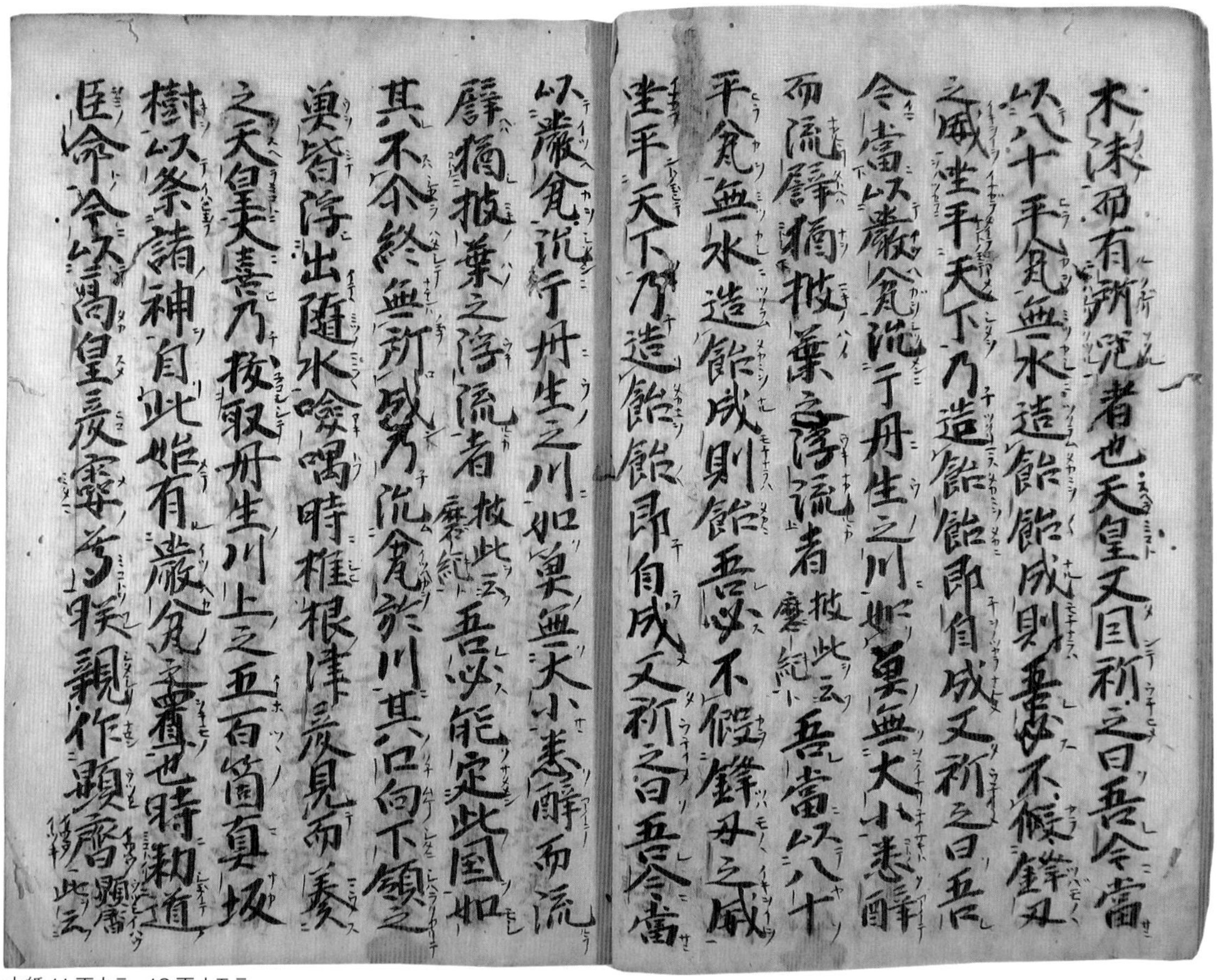

木沫而有所沉者也天皇又因祈之曰吾今當
以八十平瓮無水造飴飴成則吾必不假鋒刃
之威坐平天下乃造飴飴即自成又祈之曰吾
今當以嚴瓮沈于丹生之川如魚無大小悉醉
而流譬猶披葉之浮流者 披此云磨紀 吾當以八十
平瓮無水造飴成則飴吾必不假鋒刃之威
坐平天下乃造飴飴即自成又祈之曰吾今當
以嚴瓮沈于丹生之川如魚無大小悉醉而流
譬猶披葉之浮流者 披此云磨紀 吾必能定此国如
其不爾終無所成乃沈瓮於川其口向下頃之
魚皆浮出隨水噞喁時椎根津彦見而奏
之天皇大喜乃拔取丹生川上之五百箇真坂
樹以祭諸神自此始有嚴瓮之置也時勅道
臣命今以高皇産霊尊朕親作顕齋 顕齋此云

本紙 11 丁ウラ・12 丁オモテ

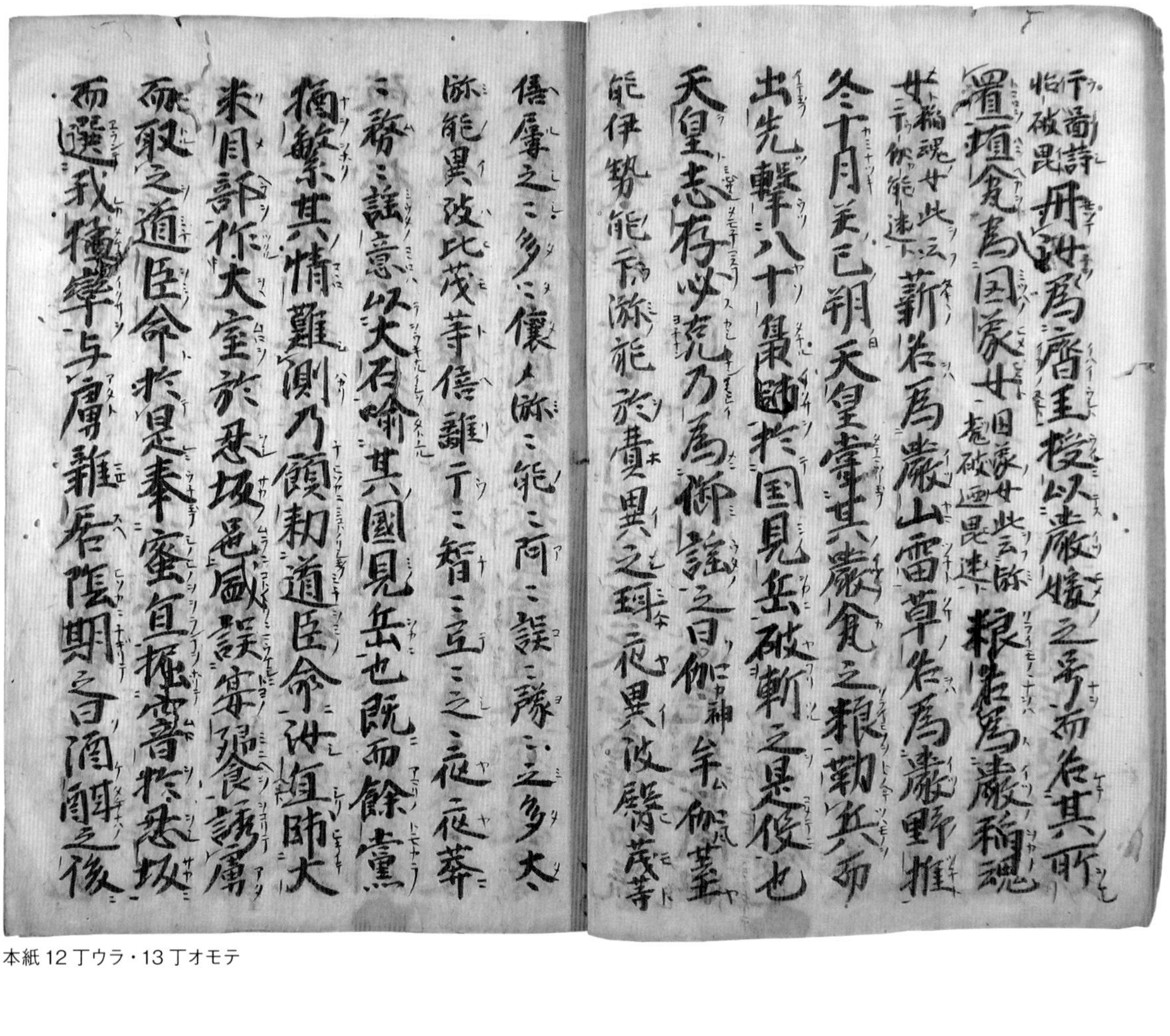

于図詩怡破毘 用汝爲齋主授以嚴媛之号而名其所
置埴瓮爲罔象女 罔象女此云瀰都破廼迷 糧名爲嚴稲魂
女 稲魂女此云于伽能迷 薪名爲嚴山雷草名爲嚴野椎
冬十月癸巳朔天皇嘗其嚴瓮之粮勒兵而
出先撃八十梟帥於国見丘破斬之是役也
天皇志存必克乃爲御謠之曰伽牟伽筮
能伊勢能于瀰能於費異之珥夜異波臂茂等
倍屢之〻多〻瀰〻能〻阿〻誤〻豫〻之多太
瀰能異波比茂等倍離于〻智〻弖〻之〻夜〻莽〻
〻務〻謡意以大石喩其國見丘也既而餘黨
猶繁其情難測乃顧勅道臣命汝宜帥大
来目部作大室於忍坂邑盛設宴饗誘虜
而取之道臣命於是奉密旨掘窨於忍坂
而選我猛卒与虜雜居陰期之曰酒酣之後

本紙 12 丁ウラ・13 丁オモテ

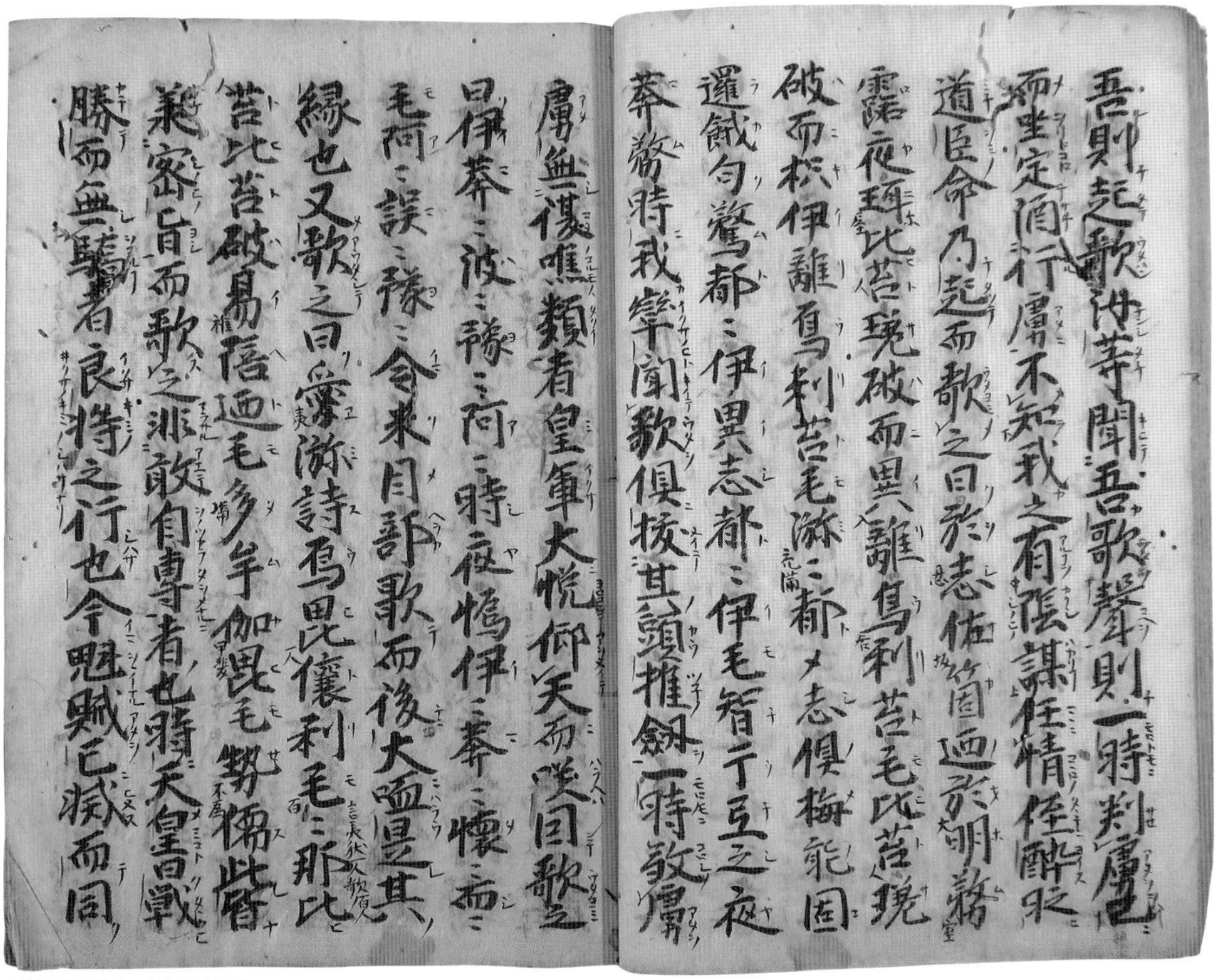
吾則起歌汝等聞吾歌聲則一時刺虜已
而坐定酒行虜不知我之有陰謀任情徑醉
道臣命乃起而歌之曰於佐箇廼於朋務
廬夜比苔瑳破而異離烏利苔毛比苔瑳
破而異離烏利苔毛瀰都〻志倶梅能固
邏餓句騖都〻伊異志都〻伊毛智于智弖之夜
莽務時我卒聞歌倶拔其頭椎劍一時殺虜
虜無復噍類者皇軍大悅仰天而咲因歌之
曰伊莽〻波〻豫〻阿〻時夜塢伊莽〻儾而〻
毛阿〻誤〻豫〻今來目部歌而後大哂是其
緣也又歌之曰愛瀰詩烏毗儾利毛〻那比苔
苔比苔破易陪廼毛多牟伽毗毛勢儒此皆
承密旨而歌之非敢自專者也時天皇曰戰
勝而無驕者良將之行也今魁賊已滅而同

本紙 13 丁ウラ・14 丁オモテ

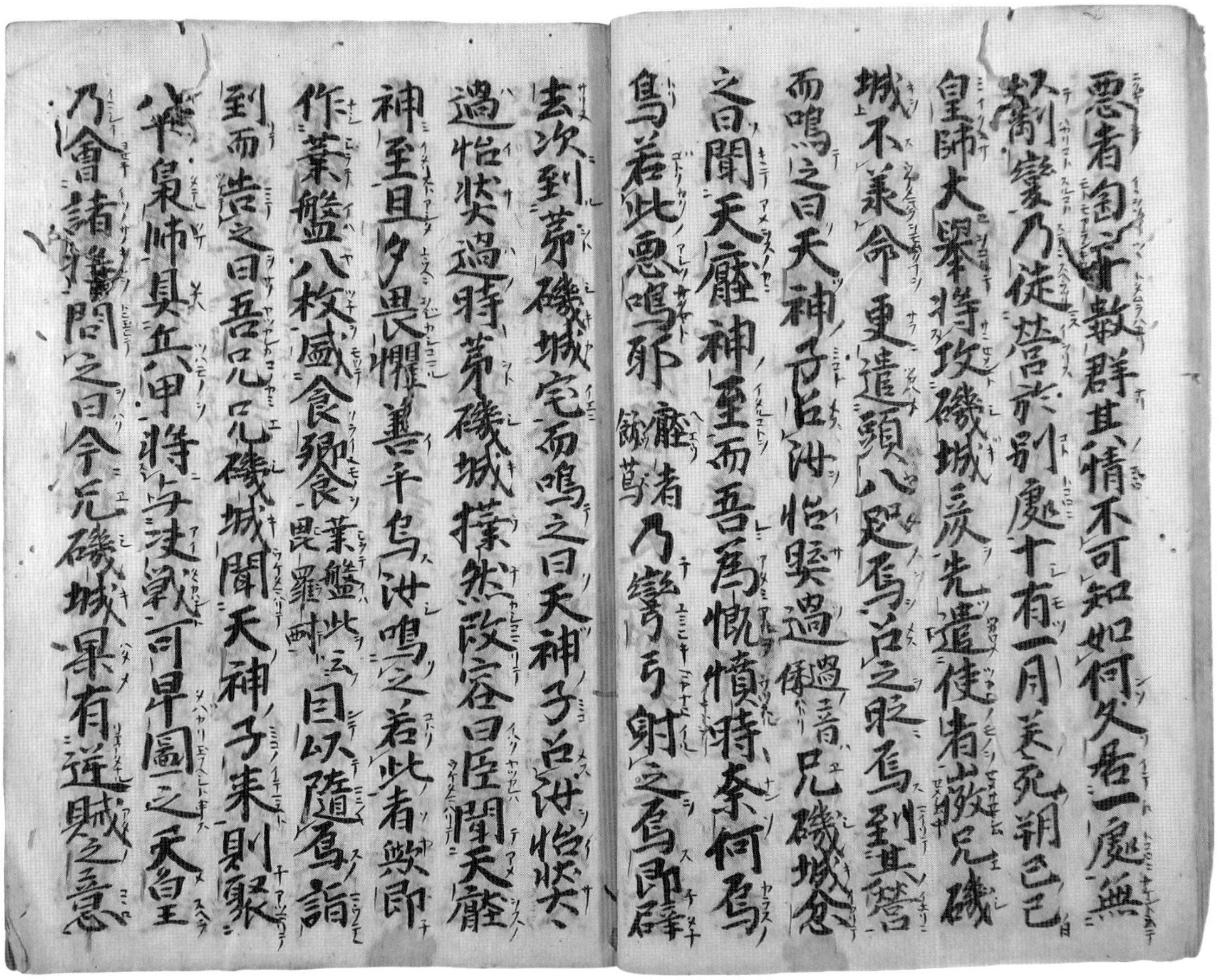
惡者匈〻十數群其情不可知如何久居一處無
以制變乃徙營於別處十有一月癸亥朔己巳
皇師大擧將攻磯城彦先遣使者徵兄磯
城不承命更遣頭八咫烏召之時烏到其營
而鳴之曰天神子召汝怡奘過〻〻兄磯城忿
之曰聞天壓神至而吾爲慨憤時奈何烏
鳥若此惡鳴耶乃彎弓射之烏即避
去次到弟磯城宅而鳴之曰天神子召汝怡奘
過怡奘過時弟磯城惵然改容曰臣聞天壓
神至旦夕畏懼善乎烏汝鳴之若此者歟即
作葉盤八枚盛食饗之葉盤此云毗羅耐因以隨烏詣
到而告之曰吾兄〻磯城聞天神子來則聚
八十梟帥具兵甲將與決戰可早圖之天皇
乃會諸將問之曰今兄磯城果有逆賊之意

本紙 14 丁ウラ・15 丁オモテ

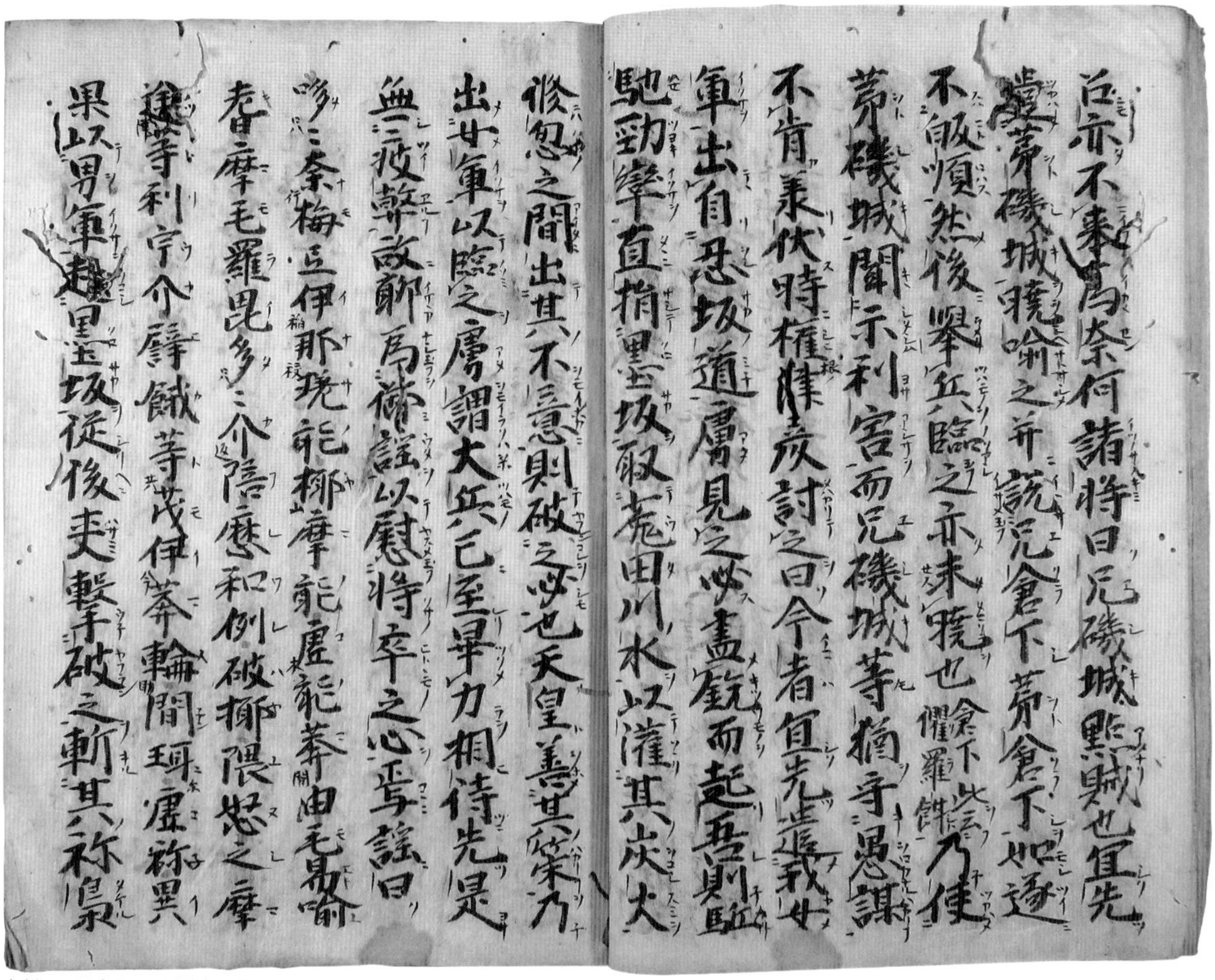

本紙 15 丁ウラ・16 丁オモテ

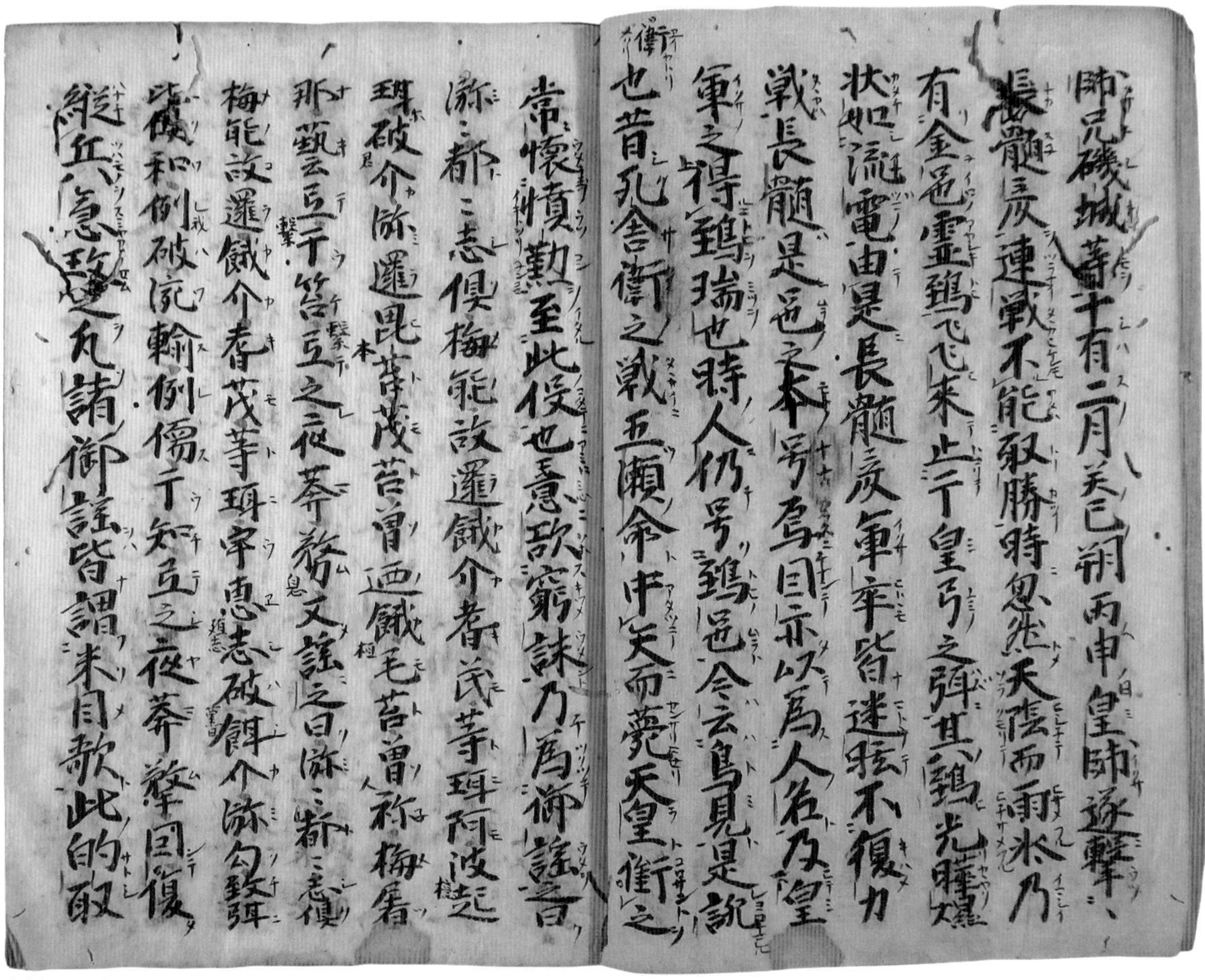

本紙 16 丁ウラ・17 丁オモテ

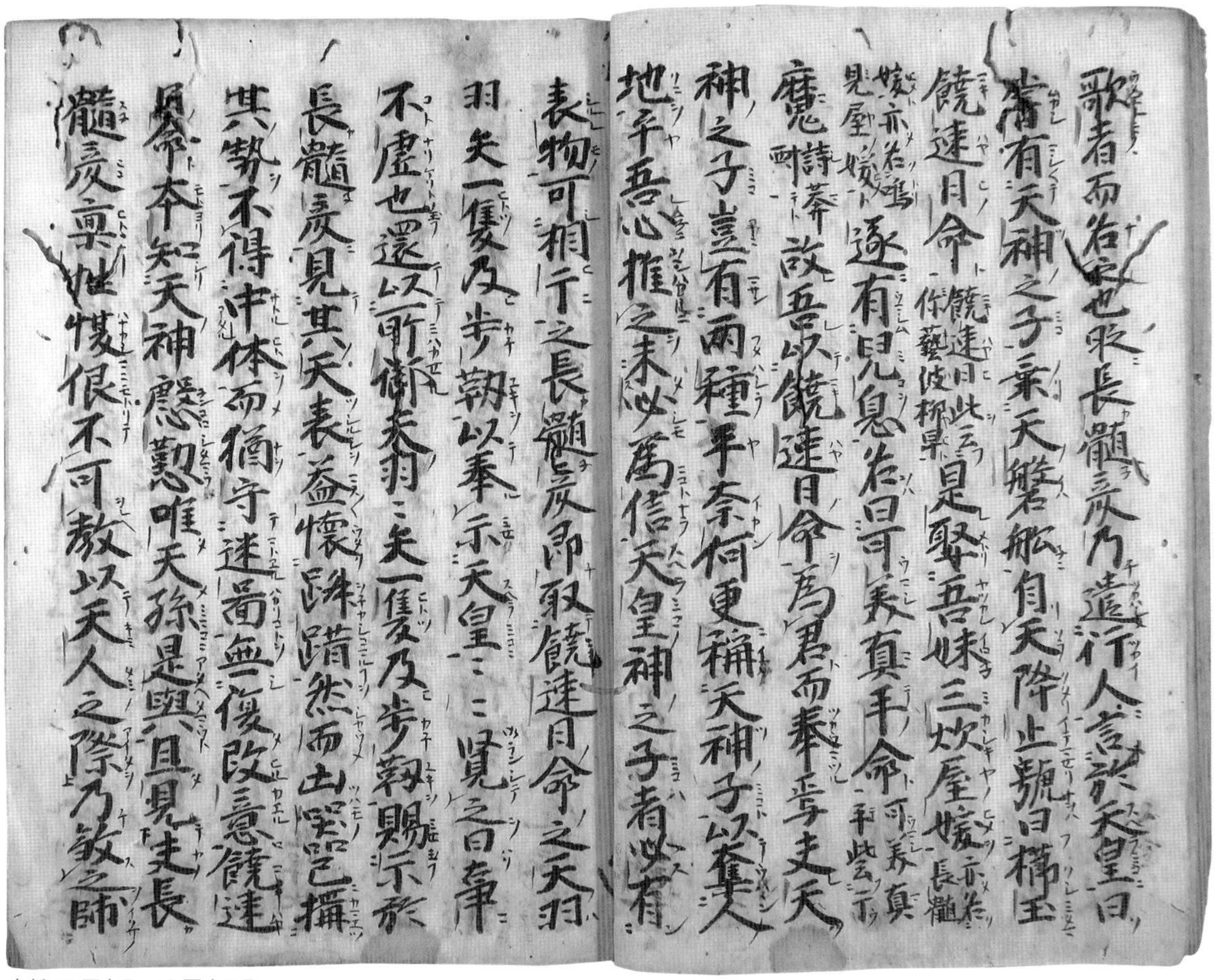
歌者而名之也時長髄彦乃遣行人言於天皇曰
嘗有天神之子乗天磐船自天降止號曰櫛玉
饒速日命 饒速日此云儞藝波椰卑 是娶吾妹三炊屋媛 亦名長髄
媛亦名鳥見屋媛 遂有兒息名曰可美真手命 可美真
手此云于魔詩莽耐 故吾以饒速日命爲君而奉焉夫天
神之子豈有兩種乎奈何更稱天神子以奪人
地乎吾心推之未必爲信天皇神之子者必有
表物可相示之長髄彦即取饒速日命之天羽
羽矢一隻及歩靫以奉示天皇〻〻覧之曰事
不虚也還以所御天羽〻矢一隻及歩靫賜示於
長髄彦見其天表益懷踧踖然而凶器已構
其勢不得中休而猶守迷圖無復改意饒速
日命本知天神慇懃唯天孫是與且見夫長
髄彦稟性愎佷不可教以天人之際乃殺之帥

本紙 17 丁ウラ・18 丁オモテ

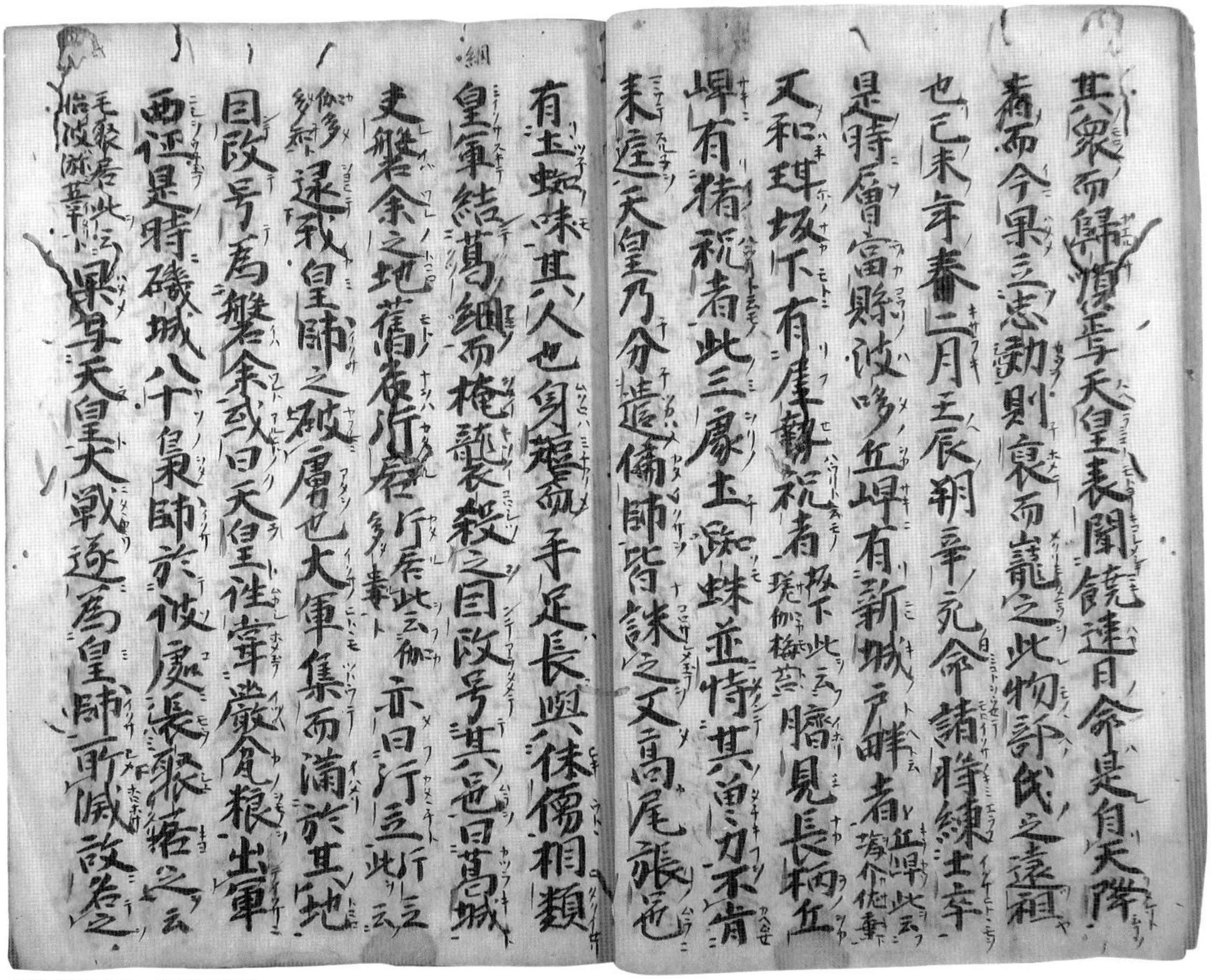
其衆而歸順焉天皇素聞饒速日命是自天降
者而今果立忠效則褒而寵之此物部氏之遠祖
也己未年春二月壬辰朔辛亥命諸將練士卒
是時層富縣波哆丘岬有新城戸畔者 丘岬此云乎介佐棄
又和珥坂下有居勢祝者 坂下此云瑳伽梅苔 臍見長柄丘
岬有猪祝者此三處土蜘蛛並恃其勇力不肯
來庭天皇乃分遣偏師皆誅之又高尾張邑
有土蜘蛛其爲人也身短而手足長與侏儒相類
皇軍結葛網而掩襲殺之因改號其邑曰葛城
夫磐余之地舊名片居 片居此云伽多韋 亦曰片立 片立此云伽
多々知 逮我皇師之破虜也大軍集而滿於其地
因改號爲磐余或曰天皇往嘗嚴瓮粮出軍
西征是時磯城八十梟帥於彼處屯聚居之 屯聚居此云
伊波瀰萎 果與天皇大戰遂爲皇師所滅故名之

本紙 18 丁ウラ・19 丁オモテ

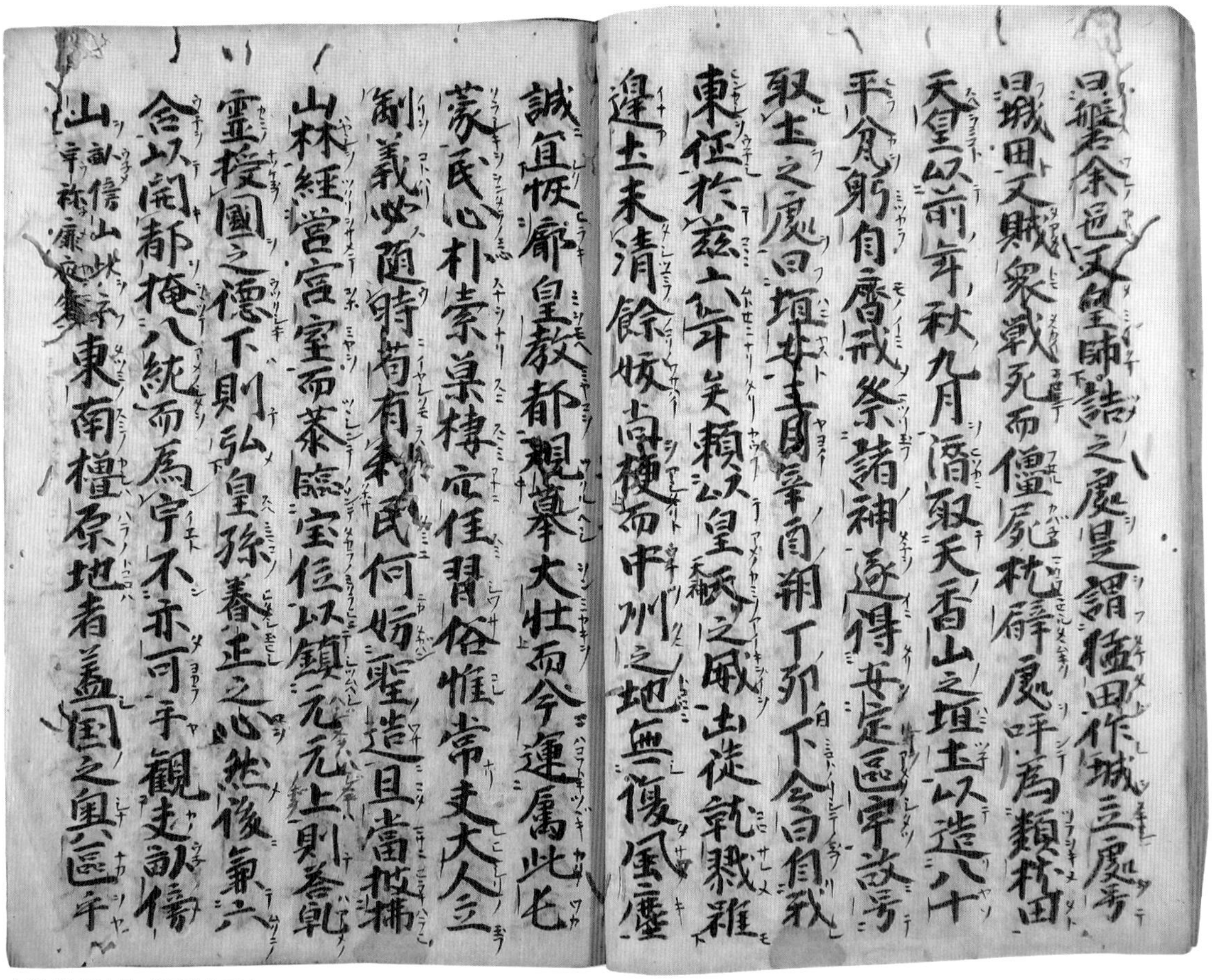
曰磐余邑又皇師詰之處是謂猛田作城處号
曰城田又賊衆戰死而僵屍枕臂處呼為頰枕田
天皇以前年秋九月潛取天香山之埴土以造八十
平瓮躬自齋戒祭諸神遂得安定區宇故号
取土之處曰埴安三月辛酉朔丁卯下令曰自我
東征於茲六年矣頼以皇天之威凶徒就戮雖
邊土未清餘妖尚梗而中洲之地無復風塵
誠宜恢廓皇都規摹大壯而今運屬此屯
蒙民心朴素巣棲穴住習俗惟常夫大人立
制義必隨時苟有利民何妨聖造且當披拂
山林經營宮室而恭臨寶位以鎭元元上則答乾
靈授國之德下則弘皇孫養正之心然後兼六
合以開都掩八紘而為宇不亦可乎觀夫畝傍
山畝傍山此云宇禰縻夜摩東南橿原地者蓋國之奥區乎

本紙 19 丁ウラ・20 丁オモテ

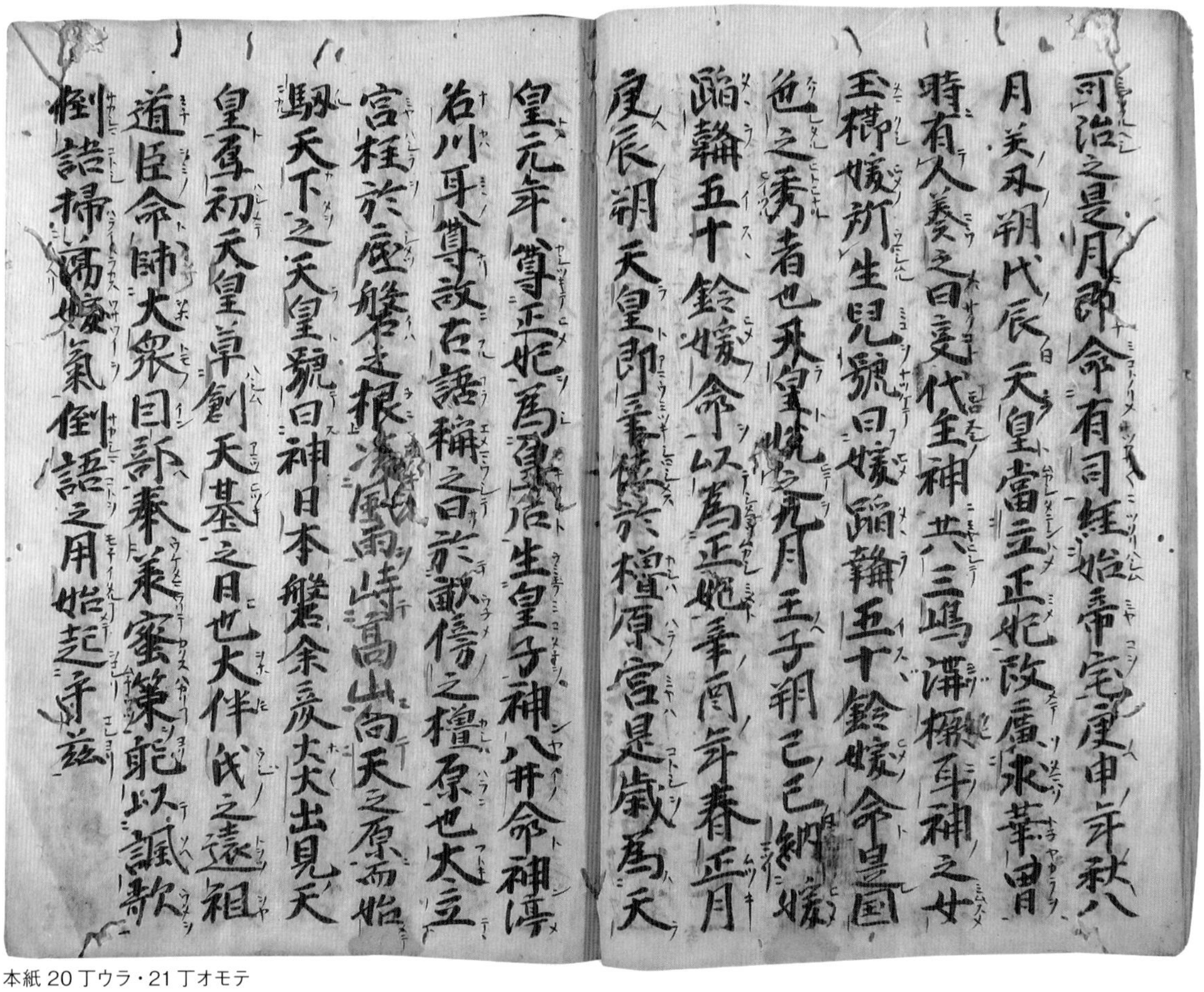
可治之是月即命有司經始帝宅庚申年秋八
月癸丑朔戊辰天皇當立正妃改廣求華胄
時有人奏之曰事代主神共三嶋溝橛耳神之女
玉櫛媛所生兒號曰媛蹈韛五十鈴媛命是國
色之秀者也天皇悦之九月壬子朔乙巳納媛
蹈韛五十鈴媛命以為正妃辛酉年春正月
庚辰朔天皇即帝位於橿原宮是歳為天
皇元年尊正妃為皇后生皇子神八井命神渟
名川耳尊故古語稱之曰於畝傍之橿原也太立
宮柱於底磐之根峻峙搏風於高天之原而始
馭天下之天皇號曰神日本磐余彦火火出見天
皇焉初天皇草創天基之日也大伴氏之遠祖
道臣命帥大來目部奉承密策能以諷歌
倒語掃蕩妖氣倒語之用始起乎茲

本紙 20 丁ウラ・21 丁オモテ

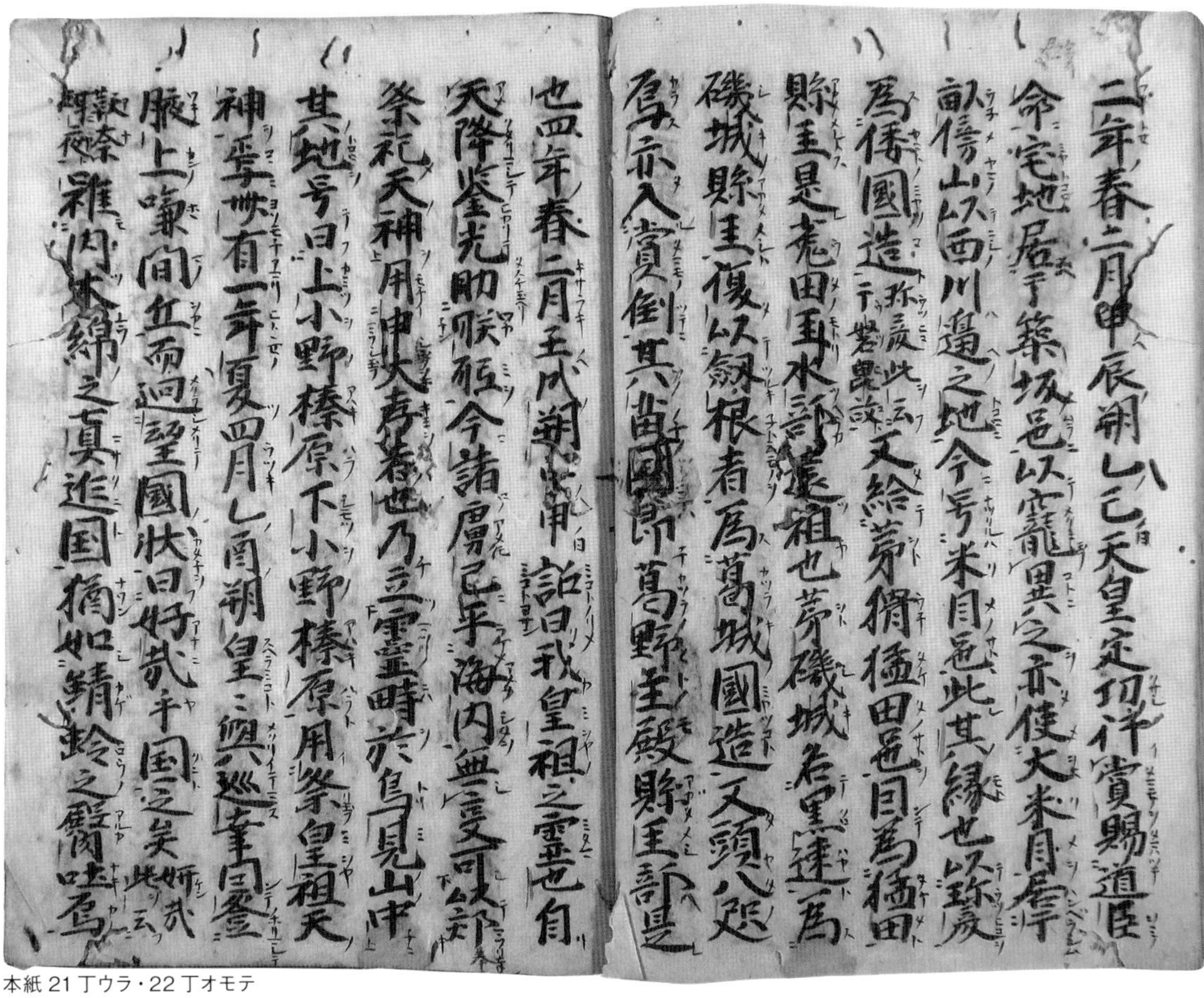
二年春二月甲辰朔乙巳天皇定功行賞賜道臣
命宅地居于築坂邑以寵異之亦使大来目居于
畝傍山以西川邊之地今号来目邑此其縁也以珍彦
為倭國造珍彦此云于砮毘故又給弟猾猛田邑因為猛田
縣主是菟田主水部遠祖也弟磯城名黒速為
磯城縣主復以劔根者為葛城國造又頭八咫
烏亦入賞例其苗裔即葛野主殿縣主部是
也四年春二月壬戌朔甲申詔曰我皇祖之霊也自
天降鑒光助朕躬今諸虜已平海内無事可以郊
祀天神用申大孝者也乃立霊畤於鳥見山中
其地号曰上小野榛原下小野榛原用祭皇祖天
神焉卅有一年夏四月乙酉朔皇輿巡幸因登
腋上嗛間丘而廻望國状曰妍哉乎国之獲矣
雖内木綿之真迮国猶如蜻蛉之臀呫焉

本紙 21 丁ウラ・22 丁オモテ

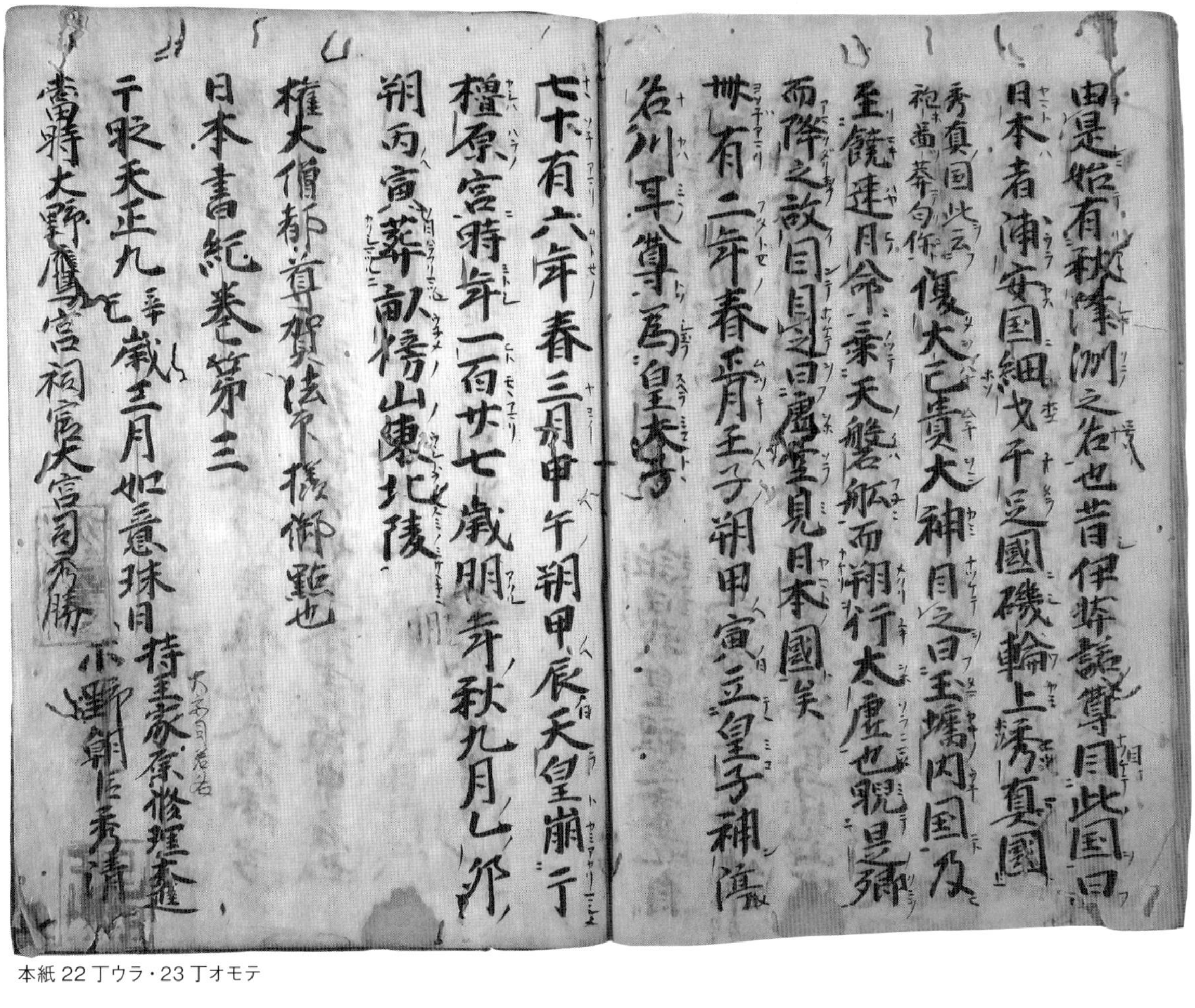
由是始有秋津洲之号也昔伊弉諾尊目此国曰
日本者浦安国細戈千足国磯輪上秀真国
秀真国此云袍図莽句爾復大己貴大神目之曰玉牆内国及
至饒速日命乘天磐船而翔行太虚也睨是郷
而降之故因目之曰虚空見日本國矣
卌有二年春正月壬子朔甲寅立皇子神渟
名川耳尊為皇太子
七十有六年春三月甲午朔甲辰天皇崩于
橿原宮時年一百廿七歳明年秋九月乙卯
朔丙寅葬畝傍山東北陵
權大僧都尊賀法印振御點也
日本書紀巻第三
于時天正九辛巳歳三月如意珠日持主家康修理奉進
當時大神宮祠官大宮司秀勝
小野朝臣秀清

本紙 22 丁ウラ・23 丁オモテ

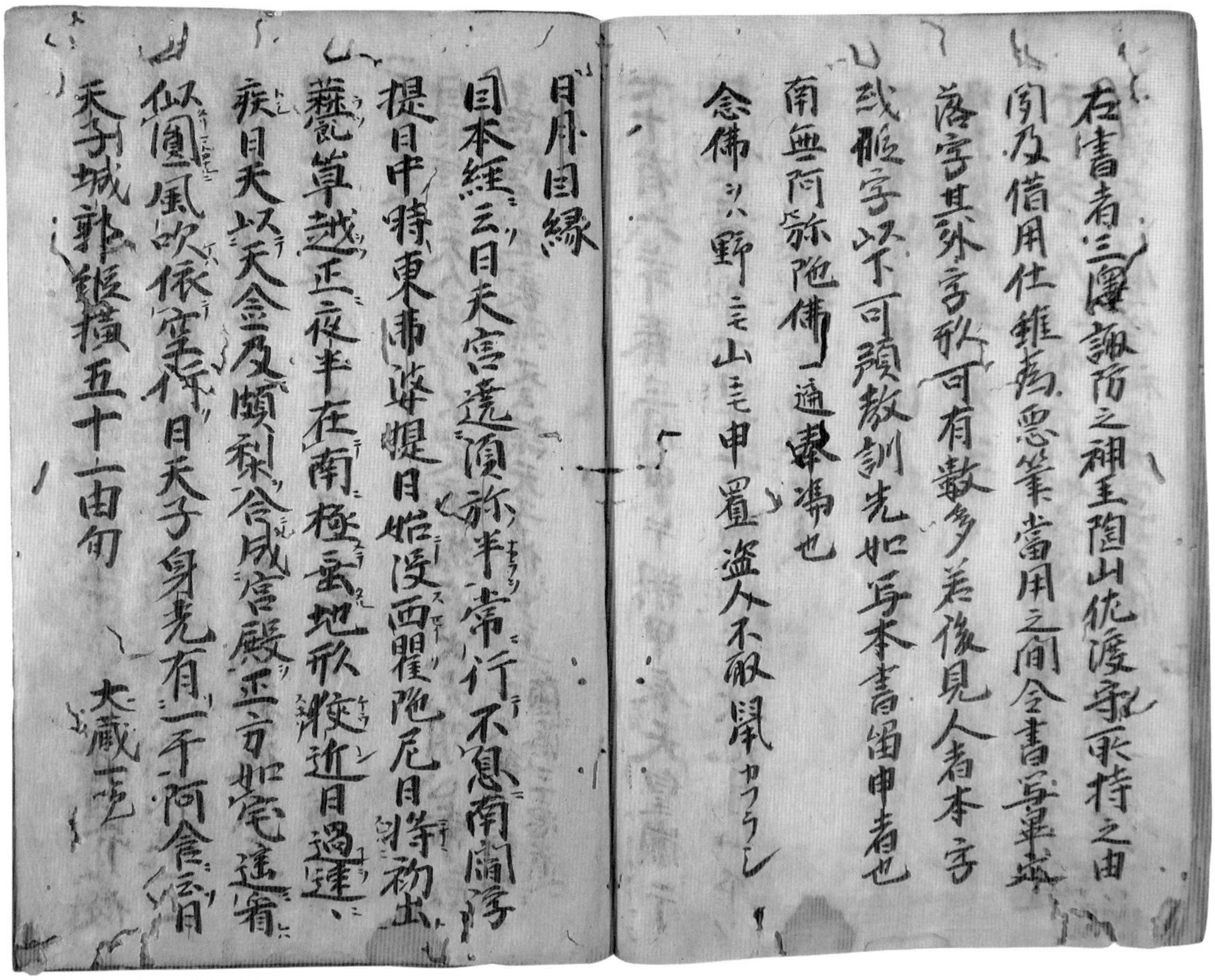

日月目録
日本紀云日天宮遠須弥半常行不息南閻浮提日中時東弗婆提日始没西瞿陀尼日将初出欝単越正夜半在南極去地形雖近日過速疾日天以天金及頗梨合成宮殿正方如宅遠看似圓風吹依宮行日天子身光有一千阿含云日天子城郭縦横五十一由旬
大蔵一之

右書者三摩訶訪之神主隨山佐渡守所持之由間及借用仕雖為悪筆當用之間令書写畢然落字其外字形可有数多差後見人者本字或被字以下可預教訓先如写本書留申者也
南無阿弥陀佛
念佛ハ野ニモ山ニモ申置盗人不取

本紙 23 丁ウラ・24 丁オモテ

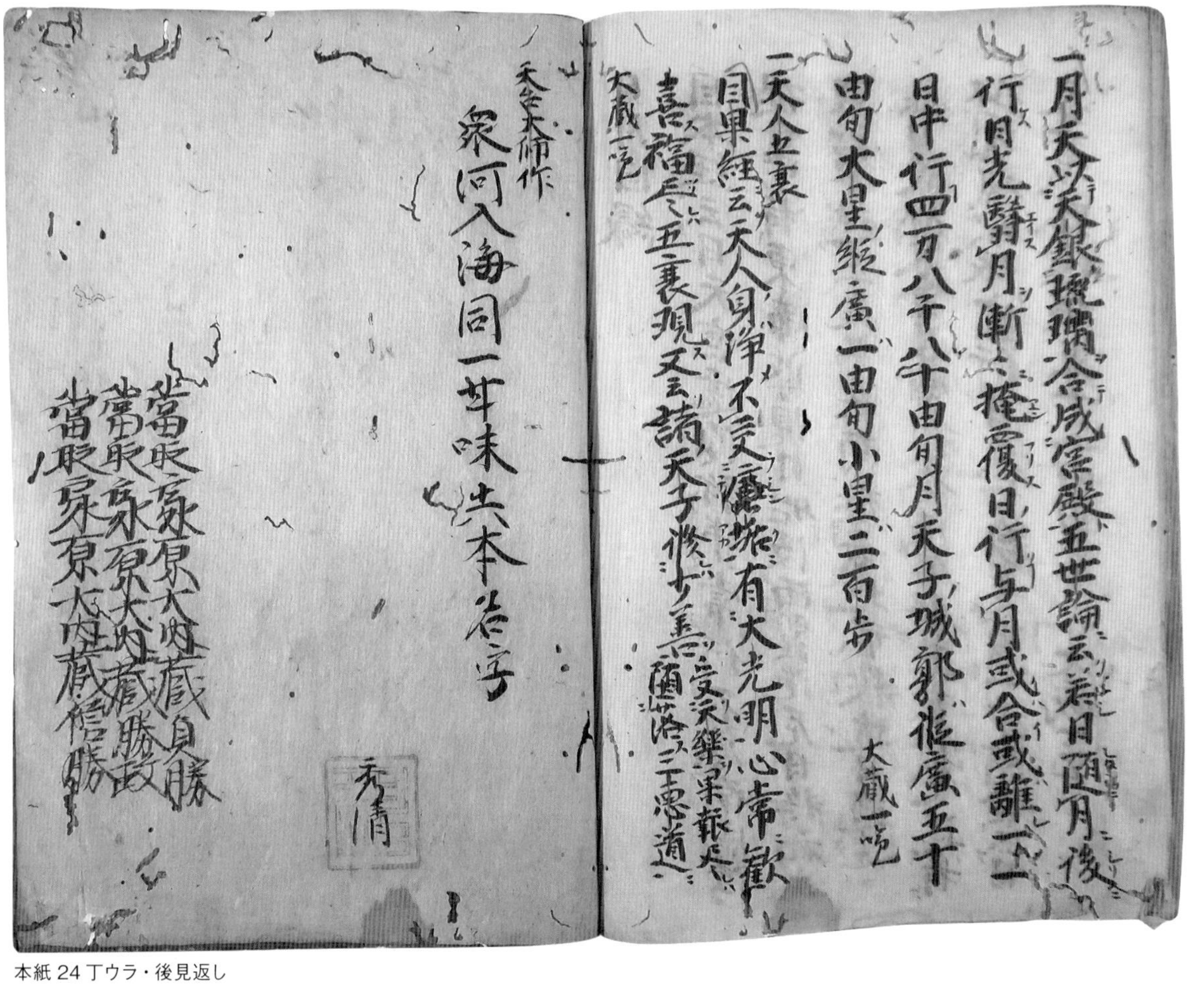

一月天以天銀瑠璃合成宮殿五世論云若日随月後行月光翳月漸々掩覆日行与月或合或離一々日中行四万八千八千由旬月天子城郭縦広五十由旬大星縦広一由旬小星二百歩
大蔵一之
一天人五衰
因果經云天人自浄不受塵垢有大光明心常歓喜福尽五衰現又云諸天子修少善受天樂果報尽随落三悪道
大蔵一之

天台大師作
衆流入海同一鹹味

本紙 24 丁ウラ・後見返し

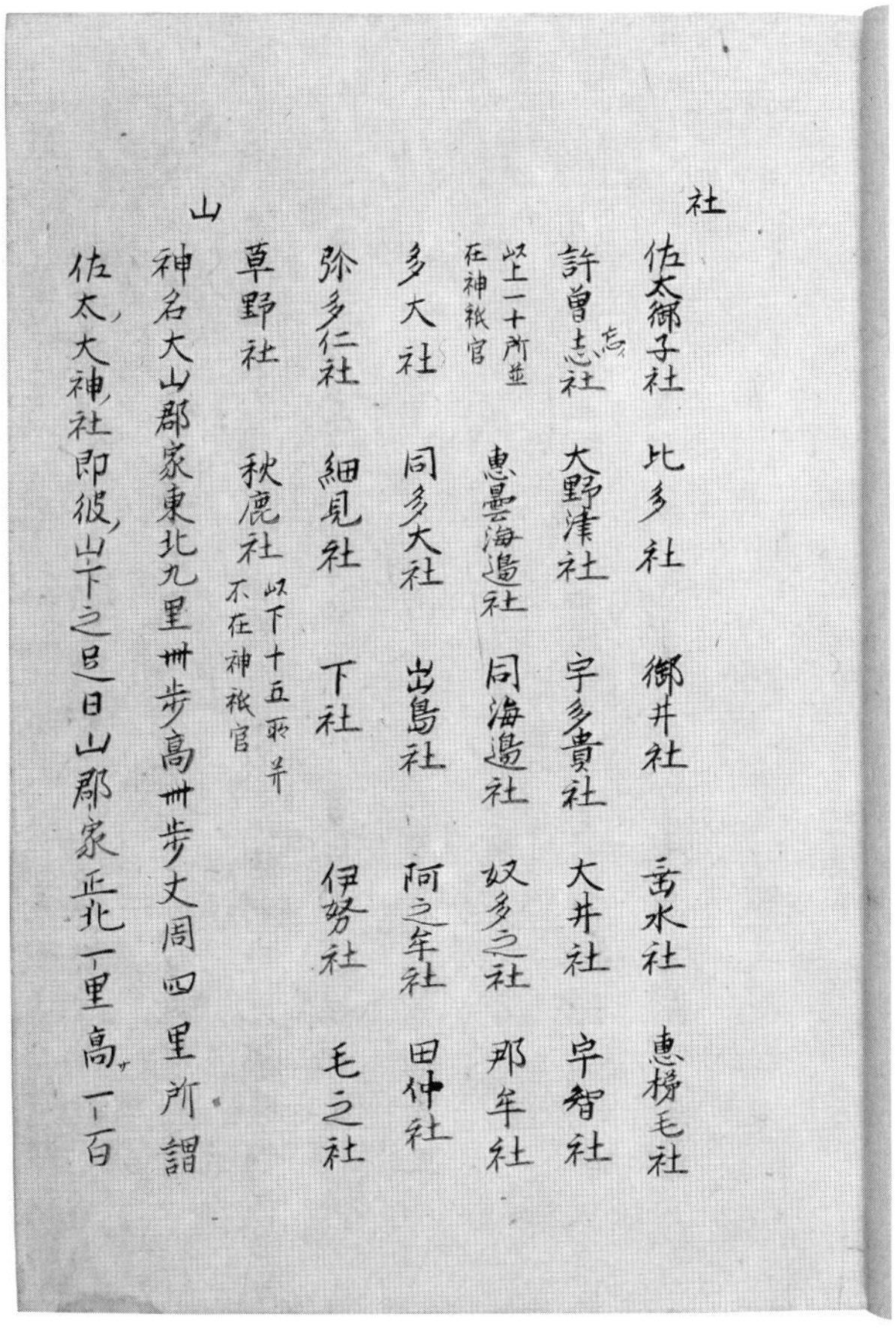
社
佐太御子社　比多社　御井社　垂水社　恵杼毛社
許曽志社　大野津社　宇多貴社　大井社　宇智社
以上一十所並在神祇官
恵曇海邊社　同海邊社　奴多之社　那牟社
多大社　同多大社　出島社　阿之牟社　田仲社
弥多仁社　細見社　下社　伊努社　毛之社
草野社　秋鹿社　以下十五所并不在神祇官
山
神名大山郡家東北九里卌歩高卌歩丈周四里所謂
佐太大神社即彼山下之足日山郡家正北一里高一百

（参考）出雲国風土記［秋鹿郡神社部分］

裏表紙

秋鹿《あいか》郡の神社が列挙されているなかに「宇智社」とみえる。

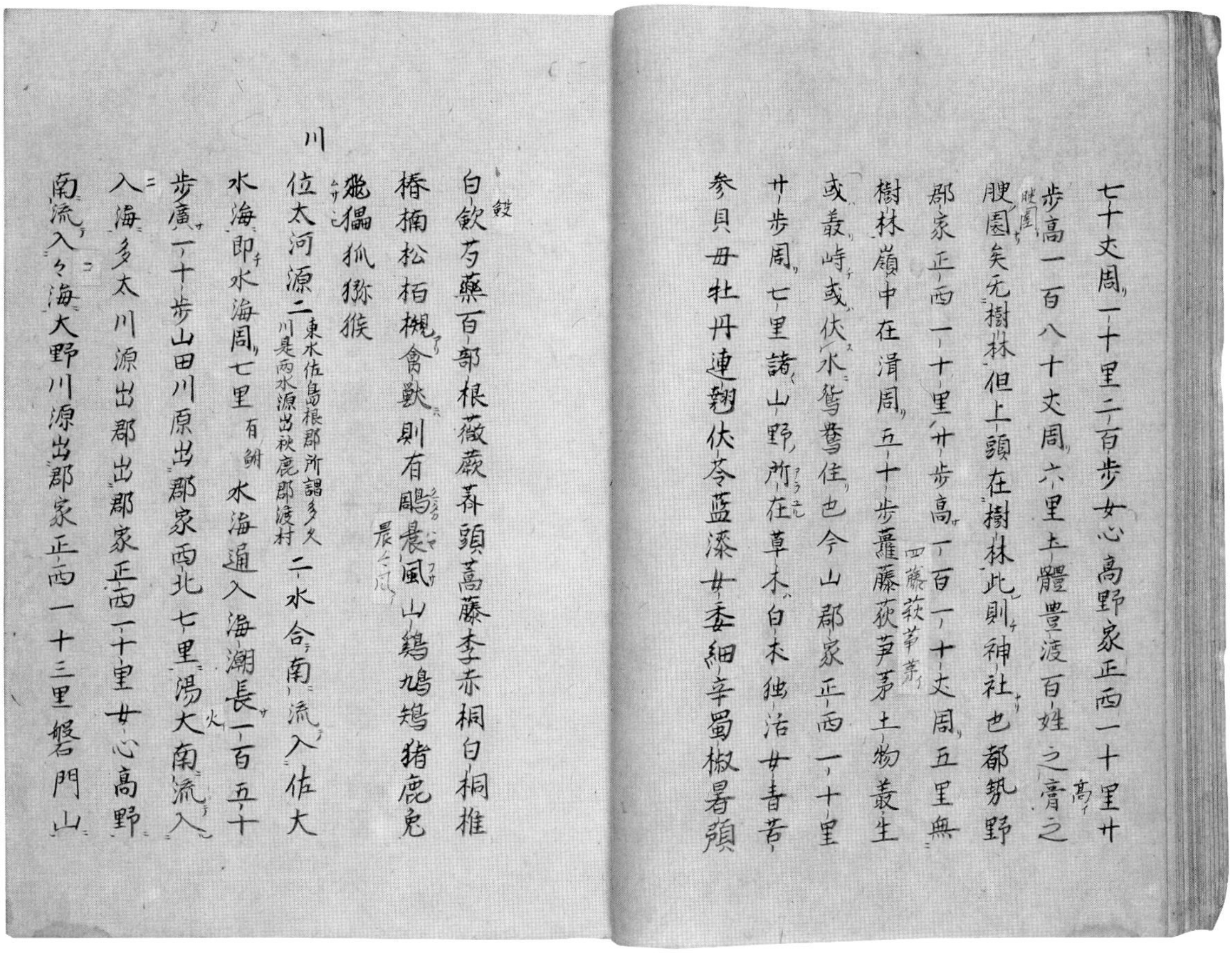
七十丈周一十里二百歩女心高野家正西一十里廿
歩高一百八十丈周六里土體豊渡百姓之膏之
腴園矣无樹林但上頭在樹林此則神社也都勢野
郡家正西一十里廿歩高一百一十丈周五里無
樹林嶺中在滑周五十歩蘿藤荻芋茅土物叢生
或叢峙或伏水鴛鴦住也今山郡家正西一十里
廿歩周七里諸山野所在草木白朮独活女青苦
参貝母牡丹連翹伏苓藍漆女委細辛蜀椒署預
白歛芎藭百部根薇蕨萆薢高藤李赤桐白桐椎
椿楠松柏槻禽獣則有鵰晨風山鷄鳩鴇猪鹿兎
飛鼯狐獼猴
川
佐太河源二 東水佐島根郡所謂多久川是西水源出秋鹿郡渡村 二水合南流入佐大
水海即水海周七里 有鮒 水海通入海潮長一百五十
歩廣一十歩山田川原出郡家西北七里湯火南流入
入海多太川源出郡家正西一十里女心高野
南流入々海大野川源出郡家正西一十三里磐門山

（参考）出雲国風土記［秋鹿郡山野部分］

秋鹿郡にある山として本宮山に比定される安心高野《あしむのたかの》（女心《めこころ》高野）がみえ、その山頂の「樹林」が「神社」であると記されていることから、内神社（宇智社）はもとは山頂にあったとされる。

「編纂一三〇〇年　日本書紀と出雲」関連年表

時代	和暦（西暦）	事項	列品目録番号
飛鳥	推古二十八（六二〇）	聖徳太子・蘇我馬子、天皇記・国記などの編集を開始する	
	皇極四（大化元、六四五）	蘇我蝦夷、天皇記・国記などを焼くも、船恵尺によって国記のみ救出される	
	天武十（六八一）	川島皇子らに命じ、帝紀・上古諸事を記定させる	15
	持統五（六九一）	大三輪氏など一八氏に命じ、墓記を提出させる	15
	持統八（六九四）	藤原京に遷都する	
	大宝元（七〇一）	大宝律令が完成する	
奈良	和銅三（七一〇）	平城京に遷都する	
	和銅五（七一二）	太安万侶、古事記を撰上する	
	和銅六（七一三）	いわゆる「風土記」撰進の命が出される	
	養老四（七二〇）	舎人親王ら、「日本紀」（日本書紀）を奏上する	13
	養老五（七二一）	第一回日本紀講が行われる	
	養老七（七二三）	太安万侶、死去	
	天平五（七三三）	出雲国風土記が完成する	
	天平七（七三五）	舎人親王、死去	
	天平宝字元（七五七）	養老律令が施行される	
	天平宝字二（七五八）	続日本紀の編纂が開始されるヵ	
	天平宝字四（七六〇）以降	万葉集が成立する	
	延暦三（七八四）	長岡京に遷都する	
平安	延暦十三（七九四）	平安京に遷都する	
		続日本紀の後半部分が完成する	
	延暦十六（七九七）	続日本紀の前半部分が完成する→続日本紀の完成	
	弘仁三（八一二）	第二回日本紀講が行われる	89
	弘仁六（八一五）	新撰姓氏録が完成する	25
	弘仁十（八一九）	日本後紀の編纂が開始される	
	承和七（八四〇）	日本後紀が完成する	
	承和十（八四三）	第三回日本紀講が行われる	
	斉衡二（八五五）	続日本後紀の編纂が開始される	
	貞観十一（八六九）	続日本後紀が完成する	
	貞観十三（八七一）	文徳天皇実録の編纂が開始される	
	元慶二（八七八）	第四回日本紀講が行われる	
	元慶三（八七九）	文徳天皇実録が完成する	
	寛平四（八九二）	日本三代実録の編纂が開始される	
	昌泰四（延喜元、九〇一）	日本三代実録が完成する	
	延喜四（九〇四）	第五回日本紀講が行われる	
	延長三（九二五）	「風土記」再提出命令が出される	
	承平六（九三六）	第六回日本紀講が行われる	
	康保二（九六五）	第七回日本紀講が行われる	
鎌倉	文治元（一一八五）	壇ノ浦の戦いにより平家滅亡、守護地頭の設置	
	文永十一（一二七四）	卜部兼文、日本書紀を講義する	
	弘安九（一二八六）	卜部兼員、日本書紀神代巻に奥書を記す	

時代	年	事項	頁
	正安三（一三〇一）まで	卜部兼方、釈日本紀を著す	90
	乾元二（一三〇三）	卜部兼夏、日本書紀神代巻を書写する	
南北朝	暦応三（一三四〇）	卜部兼員、花園法皇に日本書紀を進講する	
	貞治六（一三六七）	忌部正通、日本書紀口訣（神代巻口訣とも、神代巻の注釈書）を成稿する	92
	永和三（一三七七）	時宗僧浄阿、熱田神宮に日本書紀を寄進する	
室町	応永三十（一四二三）	一条兼良、吉田家に日本書紀を返伝授する	
	康正年間（一四五五〜五七）	一条兼良、日本書紀纂疏（神代巻の注釈書）を著す	93
	文明六（一四七四）	一条兼良、日本書紀古写本を吉田家本と校合する	
	文明十二（一四八〇）	吉田兼倶、後土御門天皇に日本書紀神代巻を進講する	
	文明十三（一四八一）	一条兼良、死去	
	永正十（一五一三）	三条西実隆、六国史の書写を開始する	
	天文六（一五三七）	三条西実隆、死去	
安土桃山	文禄四（一五九五）	吉田兼見、後陽成天皇に日本書紀を進講する	
	慶長四（一五九九）	後陽成天皇、日本書紀神代巻を出版する（慶長勅版）	
江戸	慶長十五（一六一〇）	日本書紀が出版される（慶長古活字版）	
	慶長十九（一六一四）	徳川家康、六国史の書写を命じる	
	元和二（一六一六）	徳川家康、死去	
	明暦三（一六五七）	続日本紀が出版される	13
	寛文四（一六六四）	首書日本書紀神代合解が刊行される	
		日本書紀口訣（神代巻口訣とも、神代巻の注釈書）が刊行される	92
	寛文九（一六六九）	日本書紀が出版される	15・22・91
	延宝七（一六七九）	先代旧事本紀大成経が刊行される	115
	天和元（一六八一）	幕命により先代旧事本紀大成経が絶版処分となる	115
	享保六（一七二一）	日本書紀纂疏（神代巻の注釈書）が刊行される	93
	元文三（一七三八）	岡田正利、旧事本紀事跡鈔を著す	111
		岡田正利、日本書紀事跡抄を著す	112
	元文五（一七四〇）	岡田正利、神代巻日蔭草を著す	113
	宝暦元（一七五一）	谷川士清、日本書紀通証を成稿する	114
	宝暦十二（一七六二）	谷川士清、日本書紀通証を刊行する	114
	明和元（一七六四）	本居宣長、古事記伝に着手する	95
	寛政二（一七九〇）	本居宣長、古事記伝の刊行を開始する	95
	寛政四（一七九二）	千家俊信、鈴屋に入門する	97
	寛政九（一七九七）	千家俊信、訂正出雲風土記を完成させる	99
	寛政十一（一七九九）	塙保己一、日本後紀（八冊）を出版する	
	享和元（一八〇一）	塙保己一、日本後紀（二冊）を出版する	
	文化三（一八〇六）	千家俊信、訂正出雲風土記を刊行する（「出雲国風土記」刊本の端緒）	99
	文政四（一八二一）	塙保己一、死去	
	天保十（一八三九）	禁裏での日本書紀の会読が終了する	
明治	明治二十五（一八九二）	飯田武郷、日本書紀通釈を刊行する	
大正	大正九（一九二〇）	日本書紀撰進一二〇〇年を記念した古本の展覧・講演が行われる	

〔参考〕 遠藤慶太『六国史』中央公論新社、二〇一六年
渡辺正人「日本思想史における『日本書紀』」（『聖学院大学総合研究所紀要』一七、二〇〇〇年）

出品目録（◎：重要文化財　○：都道府県指定文化財）

番号	指定文化財	資料名	点数	所有者	寄託・保管・管理	展示期間
		プロローグ　出雲世界の成り立ち				
1		須恵器　出雲型子持壺　団原古墳出土	一	島根県埋蔵文化財調査センター		
2		須恵器　出雲型子持壺　向山一号墳出土	二	松江市		
3	○	三輪玉・f字形鏡板付轡・雲珠・三環鈴・馬鐸　めんぐろ古墳出土	八	個人	島根県立古代出雲歴史博物館	
4		鏡・馬鐸・鈴杏葉　小丸山古墳出土	七	益田市教育委員会		
5		圭頭大刀復元品　放れ山古墳出土	一	島根県立古代出雲歴史博物館		
6		双龍環頭大刀・玉類・心葉形鏡板付轡・心葉形杏葉・辻金具　原田古墳出土	七	島根県埋蔵文化財調査センター		
7		金銅装刀子・同復元品　平ヶ廻横穴墓出土	二	雲南市教育委員会		
8		玉類　小汐手横穴墓群出土	四	安来市教育委員会		
9		玉類　島田池一区二号横穴墓出土	二六	島根県埋蔵文化財調査センター		
10		玉類　時仏山横穴墓出土	一一	奥出雲町教育委員会		
11		玉類・耳環　伊賀武社境内横穴墓出土	三	奥出雲町教育委員会		
12		玉類　小池一—一号横穴墓出土	三	奥出雲町教育委員会		
		I．日本書紀とはなにか				
13		続日本紀　巻八	一	島根県立古代出雲歴史博物館		
14		前賢故實　巻二	一	島根大学附属図書館		
15		日本書紀　巻二九・三〇	二	島根県立古代出雲歴史博物館		
16		令集解　巻三一	一	島根県立図書館		
17		万葉集　巻一	一	島根県立図書館		
18		万葉集　巻二	一	島根県図書館		
19		古事記　下	一	島根県立古代出雲歴史博物館		
20	◎	水鳥形埴輪　池田古墳出土	三	兵庫県立考古博物館		

II. ノミノスクネ伝承―相撲の祖―

21		前賢故實　巻一	一	島根大学附属図書館		
22		日本書紀　巻六	一	島根県立古代出雲歴史博物館		
23		類聚国史　巻七三	一	島根県立古代出雲歴史博物館		
24		日本書紀　巻六	一	島根県立古代出雲歴史博物館		
25		新撰姓氏録　上中下	三	島根県立古代出雲歴史博物館		
26		播磨国風土記	一	島根県立古代出雲歴史博物館		
27	○	相撲小像付須恵器壺　勝手野六号墳出土	一	兵庫県立考古博物館		
28	○	相撲小像付須恵器壺　めんぐろ古墳出土	一	個人	島根県立古代出雲歴史博物館	
29		芳年武者無類　野見宿祢・當麻蹶速　月岡芳年	一	島根県立古代出雲歴史博物館		
30		大日本大相撲勇力関取鏡　一恵斎芳幾	三枚一組	島根県立古代出雲歴史博物館		十月九日～十一月九日
31		大日本大相撲勇力関取鏡　歌川国輝（二代）	六枚一組のうち三枚	島根県立古代出雲歴史博物館（周藤コレクション）		十一月十一日～十二月六日
32		相撲起顕　首巻	一	島根県立古代出雲歴史博物館		
33		禁裏節会相撲之図	一	島根県立古代出雲歴史博物館		
34-1		相撲古図	一	島根県立古代出雲歴史博物館		十月九日～十一月九日
34-2		相撲古図	一	島根県立古代出雲歴史博物館		十一月十一日～十二月六日
35		出雲国造系譜考	一	千家家		
36		懐橘談　乾	一	島根県立古代出雲歴史博物館		
37		寛政三年上覧相撲絵巻	一	島根県立古代出雲歴史博物館		
38		釈迦ヶ嶽雲右衛門と女　磯田湖龍斎	一	島根県立古代出雲歴史博物館		十月九日～十一月九日
39		勧進相撲古今五虎勝　釈迦ヶ嶽雲右エ門　歌川豊国（三代）	一	島根県立古代出雲歴史博物館		十一月十一日～十二月六日
40		取組図　雷電・大岬　勝川春英	一	島根県立古代出雲歴史博物館		十月九日～十一月九日
41		化粧まわし姿一人立　雷電為右エ門　勝川春英	一	島根県立古代出雲歴史博物館		十一月十一日～十二月六日
42		雷電・千田川・柏戸　勝川春英	一	島根県立古代出雲歴史博物館		十月九日～十一月九日
43		土俵入りの図　勝川春英	一	島根県立古代出雲歴史博物館		十一月十一日～十二月六日
44		大相撲部屋之図　歌川国貞（初代）	三枚一組	島根県立古代出雲歴史博物館		十月九日～十一月九日
45		化粧まわし姿一人立　鳴滝忠五郎　勝川春亭	一	島根県立古代出雲歴史博物館		十一月十一日～十二月六日
46		化粧まわし姿一人立　小松山冨吉　歌川国貞（初代）	一	島根県立古代出雲歴史博物館		十一月十一日～十二月六日
47		化粧まわし姿一人立　不知火諾右エ門　歌川国貞（初代）	一	島根県立古代出雲歴史博物館		十月九日～十一月九日
48		化粧まわし姿一人立　濃錦里諾右エ門　歌川豊国（二代）	一	島根県立古代出雲歴史博物館		十一月十一日～十二月六日

番号	指定文化財	資料名	点数	所有者	寄託・保管・管理	展示期間
49		化粧まわし姿一人立　関ノ戸億右衛門　歌川豊国（二代）	一	島根県立古代出雲歴史博物館		十月九日～十一月九日
50		化粧まわし姿一人立　関ノ戸億右衛門　歌川国貞（初代）	一	島根県立古代出雲歴史博物館		十一月十一日～十二月六日
51		化粧まわし姿一人立　頂仙之助　歌川国貞（初代）	一	島根県立古代出雲歴史博物館		十月九日～十一月九日
52		化粧まわし姿一人立　稲妻雷五郎　勝川春和	一	島根県立古代出雲歴史博物館		十一月十一日～十二月六日

逸品展示『日本書紀』―向日神社本と内神社本―

番号	指定文化財	資料名	点数	所有者	寄託・保管・管理	展示期間
53	◎	日本書紀　巻二	一	向日神社	向日市文化資料館	十月九日～十一月九日
54		日本書紀　巻三	一	内神社	島根県立古代出雲歴史博物館	十一月十一日～十二月六日

Ⅲ．ヤマタノオロチ退治伝承

番号	指定文化財	資料名	点数	所有者	寄託・保管・管理	展示期間
55		日本書紀　巻一	一	島根県立古代出雲歴史博物館		
56		古事記　上	一	島根県立古代出雲歴史博物館		
57-1		太平記　剣巻	一	島根県立古代出雲歴史博物館		
57-2		太平記　巻二五	一	島根県立古代出雲歴史博物館		
58		天淵八叉大蛇記	一	内神社	島根県立古代出雲歴史博物館	
59-1	原品◎	神像　本殿板壁画　伝素盞嗚尊・稲田姫命（複製）	一	島根県立古代出雲歴史博物館（原品：八重垣神社）		
59-2	原品◎	神像　本殿板壁画　伝脚摩乳命・手摩乳命（複製）	一	島根県立古代出雲歴史博物館（原品：八重垣神社）		
60		神能集	一	勝部一郎氏（林木屋コレクション）	島根県立古代出雲歴史博物館	
61		素戔嗚神　稲田姫神　脚摩乳神・手摩乳神　狩野時信	三	出雲大社		十月九日～十一月九日
62		八岐大蛇　松本楓湖	一	島根県立石見美術館		十一月十一日～十二月六日
63		八岐大蛇退治図　泉山松月	一	島根県立古代出雲歴史博物館		
64		大日本開闢由来記　一	一	島根県立古代出雲歴史博物館		
65		歴史修身談　一　神代のはなし	一	島根県立古代出雲歴史博物館		
66		素盞嗚尊・山田大蛇・稲田姫　勝川春亭	三枚一組	島根県立古代出雲歴史博物館		十月九日～十一月九日
67		東錦昼夜競　素盞嗚尊　楊州周延	一	島根県立古代出雲歴史博物館		十一月十一日～十二月六日
68		本朝振袖之始　素盞烏尊妖怪降伏之図　江戸川（葛飾）北輝	一	島根県立古代出雲歴史博物館		十月九日～十一月九日
69		進雄尊悪神退治	二枚一組	島根県立古代出雲歴史博物館		十一月十一日～十二月六日
70		出雲国肥河上ニ八俣蛇ヲ切取玉フ図　楊洲周延	三枚一組	島根県立古代出雲歴史博物館		
71		日本略史之内　素戔嗚尊出雲の簸川上に八頭蛇を退治したまふ図　月岡芳年	三枚一組	島根県立古代出雲歴史博物館		

72	太鼓台飾幕　八岐大蛇退治	一	宮北・落合地区		
73	本朝英雄伝　牛頭天皇・稲田姫　歌川国輝（初代）	一	島根県立古代出雲歴史博物館		十月九日～十一月九日
74	大日本名将鑑　素盞鳥尊・稲田姫　月岡芳年	一	島根県立古代出雲歴史博物館		十一月十一日～十二月六日
75	大蛇神楽面・蛇胴	一式	島根県立古代出雲歴史博物館		

Ⅳ. 出雲大社の復古と出雲信仰の広がり

76	寛永御絵図	一	千家家		十月九日～十一月九日
77	慶長拾四年御造宮図	一	出雲大社		十一月十一日～十二月六日
78	出雲大社境内祭礼図（三月会神事及び真菰神事図）	一	千家家		十月九日～十一月九日
79	身逃神事行列之図	一	個人	島根県立古代出雲歴史博物館	十一月十一日～十二月六日
80	御造営日記	一	個人	島根県立古代出雲歴史博物館	
81	出雲国杵築大社再興記	一	出雲大社		
82	出雲国大社造営寄進帳	一	個人	島根県立古代出雲歴史博物館	
83	出雲大社御師版木	一式	島根県立古代出雲歴史博物館（矢田コレクション）		
84	能楽図絵「大社」　月岡耕魚	一	島根県立古代出雲歴史博物館		
85	大社縁結図　歌川豊国（三代）	三枚一組	島根県立古代出雲歴史博物館		十月九日～十一月九日
86	出雲国大社之図　歌川国久（二代）	三枚一組	島根県立古代出雲歴史博物館		十一月十一日～十二月六日
87	大日本神事見立数望	一	島根県立古代出雲歴史博物館		
88	出雲国麻疹除御神　月岡芳年	一	島根県立古代出雲歴史博物館		

Ⅴ. 近世の『日本書紀』解釈―幽顕の世界―

89	日本後紀　巻二二	一	島根県立図書館		
90	釈日本紀　巻二三	一	島根県立古代出雲歴史博物館		
91	日本書紀　巻二	一	島根県立古代出雲歴史博物館		
92	神代巻口訣	五	北島家		
93	日本書紀纂疏　下	一	島根県立古代出雲歴史博物館		
94	本居宣長像　吉川義信	一	島根県立古代出雲歴史博物館		
95	古事記伝	四八	内神社	島根県立古代出雲歴史博物館	
96-1	千家俊信像	一	島根県立古代出雲歴史博物館		十月九日～十一月九日
96-2	千家俊信像　貞庭	一	個人		十一月十一日～十二月六日
97	鈴屋授業門人姓名録	一	島根県立古代出雲歴史博物館		

番号	指定文化財	資料名	点数	所有者	寄託・保管・管理	展示期間
98		本居宣長書状	一	島根県立古代出雲歴史博物館		
99		訂正出雲風土記	二	島根県立古代出雲歴史博物館		
100		神代正語常磐草　下	一	島根県立古代出雲歴史博物館		
101		平田篤胤像　平田銕胤	一	島根県立古代出雲歴史博物館		
102		霊の真柱　下	一	島根県立古代出雲歴史博物館		
103		六人部是香像	一	向日神社	向日市文化資料館	
104		顕幽順考論	五	向日神社	向日市文化資料館	
105		産須那社古伝抄	一	向日神社	向日市文化資料館	
106		出雲水青随筆　複製	一	島根県立古代出雲歴史博物館（原品：個人）		
107		大社幽冥誌　巻一	一	千家家		
参考		梅之舎三箇条	一	千家家		
108		神葬祭書記（神葬祭式）	一	出雲大社教		
参考		社寺取調類纂　一八五冊（出雲大社大宮司千家尊福社格之儀ニ付願之件）		国立国会図書館		
109		出雲大社教会規約	一	島根県立古代出雲歴史博物館		
Ⅵ．自重館文庫の世界						
110		神代巻初重潮翁語類	一	北島家		
111		旧事本紀事跡鈔	三	北島家		
112		日本書紀事跡鈔	五	北島家		
113		神代巻日蔭草	一	北島家		
114		日本書紀通証	七	北島家		
115		先代旧事本紀大成経	五一	北島家		
Ⅶ．国譲り神話—諸手船神事・青柴垣神事・出雲神楽—						
116		日本書紀　巻二	一	島根県立古代出雲歴史博物館		
117		古事記　上	一	島根県立古代出雲歴史博物館		
118		三穂両社神像	一	美保神社		
119		国幣中社美保神社之絵図	一	美保神社		十月九日～十一月九日
120		美保関港詳細絵図　野村憲治	一	美保神社		十一月十一日～十二月六日

参考		御祭礼年中行事	一	美保神社		
参考		三穂神社旧改記	一	美保神社		
121		雲陽誌	一	島根県立古代出雲歴史博物館		
122		諸手船神事絵巻　巻二　中島荘陽	一	美保神社		
123-1		蒼柴籬神事絵巻　巻二　中島荘陽	一	美保神社		十月九日～十一月九日
123-2		蒼柴籬神事絵巻　巻三　中島荘陽	一	美保神社		十一月十一日～十二月六日
124		美保神社私祭詳解　野村憲治	一	美保神社		
125		諸手船神事　マッカ	二	美保神社		
126		神楽面　武甕槌之尊	一	勝部一郎氏（林木屋コレクション）	島根県立古代出雲歴史博物館	
127		神楽面　経津主之尊	一	勝部一郎氏（林木屋コレクション）	島根県立古代出雲歴史博物館	
128		神楽面　荒神（建御名方）	一	勝部一郎氏（林木屋コレクション）	島根県立古代出雲歴史博物館	
129		千早・上千早・大口袴（花菱文地に丸龍）	二式	勝部一郎氏（林木屋コレクション）	島根県立古代出雲歴史博物館	
130		千早・上千早・大口袴（三つ盛り亀甲に花菱・雲龍）	一式	勝部一郎氏（林木屋コレクション）	島根県立古代出雲歴史博物館	
		エピローグ　神々の国　出雲				
131	◎	鰐淵寺衆徒勧進帳案	一	鰐淵寺	島根県立古代出雲歴史博物館	十月九日～十一月九日
132	○	神魂社造営覚書断簡	一	秋上家		十一月十一日～十二月六日
133		懐橘談　坤	一	島根県立古代出雲歴史博物館		
134		鈴屋集　歌集五之巻	一	島根県立古代出雲歴史博物館		
135		Glimpses of Unfamiliar Japan（知られざる日本の面影）	二	島根県立古代出雲歴史博物館		
136		島根県案内記	一	島根県立古代出雲歴史博物館		
137		一畑薬師及出雲名所図絵	二	島根県立古代出雲歴史博物館		
138		島根県鳥瞰図　吉田初三郎	一	島根県立古代出雲歴史博物館		
139		島根県観光鳥瞰図　吉田初三郎	一	島根県立古代出雲歴史博物館		
140		水郷松江と神国出雲　金子常光	一	島根県立古代出雲歴史博物館		

列品解説

プロローグ　出雲世界の成り立ち

1
須恵器《すえき》　出雲型子持壺《いずもがたこもちつぼ》
団原《だんばら》古墳出土

一点
高五五・〇cm
古墳時代後期（六世紀後半～七世紀初頭）
島根・島根県埋蔵文化財調査センター

団原古墳は茶臼山《ちゃうす》（神名樋野《かんなび》）の南西に位置する古墳で、一辺約三〇m程度の方墳と推定されている。主体部は出雲地方の後期古墳に多くみられる石棺式石室であったが、古くに掘りだされて名古屋城内（愛知県名古屋市）に移築されている。子持壺は昭和六十三年（一九八八）の発掘調査で南西裾部分から、少なくとも七個体分以上もの破片が出土した。親壺・子壺の底部が抜けている、いわゆる出雲型子持壺である。「装飾付須恵器」と呼ばれる加飾性の高い須恵器は、西日本を中心に盛行し、筒形器台や装飾付器台、子持𤭯《はそう》などのバラエティーに富んだ須恵器がつくられた。なかでも出雲型子持壺は、六世紀中ごろの山代《やましろ》二子塚《ふたごづか》古墳（松江市山代町）や講武《こうぶ》向山《むこうやま》古墳（松江市鹿島町）出土のものが初出とされ、容器としての用をなさない底の抜けた造形と、埴輪のように墳丘上に樹立される点に特徴がある。本品はこれらに後続するものと考えられ、タガをもたない点や子壺が六個と多いことなど、比較的古い要素をもちあわせている。

（増田）

2
須恵器《すえき》　出雲型子持壺《いずもがたこもちつぼ》
向山《むこうやま》一号墳出土

二点
（1）高五一・一cm
（2）高五五・〇cm
古墳時代後期（六世紀後半～七世紀初頭）
島根・松江市

向山一号墳は、出雲東部地域の首長墓群である山代古墳群にほど近い、丘陵に位置する方墳である。平成六年（一九九四）から同九年（一九九七）にかけて発掘が行われ、切石を組み合わせた石棺式石室が調査された。玄室扉石にはかんぬき状のレリーフが彫り込まれ、出雲東部地域を代表する精美な石室として知られる。出土品には馬具類・武器類・須恵器などがあるが、なかでも出雲型子持壺はその出土状況が注目される。計四個体ある子持壺は、いずれも盛土中から発見され、古墳裾から石室天井石付近まで盛土を施工した後、天井石の周囲に並べたものと考えられる。出雲型子持壺は、円筒埴輪のように墳丘上に立て並べられる点に特徴があるが、向山一号墳の例は古墳完成後には子持壺がみえないにもかかわらず、あえて設置されたと考えられる。詳細は不明だが、この時点で何らかの祭祀を行ったのであろう。出雲東部地域の石棺式石室は天井石を屋根型に成形することが多いが、盛土に覆われた完成後にはみえないという点で子持壺の取り扱いと類似しており、共通の意図が認められよう。

（増田）

3
〇三輪玉《みわだま》・f字形鏡板付轡《じがたかがみいたつきくつわ》・雲《う》珠《ず》・三環鈴《さんかんれい》・馬鐸《ばたく》
めんぐろ古墳出土

八点
（1）三輪玉：長四・八cm　幅三cm
（2）f字形鏡板付轡：長二四・〇cm　幅二〇・〇cm
（3）雲珠　径一一・〇cm
（4）三環鈴：長一三・六cm　幅七・〇cm
（5）馬鐸：長二〇・七cm　幅一〇・〇cm
古墳時代後期（六世紀）
個人（当館寄託）

めんぐろ古墳は浜田市の西郊、周布《すふ》川河口に近い丘陵上に位置する。古くに墳丘が削平されたが、径二〇mクラスの円墳と考えられる。昭和五年（一九三〇）に横穴式石室の内部から副葬品が回収されたほか、昭和二十四年（一九四九）には削平をまぬがれていた石室基底部から多数の遺物が出土した。副葬品は須恵器のほか、乳文鏡《にゅうもんきょう》、鉄地金銀装馬具類、鉄剣・鉄刀・鉄矛などの武器類、鈴釧《すずくしろ》・玉類などの装身具、刀子などの工具類と多彩である。馬具類は、鉄地金銅張の本体に銀被せの鋲を打つf字形鏡板付轡と、金銀装の杏《ぎょう》葉《よう》（剣菱形杏葉か）とおぼしき鋲留めされた破片や大型円形無脚雲珠がある。古くは大中小の三個体あったとされる馬鐸（現存一点）と青銅製三環鈴も一連の馬具セットに含まれる可能性が高い。また武器類で注目されるのは、いわゆる倭装《わそう》大刀の護拳帯《ごけんたい》に付属する青銅製三輪玉がみられることである。これらの一級の副葬品は、この古墳の被葬者とヤマト王権の深いつながりのなかでもたらされたものと考えられる。めんぐろ古墳の所在地には、今も「三宅」の地名が残されており、ヤマト王権の地方直轄拠点として置かれた屯倉《みやけ》（御宅）との関係がうかがわれる。

（増田）

4
鏡《かがみ》・馬鐸《ばたく》・鈴杏葉《すずぎょうよう》
小丸山《こまるやま》古墳出土

七点
（1）鏡：径七・〇cm
（2）馬鐸：長一八・〇cm　幅九・〇cm
（3）鈴杏葉：長一〇・二cm　幅九・五cm
古墳時代後期（六世紀）
島根・益田市教育委員会

小丸山古墳は、益田平野北東部の丘陵に位置する、全長約五〇mの前方後円墳である。山陰地域では数少ない周堤帯をもつ前方後円墳で、真の継体陵とされる今城塚《いましろづか》古墳（大阪府高槻市）の墳丘規格に基づいて築造されたとの見解もある。開発工事などにより大きな改変を受けたが、馬具類や鏡などの副葬品の一部がかろうじて残され、被葬者の姿をある程度想定することができる。馬具類は、轡《くつわ》こそないものの馬鐸三点と鈴杏葉三点、辻金具などが残り、馬鐸の形態はめんぐろ古墳出土品に似る。また、近年、X線撮影によって捩《ねじ》り環頭大刀の環頭部片が存在することが判明している。捩り環頭大刀や馬鐸・鈴杏葉などはヤマト王権と関係の深い威信財とされており、この古墳の被葬者は王権の支持勢力あるいは直臣的な立場にあったと考えられる。小丸山古墳やめんぐろ古墳は、全国的にみれば小規模な沖積平野に位置する中小古墳に過ぎないが、被葬者がヤマト王権と密接な関係にあったことは明らかである。こうした古墳は西日本に点在しており、王権の進める組織的な列島経営戦略の一翼を担い、経済的・軍事的に支える勢力が各地に存在していたと考えられる。

（増田）

5
圭頭大刀復元品《けいとうたちふくげんひん》
放《はな》れ山《やま》古墳出土

一点
長一一二・〇cm
現代（二十一世紀）
［原品は古墳時代後期（六世紀後半～七世紀）］
島根・当館［原品は個人蔵・当館寄託］

放れ山古墳は出雲平野南端に位置する円墳で、玄室長約三・三m、高さ二・八mの堂々たる横穴式石室を有する。埴輪や葺石《ふきいし》は知られていない。副葬品には装飾付大刀のほか鉄地金銅装馬具類、須恵器などがある。本品は、放れ山古墳出土の装飾付大刀を実物大で再現した復元品。柄頭の形状が台形を呈し、鶏冠《とさか》様にみえることから、圭頭大刀と呼ばれる。装飾付大刀は、六世紀初頭から七世紀にかけて盛行した加飾性の高い大型の大刀であり、旧来の伝統的意匠や拵《こしら》えの影響を色濃くもつ倭風系（倭装）大刀と、鳳凰・竜などを柄頭に配した朝鮮半島由来の舶載系大刀の二系統が存在した。六世紀後半には多様な大刀が製作されるが、やがて製作技術やデザインが画一化された装飾付大刀が量産されるようになった。放れ山古墳の圭頭大刀は、鞘《さや》の片面に円形浮き文、もう一面に蕨手《わらびて》文を配するなど、量産化時代の装飾付大刀の様相が看取される一方で、銀線巻きの柄などに倭風大刀の要素もみられる。こうした豪華な大刀は、ヤマト王権のもとで製作され、各地の豪族に下賜されたと考えられる。

（増田）

6 双龍環頭大刀《そうりゅうかんとうたち》・玉類《たまるい》・心葉形鏡《しんようけいかがみ》板付轡《いたつきくつわ》・心葉形杏葉《しんようけいぎょうよう》・辻金具《つじかなぐ》 原田《はらだ》古墳出土

八点

（1）双龍環頭大刀：残存長九五・〇cm

（2）玉類：長一八・〇cm

（3）心葉形鏡板付轡：縦七・三cm　横九・二cm

（4）心葉形杏葉：縦八・八cm　横九・二cm

古墳時代後期（六世紀）

島根・島根県埋蔵文化財調査センター

原田古墳は斐伊《ひい》川上流域に位置し、横穴式石室をもつ古墳である。古墳規模は小さいが、副葬品は金銅装双龍環頭大刀や金銅装鏡板付轡・杏葉・雲珠などの馬具類、玉類と多彩である。玉類にはこの時期としては珍しい翡翠《ひすい》製勾玉が含まれ、被葬者が一角《ひとかど》の人物であったことをうかがわせる。双龍環頭大刀は、柄頭の造形に退化がみられ、拵《こしら》えの画一化が進んだ量産型の一振りである。また心葉形を呈する鏡板と杏葉は、連結部の造作や全体のアウトラインが酷似しており、基本的には同じ「型」を共有した規格品と考えられる。装飾付大刀や金銅装馬具類は、ヤマト王権の中核を担った豪族から下賜されたものと考えられ、それらを保有する者の身分表象の役割も担っていた。このことから、この古墳が位置する出雲地域の山間部までもが、六世紀末から七世紀初頭の段階で王権の枠組みのなかに取り込まれていたと考えることもできよう。原田古墳の被葬者は王権とのパイプをもち、斐伊川上流地域に配置された初期官人的な人物であったのかもしれない。

（増田）

7 金銅装刀子《こんどうそうとうす》・同復元品《どうふくげんひん》 平ケ廻《ひらがさこ》横穴墓出土

二点

長四三・二cm

古墳時代後期（七世紀初頭）

島根・雲南市教育委員会

平ケ廻横穴墓は、雲南市木次《きすき》町に所在した横穴墓である。昭和三十二年（一九五七）、開発工事中に発見されたが、横穴の規模や形状は不明である。発見時に採取された遺物には、金銅装刀子、各種須恵器類、人骨などがあった。この金銅装刀子は、全国的にも他に二例ほどが知られるに過ぎず、注目される資料である。鞘《さや》は金銅の一枚板を叩き出して刃部側であわせており、鋒《きっさき》側が長刀状に大きく反り上がるのが特徴である。刃部側の接合部は糊代《のりしろ》を大きくとっており、この部分を縫い上げて成形する革製の鞘をイメージした形状と思われる。柄は柄元が鞘内に入る呑口《のみくち》式で、外面に金銅板を巻き、柄頭は卵形の平板で塞いでいる。刀身は厚さのある銅板を叩き出して断面楔形に成形しており、全面に鍍金《ときん》を施す。柄には目釘一本で止められているが、鞘木は残っていない。

平ヶ廻横穴墓は、出土須恵器の型式から七世紀初頭ごろに位置づけられる。前述のとおり金銅装刀子は出土例が少なく、また形態的にも似通っており、ヤマト王権内の有力者の意向のもとで一括生産された可能性が高い。詳細は不明だが、被葬者はそのような中央の有力者と深いつながりをもっていたことが想定されよう。

（増田）

8 玉類《たまるい》 小汐手《こしおて》横穴墓群出土

四連

長一七・〇cm

古墳時代後期（六世紀後半～七世紀初頭）

島根・安来市教育委員会

小汐手横穴墓群は中海に面する小丘陵につくられた横穴墓群で、計一九基が確認されている。安来平野周辺は数多くの横穴墓が分布することで知られるが、なかでも玉類の保有量が著しく多い横穴墓群である。いずれも赤瑪瑙《めのう》製勾玉と水晶製切子玉《きりこだま》という、いわゆる「出雲ブランド」の玉を主体とし、ガラス製丸玉をあわせもつ。碧玉《へきぎょく》もしくは緑色凝灰岩製の管玉は大部分が出雲的な片面穿孔《せんこう》だが、少数ながら両面穿孔品も含まれる。この横穴墓群の被葬者たちが、中海と深いつながりのある人々であったことは想像に難くないが、日本海交易に直接携わる集団として、玉類を入手しやすい立場にいたのかもしれない。

（増田）

9 玉類《たまるい》 島田池《しまだいけ》一区二号横穴墓出土

二〇点

長三・一cm

古墳時代（六世紀後半～七世紀初頭）

島根・島根県埋蔵文化財調査センター

島田池横穴墓群は意宇《おう》平野東部に位置する丘陵上につくられた横穴墓群で、三四基が発掘調査されている。そのなかでも最上位の被葬者が葬られた一区二号横穴墓には、大刀、馬具類、玉類などが副葬されていた。赤瑪瑙《めのう》製勾玉、碧玉《へきぎょく》製管玉、水晶製切子玉《きりこだま》という、いわゆる「出雲ブランド」の玉を中心とするセットである。出雲ブランドの玉は六世紀初頭になってはじめて大王墓クラスの古墳に副葬されるようになり、六世紀半ばには花仙山《かせんざん》（松江市玉湯町）周辺で生産された玉類が、全国各地に独占的に供給されていた。もっとも、こうした一元供給体制は長く続かず、金属製やガラス製玉類の使用が増えるにつれて衰退し、七世紀後葉には途絶えてしまう。仏教の浸透や律令に基づく国家体制の整備など、社会が大きな変革を迎えるなかで、玉の用途や意味づけも変化したものと考えられる。

（増田）

10 玉類《たまるい》 時仏山《ときぼとけやま》横穴墓出土

一一点

長三・七cm

古墳時代後期（六世紀後半）

島根・奥出雲町教育委員会

時仏山横穴墓は奥出雲町に所在する横穴墓で、ダム建設にともなう道路付け替え工事中に偶然発見された。三角テント状の玄室をもち、遺体の首回りに玉類が集中して出土しているため、首飾りとして着装した状態で葬られたと考えられる。玉類は赤瑪瑙《めのう》製勾玉が六、水晶製切子玉《きりこだま》が四、ガラス製小玉が四六からなる。勾玉はいずれもコの字形で、成形や仕上げの粗いものが多い。切子玉は大・中・小・極小と、四個が全く別サイズである。この横穴墓では一体分の人骨が残されており、分析によれば四〇～五〇歳代の女性と判明している。また、古墳時代の埋葬姿勢では希な伏臥伸展位である点が特異である。（増田）

11 玉類《たまるい》・耳環《じかん》 伊賀《いが》武社《たけしゃ》境内《けいだい》横穴墓出土

四点
（1）長一二・〇cm
（2）径二・二cm
古墳時代後期（七世紀前半）
島根・奥出雲町教育委員会

奥出雲町所在の伊賀武神社境内を拡張する際に発見された横穴墓で、発見後直ちに発掘調査が行われた。花崗岩質の地山に掘削された玄室は、幅一・二m、奥行二・五mの両袖形で、天井部の表面は崩落がみられるものの、最大高一・二m程度の妻入り形であった。副葬品は二群にわかれて出土しており、被葬者は二名と考えられる。奥壁側の一群は、大刀一振、鉄鏃《てつぞく》九点、土器類で構成される。一方、袖部側の一群は鍍金《ときん》された耳環一対、鉄鏃二点、瑪瑙《めのう》製勾玉・碧玉《へきぎょく》製管玉・ガラス小玉などからなる。副葬品の出土状況と内容から、頭部を奥壁側にむけた男性と頭部を袖側にむけた女性が葬られていたことが想定される。（増田）

12 玉類《たまるい》 小池《こいけ》一―一号横穴墓出土

三連
長二二・〇cm
古墳時代後期（六世紀後半）
島根・奥出雲町教育委員会

奥出雲町所在の横穴墓で、赤瑪瑙《めのう》と碧玉《へきぎょく》製の勾玉、大小のガラス玉からなる玉類が出土している。ちょうど被葬者の首回りに位置する場所から玉類が並んで発見されており、首飾りとして着装した状態で葬られた可能性が高い。奥出雲町の後期古墳や横穴墓からは比較的多くの玉類が出土しているが、その内容はやや特殊である。「出雲ブランド」の玉として赤瑪瑙や碧玉製の勾玉と水晶製切子玉が含まれるが、管玉を欠いている場合が多い。管玉製品の入手に何らかの制約があったのかもしれない。また、大小のガラス玉が比較的多く含まれるのも特徴といえる。（増田）

I．日本書紀とはなにか

13 続日本紀《しょくにほんぎ》 巻八

一冊
縦二五・二cm 横一八・三cm
江戸時代（明暦《めいれき》三年〈一六五七〉）
島根・当館

『日本書紀』につぐ正史で、延暦《えんりゃく》十六年（七九七）に成立した『続日本紀』の版本。明暦三年（一六五七）版のものは、京都の儒医で有職《ゆうそく》家でもあった立野春節《たつのはるとき》が版行した『続日本紀』最初の版本で、後刷版も含め、江戸時代を通じて広く利用されたものである。春節はほかにも六国史《りっこくし》の一つである『続日本後紀《しょくにほんこうき》』や養老令の公的注釈書である『令義解《りょうのぎげ》』などを版行したことで知られている。『続日本紀』自体は文武元年（六九七）から桓武治世下の延暦十年（七九一）までの歴史を全四〇巻にわたって編年体で記しており、そのうち、巻八は、元正治世下の養老《ようろう》二年（七一八）から同五年（七二一）までの四年間について記すが、同四年（七二〇）五月癸酉条に舎人《とねり》親王が「日本紀」（『日本書紀』）を完成させ、奏上したとみえる。なお、このとき奏上したのは「紀三十巻、系図一巻」とあるが、系図に関しては現存しない。（吉永）

14 前賢《ぜんけん》故實《こじつ》 巻二

一冊
縦一七・二cm 横一二・一cm
明治時代（明治三十六年〈一九〇三〉）
島根・島根大学附属図書館

江戸時代後期から明治時代にかけて活躍した画家、菊池《きくち》容斎《ようさい》（一七八八―一八七八）編著の伝記集で、肖像とともに漢文による略伝が記されている。後序によると文政《ぶんせい》初年（一八一八）に起筆し、明治元年（一八六八）に完成したのが『前賢故實』一〇巻で、それに容斎の孫である菊池武九らが有職故実《ゆうそくこじつ》の考証を加え、明治三十六年に東陽堂から全一一巻として刊行したのが本書『考証前賢故實』である。

巻二には天智朝から平城朝までの賢人・忠臣などが挙げられており、そのなかに『日本書紀』の編纂《へんさん》にかかわった、天武第三皇子で、天智天皇の女《むすめ》である新田部皇女《にいたべのひめみこ》を母とし、藤原不比等《ふひと》の死後に知太政官事《ちだいじょうかんじ》に任じられた舎人《とねり》親王（六七六―七三五）がみえる。略伝にも「書紀三十巻」を撰した旨が記され、舎人自身が詠んだとされる『万葉集』一七〇六番歌「ぬばたまの夜霧は立ちぬ衣手の高屋の上にたなびくまでに」が肖像に添えられている。

なお、容斎が『前賢故實』において表現した肖像画は、その後の歴史画家の手本となるなど、大きな影響を与えており、そのうちの一人に月岡芳年《つきおかよしとし》がいる。（吉永）

15 日本書紀《にほんしょき》 巻二九・三〇

二冊
縦二五・四cm 横一八・四cm
江戸時代（寛文《かんぶん》九年〈一六六九〉）
島根・当館

日本最初の正史で、養老《ようろう》四年（七二〇）に完成し、舎人《とねり》親王が奏上した『日本書紀』の版本。全三〇巻で、神代から持統朝までを編年体で記している。そのうち、巻二九・三〇はそれぞれ天武治世下の天武二年（六七三）から朱鳥《しゅちょう》元年（六八六）まで、持統称制前紀から治世下の持統十一年（六九七）までを記している。『日本書紀』の編纂《へんさん》にあたっては、天武十年（六八一）三月に天武天皇が川島皇子ら一二名に対し、帝紀（天皇ごとの即位や宮号、后妃子女や治世下における若干の事績を記したものか）と上古諸事（説話・伝承の類か）を記録させることを命じ、中臣大島・平群《へぐりの》小首《こびと》が執筆記録したこと、持統五年（六九一）八月に大三輪・雀部《さざきべ》・石上《いそのかみ》・藤原・石川・巨勢《こせ》・膳部《かしわで》・春日・上毛野《かみつけの》・大伴・紀伊・平群・羽田・阿倍・佐伯・采女《うねめ》・穂積・安曇《あずみ》ら一八氏の墓記（祖先の事績を記したものか）を提出させたことがみえており、長期間を有したことがわかる。なお、寛文九年（一六六九）版のものは、慶長《けいちょう》十五年（一六一〇）に刊行された慶長古活字本に返点・訓点を加えた寛永版本を、さらに整版して刊行したもので、江戸時代に流布した版本の祖とされる。（吉永）

16 令集解《りょうのしゅうげ》 巻三一

一冊
縦二七・二cm 横一九・〇cm
江戸時代（十七～十九世紀）
島根・島根県立図書館

養老《ようろう》年間（七一七～七二四）に成立し、天《てん》

平宝字《ぴょうほうじ》元年（七五七）に施行された養老令の私的注釈書で、明法《みょうほう》家である惟宗直本《これむねのなおもと》の編とされる。直本は讃岐国香川郡に本拠を構えた渡来系氏族出身で、明法道を学び、延喜《えんぎ》七年（九〇七）には主計頭兼明法博士であったことが知られるが、『令集解』で引用される格式《きゃくしき》が弘仁《こうにん》のものであることから、貞観《じょうがん》格式が施行される前の九世紀半ばに『令集解』が撰述されたと考えられる。そのうち、勅命である詔書の書式や発布手続きについて規定した公式《くしき》令1詔書条にある詔書冒頭に記す天皇表記の一つである「明神御大八洲天皇詔旨」についての注釈部分で、古記（大宝令の注釈書）の問答を引用するなかに「日本書紀巻第一」という文言がみえる。古記自体は天平十年（七三八）に成立したものと考えられるため、『続日本紀』養老四年（七二〇）五月癸酉条には「日本紀」としかみえないが、早くから「日本書紀」という呼称も用いられていたことがわかる。なお、本書では「大事」という文言が重出したためか、「者〈未収〉古記云御宇御大八洲者並宜大事之」（〈 〉は割書部分）の約一六字、一行分が脱落している。

（吉永）

17 万葉集《まんようしゅう》　巻一

一冊

縦二六・二cm　横一九・〇cm

江戸時代（文化《ぶんか》八年〈一八一一〉）

島根・島根県立図書館

舒明《じょめい》朝から淳仁朝までの約一三〇年間の長歌《ちょうか》、短歌など、四五〇〇首余りを収めた歌集で、大伴家持《おおとものやかもち》（―七八五）の編とされる。全二〇巻のうち、巻一は『万葉集』の三大部立の雑歌《ぞうか》・相聞《そうもん》・挽歌《ばんか》のうち、雑歌（相聞・挽歌に含まれない、くさぐさの歌）のみが収められ、おおむね年代順に配列されている点や天皇や皇子女、諸王臣とその周辺の人物の作が多いという点が特徴として挙げられる。舒明天皇が讃岐国安益《あや》郡に行幸した際、軍王が詠んだとされる五番歌とその反歌（長歌の後に添えられた短歌のこと）である六番歌の左注によると、『日本書紀』には天皇が讃岐国に行幸した記載はなく、軍王も未詳だが、山上《やまのうえの》憶良《おくら》が撰録した『類聚歌林』には「記」（「紀」に通用し、『日本書紀』のこと）の舒明十一年十二月壬午条にみえる「伊予温湯宮」への行幸の際、もしかすると伊予国から讃岐国に立ち寄ったかと記されている。

（吉永）

18 万葉集《まんようしゅう》　巻二

一冊

縦二六・二cm　横一九・〇cm

江戸時代（文化《ぶんか》八年〈一八一一〉）

島根・島根県立図書館

巻二は前半に相聞《そうもん》（相手の様子を尋ねる恋愛の歌）、後半に挽歌《ばんか》（死を悲しむ歌）が収められ、巻一と同様におおむね年代順に配列され、天皇や皇子女、諸王臣とその周辺の人物の作が多いという特徴がある。そのうち、『古事記』允恭《いんぎょう》段にみえる軽太子《かるのおおみこ》とその妹の軽太《かるのおお》郎《いらつ》女《め》の悲恋のなかで、軽太郎女（衣《そ》通王《とおりのみこ》）が詠んだとされる九〇番歌の左注に「日本紀」の文言が確認できる。『万葉集』、しかも大伴氏の歌集的性格がみえず、公的性格が色濃く残る巻一・二に「日本書紀」と「日本紀」という二つの呼称が確認できることから、早くに「日本紀」と「日本書紀」は同一のものとして通用していたと考えられる。なお、軽太子と軽太郎女の悲恋は、『日本書紀』允恭二十三年三月庚子条・同二十四年六月条にもみえ、軽大娘皇女（軽太郎女）が伊予に流された際に、軽太子が歌二首を詠んでいる。伊予に流される対象が異なり、歌主も異なるため、『日本書紀』に『万葉集』九〇番歌はみえない。

（吉永）

19 古事記《こじき》　下

一冊

縦二五・九cm　横一七・八cm

江戸時代（寛永《かんえい》二十一年〈一六四四〉）

島根・当館

日本最古の歴史書である『古事記』の版本で、吉田卜部《うらべ》家に伝来した卜部系写本を参照して刊行されたもの。『古事記』序には、天武の命で稗田阿礼《ひえだのあれ》が暗誦した天皇家系譜や伝承を、元明天皇の命をうけ、太安万侶《おおのやすまろ》が筆記し、和銅《わどう》五年（七一二）に献上したと記されている。神話からなる上巻、神武段から応神段までの中巻、仁徳段から持統段までの下巻の三巻構成で、上巻にいわゆる出雲神話が多くみえる。そのうち、下巻の允恭《いんぎょう》段には天皇崩御後、木梨之軽太子と軽大郎女《かるのおおいらつめ》の恋愛、軽太子と穴穂皇子《あなほのみこ》の皇位争いが記され、最終的に軽太子が伊予に流された後、軽大郎女（衣《そ》通《とおりの》王《みこ》）が伊予まで追いかけて詠んだ歌として『万葉集』九〇番歌と同じものが収められている。

なお、寛永二十一年版は、京都二条通観音町の風月宗智刊行のものと洛陽書林の前川茂右衛門刊行のものがあり、前者が初版、後者が後摺版で、本書は後者の前川刊行本である。

（吉永）

20 ◎水鳥形埴輪　池田古墳出土

三体

（最大のもの）高八四・四cm

古墳時代中期（五世紀前葉）

兵庫・兵庫県立考古博物館

但馬《たじま》地域の最有力首長を葬った池田古墳（兵庫県朝来《あさご》市／前方後円墳／全長一三四・五m）から出土した、水鳥形埴輪である。同古墳の造り出し周辺には、三〇体もの水鳥形埴輪が樹立されていた。古墳の裾まわりに立て並べてあり、周濠に水が溜まるとあたかも水鳥たちが水面に浮かんでいるようにみえる情景が演出されていたようだ。

造形のモチーフは、最大の個体〈写真中〉がオオハクチョウ、小型の個体〈写真左・右〉が雁鴨類とみられる。翼や頭部の表現は写実的で、個体ごとに微妙に造形が異なっている。〈写真右〉は四羽の小鳥を伴っている点が特徴だが、実際の渡り鳥の雁鴨類にはこのような習性がない。おそらくカイツブリなどの、小鳥を背に乗せる他種のイメージを重ねあわせた表現とみられる。

物いわぬ皇子ホムツワケが、大空を飛び渡る白鳥の姿を見て初めて言葉を発したと『古事記』や『日本書紀』の伝承に語られるように、季節に応じて飛来する渡り鳥に対し、古代の人々は特別な霊性を感じていた。そして美しい白鳥は諸国から差し出される貢納品であり、王の権力や聖性を示すものでもあった。大和・河内の大王陵や王権中枢の有力者を葬った前方後円墳には、水鳥をかたどった埴輪が多数樹立され、被葬者の死後の身辺を飾ったのである。

「出雲国造神賀詞《かんよごと》」奏上儀礼では、出雲国造が天皇に献上する優れた品々のなかに白鳥が含まれる。そして現在でも、中海・宍道湖は越冬するコハクチョウの飛来地南限であり、歴史的にみて出雲と白鳥はとてもゆかり

が深い。（松尾）

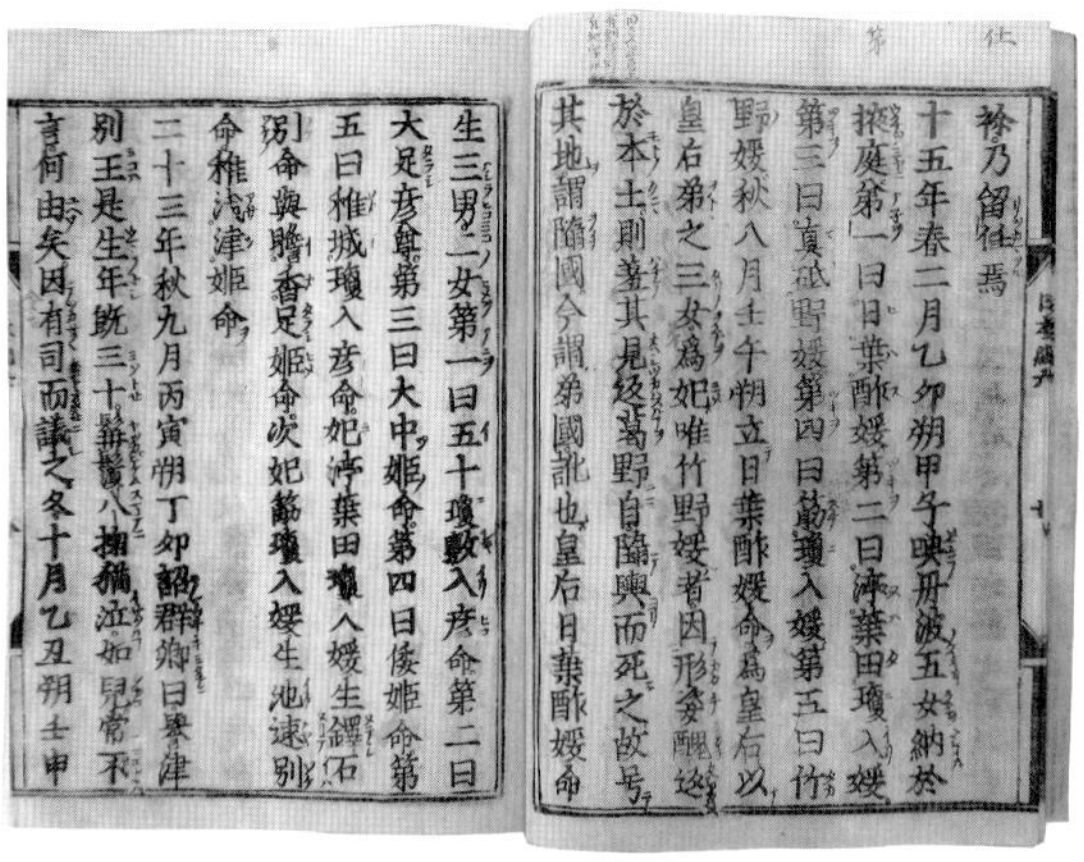
祢乃留仕焉
十五年春二月乙卯朔甲子喚丹波五女納於
掖庭第一曰日葉酢媛第二曰渟葉田瓊入媛
第三曰真砥野媛第四曰薊瓊入媛第五曰竹
野媛秋八月壬午朔立日葉酢媛命為皇后以
皇后弟之三女為妃唯竹野媛者因形姿醜返
於本土則羞其見返葛野自堕輿而死之故号
其地謂堕国今謂弟国訛也皇后日葉酢媛命
生三男二女第一曰五十瓊敷入彦命第二曰
大足彦尊第三曰大中姫命第四曰倭姫命第
五曰稚城瓊入彦命妃渟葉田瓊入媛生鐸石
別命與膽香足姫命次妃薊瓊入媛生池速別
命稚浅津姫命
二十三年秋九月丙寅朔丁卯詔群卿曰誉津
別王是生年既三十髯鬚八掬猶泣如児常不
言何由矣因有司而議之冬十月乙丑朔壬申

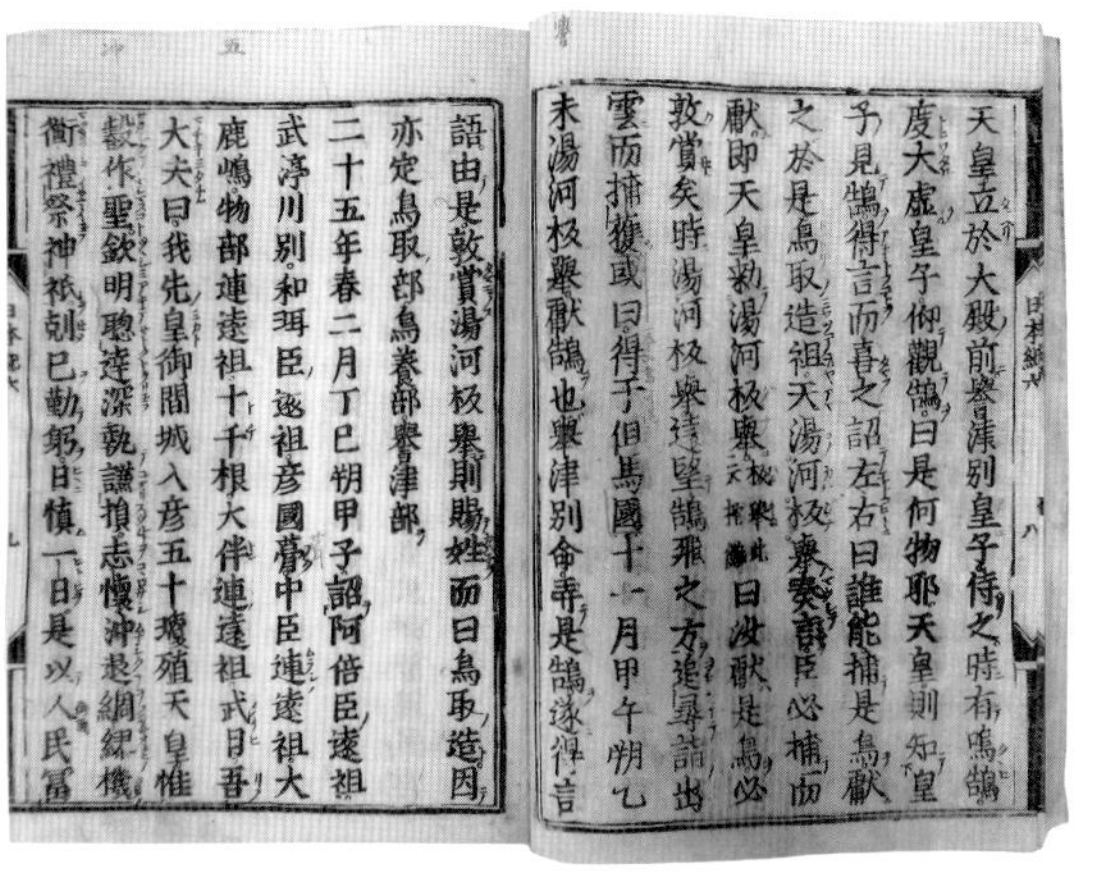
天皇立於大殿前誉津別皇子侍之時有鳴鵠
度大虚皇子仰観鵠曰是何物耶天皇則知皇
子見鵠得言而喜之詔左右曰誰能捕是鳥献
之於是鳥取造祖天湯河板挙奏言臣必捕而
献即天皇勅湯河板挙〈板挙此云拕儺〉曰汝献是鳥必
敦賞矣時湯河板挙遠望鵠飛之方追尋詣出
雲而捕獲或曰得于但馬国十一月甲午朔乙
未湯河板挙献鵠也誉津別命弄是鵠遂得言
語由是敦賞湯河板挙則賜姓而曰鳥取造因
亦定鳥取部鳥養部誉津部
二十五年春二月丁巳朔甲子詔阿倍臣遠祖
武渟川別和珥臣遠祖彦国葺中臣連遠祖大
鹿嶋物部連遠祖十千根大伴連遠祖武日曰
大夫曰我先皇御間城入彦五十瓊殖天皇惟
叡作聖欽明聡達深執謙損志懐沖退綢繆機
衡礼祭神祇剋己勤躬日慎一日是以人民富

参考 『日本書紀』巻六 垂仁二十三年九月丁卯条・十月壬申条・十一月乙未条

II．ノミノスクネ伝承—相撲の祖—

21 前賢故實《ぜんけんこじつ》 巻一

一冊
縦一七・二cm 横一二・一cm
明治時代（明治三十六年〈一九〇三〉）
島根・島根大学附属図書館

巻一には斉明朝までの賢人・忠臣などが挙げられており、そのなかに垂仁朝の人物として野見宿禰《のみのすくね》が挙げられている。略伝には「出雲国人」「膂力絶倫」と記され、當麻蹶《たいまのくえ》（蹴《け》）速《はや》との力競べや垂仁皇后である日葉酸《ひばす》（酢）媛《ひめ》の薨去の際に殉死を改め、埴輪をつくらせたという伝承を載せている。肖像は、相撲の取り組み前を思わせる腰を落とした状態で描かれている。なお、略伝部分の末尾に割書で「書紀」「続記」とみえるが、これは『日本書紀』垂仁七年七月乙亥条・同三十二年七月己卯条、『続日本紀』天応元年（七八一）六月壬子条に野見宿禰にかかわる記事がみえることを示すものと思われ、それぞれ蹴速との力競べ、埴輪の創始、土師から菅原への改姓が記されている。とりわけ『続日本紀』では改姓を求める土師古人《ふるひと》らが、土師の祖は天穂日《あめのほひの》命《みこと》で、その十四世孫が野見宿禰であると述べている。『前賢故實』そのものについては、作品No.14を参照。（吉永）

22 日本書紀《にほんしょき》 巻六

一冊
縦二五・四cm 横一八・四cm
江戸時代（寛文《かんぶん》九年〈一六六九〉）
島根・当館

巻六には垂仁朝の記事が収められている。そのうち、垂仁七年七月乙亥条に出雲国の「勇士」野見宿禰《のみのすくね》がみえる。記事の内容を要約すると、「勇悍士」とも「天下之力士」ともされる當麻《たいま》邑の當麻蹶《くえ》（蹴《け》）速《はや》が「争力《ちからくらべ》」を申し出たので、垂仁天皇が蹴速にならぶ者がいないかと問うたところ、ある臣下が出雲国の「勇士」野見宿禰を召し、蹴速と対戦させてはどうかと進言した。そこで、倭直《やまとのあたい》の祖である長尾市《ながおち》を出雲国に派遣し、野見宿禰を召し、蹴速と野見宿禰で「捔力《ちからくらべ》」をさせることになった。両名は相対して立ち、それぞれ足を挙げて蹴りあったところ、野見宿禰が蹴速の脇骨を折り、その腰も踏み砕いて、蹴速を殺してしまった。そのため、勝利した野見宿禰に蹴速が治めていた土地を与え、野見宿禰は留まって天皇に仕えたとされる。この記事の「争力」「捔力」からは、足で蹴りあう様子が確認でき、現在の相撲とは大きく異なることがうかがえる。なお、寛文九年版『日本書紀』については、作品No.15を参照。（吉永）

23 類聚国史《るいじゅうこくし》 巻七三

一冊
縦二六・三cm 横一八・六cm
江戸時代（文化《ぶんか》十三年〈一八一六〉）
島根・当館

菅原道真《すがわらのみちざね》（八四五—九〇三）の編になる、編年体の六国史《りっこくし》の記事を内容ごとに分類し編集したもの。『菅家御伝記』によると、寛平《かんぴょう》四年（八九二）に奏上されたもので、本文二〇〇巻に目録二巻、帝王系図三巻が付されていたことがわかるが、現在六二巻が伝わるにすぎない。そのうち、巻七三は歳時部三で、三月三日、五月五日、七月七日、相撲節の項目が収められており、そのなかの相撲の項目の冒頭に『日本書紀』垂仁七年七月乙亥条、すなわち當麻蹶《たいまのくえ》（蹴《け》）速《はや》と野見宿禰《のみのすくね》の「捔力《ちからくらべ》」がみえる。これは、遅くとも平安時代中期には蹴速と野見宿禰の「捔力」が相撲の起源と考えられていたことを示唆する。また、七月七日の項目の冒頭に『続日本紀』天平《てんぴょう》六年（七三四）七月丙寅条の聖武天皇による相撲観覧がみえるように、七月に相撲が行われることは、ほかにも『日本書紀』皇極元年（六四二）七月乙亥条や天武十一年（六八二）七月甲午条などで確認でき、七世紀には遡るといえる。なお、本書は文化十三年版のもので、これは仙石政和《せんごくまさかず》が校刊した木版本である。（吉永）

24 日本書紀《にほんしょき》 巻六

一冊
縦二六・〇cm 横一八・一cm
江戸時代（享和《きょうわ》三年〈一八〇三〉）
島根・当館

垂仁三十二年七月己卯条に埴輪の起源譚《たん》があり、そこに野見宿禰《のみのすくね》が登場する。内容を要約すると、垂仁皇后の日葉酢《ひばす》媛命《ひめのみこと》が薨去したので、埋葬するにあたり、どのような葬礼をすればよいかと垂仁天皇が問うたところ、野見宿禰が殉死はよろしくないので、ほかのよい方法を考えて奏上したいと進言した。そこで、野見宿禰は使者を派遣して出雲国の土《はに》部《べ》一〇〇人を召し、土で人や馬などさまざまな形をつくらせ、天皇にそれを献上して、殉死のかわりに「土物《はにもの》」を墓にたてたいと申したところ、天皇は喜んで、土物を日葉酢媛命の墓にたて、今後は墓に土物をたてるように命じ、野見宿禰に土地を与えるとともに宿禰を土部職《はじのつかさ》に任命し、土部臣に改姓させたとされる。これが天皇の喪葬を土部連が掌る所以で、野見宿禰が土部連の祖とされる理由である。ただし、考古学的見地から、日本列島において大量の殉死が行われていたことはうかがえず、また形象埴輪が円筒埴輪に先行するとはいえないため、あくまで土師氏の祖先顕彰を図った伝承だといえる。なお、本書は、備中国小田郡笠岡（現在の岡山県笠岡市）の神職で国学者でもあった小寺清先《こでらきよさき》（一七四八一八二七）が訓点を加え、寛政《かんせい》六年（一七九四）に刻したものを享和三年に須原屋茂兵衛らが求版して刊行した『校正日本書紀』である。（吉永）

25
新撰姓氏録《しんせんしょうじろく》　上中下

三冊
縦二五・五㎝　横一七・九㎝
江戸時代（寛文《かんぶん》八年〈一六六八〉）
島根・当館

弘仁《こうにん》六年（八一五）につくられた、京および畿内にいる氏族の始祖やその由来・伝承、後裔氏族や改姓などを記した台帳というべきもの。出自により、皇別・神別・諸蕃に分類され、そのうち山城国神別に土師宿禰《はじのすくね》がみえ、天穂日命《あめのほひのみこと》十四世孫の野見宿禰《のみのすくね》を始祖としている。この所伝は『続日本紀』天応《てんのう》元年（七八一）六月壬子条に「土師之先、出自天穂日命、其十四世孫、名曰野見宿禰」と確認できる。また、土師宿禰の次に出雲臣がみえ、同神（天穂日命のこと）の子である天日名鳥命《あめのひなとりのみこと》を祖としているが、これは土師宿禰の始祖伝承と考えあわせれば、『続日本紀』延暦十年（七九一）九月丁丑条に「出雲臣祖人言、臣等本系、出自天穂日命、其天穂日命十四世孫曰野見宿禰」とあるのと合致するといえる。なお、本書は、医師で神道や国学の学者でもあった白井宗因《しらいそういん》が訓点を施し、寛文八年に刊行した版本である。（吉永）

26
播磨国風土記《はりまのくにふどき》

一冊
縦二四・九㎝　横一七・三㎝
江戸時代（安政《あんせい》七年〈一八六〇〉）
島根・当館

和銅《わどう》六年（七一三）五月に出された、いわゆる「風土記」撰進命令をうけ、作成された播磨国（現在の兵庫県西南部）の地誌の写本。本文中の「里」表記から、国郡里制段階のもので、霊亀《れいき》三年（七一七）の郷里制施行以前に完成したと考えられる。『播磨国風土記』には、揖保《いいぼ》郡枚方《ひらかた》里佐比岡の地名由来としてみえる神尾山に坐す出雲大神がそこを通過しようとする出雲国の人々の邪魔をするため、出雲国の人々が佐比（鍬）をつくって祭った伝承や同郡桑原里琴坂の地名由来としてみえる出雲からやってきた男性が坂で休憩していたところ、水田を耕している女性をみて、その女性の気をひくために琴を弾いたという伝承など、出雲と播磨の往来を伝える説話が多くある。そのひとつに、揖保郡日下部《くさかべ》里立野《たつの》の地名由来として土師弩美宿禰《はじののみのすくね》が出雲・播磨間を行き来し、日下部野で没したため、出雲から人々がやって来て墓を築いたという伝承がある。この土師弩美宿禰が野見宿禰のことで、兵庫県たつの市にある野見宿禰神社として祀られている古墳が野見宿禰の墓だと伝えられている。（吉永）

27
○相撲小像付須恵器壺《すもうしょうぞうつきすえきつぼ》　勝手野《かつての》六号墳出土

一点
高五四・三㎝
飛鳥時代（七世紀後半）
兵庫・兵庫県立考古博物館

終末期古墳である勝手野六号墳（兵庫県小野市／円墳／直径約一一ｍ）の横穴式石室前庭部から出土した装飾つきの須恵器壺。石室入口の左右に、二個一対で立てられていたうちの一つ。

高い器台状の脚部に壺が乗った形を一体的に表現したものだが、実は壺部の底は抜けており実用の器の機能をもたない。葬送儀礼のためにつくられた、特殊な器種である。こうした用途と特徴は出雲型子持壺（作品No.１・２）と共通しており、播磨と出雲の交流を示すものとする説もある。

本品の特徴は、壺部肩につばのような張り出しを設け、狩猟の場面（猪・鹿・騎馬人物）、対面する男女、相撲の情景を表現した小像が付されている点である。相撲の場面で組みあう二体の男性像は明らかに優劣があり、鼻の表現が無い方〈左〉は、隆起した鼻をもつ方〈右〉に頭を押さえられ、今にも倒れそうな姿勢を取っている。その両者を、右側から行司役のような人物が見守る構図となっている。『日本書紀』垂仁七年七月乙亥条にみえる野見《のみの》宿禰《すくね》伝承を想起させる場面であり、こうした小像群が全体で一つのストーリーを物語っているのであろう。

このような装飾小像を付した須恵器壺は播磨地域に多く分布しており、相撲の起源伝承にまつわる播磨と出雲との関係をうかがわせるものともいえる。（松尾）

28
○相撲小像付須恵器壺《すもうしょうぞうつきすえきつぼ》　めんぐろ古墳出土

一点
高四二・三㎝
古墳時代後期（六世紀前半）
個人（当館寄託）

作品No.27と同様に、相撲の場面を表す小像を付した壺で、島根県内では稀少な装飾付須恵器である。なお壺部と四つの子壺は、いずれも底部は抜けておらず液体を溜めることが可能な「実用的な」器形ではあるが、葬送専用品とみられる。

これが出土しためんぐろ古墳（浜田市治和町）は石見地域で最初に横穴式石室を導入した首長墳であり、金銅装および鋳銅製の馬具、護拳帯《ごけんたい》飾りのついた大刀などの優れた器財が副葬されていた。古墳の所在地名「三宅」が示唆するように、この地には六世紀代に進展したヤマト王権の地域支配拠点（ミヤケ）が置かれ、被葬者はその経営を担った地域首長であったと考えられる。

壺部の肩には小像と子壺が四箇所ずつ配されており、小像は相撲場面のほかに騎馬（人物は脱落）・犬である（残る一つは脱落して不明）。これらは総じて狩猟の場面であった可能性があろう。相撲で組みあった二人の人物は頭の美豆良《みずら》と性器の表現からみて男性であり、性器表現の粘土塊に極端な大小差が認められる。これを意図的なものとみれば、勝手野六号墳の例（作品No.27）と同様に、二人の優劣を表現したものの可能性がある。（松尾）

29
芳年武者無類《よしとしむしゃぶるい》　野見宿祢《のみのすくね》・當麻蹶速《たいまのけはや》

一枚
月岡芳年
縦三五・二㎝　横二四・〇㎝
明治時代（明治十年〈一八七七〉）
島根・当館

『日本書紀』垂仁天皇七年七月乙亥（七日）条に記される出雲国の野見宿禰と大和国當麻村の當麻蹶速の力競べの様子を描いた図。二人は足を挙げて蹴りあい、野見宿禰は蹶速の脇骨を砕き、腰を踏みくじいたと記されている。この力競べは国譲り神話におけるタケミナカタとタケミカヅチの稲佐浜の力競べとともに相撲の起源を語るものとされているが、足で蹴りあうなど、現在の相撲とは異なるものであったことがわかる。

月岡芳年《つきおかよしとし》（一八三九―一八九二）は幕末から明治前期にかけての絵師。歴史絵、役者絵などで知られる。（品川）

30 大日本大相撲勇力関取鏡《だいにほんおおずもうゆうりきせきとりかがみ》

三枚一組
一恵斎芳幾
縦三六・五㎝　横二四・五㎝
江戸時代（万延《まんえん》元年〈一八六〇〉）
島根・当館

古代から幕末、および神話上の著名力士を描いた図。「本朝相撲節会之始」として、野見《のみの》宿禰《すくね》と當麻蹴速《たいまのけはや》、「勝負緒之始」として、文徳天皇の皇位継承者を相撲によって決定したとの逸話に基づき、その相撲を取った紀名虎《きのなとら》と伴《とものよしお》 善男が描かれている。

古代において七月七日に、全国から相撲人を集めて国家の儀礼として宮中で相撲が行われた。これが相撲節会《すまいのせちえ》である。野見宿禰と當麻蹴速の力競べが七月七日に行われたとされるが、このことは相撲節会の起源として二人の力競べの伝承が組み入れられたことを推定させる。

力士のなかには、出雲にゆかりのある釈《しゃ》迦《か》ヶ嶽《がたけ》雲《くも》右衛《え》門《もん》、雷電為《らいでんため》右衛《え》門《もん》、稲妻雷五郎《いなづまらいごろう》、秀《ひで》ノ《の》山雷五郎《やまらいごろう》が描かれている。

一恵斎《いっけいさい》（落合・歌川）芳幾《よしいく》（一八三三—一九〇四）は幕末から明治にかけての絵師。月《つき》岡芳年《おかよしとし》と同様に、歌川国芳《うたがわくによし》に師事した。

（品川）

31 大日本大相撲勇力関取鏡《だいにほんおおずもうゆうりきせきとりかがみ》

六枚一組のうち三枚
歌川国輝（二代）
縦三七・三㎝　横二五・七㎝
江戸時代（慶応《けいおう》三年〈一八六七〉）
島根・当館（周藤コレクション）

古代から幕末、および神話上の著名力士を描いた図。「神代」としてタケミカヅチとタケミナカタ、「相撲節会之始」として野見宿禰《のみのすくね》と當麻蹴速《たいまのけはや》、「勝負緒之始」として、紀名虎《きのなとら》と伴《ともの》善男《よしお》が描かれている。

また、力士のなかには松江藩お抱えの釈迦ヶ嶽雲右衛門も描かれている。

歌川国輝《うたがわくにてる》（一八三〇—一八七四）は幕末から明治初年にかけての絵師。相撲絵、開化絵、鉄道絵などで知られる。

（品川）

32 相撲起顕《すもうきげん》　首巻

一冊
縦二六・〇㎝　横一八・〇㎝
江戸時代（天保《てんぽう》十三年〈一八四二〉）
島根・当館

江戸の番付版元である三河屋による番付などをまとめた書。初輯は天保九年（一八三八）に発刊されている。本書では国譲りにおけるタケミナカタとタケミカヅチの力競べを「神代に角力《かくりょく》始まりて」と記し、野見宿禰《のみのすくね》と當《たい》麻蹴速《まのけはや》との力競べを「角力の濫觴」としている。また、アマテラスが天磐戸に籠もったときに、タヂカラヲがこの磐戸を信濃に投げ飛ばし、力神の祖神、戸隠大明神として祀られたという伝承も記されている。

（品川）

33 禁裏節会相撲之図《きんりせちえすまいのず》

一幅
縦三三・五㎝　横四二・四㎝
江戸時代（十七～十九世紀）
島根・当館

石清水《いわしみず》八幡宮（京都府八幡市）の放生会《ほうじょうえ》での相撲の様子を描いたと想定される作品。中央で取り組みを行う犢鼻褌《とうさぎ》（褌）姿の相撲人、その左右には進行をつかさどり相撲人の髪の乱れなどを整える相撲長、相撲人を立ち会わせる立合《たちあわせ》（現在の行司に近い役割）、勝負がついたときに矢を地面につきたてる役割をもつ籌刺《かずさし》、勝負の後に行われる舞楽をなす楽人などの姿が描かれている。『長秋記』保延《ほうえん》元年（一一三五）八月十五日条の記述によれば、この相撲に基本的には相撲節会の相撲人が参加していたことがわかり、紫宸殿《ししんでん》（南殿《なでん》）で行われていた相撲節会の形式に倣《なら》ったものと考えられる。

（品川）

34-1 相撲古図《すまいのこず》

一巻
縦三六・〇㎝
室町時代（十五世紀）
島根・当館

34-2 相撲古図《すまいのこず》

一巻
縦三二・〇㎝
江戸時代（弘化《こうか》二年〈一八四五〉写）
島根・当館

平安時代の相撲の様子を伝えるとされるもの。室町時代本（作品No.34—1）によれば土《と》佐光弘《さみつひろ》の模写、弘化二年書写本（作品No.34—2）によれば平安時代後期に藤原基光《ふじわらのもとみつ》と巨勢《こせの》公望《きんもち》が描いたものを村田嘉言《むらたよしこと》が模写したとされる。準備する相撲人の様子、相撲人が勝った後に勝利した側の立合《たちあわせ》が弓を背負って舞う立合の舞（弓取式の原型とみる説もある）、取組の様子などが描かれている。また相撲人は犢鼻褌《とうさぎ》に紐小刀を差し、烏帽子《えぼし》、狩衣《かりぎぬ》を着用するものの、袴《はかま》をはかない姿で描かれている。

（品川）

35 出雲国造家系譜考《いずもこくそうけけいふこう》

一冊
縦二八・五㎝　横二一・五㎝
江戸時代（貞享《じょうきょう》三年〈一六八六〉）
島根・千家家

出雲国造第一世天穂日命《あめのほひのみこと》から第五十五世清孝《きよのり》にいたる代々の国造の事跡などを紹介した書。作者は江戸時代前期に『出雲水青《みつはる》随筆』をはじめ出雲大社《いずもおおやしろ》に関する多くの著作を残すとともに、唯一神道に復帰した（神仏分離を果たした）寛文度の出雲大社造営を主導した佐草自清《さくさよりきよ》。

本書によれば十四世襲髄命《そすねのみこと》の項に『新撰《しんせん》姓氏録《しょうじろく》』や垂仁七年の力競べなどの記事を引きながら、「思、夫襲髄命者野見宿禰之兄弟乎」と記している。現在の出雲大社では、野見宿《のみのすく》禰《ね》は十三世襲髄命の別称とされているが、いずれにせよ、出雲国造家と相撲の祖としての野見宿禰が同じ血筋と意識されていることがうかがえる。

（品川）

36 懐橘談《かいきつだん》　乾

一冊
縦二五・八㎝　横一八・五㎝
江戸時代（十八世紀）
島根・当館

承応《じょうおう》二年（一六五三）の序をもつ松江藩の儒者、黒沢石斎《くろさわせきさい》による出雲国の地誌。その来《き》待《まち》条には、野見宿禰《のみのすくね》を天穂日《あめのほひ》十四世孫とし、當麻蹴速《たいまのけはや》との力競べ伝承、埴輪起源伝承が記されている。来待には、菅原天満宮が鎮座しており、社伝によれば『播磨国風土記』に記される野見宿禰の墓（出雲の墓屋）から分骨したとされる墓が伝えられている。なお余談だが、菅原道真《すがわらのみちざね》は来待で生まれたとの伝承もある。

（品川）

37
寛政《かんせい》三年《さんねん》上覧《じょうらん》相撲《ずもう》絵巻《えまき》

一巻
縦二七・〇cm
江戸時代（十九世紀）
島根・当館

寛政三年（一七九一）六月に初めて行われた、江戸城吹上《ふきあげ》苑での第十一代将軍徳川家斉《いえなり》の上覧相撲の様子を描いた絵巻。取組に先立ち、相撲の故実に詳しい家とされた吉田《よしだ》司家《つかさ》十九世吉田追風《おいかぜ》による土俵開き（方屋《かたや》開き）、土俵入り、取組、当時の人気力士の小野川（最高位大関・横綱免許）・谷風（最高位大関・横綱免許）などが描かれ、また上覧相撲の勝負附などが記されている。この上覧相撲の際、松江藩お抱え力士の雷電為右衛門は陣幕島之助《じんまくしまのすけ》（現愛媛県出身・最高位大関）にのどづめ（のどわ）で敗れている。

十七世紀半ば、辻相撲や寺社の勧進のための相撲は禁止された。しかし元禄《げんろく》期になり人々の娯楽的要望に応えるために幕府は条件つきながら勧進相撲を許可し、江戸・京・大坂などで勧進相撲が再開した。そして寛保《かんぽう》二年（一七四二）に江戸の勧進相撲興行が解禁され、勧進元も寺社や興行師から相撲取出身の頭取や年寄が中心となり、参加する相撲取も一定し、興行としての連続性も確保されるようになった。こうして相撲興行の組織も整い、相撲取の渡世の手段として、また人々の娯楽として勧進相撲は定着することになる。いわば現在の大相撲の原型が確立したのである。

この相撲興行をさらなる隆盛へとむかわせたのが徳川家斉の上覧相撲であった。この相撲は吉田司家の故実にのっとって行われ、十九世追風は、当時人気の東西両大関、小野川・谷風の取組の行司を務めている。この上覧相撲の成功により、勧進相撲は将軍も観戦するほどの格式をもった技芸として認められ、また小野川、谷風、松江藩お抱えの雷電為右衛門などの人気力士の存在もあり、相撲は隆盛を極めていったのである。
（品川）

38
釈迦ヶ嶽雲右衛門《しゃかがたけくもえもん》と女

一枚
磯田湖龍斎
縦七〇・〇cm　横一二・〇cm
江戸時代（十八世紀）
島根・当館

松江藩お抱え力士、釈迦ヶ嶽雲右衛門（最高位大関）が人差し指のみで女性をもち上げている姿を描く。身丈六尺八寸（約二〇六cm）、掌《てのひら》九寸五分（約二九cm）、足裏一尺三寸（約三九cm）、目方三拾八貫目余（約一四三kg）、「一度ニ飯三升ヲ食」と記され、作品No.39に比すと若干小ぶりだが、それでもその巨大さがわかる。

釈迦ヶ嶽雲右衛門は安来市出身。明和《めいわ》五年（一七六八）ごろ、大坂相撲に大鳥居《おおとりい》雲右衛門の四股名《しこな》で、同七年（一七七〇）十一月、江戸相撲に釈迦ヶ嶽の四股名で、どちらも大関として登場した。看板大関としてデビューしたはずの釈迦ヶ嶽だが、幕内通算成績二三勝三敗一分一預で実力もあった。安永《あんえい》四年（一七七五）、現役で亡くなったが、命日が二月十四日、もしくは十五日（釈迦の命日とされる）とされ、釈迦に縁があると評判になったと伝えられている。

磯田《いそだ》湖龍斎《こりゅうさい》は明和から天明《てんめい》年間（一七六四～一七八九）に活躍した絵師。
（品川）

39
勧進《かんじん》相撲《ずもう》古今《ここん》五虎《ごこ》 勝《しょう》 釈迦ヶ嶽雲右エ門《しゃかがたけくもえもん》

一枚
歌川豊国（三代）
縦三六・二cm　横二五・五cm
江戸時代（弘化《こうか》元年〈一八四四〉～弘化四年〈一八四七〉ごろ）
島根・当館

着物姿の釈迦ヶ嶽雲右衛門を描く。身丈七尺五寸（約二二七cm）と記され、その巨大さがわかる。「たけ高くおしふるも妙技釈迦ヶ嶽上なき峯のすまい竹かな」との歌が記されている。なお、錦絵は一種のプロマイドであり、人気力士など話題を呼ぶ力士や取組のものが多くつくられている。

釈迦ヶ嶽はその巨大さからか、「釈迦ヶ嶽二階から目へ差し薬」、「釈迦ヶ嶽額に鴫居蛸が出来」といった川柳も残されている。

歌川豊国《とよくに》（三代）は江戸時代後期の絵師で、初代歌川豊国に師事した。国貞《くにさだ》を名のっていたが、天明《てんめい》十五年（一八四四）に二代豊国（実際は三代、以下三代と記載）を称した。
（品川）

40
取組図《とりくみず》 雷電《らいでん》・大岬《おおみさき》

一枚
勝川春英
縦三三・〇cm　横二三・五cm
江戸時代（文化《ぶんか》五年〈一八〇八〉～文化八年〈一八一一〉ごろ）
島根・当館

41
化粧《けしょう》まわし姿《すがた》一人立《ひとりだち》 雷電為右エ門《らいでんためえもん》

一枚
勝川春英
縦三九・〇cm　横二七・〇cm
江戸時代（十八世紀末～十九世紀初）
島根・当館

雷電為右衛門（最高位大関）は、現長野県東《とう》御《み》市出身の松江藩お抱え力士。天明《てんめい》年間（一七八一～一七八九）に松江藩のお抱えとなり、寛政《かんせい》二年（一七九〇）十一月、関脇で江戸相撲に登場。同七年（一七九五）に大関に昇進。大関在位は二七場所（江戸相撲）で松江藩お抱え力士の代表格として黄金時代を築く。力士生活二一年で一〇敗しかしていない強豪力士だった（幕内通算成績二五四勝一〇敗二分一四預五無）。引退後は松江藩相撲頭取を務めた。

勝川《かつかわ》春英《しゅんえい》（一七六二―一八一九）は勝川春章《しゅんしょう》に師事した絵師で、武者絵、相撲絵などに多くの作品を残している。

作品No.40の大岬《おおみさき》（音右衛門《おとえもん》、後に丈右衛門《じょうえもん》）は現宮城県出身（とされる）力士。看板大関として初土俵を踏み、釈迦ヶ嶽同様、その後活躍している。
（品川）

42
雷電《らいでん》・千田川《せんだがわ》・柏戸《かしわど》

一枚
勝川春英
縦三八・五cm　横二二・五cm
江戸時代（寛政《かんせい》六年〈一七九四〉～文化《ぶんか》二年〈一八〇五〉ごろ）
島根・当館

雷電為右衛門とともに、松江藩お抱え力士の黄金時代を築いた千田川吉五郎《せんだかわきちごろう》と雷電の好敵手であった柏戸宗五郎《かしわどそうごろう》（最高位大関）を描く。千田川は現長崎県出身。寛政五年（一七九三）に松江藩お抱えとして江戸相撲に登場。同九年（一七九七）に関脇に昇進、文化二年（一八〇五）に玉垣額之助《たまがきがくのすけ》に改名。幕内通算成績一八九勝二九敗九分一〇預の強豪力士だったが、上位に雷電がいたため関脇に留まった。雷電引退後の文化九年（一八一二）に四三才で大関に昇進するも、一場所で引退した。

柏戸は現埼玉県出身。雷電との対戦成績は一勝五敗一分二預三無。
（品川）

43
土俵《どひょう》入《い》りの図《ず》
一枚
勝川春英
縦三三・〇cm　横二三・〇cm
江戸時代（寛政《かんせい》八年〈一七九六〉～享和《きょうわ》二年〈一八〇二〉ごろ）
島根・当館

松江藩お抱え力士の黄金時代を築いた千田川吉五郎、鳴滝文太夫《なるたきぶんだゆう》（最高位小結）などを描く。三枚一組の土俵入り図のうちの一枚と考えられる。鳴滝は現雲南《うんなん》市木次《きすき》町出身。天《てん》明《めい》六年（一七八六）、故郷にちなんだ日登《ひのぼり》の四《し》股名《こな》で江戸相撲に松江藩お抱えとして登場。その後、八頭関をへて寛政二年（一七九〇）に鳴滝に改名、同九年（一七九七）小結に昇進している。幕内通算成績九三勝一六敗一三分一〇預九無という強豪力士であったが、上位に雷電、千田川がいたため小結に留まった。文《ぶん》化《か》四年（一八〇七）に引退し、松江藩相撲頭取を務めた。なお、鳴滝の四股名《しこな》は松江藩出身力士に用いられたものである。

錦木塚右衛門《にしきぎつかえもん》（最高位大関）は現岩手県出身力士、花頂山五郎吉《かちょうざんごろきち》（最高位大関）は現山形県出身で、寛政五年（一七九三）には、小野川や雷電を破っている。雷電との対戦成績は二勝三敗一分、雷電に二勝しているのは花頂山のみである。（品川）

44
大相撲《おおずもう》相撲部屋《すもうべや》之《の》図《ず》
三枚一組
歌川国貞（初代）
縦三七・〇cm　横二五・四cm
江戸時代（天保《てんぽう》二年〈一八三一〉～天保六年〈一八三五〉ごろ）
島根・当館

瓢箪《ひさご》つなぎ文様の化粧まわしは松平不昧《ふまい》公が好んだ瓢箪を用いたもので、松江藩お抱え力士の象徴であった。錦絵から判断すれば、文《ぶん》化《か》年間（一八〇四～一八一八）末ごろから用いられたものと思われる。本作品では黒雲 龍《くろくもりゅう》五郎《ごろう》（中央）と朝風石之助《あさかぜいしのすけ》（左）がこの文様の化粧まわしをつけている。松江藩お抱え力士の稲妻雷五郎《いなづまらいごろう》の横綱免許後（お抱え力士では稲妻が唯一横綱免許を得ている）の西方力士の支度部屋を描いたもので、おそらく稲妻が横綱土俵入りの準備をしているところだと思われる。松江藩お抱え力士ではほかに、関《せき》ノ戸億右衛門《とおくえもん》、小松山冨吉《こまつやまとみきち》、頂仙之助《いただきせんのすけ》が描かれている。

朝風石之助（最高位幕下筆頭）は現松江市八束《やつか》町出身で稲妻の横綱土俵入りの際には太刀持ちを務めている。雷電の死後、松江の雷電（関）家に養子に入った。（品川）

45
化粧《けしょう》まわし姿《すがた》一人立《ひとりだち》 鳴滝忠五郎《なるたきちゅうごろう》
一枚
勝川春亭
縦三九・〇cm　横二五・八cm
江戸時代（文化《ぶんか》十二年〈一八一五〉～文化十五年〈一八一八〉ごろ）
島根・当館

鳴滝忠五郎は現雲南市木次《きすき》町出身の松江藩お抱え力士。文化二年（一八〇五）二月までには御所浦《ごしょのうら》の四股名《しこな》で松江藩お抱えとなり、同九年（一八一二）入幕、同十年（一八一三）松江藩お抱え力士につけられる鳴滝を襲名した。最高位は関脇、幕内通算成績は四五勝一一敗六分一預。ただし大坂相撲では、一度、大関になっており、郷里の墓石には大関と刻まれている。

勝川春亭《しゅんてい》（一七七〇―一八二四）は春英に師事した絵師で、相撲絵、役者絵など各種にわたる絵を残している。（品川）

46
化粧《けしょう》まわし姿《すがた》一人立《ひとりだち》 小松山冨吉《こまつやまとみきち》
一枚
歌川国貞（初代）
縦三七・〇cm　横二六・〇cm
江戸時代（天保《てんぽう》六年〈一八三五〉～天保九年〈一八三八〉ごろ）
島根・当館

小松山冨吉は現千葉県出身の松江藩お抱え力士。文政《ぶんせい》八年（一八二五）までには松江藩お抱えとなり、天保六年（一八三五）に入幕。同九年（一八三八）に布川垣右衛門《かきえもん》に四股名《しこな》を改めたが、翌十年（一八三九）には小松山に名を戻している。幕内通算成績二六勝二九敗三分二預。（品川）

47
化粧《けしょう》まわし姿《すがた》一人立《ひとりだち》 不知火諾右エ門《しらぬいだくえもん》
一枚
歌川国貞（初代）
縦三七・〇cm　横二五・五cm
江戸時代（天保《てんぽう》十一年〈一八四〇〉ごろ）
島根・当館

48
化粧《けしょう》まわし姿《すがた》一人立《ひとりだち》 濃錦里諾右エ門《のぎのさとだくえもん》
一枚
歌川豊国（二代）
縦三九・五cm　横二六・五cm
江戸時代（天保八年〈一八三七〉～天保九年〈一八三八〉ごろ）
島根・当館

不知火諾右衛門（濃錦里諾右衛門・黒雲 龍《くろくもりゅう》五郎《ごろう》）は現熊本県出身。文政《ぶんせい》十三年（一八三〇）までには松江藩お抱えとなり、黒雲の四《し》股名《こな》で江戸相撲に登場。天保八年（一八三七）に名を濃錦里に改め入幕。同十年（一八三九）三月、故郷の肥後藩お抱えにかわって大関昇進。元同僚の稲妻雷五郎のために関脇に落ちることもあったが、同十一年（一八四〇）、稲妻引退後、名を不知火に改めて再大関。同年十一月（もしくは同十三年〈一八四二〉）、吉田司家から横綱免許を受ける。松江藩お抱え時代には、稲妻の横綱土俵入りの際に露払いを務めた。通算幕内成績四八勝一五敗三分二預一無。

作品No.47では、不知火諾右衛門の名で瓢箪《ひさご》つなぎの化粧まわしをしているが、不知火の名は肥後藩お抱えに転じてからのため、松江藩お抱え力士時代の版を転用したものと思われる。

作品No.48の歌川豊国（二代）は初代豊国に師事した絵師で、文政八年（一八二五）、師の没後に師名を継いでいる。役者絵、美人画、風景画などの作品を残している。（品川）

49
化粧《けしょう》まわし姿《すがた》一人立《ひとりだち》 関《せき》ノ戸億右衛門《とおくえもん》
一枚
歌川豊国（二代）
縦三八・〇cm　横二五・五cm
江戸時代（天保《てんぽう》二年〈一八三一〉～天保七年〈一八三六〉ごろ）
島根・当館

50
化粧《けしょう》まわし姿《すがた》一人立《ひとりだち》 関《せき》ノ戸億右衛門《とおくえもん》
一枚
歌川国貞（初代）
縦三七・五cm　横二六・〇cm
江戸時代（天保二年〈一八三一〉～天保七年〈一八三六〉ごろ）
島根・当館

関ノ戸億右衛門は現宮城県出身の松江藩お抱え力士。文政《ぶんせい》九年（一八二六）にはお抱えとなり、荒熊力蔵《あらくまりきぞう》の四股名《しこな》で江戸相撲に登場。名を荒熊力之助《あらくまりきのすけ》と改め、同十三年（一八三〇）入幕。天保二年（一八三一）に関ノ戸と改め、同五年（一八三四）小結に昇進した。幕内通算成績三七勝一三敗一一分五預。

（品川）

51
化粧《けしょう》まわし姿一人立《すがたひとりだち》 頂 仙之助《いただきせんのすけ》

一枚

歌川国貞（初代）

縦三六・五cm 横二四・五cm

江戸時代（文政《ぶんせい》十二年〈一八二九〉～天保《てんぽう》九年〈一八三八〉ごろ）

島根・当館

頂仙之助は現秋田県出身の松江藩お抱え力士。文化《ぶんか》十一年（一八一四）、猫又虎右衛門《ねこまたとらえもん》の四股名《しこな》で江戸相撲に登場。文政九年（一八二六）、頂に名を改め、同十一年（一八二八）入幕。同十二年（一八二九）松江藩お抱えとなり、天保八年（一八三七）前頭筆頭に昇進。同九年（一八三八）には鱝《え》野《の》上《え》蔘《あき》太夫《だゆう》という珍しい名に改めた。前頭部にそり残しの髪をおく独特のヘアスタイルであった。幕内通算成績八五勝五六敗一〇分五預三無。

（品川）

52
化粧《けしょう》まわし姿一人立《すがたひとりだち》 稲妻雷五郎《いなづまらいごろう》

一枚

勝川春和

縦三七・五cm 横二六・〇cm

江戸時代（十九世紀前半）

島根・当館

稲妻雷五郎は現茨城県出身の松江藩お抱え力士。文政《ぶんせい》六年（一八二三）、松江藩お抱えとなり、同七年（一八二四）、槇ノ島才助《まきのしまさいすけ》から稲妻雷五郎に四股名《しこな》をかえ、その年入幕。同八年（一八二五）に小結、同九年（一八二六）に関脇、同十一年（一八二八）に大関となり、この年五条家より、翌十二年（一八二九）に吉田司家から横綱免許が与えられた。以後、天保《てんぽう》十年（一八三九）まで大関の地位にあり、引退後は松江藩相撲頭取となった。通算成績一三〇勝一三敗一四分三預一無。

勝川春和は勝川春英に師事した絵師。

（品川）

逸品展示『日本書紀』 ―向日神社本と内神社本―

53
◎日本書紀《にほんしょき》 巻二

一冊

縦二一・一cm 横一五・〇cm

南北朝時代（十四世紀）

京都・向日神社（向日市文化資料館寄託）

京都府向日《むこう》市に所在する向日神社が蔵している『日本書紀』巻二神代下で、向日神社本とも、代々神社の神職を務める六人部《むとべ》家にちなんで六人部本とも呼ばれる。奥書に延喜《えんぎ》四年（九〇四）とあり、藤原清貫《ふじわらのきよつら》・阿保□□（巨賢カ、ただし経覧の誤写の可能性あり）の二名が確認でき、両名とも同年に行われた日本紀講筵《こうえん》あるいはその後に行われる竟宴《きょうえん》に参加したと考えられるが、本書の筆致から、奥書部分も含め、南北朝時代に書写されたものとみられる。本書の体裁は、本文に押界《おしかい》線が施され、一頁六行、一行につき約一四字で、墨書によって訓点などを付している。また、料紙は厚手の楮《こうぞ》紙で、粘葉《でっちょうそう》装仕立てとなっている。

六人部家は、学問に親しむ人物を多く輩出しており、江戸時代後期には国学者として知られる六人部是香《よしか》（一七九八―一八六三）もいることから、その周辺が本書を入手したものかともいわれる。

なお、本書の巻二神代下にはオオアナムチ（オオクニヌシ）による国譲り神話が収められ、とりわけ第九段一書第二では「幽《ゆう》」「顕《けん》」について述べられており、出雲を位置づけるうえで重視されてきた。

（吉永）

54
日本書紀《にほんしょき》 巻三

一冊

縦二四・〇cm 横一七・八cm

安土桃山時代（天正《てんしょう》九年〈一五八一〉）

島根・内神社（当館寄託）

表紙に「日本書紀　人」の題箋《だいせん》が付され、本文最初に「日本書紀巻第三　人」とあるように、『日本書紀』巻三で、いわゆる神武東征伝承などが記されている。奥書には天正九年（一五八一）三月とみえ、現在知られるものとしては出雲に伝わる最古の『日本書紀』写本である。また、三沢諏訪《すわ》の神主である陶山佐渡守が『日本書紀』を所持していると聞きおよび、借用して書き写したと『日本書紀』入手の経緯が記されており、少なくとも天正九年当時、三沢にも『日本書紀』巻三があったことをうかがわせる。

なお、本書を蔵している内《うち》神社は、松江市大垣町にあり、天平《てんぴょう》五年（七三三）成立の出雲国の地誌である『出雲国風土記』には秋鹿《あいか》郡に「宇智社」とみえるとともに、『延喜式』巻一〇神名下、いわゆる式内社として「内神社」とみえる。また、『出雲国風土記』には本《ほん》宮山《ぐうさん》に比定される安心高野《あしむのたかの》（女心《めごころ》高野）の山頂に「樹林」があり、それが「神社」であると記されており、もとは本宮山山頂に内神社があったとされる。

（吉永）

Ⅲ．ヤマタノオロチ退治伝承

55
日本書紀《にほんしょき》 巻一

一冊

縦二六・五cm 横一九・〇cm

江戸時代（慶長《けいちょう》十年〈一六〇五〉）

島根・当館

巻一神代上は、天地開闢《てんちかいびゃく》（第一段）や大八《おおや》洲《しま》国の誕生（第四段）、天照大神・月夜見尊・素戔嗚尊《すさのをのみこと》の誕生（第五段）、素戔嗚尊の乱行と追放（第七段）、素戔嗚尊によるヤマタノオロチ退治（第八段）などの神話・伝承を収めている。そのうち、第八段が出雲を舞台としたもので、追放された素戔嗚尊が出雲の簸の川上に降り立ち、泣いている老公（脚摩乳《あしなづち》）と老婆（手摩乳《てなづち》）、童女（奇稲田姫《くしいなだひめ》）に出会って、泣く理由を聞いたところ、毎年、夫婦の子どもが八岐大蛇《やまたのおろち》に呑まれており、今回は奇稲田姫が呑まれる番であるということであった。そこで、素戔嗚尊は奇稲田姫を娶ることを条件に八岐大蛇を退治することを約し、奇稲田姫を櫛にして自らの髪に挿し、夫婦に命じて酒をつくらせ、八つの棚それぞれに酒を入れた桶を置かせた。頭尾が八つの大蛇がやって来て、桶の酒を飲み、酔ったところを素戔嗚尊が十《と》握剣《つかのつるぎ》でずたずたに斬ると、大蛇の尾のなかから剣がみつかり、それがいわゆる草薙剣《くさなぎのつるぎ》で、天照大神に献上したというのがヤマタノオロチ退治伝承のおおよその話である。その後、素戔嗚尊はよい土地を求め、出雲の清《すが》地にいたり、住まいを構え、「八雲立つ出雲八重垣　妻ごめに　八重垣つくる　その八重垣を」と歌を詠み、奇稲田姫と結ばれ、大己貴神《おおあなむちのかみ》が生まれたあと、住まいの管理を脚摩乳・手摩乳に任せ、素戔嗚尊は根国に赴いたとされる。なお、第八段一書第六には大己貴神（命）が少彦名命《すくなひこなのみこと》とともに国づくりを行い、少彦名命が常世に去ったあと、出雲に到着して、そこで言挙げしたところ、神（幸《さき》魂《みたま》・奇魂《くしみたま》）が出現する場面も描かれている。

本書は、「慶長十〈乙巳〉年三月上旬二日」（〈 〉は割書部分）という奥書をもつ版本で、慶長四年（一五九九）の慶長勅版本や同十五年（一六一〇）の慶長古活字版本、さらに古活字版に返点・訓点を加えた寛永版本、その寛永版本を製版して寛文九年（一六六九）に刊行した寛文九年版本とも異なる珍しいものである。また、本書は島根県出身で、ジャーナリストとして活躍した小汀利得《おばまとしえ》（一八八九—一九七二）の旧蔵本である。　（吉永）

56 古事記《こじき》 上

一冊

縦二五・九㎝　横一七・八㎝

江戸時代（寛永《かんえい》二十一年〈一六四四〉）

島根・当館

上巻は、いわゆる神々の物語、神話的部分を収めており、黄泉国から伊耶那岐命《いざなきのみこと》が逃げ帰る場面にみえる黄泉比良坂《よもつひらさか》や須佐之男命《すさのをのみこと》によるヤマタノオロチ退治、大国主神と少名《すくな》毘古那神《ひこなのかみ》による国づくり、大国主神の国譲りなど、出雲にかかわる神話・伝承が多くみえる。そのうち、ヤマタノオロチ退治に関しては、老夫を足名椎《あしなづち》、老女を手名椎《てなづち》、童女を櫛《くし》名田比売《なだひめ》、八頭八尾の大蛇を八俣遠呂知《やまたのおろち》と記すなど、表記上の違いはみられるものの、ほとんど『日本書紀』第八段と内容はかわらない。ただし、『日本書紀』が大己貴神《おおあなむちのかみ》を素戔嗚尊の子とするのに対し、『古事記』は須佐之男命の六世孫として大国主神（大穴牟遅神《おおあなむちのかみ》）がみえるなど、多少の差異はある。

なお、寛永二十一年版『古事記』については、作品No.19を参照。　（吉永）

57—1 太平記《たいへいき》 剣巻《つるぎのまき》

一冊

縦二七・〇㎝　横一九・〇㎝

江戸時代（貞享《じょうきょう》五年〈一六八八〉）

島根・当館

『古事記』『日本書紀』に記されたスサノヲの大蛇退治伝承は、すでに八世紀の『先代旧《せんだいく》事本紀《じほんぎ》』において変容・再解釈がはじまっている。そこでは、スサノヲが大蛇を八段に切り、それぞれが雷となって昇天したと記されている。しかしその変容が大きくみられるようになるのは、いわゆる中世神話においてであろう。

『太平記』は遅くとも十四世紀後半には成立したとされる軍記物語である。本作品は、十七世紀の版本であるが、その冒頭に「剣巻」が収録されている。この「剣巻」に記される大蛇退治の内容は、『平家物語』屋代本に含まれる「剣巻」とほぼ同様である。ここでは『太平記』の「剣巻」を通して応永《おうえい》年間（一三九四〜一四二八）には成立していたとされる『平家物語』「剣巻」で大蛇退治神話が変容した内容について、その概略を紹介しておきたい。

(1)（八俣）大蛇は大人を含めて人を呑《の》むこと。それゆえにスサノヲが日の川上の山を訪れた時にはテナヅチ・アシナヅチ・イナタヒメだけが残っていた。

(2)八人の娘の記載はなく、イナタヒメが八歳とされる。

(3)テナツチが翁《おきな》、アシナヅチが嫗《おうな》とされる。

(4)スサノヲが床を高くつくったもの（棚）をこしらえ、イナタヒメを櫛に変化させずに、棚の上に置いている。一方、イナタヒメは髪に黄楊《つげ》の妻串（櫛）を挿す。

(5)イナタヒメを厳しく出立（『太平記』では厳《うつくし》けに装束）させる。

(6)スサノヲが四方に火をつけ、その火の外に酒をいれた甕を八方に立てる。

(7)大蛇は火のためにイナタヒメに近づけず、酒に映ったイナタヒメの影を、（イナタヒメと思い）八の甕に八の頭を入れて酒を飲む。

(8)剣が大蛇の尾にあるときに黒雲に常に覆われていたので村雲剣と名づける。

(9)スサノヲにイナタヒメの婿にとる際の引き出物として径三尺六寸の鏡を授ける。

(10)イナタヒメはスサノヲのもとに行くときに髪に挿していた櫛をとって後様に捨てる。これを別れの櫛という。

(11)姉御兄（『太平記』では御兄）との仲の不和を解消するために、天村雲剣《あめのむらくものつるぎ》、天はエ切剣、引き出物として受け取った鏡をアマテラスに奉る。この鏡は内侍所《ないしどころ》となる。

(12)大蛇は風水竜王の天下ったもので近江国の伊富貴《いぶき》明神として祀られている。

このように、『古事記』『日本書紀』の大蛇退治伝承は、「剣巻」では大きな変容を受けている。

なお、櫛をイナタヒメの髪に挿す点については、弘安《こうあん》九年（一二八六）ごろに成立したとされる『古今和歌集序聞書三流抄《こきんわかしゅうじょききがきさんりゅうしょう》』や鎌倉時代末ごろとされる『古今集註』毘沙門堂本などの古今集注釈書にもみられる。またイナタヒメの影を酒に映す点については、元亨《げんこう》二年（一三二二）に成立したとされる『元亨《げんこう》釈書《しゃくしょ》』、貞治《じょうじ》五年（一三六六）以後の成立とされる『神道雑々集《しんとうざつざつしゅう》』（この場合、女〈イナタヒメ〉を山頂に置いている）などにもみられる（中世の大蛇退治伝承の変容に関しては、西脇哲夫「八岐大蛇神話の変容と中世芸能—多武峯延年風流と能「大蛇」—」『國學院雑誌』八五—一一、一九八四年を参照した）。

また、アシナヅチ・テナヅチの名が逆になっているものは、鎌倉時代末とされる『玉伝神秘巻』や『神道雑々集』など多くの作品にみられる。さらに近世の出雲神楽の諸台本にもみられ、槻《つき》の屋神楽《やかぐら》（雲南市）では現在も逆で舞われている。大蛇（天村雲剣）と伊吹明神とのつながりについては、『元亨釈書』（剣は天にいるときに伊吹山に落としたもの）、『神道雑々集』（剣は高天原から落としたもの、大蛇は伊吹明神）などにもみられる。

「剣巻」をもたない『平家物語』の覚一本（古典文学大系）や高野本（新古典文学大系）では、巻一一に「剣」という節があり、三本の霊剣の由来のなかで大蛇退治に触れている。そこでは

(a)イナタヒメが端正の娘とされている。

(b)イナタヒメを櫛に化して髪に刺し隠す一方、美女の姿をつくって高い丘に立てる。

(c)大蛇がイナタヒメの影が映った酒を飲む。

(d)天村雲剣はアマテラスが高天原からかつて落としたものとする。

などの『古事記』『日本書紀』からの変容がみられる。とりわけイナタヒメそのものを丘に立てるのではなく、人形をつくってその影が酒に映るように立てる、という点が注目される。

大蛇退治の場面がより具体的な内容をもつようになったのは、古今集注釈の進展とともに、『平家物語』が「語り」として成立したという事情が背景にあったのかもしれない。　（品川）

57—2 太平記《たいへいき》 巻二五

一冊

縦二七・〇㎝　横一九・〇㎝

江戸時代（貞享《じょうきょう》五年〈一六八八〉）

島根・当館

『太平記』には冒頭の「剣巻」とともに巻二五の「自伊勢進宝剣事　付黄夢梁夢事」にも三種の神器の由来のなかで大蛇退治が記されている。『古事記』『日本書紀』からの変容した内容を記すと以下のとおりである。

(1)スサノヲがこの国をアマテラスから奪お

うとして敗れ、出雲にやってくる。

(2)海上を浮かび流れる島があり、この島はアマテラスが治める島ではないとして、手で撫で留めて島（手摩島）に住む。

(3)スサノヲは簸の川上に八色の雲がわくのをみて訪れる。

(4)イナタヒメは美しい少女で一人子とされる。

(5)八岐大蛇は毎夜人を食う。

(6)スサノヲは湯津妻櫛を八つつくり、ヒメの髻に挿す。

(7)酒を入れた槽の上に棚をつくり、その上にイナタヒメを置き、その影が酒に映るようにする。

(8)大蛇の現れる際には雨荒く降り、風が激しく吹き、稲妻が走る。

(9)大蛇には八つの頭にそれぞれ二つの角がある。

(10)天叢雲剣をアマテラスに献上するが、アマテラスはその剣は高天原から落としたものとする。

(11)その後、宮づくりをしてイナタヒメを妻とし、八雲立つの歌を詠む。

(2)のスサノヲがアマテラスとの戦いに敗れ、アマテラスの支配が及ばない浮かび流れる島（手摩島）に住む、という伝承は、『古今《こきん》和歌集序聞書三流抄《わかしゅうじょききがきさんりゅうしょう》』、『古今集註』毘沙門堂本、『古今和歌集序註《こきんわかしゅうじょちゅう》』伝頓阿作《でんとんあさく》など、古今集注釈書などに記されている。棚をつくり、イナタヒメの影を映そうとすることは、『平家物語』「剣巻」などと同様である。ここでは、(8)の大蛇の出現の際に風雨が激しくなる、と記されている点、(9)の大蛇に角がある、すなわち龍をイメージして記されていることに注意しておきたい。大蛇を龍とみなすことは、『古今和歌集序聞書三流抄』において、大蛇を「龍」と記している。ちなみに『古今和歌集序聞書三流抄』では、イナタヒメの頭に挿した、海松《みる》の根でつくった八つの湯津爪櫛がそれぞれ龍となって大蛇を食らった後に、スサノヲが胴体を切り刻むことになっており、スサノヲと大蛇の戦いそのものが明確ではない変容もみられる。（品川）

58 天淵八叉大蛇記《あまがふちやつまたのおろちのき》

一冊

縦二三・六cm　横一六・五cm

室町時代（元亀《げんき》三年〈一五七二〉）

［原本：大永《だいえい》三年〈一五二三〉］

島根・内神社（当館寄託）

編者である李庵《りあん》が、実際に出雲の仁多郡にある温泉を訪れ、現地に伝わった大蛇退治伝承を聞き取りしたうえで、古記を調べて現地調査などを行い、まとめたもの。中世末の出雲に伝えられていた大蛇退治伝承をうかがうことができる。以下、『古事記』『日本書紀』と異なる部分を中心にその変容の姿をまとめておく。

(1)スサノヲがテナヅチ・アシナヅチに出会った場所が、大原郡福武荘を経て八頭坂の麓、長者原と具体的に記されている。

(2)アシナヅチ・テナヅチの名が逆になっている。

(3)大蛇の住処を天淵とする。

(4)八重垣を佐草の地に構えて、そのなかにイナタヒメを隠す。大蛇退治後ではなく、佐草にイナタヒメを隠した時に八雲立つ、の歌を詠む。

(5)大蛇には一六の角がある。

(6)大蛇が出現する際に霧が降下し風が吹き、淵の色は火のようになる。

(7)八の槽を淵のほとりに置き、それに酒と麻油を入れる。

(8)モグサにてイナタヒメの人形をつくり、その腹に硫黄を入れる。

(9)この人形を飾って東の山頂に置き、影が酒に映るようにする。

(10)大蛇は影の映った酒を飲むが、ヒメがいないことに気づき、山の頂の人形を呑む。

(11)大蛇の腹から火が起こる。

(12)天叢雲剣を得てアマテラスに奉じる。この剣は天岩屋戸に隠れた際、伊布貴山で落としたものとする。

(13)八本杉（八頭が流れ留まった場所）、尾崎（尾が流れ着いた場所）などの伝承を伝える。

ここでは、ただの人形ではなく、それをモグサでつくり腹に硫黄を蓄えた（燃えやすい）ものであったこと、火が起きたことなどに注意しておきたい。なお、明応《めいおう》六年（一四九七）の『秘神抄』においてもモグサで人形がつくられているが、ここでは「剣巻」同様にスサノヲが火をつけたことになっている。単に酒で酔わせようとするのではなく、その計略に念が入るようになってきている。

なお、『日本記一　神代巻取意文』という神道書にも、スサノヲがアシナヅチ・テナヅチに出会った場所は「久木次福武」とされている。一方で大蛇（毒蛇）の住む場所は「八坂」、一尺五寸の棚を組み、みめよき女の人形を置き、八葩鏡を八つかけて酒に影を映した場所を「島根郡佐陀」、イナタヒメを八重垣に籠めおいた場所を「須佐郡三杵臼ノ畑」としている。『天淵八叉大蛇記』との影響関係は今後の課題だが、少なくとも出雲に伝わる伝承が一定程度広まっていたことが推測できよう。

永井猛によれば、李庵は臨済宗東福寺派荘厳院門下の光通寺の六世で、光通寺開山の円光国師の生誕地である周防国を訪ねる途中、出雲国に立ち寄ったものとされている。そして大永三年（一五二三）七月六日に少なくとも李庵に同行していた聚清・長犢という二人の僧が美保関から船に乗り周防に赴き、彼らは十月二日に出雲へ戻ってきたという。本書奥書の「大永三年癸未十月之交（中略）与二三子、浴仁多温泉之日」との記載とも合致しており、二三子とは聚清・長犢であったろうと推測している（永井猛「中世出雲オロチ伝説を伝えた僧―李庵―」私家版・未定稿、二〇一九年）。（品川）

59 神像《しんぞう》　本殿板壁画《ほんでんいたへきが》（複製）

［原品は重要文化財］

現代［原品は室町時代（十六世紀）］

島根・当館［原品は島根・八重垣神社］

-1 伝素盞嗚尊《すさのをのみこと》・稲田姫命《いなたひめのみこと》（複製）

一面

縦一七四・〇cm

-2 伝脚摩乳命《あしなづちのみこと》・手摩乳命《てなづちのみこと》（複製）

一面

縦一七三・五cm

八重垣神社本殿内の板壁に描かれていたもので、三面伝わるもののうちの二面。作品No.59-1は本殿西壁に描かれていたもので、画面左側に冠を被り、手に笏をもつ束帯姿の男神、右側に折り本を手にした女房装束姿の女神を描く。作品No.59-2は本殿南壁に描かれていたもので画面右側に衣冠束帯姿の男神、左側に冊子を手にする袿《うちき》姿の女神を描く。

承応《じょうおう》二年（一六五三）の序をもつ出雲国の地誌『懐橘談《かいきつだん》』には、「北の方壁に夫婦是も書をもてり、是手摩乳なり、拱手して侍るは脚摩乳なり、南の方に壁に写せるは素盞雄稲田姫の霊像なり、是は昔金岡が霊夢に依て写し奉る御影なり」という社伝が記されている。描かれた位置の違いはあるものの、遅くとも江戸時代前期には描かれた神格に関する社伝が形成されていたことがわかる。

制作年代は、現在の壁画の作風から天文期から天正期と思われるが、南側板絵から伐採年を年輪年代法で調査したところ、板材は十三世紀に遡ることがわかった。このことから、鎌倉期の壁面にも壁絵があった可能性が指摘されている。

なお社伝では、これらの壁画は『懐橘談』で記されていたように、巨勢金岡筆とされている。

（品川）

60 神能集《しんのうしゅう》

一冊

縦一三・二cm　横一八・八cm

大正時代（大正三年〈一九一四〉）

島根・勝部一郎氏（林木屋コレクション）（当館寄託）

神楽面や衣装、道具などを出雲地方西部の諸神楽団体に貸し出していた屋号林木屋《はやしぎや》に所蔵されていた大津神楽（出雲市）の台本。この台本は火守《ほもり》神社（出雲市）宮司家に伝わっていた寛政《かんせい》五年（一七九三）書写の神楽台本とほぼ同じ内容を伝えている。大蛇退治を伝える演目「八戸《やと》」において、『古事記』『日本書紀』と異なる内容は以下のとおりである。

⑴アシナヅチ・テナヅチは八戸坂ふくたけの庄に住み、大蛇（毒蛇）はあまか淵という池に住む。

⑵曽我の里の辰巳の方向に八雲の雲が立ったことによりスサノヲが訪れる。

⑶大蛇退治前にイナタヒメを娶り、ヒメとともに佐草に戻り、八雲立つ、の歌を詠む。

⑷毒酒を姫形につくり、船に乗せる。

⑸アシナヅチよりスサノヲに婿の引出物として八咫鏡《やたのかがみ》が渡される。

⑹天叢雲剣、天ハ、切（剣）、八咫鏡の三宝をアマテラスと和順するために献じる。

⑷については「毒酒を姫形に作り」「蛇出姫の形を取る」と記される。これは『平家物語』「剣巻」や『天淵八叉大蛇記』のように人形をつくったものと想定しておきたい。また、酒を船に載せるという点については、この船は槽《さかぶね》の意かもしれないが、『神道雑々集』、『平家物語』「剣巻」、『古今和歌集序註』伝頓阿作、『秘神抄』などに船に酒を入れることが記されている点から、船に酒を入れることが意識されていたものとしておきたい。ただし、現在、このように人形が登場する、もしくは船に酒を入れるといった芸態をもつ神楽は伝承されていない。

また、福武庄などの表現には、『天淵八叉大蛇記』や『日本記一　神代巻取意文』の影響、引き出物として（八咫）鏡を献じることは、『平家物語』「剣巻」などの影響がみられよう。毒酒をつくることは、『日本書紀』第八段一書第三にもみられるが、『秘神抄』、享保《きょうほう》三年（一七一八）初演の近松門左衛門《ちかまつもんざえもん》による浄瑠璃「日本振袖始《にほんふりそではじめ》」などにもみられ、一定の広がりをもっていたことがわかる。

さて、林木屋が出雲地方西部の諸神楽団体に神楽道具を貸し出したということは、この地域において基本的に同じ形態の神楽が伝承されていたことを推測させよう。実際にこの神楽台本とほぼ同様の台本が、林木屋の神楽道具を借用していた大田市朝山町仙山（『神秘神楽列伝記』）にも伝わっている（付言すれば、石見地方東部でもいわゆる出雲神楽が舞われていたこともわかる）。この点において、この神楽台本の元となった寛政五年（一七九三）書写の神楽台本は、とりわけ西出雲地域の諸神楽に大きな影響を与えていたとみることができよう。

（品川）

61 素戔嗚神《すさのをのかみ》・稲田姫神《いなたひめのかみ》 脚摩乳神《あしなづちのかみ》・手摩乳神《てなづちのかみ》

三幅

狩野時信

素戔嗚神　縦一一八・〇cm　横四五・三cm

稲田姫神　縦一一八・〇cm　横四五・三cm

脚摩乳神・手摩乳神　縦一一八・五cm　横四五・二cm

江戸時代（十七世紀）

島根・出雲大社

中央に剣を携え八岐大蛇を退治しようとするスサノヲ、左にアシナヅチ・テナヅチ、右に桟敷状の棚に美しい衣装を着て座るイナタヒメと、酔わせて大蛇を退治するための酒甕が描かれている。『古事記』『日本書紀』では、イナタヒメは湯津爪櫛に化されるが、ここではその姿が描かれている。また大蛇には角があり、三爪の足をもつなど龍として表象されている。そして酒甕はイナタヒメの顔が映るかのような位置に描かれている。なお、イナタヒメを美しく装束させることは、すでに『平家物語』「剣巻」などにみえる。

狩野時信《かのうときのぶ》（一六四二―一六七八）は江戸時代前期の絵師（中橋狩野《なかばしかのう》家二世）。御所や江戸城本丸の障壁画の制作などに参加している。

（品川）

62 八岐大蛇《やまたのおろち》

一幅

松本楓湖

縦一五〇・〇cm　横七〇・〇cm

明治時代（明治四十二年〈一九〇九〉）

島根・島根県立石見美術館

剣を手にして八岐大蛇に立ちむかうスサノヲを描く。『古事記』『日本書紀』と異なり、イナタヒメは櫛に化さず、袖で顔を覆う姿で描かれている。一方左上には、大蛇が蛇として描かれている。楓湖は、『菊池容齋畫譜《きくちようさいがふ》』（明治二十三年〈一八九〇〉）において師である容齋の「素尊斬大蛇圖」を縮図しているが、ここでも大蛇は蛇として描かれ、ヒメは袖で顔を覆っている。酒甕を仮屋のなかに置いていることや全体の構図は異なるものの、この点においては師の影響を受けたのであろうか。

一方で酒を入れた甕は水中に、イナタヒメは川岸に描かれている。海中に酒船を浮かばせることは、すでに『古今和歌集序聞書三流抄』にみられ、また酒を入れた船を浮かべることは『古今和歌集序註』伝頓阿作などにも記される。しかし、とりわけ斐伊《ひい》川に甕を浮かべることは、観世小次郎《かんぜこじろう》（一四五〇―一五一六）作とされる謡曲「大蛇」が現在のところ初出である。なお、イナタヒメを川岸に据えることも謡曲「大蛇」に記されている。

松本楓湖《まつもとふうこ》（一八四〇―一九二三）は幕末から大正時代の日本画家。菊池容齋に師事し歴史人物画を学び、『幼学綱要』など教科書の挿絵なども手がけている。

（品川）

63 八岐大蛇退治図《やまたのおろちたいじのず》

一枚

泉山松月《せんざんしょうげつ》

縦二三・〇cm　横三五・〇cm

江戸時代（十九世紀）

島根・当館

中央に剣を携え八岐大蛇を退治しようとするスサノヲ、右に桟敷状の棚に美しい衣装を着て座るイナタヒメ、左に大蛇を描く。大蛇は三爪の足をもつなど龍として描かれている。イナタヒメが座る桟敷状の棚には注連縄が張られている。荒薦を敷き、注連縄《しめなわ》を張ることは浄瑠璃「日本振袖始」にみられ、その影響なのだろうか。また画面が全体に暗く風が激しく吹いているように描かれていることにも注目しておきたい。

（品川）

64 大日本開闢由来記《だいにほんかいびゃくゆらいき》 一

一冊

縦二四・五cm　横一七・五cm

江戸時代（万延《まんえん》元年〈一八六〇〉）

島根・当館

日本の成り立ちおよび鎌倉時代までの歴史を紹介した読本。絵は歌川国芳《うたがわくによし》による。「進雄命《すさのをのみこと》天叢雲剣を得て天津神に獻んとし玉ふ處」は、大蛇退治の後、天叢雲剣をアマテラスに献じようとしている場面で、左にスサノヲ、イナタヒメ、右にアシナヅチ・テナヅチが描かれている。

スサノヲの髪型が特徴的で、頭頂部の左右に丸髷を結っている。本居宣長《もとおりのりなが》(『古事記伝』神代四之巻)によれば、美津良《みづら》は上代の成人男性がなすもので、髪を左右にわけて結綰《ゆいわがね》たるものとし、後の角子《あげまき》だとしている。岡宏三が指摘したように、この絵のスサノヲの髪型は、宣長の考証に基づいて描かれていると想定されよう(岡宏三「「生やしなりの神」から「上げみずらの神」へ―黒川真頼の「本邦風俗史」をめぐって―」『神々のすがた・かたちをめぐる多角的研究』島根県古代文化センター、二〇一一年)。現在、一般に神々は「みずら」姿で描かれるが、その「みずら」の解釈も時代によって異なっているのである。 (品川)

65 歴史《れきし》修身談《しゅうしんだん》 一 神代《かみよ》のはなし

一冊
縦二二・五cm 横一五・〇cm
明治時代(明治三十二年〈一八九九〉)
島根・当館

尋常小学校の修身の教材として、また日本の歴史の概要を教えるための教材として編まれた書物(遊佐誠甫《ゆさせいほ》筆・柿山陽谷画)。スサノヲは現在、神の姿を描く際によく用いられる「みずら」姿である。岡宏三によれば、神々がこのような(上げ)みずらで描かれるようになったのは、明治二十三年(一八九〇)から発表された黒川真頼《くろかわまより》の『本邦風俗説』以来のことであるという(岡宏三「「生やしなりの神」から「上げみずらの神」へ―黒川真頼の「本邦風俗史」をめぐって―」『神々のすがた・かたちをめぐる多角的研究』島根県古代文化センター、二〇一一年)。

さて、この絵においては画面が黒く、風が強く吹き、波立つ状態で大蛇が出現するものとして描いている。遊佐は基本的には『古事記』『日本書紀』を基調に大蛇退治伝承を記すのだが、大蛇の出現においては、真っ暗になりなまぐさい風が吹いたという『古事記』『日本書紀』にはない表現をしている。絵はこの表現に基づいているのであろう。さらに遊佐は、八つの桶に酒を入れ岩の下に置き、イナタヒメを高い岩の上に座らせて、その顔が桶のなかの酒に映るようにし、スサノヲは岩陰に隠れる、といった『古事記』『日本書紀』にはない表現をしている。

大蛇出現時に天候が急変することは、『太平記』、謡曲「大蛇」、『日本振袖始』などにみられる。とりわけ後二者では演出上の効果が考えられていたのかもしれない。とはいえ、一般に神の顕現の際には天候が急変するとされ、大蛇を神とみなすことは『日本書紀』第八段一書第二にもすでに記されており、天候の急変は、この伝統が伏在しているのかもしれない。

また、イナタヒメをその姿が酒甕に映るように高い場所に置くことは、『神道雑々集』(高き山)、『太平記』(棚の上)、『平家物語』「剣巻」(高床の上)、謡曲「大蛇」(岸の上)、『秘神抄』(高楼)、『日本振袖始』(高棚)など多くみられる。いわば中世神話以来の伝統が近代の教材のなかにも生きているのである。 (品川)

66 素戔嗚尊《すさのをのみこと》・山田大蛇《やまたのおろち》・稲田姫《いなだひめ》

三枚一組
勝川春亭
縦三六・〇cm 横二五・四cm
江戸時代(十九世紀前半)
島根・当館

大蛇退治の場面をダイナミックに描く。波が激しく風が強いことが感じられる。右には美しい装束を着たイナタヒメが薦を敷いた桟敷状の棚に座し、巻物を経机《きょうづくえ》に置き、祈祷を行っているような姿で描かれている。

岡宏三は説教節『まつらの長者』(寛文《かんぶん》元年〈一六六一〉刊)説話の成立経緯の分析から巻物が描かれた背景を推測している。『まつらの長者』は大蛇の生け贄となった姫の法華経読誦の功徳によって、大蛇は蛇体の苦しみから逃れ成仏し、また姫は生け贄を逃れ、都で長者となった。そして後に姫は竹生島弁財天となった、という話である。このような説話が背景となって巻物が描かれているのではないかと考えられる(岡宏三「近世八岐大蛇退治図の図像的分析」、島根県古代文化センターテーマ研究事業『日本書紀と出雲観に関する研究』第三回客員研究員共同研究会発表、二〇一八年八月二十九日、島根県古代文化センター、なおⅢの列品解説はこの発表に負うところが大きい)。 (品川)

67 東錦《あずまにしき》昼夜競《ちゅうやくらべ》 素戔嗚尊《すさのをのみこと》

一枚
楊州周延
縦三五・三cm 横二三・二cm
明治時代(明治十九年〈一八八六〉)
島根・当館

下段に生け贄になるイナタヒメを囲むように泣いているアシナヅチ・テナヅチ、泣いている理由を尋ねるスサノヲを描き、上段には岩に敷いた薦の上で何らかの文書を読んでいるイナタヒメ、襲いかかろうとする大蛇、波間に浮かぶ甕を描いている。

文書については、岡宏三が推測した巻物の変容したものだろうか。はたまた作品No.68のように誓詞であろうか。現状では不明である。

また屋内で泣く理由を尋ねることは、『古事記』『日本書紀』には記されないが、謡曲「大蛇」、文明期から天文期のものとされる『神道由来事』(ここでもアシナヅチとテナヅチは逆になっているが、テナヅチの年齢は八九〇〇才でアマテラスの甥とされている)、『日本記一 神代巻取意文』(スサノヲが狩りに出た際に宿を借りる)、「栃木家蔵延宝《えんぽう》八年能本」(延宝八年〈一六八〇〉の広島県庄原市東城町の社家に伝わる神楽台本、室町時代末ごろの伝承を伝えるという。ちなみに当台本では、『日本記一 神代巻取意文』と同様にイナタヒメの人形が置かれた一丈五寸の棚は島根郡佐陀に組まれている)の「やとが坂」などにみられる。屋内で泣く理由を尋ねるのは、能などの芸能の影響もあったのだろうか。

楊州周延《ようしゅうちかのぶ》(一八三八―一九一二)は明治期に活躍した絵師。美人画や風俗画を多く描いた。 (品川)

68 本朝振袖之始《ほんちょうふりそでのはじめ》 素戔嗚尊妖怪降伏之図《すさのをのみことようかいごうぶくのず》

一枚
江戸川(葛飾)北輝
縦二四・七cm 横三六・一cm
江戸時代(嘉永《かえい》四年〈一八五一〉)
島根・当館

「日本振袖始」は近松門左衛門による浄瑠璃。その第五がスサノヲの大蛇退治である。この作品は大蛇退治そのものではないが、スサノヲ、神鏡を掲げるイナタヒメが描かれている。「日本振袖始」第二でスサノヲが多くの厄神、悪鬼邪神を攻めるが、これら邪神を助命する際に、この国に仇をなさないという誓いの手形をとっている。また鏡について、第一では悪魔降伏の祈りに八咫鏡が用いられ、第三では善悪を照らすものとされている。このような背景から、神鏡に照らされるなか、スサノヲに対して蝿声邪神《さばえなすあしきかみ》が誓詞・手形を差し出す形で描かれているのであろう。岡宏三によれば、この作品は当時の政治状況を風刺したもので、株仲間の再興により動揺を受けた小商いの商人を描いたものとしている（島根県立古代出雲歴史博物館企画展図録『神々のすがた―古代から水木しげるまで―』作品解説、二〇一〇年）。

さて、現在確認できるところでは『平家物語』「剣巻」以降、大蛇退治に鏡が登場するものがみられるようになる。「剣巻」では、帝王の御宝を神璽、宝剣、内侍所とし、そのうえで内侍所（鏡）はスサノヲを婿にした際に、アシナヅチ・テナヅチから授けられ、大蛇退治後に天叢雲剣とともにアマテラスに奉じられたものとしている。帝王の御宝のうちの二つは大蛇退治に由来するとみなしているのである。吉田兼倶《よしだかねとも》『日本紀神代巻抄』には、その由来が「剣巻」とは異なるものの「三種灵器ハ皆素戔烏所獻ソ」と記されており、当時、（八咫）鏡をスサノヲ由来とみる捉え方もあったものと想定できる。

さて、アシナヅチ・テナヅチがスサノヲに鏡を授け、それをアマテラスに奉じることは『日本記一　神代巻取意文』（但し、内侍所とは別のものとしている）にも記されている。また、寛政《かんせい》五年（一七九三）書写の神楽台本（およびそれと内容をほぼ同じくする『神秘神楽列伝記』『神能記』）では、引き出物として授けられた八咫鏡は、大蛇退治後に天叢雲ノ剣、天ノハ、剣とともに三品の寶としてアマテラスに献じられたとしている。

また、「杤木家蔵延宝八年能本」では姫の人形を置く棚に「八ハナガタ（八つ花形）ノ鏡ヲ八マイフセ」ることになっている。八花形の鏡は、大蛇退治の際、（八つの）丘に懸けるものとして江戸時代末ごろの『佐陀神能和田本』、嘉永二年（一八四九）ごろの奥飯石（神職）神楽台本『出雲神代神楽之巻』、万延《まんえん》元年（一八六〇）の大原神職神楽台本『神能記』などにも記される。

このように鏡と大蛇退治との関連はさまざまにみられ、その影響の一端が本作品にもみられるといえよう。もちろん三種の神器と大蛇退治との関係は推測の域を出ないが、少なくとも、大蛇退治との関連で『平家物語』「剣巻」で登場した鏡は、その後、出雲地方の諸神楽に影響を及ぼしているのである。

なお、江戸川北輝《えどがわほっき》は葛飾北斎に師事した絵師。（品川）

69 進雄尊《すさのをのみこと》悪神退治《あくしんたいじ》

二枚一組
縦三七・〇cm　横二五・三cm
江戸時代（慶応《けいおう》四年〈一八六八〉ごろ）
島根・当館

剣をもって甕から出現した悪神に立ちむかうスサノヲ、鏡をもつイナタヒメなどが描かれる。作品No.68から着想を得た可能性もあろう。

スサノヲの衣装には葵と「田」の文様がみえ、江戸城無血開城を進めた田安慶頼《たやすよしのり》であろうか。轡《くつわ》形（家紋に由来）の顔にサツマイモをもつ薩摩藩、みかんの顔は紀州藩、一文字の口に三つ目は長州藩、馬の姿は有馬藩で、悪神として描かれている。当時の政治状況が風刺されているといえる。（品川）

70 出雲国《いずものくに》肥河上《ひのかわかみ》ニ八俣蛇《やまたおろち》ヲ切取玉《きりとりたま》フ図《ず》

三枚一組
楊州周延
縦三六・五cm　横二五・〇cm
明治時代（明治十四年〈一八八一〉）
島根・当館

激しい風雨のなか出現した大蛇、大蛇に立ちむかうスサノヲ、岩の上に薦を敷いて注連《しめ》縄《なわ》を張り、白衣を着て薦の上に座すクシナダヒメ（イナタヒメ）、波間に酒を入れた甕などが描かれる。『日本振袖始』ではイナタヒメが白い衣を着ることとなっているが、その影響がみられるのであろうか。（品川）

71 日本略史之内《にほんりゃくしのうち》　素戔鳴尊《すさのをのみこと》 出雲《いずも》の簸川上《ひのかわかみ》に八頭蛇《やまたのおろち》を退治《たいじ》したまふ図《ず》

三枚一組
月岡芳年
縦三五・一cm　横二三・五cm
明治時代（明治二十六年〈一八九三〉）
島根・当館

激しい風のなか出現した大蛇、剣をもって大蛇に立ちむかうスサノヲ、岩の上に薦を敷いて注連縄《しめなわ》を張り、白衣を着て幣を携え薦の上に座すイナタヒメ、波間に酒を入れた甕などが描かれる。大蛇出現に伴い天候の急変すること、イナタヒメは櫛に化さず、その姿が甕の酒に映るようになっていること、注連縄を張ること、イナタヒメが白衣を着ることなどは、これまで記してきたように、中世以来の神話解釈や浄瑠璃など芸能の進展に基づくものと考えられる。その影響が近代の錦絵にもみられるのである。（品川）

72 太鼓台飾幕《たいこだいかざりまく》　八岐大蛇退治《やまたのおろちたいじ》

一枚
縦七五・五cm　横四五〇・〇cm
大正時代（大正五年〈一九一六〉以前カ）
香川・宮北・落合地区

香川県西部から愛媛県東部にかけて、神社の例祭には「ちょうさ」と呼ばれる太鼓台が繰り出されることが多い。本作品は高松市牟《む》礼《れ》町で十月に行われる白羽《しらは》神社の例祭に繰り出される「ちょうさ」の飾幕。この飾幕は平成二十八年（二〇一六）に太鼓台百周年（太鼓台自体は大正五年〈一九一六〉の新調とされる）を記念して新調されるまで、実際に使用されていたものである。少なくとも大正五年より当地区の太鼓台の飾幕として使用されていたといえるが、もともとは小豆島で使用されたいたものとも伝わる。

左に剣をもち大蛇に立ちむかうスサノヲ、中央やや右に幣をもつイナタヒメが刺繍され、イナタヒメの前には経机の上に巻物がみえる。巻物は作品No.66の列品解説で述べたように、法華経の読誦により生け贄を逃れたという伝承が前提とされているのかもしれない。

なお付言すれば、このような飾幕をつくる四国の技術が、石見神楽の神楽衣装の刺繍技術に導入されたと伝えられている。（品川）

73 本朝英雄伝《ほんちょうえいゆうでん》　牛頭天皇《ごずてんのう》・稲田姫《いなたひめ》

一枚
歌川国輝（初代）
縦三七・〇cm　横二五・〇cm
江戸時代（弘化《こうか》四年〈一八四七〉～嘉永《かえい》五年〈一八五二〉）
島根・当館

剣で大蛇を退治する場面をダイナミックな構図で描く。牛頭天皇は災厄を祓う神として信仰され、スサノヲと同体の神とされる。

なお、歌川国輝《うたがわくにてる》（初代）は歌川国貞に師事した江戸時代後期の絵師。（品川）

74 大日本名将鑑《だいにほんめいしょうかがみ》　素盞烏尊《すさのをのみこと》・稲田姫《いなだひめ》

一枚

月岡芳年
縦三五・〇cm　横二三・五cm
明治時代（明治十三年〈一八八〇〉）
島根・当館

波立つ川面や強い風が大蛇出現を予感させ、スサノヲがその出現を待ち構えている。イナタヒメは高い岩の上に敷かれた荒薦に白衣で座し、幣をもち祈っている。酒を入れた甕は波間に浮かんでいる。スサノヲが出雲大社の神とされているが、中世の伝統がここにも生きているといえよう。
（品川）

75 大蛇《おろち》神楽面《かぐらめん》・蛇胴《じゃどう》

一式
現代（平成二十四年〈二〇一二〉）
神楽面：縦五〇・〇cm　横三一・〇cm
島根・当館

石見神楽の大蛇退治で用いられる神楽面と「提灯蛇胴《ちょうちんじゃどう》」。蛇胴は大阪万博（昭和四十五年〈一九七〇〉）以前に使用されていたものを植田蛇胴製作所（浜田市熱田町）で復元製作したものである。

提灯蛇胴は、従来の大蛇では迫力がないことから、明治時代に日脚《ひなし》社中（浜田市）で舞っていた植田菊市《うえだきくいち》によって細長い棒提灯をヒントに原型がつくられ、明治三十九年（一九〇六）ごろにはほぼ現在みる形になったとされる。石見神楽では、提灯蛇胴以前は鱗文様の上着と袴をつけて舞われていたようである。

なお、大阪万博の「お祭り広場」では夏休み期間中に「日本の祭り」として多くの民俗芸能や祭礼の公開が行われた。石見神楽の公演も行われ、そこで「大蛇退治」が舞われた。ここでは大蛇が一一頭出現したが、この万博出演によって石見神楽の全国的な知名度は高まっていったのである。
（品川）

Ⅳ．出雲大社の復古と出雲信仰の広がり

76 寛永《かんえい》御《おん》絵図《えず》

一幅
縦一一一・三cm　横一二八・八cm
江戸時代（十七世紀）
島根・千家家

寛文《かんぶん》四年（一六六四）に狩野《かのう》（西山《にしやま》）久三郎《きゅうさぶろう》が描いた下絵をもとに制作された、近世初期の出雲（杵築）大社およびその周辺を描いた図。裏面に「寛永御絵図」と貼り紙があることから、一般にこの名で呼ばれている。制作の目的は、寛文の御造営において、神仏混淆の状態にあった境内から仏教的要素を除くにあたって、唯一神道（出雲大社社家に伝えられた、仏教的な要素が排除された神道）を将来にわたり維持していくための、いわば戒めとすることであったと考えられる。

図には本殿南側に三重塔（寛文五年〈一六六五〉三月から解体、兵庫県の妙見山に移築され現存〈重要文化財〉）、鐘楼（松林寺〈出雲市〉に移築、鐘は寛文四年に松林寺に移された後、福岡市の西光寺の所蔵となり現存〈国宝〉）、境内東側に本願屋敷（寛文四年に売却・解体）などの仏教的要素が描かれている。
（品川）

77 慶長《けいちょう》拾《じゅう》四年《よねん》御造宮図《ごぞうぐうず》

一幅
江戸時代（十八世紀カ）
縦一一七・〇cm　横一五一・五cm
島根・出雲大社

北島国造家に伝わる杵築大社近郷絵図（島根県指定文化財）を十八世紀ごろ、素描したと考えられる図。杵築大社近郷絵図には「慶長十四年御造宮之図」の墨書があるが、この絵図は作品No.76と同様、狩野（西山）久三郎の描いた下絵をもとに、寛文の御造営前の神仏混淆の状態にあった境内の様子を描いたものである。
（品川）

78 出雲《いずも》大社《たいしゃ》境内《けいだい》祭礼図《さいれいず》（三月会《さんがつえ》神事《しんじ》及《およ》び真菰《まこも》神事図《しんじず》）

一幅
縦一七六・〇cm　横六九・〇cm
江戸時代（十七～十八世紀）
島根・千家家

寛文の御造営以後、延享の御造営までの制作で、出雲大社境内および三月会・真菰神事の様子が描かれている。作品No.76・77と比べると、三重塔など仏教的要素は除かれ、白木造の壮大な本殿が描かれている。

三月会はかつて「山陰無双の節会、国中第一の神事」と称されたもので、三月一日から三日にかけて行われ、そこでは獅子舞、流鏑馬《やぶさめ》、舞楽などのさまざまな芸能が奉納されていた。これら芸能の様子も本作品に描かれている。この三月会は現在、五月十四日から十六日に行われる大祭礼に引き継がれている。

真菰神事（涼殿《すずみどの》神事）は六月一日（千家家）、同月二十八日（北島家）になされていたもので、現在では六月一日に行われている。出雲国造が涼殿で神事をした後、立砂および真菰の上を歩いて御手洗井《みたらしのい》に進み祈念を行うものである。本作品では会所の前で真菰の上を歩む国造が描かれている。
（品川）

79 身逃《みにげ》神事《しんじ》行列之図《ぎょうれつのず》

一幅
縦一二三・二cm　横一二一・三cm
江戸時代（十九世紀）
個人（当館寄託）

江戸時代末の出雲大社およびその境内と身逃神事の様子を描く。左上に寛文の御造営以来の白木造の壮大な本殿が描かれている。また右上には、『日本書紀』第九段一書第二、いわゆる国譲り神話において、これまで治めていた「顕露之事」は天孫が治め、オオアナムチ（オオクニヌシ）は「神事・幽事」を治めることになったという神話が記されている。出雲大社において、この『日本書紀』の記載が重要な意味をもつようになってきたことを示していよう。

身逃神事は明治十九年（一八八六）まで旧暦の七月四日、現在は八月十四日深夜から十五日にかけて行われる。神職（かつては別火《べっか》の役）が出雲大社から出て湊社《みなとのやしろ》で神事、その後、塩掻島《しおかきじま》で塩を掻き、それを土器に入れて土器を火縄で焼く。その間、国造は国造館を出て、事前に清められた神職家に赴き、一時借宿をする。このように国造が館を出ることから「身逃神事」と呼ばれる。本作品は、近世において千家国造家の借宿をつとめていた西村家に伝わるものである。

翌五日（現在は十五日）、出雲大社では爪剥《つまむき》祭がなされる。ここでは身逃神事の際に調えられた塩とともに、瓜、茄子、稲穂、芋などが供えられる。寛文の御造営を主導した佐草《さくさ》自清《よりきよ》の『出雲水青《みつはる》随筆』によれば、この神事を「国造触新穀於身、自今日始」とし、新穀を祝う意味があるものとして解釈されていたことがわかる。このことは、爪剥祭が出雲大社に限らず、佐太神社（松江市鹿島町）、神魂《かもす》神社（松江市大庭町）でもなされていたことからもうかがえ、そうであるなら、国造の身逃は忌み籠もりであったのかもしれない。
（品川）

80
御造営日記《ごぞうえいにっき》

一冊
縦一三・五cm　横一九・八cm
江戸時代（寛文四年〈一六六四〉ごろ）
個人（当館寄託）

寛文の御造営を主導した北島国造方の社奉行、佐草自清《さくさよりきよ》の造営日記。寛文四年（一六六四）六月十二日から同年九月十日までが記録されている。八月小十三日条には「今度御造営より唯一神道ヲ守リ、宮中ノ佛閣破却シテ御宮方六町ノ内ニ寺院不入儀と国造殿社家も存候儀（後略）」と記されている。境内の仏教的な建築を破却し、かつ六町以内に寺院を設けないこと、また、このようにして、「唯一神道」を実現しようとしたことがうかがえる。（品川）

81
出雲国杵築大社再興記《いずものくにきつきたいしゃさいこうき》

一巻
縦三六・五cm
江戸時代（寛文《かんぶん》八年〈一六六八〉）
島根・出雲大社

いわゆる神仏分離を果たした寛文七年（一六六七）の御遷宮の後、佐草自清《さくさよりきよ》が林春斎《しゅんさい》（鵞峰《がほう》）に執筆を依頼して出雲大社に奉納されたもの。冒頭に「出雲国杵築大社者大己貴神之所鎮座也」と記されている。出雲大社の主祭神がスサノヲからオオアナムチ（オオクニヌシ）に復帰する端緒は十六世紀末にみられるものの、基本的には寛文の御造営にむけた動向においてそれが顕著になる。そして本作品からは、出雲大社において『日本書紀』に基づき、主祭神が「大己貴神」に復古したことがわかる。

また本作品は、寛文の御造営によって「唯一宗源之道」が勃興したこと、八丈の高さをもつ「正殿造」の本殿を「正殿式」と規定することなども記している。（品川）

82
出雲大社造営寄進帳《いずもたいしゃぞうえいきしんちょう》

一冊
縦二七・〇cm　横一九・二cm
江戸時代（享保《きょうほう》十年〈一七二五〉）
個人（当館寄託）

現在の本殿が建てられた延享の御造営にあたって、勧化《かんげ》（寄付を集めること）する神職が携えたであろう版本による寄進帳。寺社奉行による勧化許可証ともいえる「勧化之状」と出雲大社の由緒を記した「縁起」からなる。

寛文の御造営は、幕府による銀二〇〇〇貫の支出により達成されたものだった。しかし延享の御造営では、幕府は倹約を旨としており、ほかの寺社への寄付も省略していたことなどから、造営費用を十分に支出せず、その代わり神職が寄付を集めて歩く勧化を認めた。延享の御造営は、一般の人々の寄付を含めた資金によって実現されたのである。

一方、神職が「縁起」を持参して諸国を勧化したことが、祭神の御神徳、出雲（大社）への神集い伝承・縁結び信仰などが全国に広まる契機ともなった。（品川）

83
出雲大社御師版木《いずもたいしゃおしはんぎ》

一式
中央奥　龍蛇札版木：縦二七・五cm
横一一・〇cm　厚二・〇cm
江戸時代末〜明治時代（十九世紀）
島根・当館（矢田コレクション）

出雲大社の御師をつとめていた矢田家に伝えられた版木。版木のなかには火難・水難予防などに用いられた龍蛇をかたどる龍蛇札や、牛馬守護札などがみられる。御師は国郡などを単位としたそれぞれの壇所で、初穂料をいただきながら、これらの版木を用いた御札などを配布し、壇所の人々が出雲大社を参詣した際には、宿を提供し参詣の案内などを行った。このような御師の活動によって、出雲大社に対する信仰が広まっていったのであろう。（品川）

84
能楽図絵《のうがくずえ》「大社《おおやしろ》」

一枚
月岡耕魚
縦二四・五cm　横三七・〇cm
明治時代（明治三十二年〈一八九九〉）
島根・当館

謡曲「大社」は出雲大社へ神々が集うことを語る演目。観世宗節《かんぜそうせつ》（一五〇九—一五八三）筆の謡本には、観世彌次郎《かんぜやじろう》（一四八八？—一五四一）作と記されている。

「大社」は天女（十羅刹女《じゅうらせつにょ》の仮現）が舞うなか、神々が影向《ようごう》し、やがて海龍王（龍神）が現れ、龍宮から毎年届けられる小龍を神前に捧げる、といった内容をもつ。出雲大社などの神在祭では龍宮からの使者、神々の先導役として龍蛇と呼ばれるウミヘビが祀られるが、「大社」はこのことが前提とされていよう。

また、遅くとも江戸時代初めごろには成立したと考えられるこの「大社」の「能間《のうあい》」では、出雲大社の神集いにおいて「男女ふう婦のゑんを御定被成候事」と、縁結びがなされることにも触れている。

このように能にも取り上げられたことが、出雲大社への神集いが全国に広まった契機の一つとなったのであろう。

月岡耕魚《つきおかこうぎょ》（一八六九—一九二七）は月岡芳《よし》年《とし》、尾形月耕《おがたげっこう》、松本楓湖《まつもとふうこ》に師事した明治から大正時代にかけての絵師。能楽にかかわる多くの作品を残している。（品川）

85
大社縁結図《たいしゃえんむすびず》

三枚一組
歌川豊国（三代）
縦三五・六cm　横二三・八cm
江戸時代（嘉永《かえい》四年〈一八五一〉）
島根・当館

出雲大社に集った神々を描く。中央上にクニトコタチ、その下に俵を手にしたオオクニヌシ、その左には大蛇を退治しようとしているスサノヲ、中央下ではアマテラスが、縁を結んだ男女の名を記す「縁結人名帳」を手にしているのが確認できる。この人名帳には「嘉永四年　十月吉日」と記されており、十月に神々が出雲大社に集まって縁結びがなされるという信仰が、一般に広まっていたことがわかる。

なお、画面左の稲荷明神が稲束を両側に吊した棒を肩にかけて描かれている。これに関し、現在、十一月二十三日の出雲大社古伝新嘗祭の「釜の神事」で、稲束と瓶を吊した棒を肩にかけて釜の周りを回る出雲国造の姿が彷彿されよう。（品川）

86
出雲国大社之図《いずものくにおおやしろのず》

三枚一組
歌川国久（二代）
縦三六・五cm　横二六・五cm
江戸時代（文久《ぶんきゅう》二年〈一八六二〉）
島根・当館

出雲大社に集った神々が縁結びをしている状況を描いた作品。男女の名前を書いた札を準備し、社殿中央に坐すアマテラスとオオアナムチ（オオクニヌシ）が誰と誰を縁結びさせるか判断している。縁が結ばれた二人の木札は固く結ばれ、その二人の名を厚い帳面に記録している。また、中央上には「龍宮より上る」として龍蛇が描かれている。作品No.85

同様、十月に神々が出雲大社に集まって縁結びがなされる、という信仰が広まっていたことを物語る作品である。

歌川国久《うたがわくにひさ》（一八三一―一八九一）は豊国（三代）に師事した江戸時代末から明治時代にかけての絵師。役者絵や横浜絵などを多く残している。

（品川）

87 大日本《だいにほん》神事《しんじ》見立《みたて》数望《すもう》

一枚
縦二二・五cm　横一六・七cm
江戸時代（十九世紀ごろ）
島根・当館

諸国の名高い祭礼を東西にわけてランクづけした見立番付。行司として「十月中亥日　出雲大社」、つまり出雲大社の神在祭が記載されている。出雲大社の神在祭が全国の祭礼のなかでも別格のものとされるほど、広く浸透していたことがわかる。近世においても出雲大社の神在祭は十月十一日から催されたが、寛文《かんぶん》年間（一六六一～一六七三）の『案内記』、享保《きょうほう》年間（一七一六～一七三六）の『諸国年中行事』のように十月中亥日の行事と記すものがある。もちろん単なる誤記かもしれないが、本作品がこれらの記載などを参照した可能性もあろう。

（品川）

88 出雲国麻疹除御神《いずものくにはしかよけおんかみ》

一枚
月岡芳年
縦三五・〇cm　横二四・五cm
江戸時代（文久《ぶんきゅう》二年〈一八六二〉）
島根・当館

「はしか絵」と呼ばれるもので、文久二年（一八六二）にはしかが大流行した際に多く刊行されている。本作品には、この絵を門口に貼っておけば必ず麻疹熱病は家に入らない、それ以前に家に入っていたら、小豆一五粒、黒豆一五粒を煎じて飲めば全快する、と記されている。作品No.82で紹介した「縁起」によれば、オオアナムチ（オオクニヌシ）は「万民のために病を癒し、薬方を初て教給ひ、温泉に浴して病を癒す事を教、又は牛馬の煩にいたるまで薬をあたふるの法をしめし給ふ、日本医術の祖神とも申奉る」と記されるなど、医療の神として信仰されていた。作品No.83の牛馬守護札もこのような神徳からのものである。また、とりわけ出雲大社境外社の鷺大明神（伊奈西波岐《いなせはぎ》神社・出雲市大社町鷺《さぎ》浦）は疱瘡除けの神として知られていたことも、本作品に影響を与えていよう。

（品川）

V. 近世の『日本書紀』解釈
―幽顕の世界―

89 日本後紀《にほんこうき》　巻二一

一冊
縦二五・六cm　横一八・一cm
江戸時代（寛政《かんせい》十一年〈一七九九〉）
島根・島根県立図書館

『続日本紀《しょくにほんぎ》』に次ぐ正史（「六国史《りっこくし》」の第三）で、承和《じょうわ》七年（八四〇）に藤原緒嗣《おつぐ》が奏上したものの版本。もとは四〇巻で、桓武朝後半から平城《へいぜい》・嵯峨・淳和《じゅんな》朝の四代、延暦《えんりゃく》十一年（七九二）から天長《てんちょう》十年（八三三）の約四〇年間の歴史を収めていたが、現存するのは巻五・八・一二・一三・一四・一五・二〇・二一・二二・二四の一〇巻にすぎない。そのうち、巻二一は、嵯峨朝の弘仁《こうにん》三年（八一二）正月から同四年（八一三）二月までを収録しており、弘仁三年六月戊子是日条に参議紀広浜《きのひろはま》・陰陽頭阿倍真勝《あべのまかつ》ら参席のもと、博士として多人長《おおのひとなが》が「日本紀」（『日本書紀』）の講読を行ったことがみえる。『日本書紀』の注釈書として中世に記された『釈日本紀《しゃくにほんぎ》』によると、養老《ようろう》五年（七二一）に『日本書紀』の講読が行われたようであるが、これは完成間もなくの『日本書紀』のお披露目的な側面が強く、弘仁三年のものが実質的にははじめての『日本書紀』の講読といえる。このあと、承和十年（八四三）・元慶《がんぎょう》二年（八七八）・延喜《えんぎ》四年（九〇四）・承平《じょうへい》四年（九三四）・康保《こうほ》二年（九六五）というように、約三〇年ごとに『日本書紀』の講読（日本紀講筵《こうえん》）が行われ、元慶・延喜・承平度の講筵後には宴会（竟宴《きょうえん》）が催された。

（吉永）

90 釈日本紀《しゃくにほんぎ》　巻二三

一冊
縦二六・八cm　横一九・二cm
江戸時代（十七～十九世紀）
島根・当館

鎌倉時代後期の文永《ぶんえい》十一年（一二七四）から正安《しょうあん》三年（一三〇一）の間に成立した、卜部兼方《うらべかねかた》による『日本書紀』の注釈書で、全二八巻。本書は、江戸時代の版本で、巻二三は『日本書紀』に記された歌謡に解釈を施した和歌部にあたる。そのなかに素戔嗚尊《すさのをのみこと》が八岐大蛇《やまたのおろち》を退治し、奇稲田姫《くしいなだひめ》と結ばれる地を求めて、清地《すが》に到着して詠んだ歌「八雲立つ　出雲八重垣　妻ごめに　八重垣つくる　その八重垣を」が万葉仮名で記され、その注釈部分に『古事記』や『出雲国風土記』、『先代旧事本紀』が引用されている。

なお、この「八雲立つ」の歌について、延喜《えんぎ》五年（九〇五）に奏上された、日本最初の勅撰和歌集『古今和歌集』の仮名序で、編者の一人である紀貫之《きのつらゆき》が「人の世と成りて、素盞烏尊よりぞ、三十文字あまり一文字は詠みける」（真名序では「素盞烏尊の出雲の国に到るに逮びて、始めて三十一字の詠有り」）と述べており、平安時代中期には「八雲立つ」の歌が和歌のはじまりだと考えられていたことがわかる。

（吉永）

91 日本書紀　巻二

一冊
縦二五・四cm　横一八・四cm
江戸時代（寛文《かんぶん》九年〈一六六九〉）
島根・当館

巻二神代下には大己貴神《おおあなむちのかみ》による国譲り（第九段）、海幸・山幸（第一〇段）、神日本磐余彦尊《かむやまといわれひこのみこと》の誕生（第一一段）といった神話・伝承などが収められており、そのなかで特に第九段が出雲ゆかりの神話である。大己貴神の治める葦原中国《あしはらのなかつくに》に派遣された経津主神《ふつぬしのかみ》と武甕槌神《たけみかづちのかみ》が、大己貴神に国譲りを迫ったところ、子である事代主神《ことしろぬしのかみ》に尋ねたうえで返事すると回答したので、事代主神のもとに使者を遣わし、事代主神から国譲りの同意を取りつけ、その結果、大己貴神は経津主神・武甕槌神の二神に対し、天神に国を譲る旨を述べ、隠れたと第九段本文は記している。一方、その異伝ともいうべき一書第二には、国を譲るように求められた大己貴神は、見返りとして自らが住む天日隅宮《あめのひすみのみや》を築いてもらい、皇孫が「顕露（之）事」をつかさどるのに対し、自身は「神事」「幽事」をつかさどることになったとみえる。この「顕露事」と「幽事」、すなわち「顕」「幽」が何を指すのか、本居宣長《もとおりのりなが》や平田篤胤《ひらたあつたね》など、古くからさまざまな学者が解釈を施している。なお、寛文九年版『日本書紀』については、作品No.15を参照。

（吉永）

92 神代巻口訣《じんだいかんくけつ》

五冊
縦二七・六cm　横一九・三cm
江戸時代（寛文《かんぶん》四年〈一六六四〉）
島根・北島家

貞治《じょうじ》六年（一三六七）に成稿した、神道家である忌部正通《いんべのまさみち》の手になるとされる『日本書紀』巻一・二神代上下の注釈書。全五巻で、神道を正道とし、宗教思想的・神道哲学的な注釈を施しており、忌部神道の根本経典とされる。そのうち、巻四で『日本書紀』巻二神代下第九段一書第二の「顕露之事」（「顕」）と「神事」（「幽」）に関する注釈を施しており、「顕」は国をつくり天下を治めることで、これを皇孫に譲り、大己貴神《おおあなむちのかみ》が掌るべき「幽」は祭祀のことと理解している。また、国譲り後に大己貴神が住むべき「日隅宮」は出雲国の「杵築神社」のことで、京からみると乾《いぬい》＝西北にあたり、日が沈む方角だとも述べている。なお、本書は寛文四年（一六六四）に京都二条通松屋町の武村市兵衛が刊行した版本で、北島国造家の自重館《じちょうかん》文庫に伝わっており、巻五の裏表紙裏に朱で「国造北嶋」と記されている。（吉永）

93 日本書紀纂疏《にほんしょきさんそ》　下

一冊
縦二七・五cm　横一九・〇cm
江戸時代（享保《きょうほう》六年〈一七二一〉）
島根・当館

一条兼良《いちじょうかねよし》（一四〇二―一四八一）が康正《こうしょう》年間（一四五五～一四五七）に著した、『日本書紀』巻一・二神代上下の注釈書の版本。神代を儒教や仏教の教えと照らし合わせて理解しようとする神儒仏三教一致論を基調に、『日本書紀』は『先代旧事本紀』をもととすると理解している。そのうち、『日本書紀』巻二神代下第九段一書第二にみえる「顕露之事」（「顕」）と「神事」（「幽」）について、「顕」は「人道」、「幽」は「冥府」のことで、祭祀は「幽」ではなく、「顕」に属することだと理解している。なお、兼良は、俗に「かねら」とも呼ばれ、有職故実《ゆうそくこじつ》に詳しく『公事根源《くじこんげん》』を著したり、歌学に造詣があり勅撰集『新続古今和歌集』の序を執筆したりするなど、文化人・教養人としても知られる、室町時代を代表する公卿《くぎょう》である。（吉永）

94 本居宣長像《もとおりのりながぞう》

一幅
吉川義信
縦九五・八cm　横三五・〇cm
江戸時代（十八世紀）
島根・当館

本居宣長（一七三〇―一八〇一）は江戸時代後期の国学者。契沖《けいちゅう》（一六四〇―一七〇一）の書籍を通じて古典研究の方向性を見出し、賀茂真淵《かものまぶち》（一六九七―一七六九）に対面し、真淵に激励されて自らの研究の中心を、日本最古の歴史書である『古事記』に定めたという。その約三五年の成果が『古事記』の注釈書『古事記伝』（作品No.95）である。宣長の『古事記伝』によって、これまで日本最初の正史として『日本書紀』が重視されていたなか、『古事記』が独自の価値をもつ史書として評価されるようになった。

本作品は寛政《かんせい》二年（一七九〇）、『古事記伝』の刊行がはじまった年の本居宣長六十一歳自画自賛像を模写したもので、この自画自賛像の模写は多くの門人に請われて贈られている。模写したのは名古屋の画家、吉川義信《よしかわよしのぶ》（一七六三―一八三七）で、義信による模写は宣長に高く評価されていた。なお賛には「しき嶋の山跡心を人とハ、朝日ににほふやまさくら花」とある。（品川）

95 古事記伝《こじきでん》

四八冊
縦二六・〇cm　横一八・五cm
江戸時代（文政《ぶんせい》五年〈一八二二〉）
島根・内神社（当館寄託）

本居宣長による『古事記伝』は寛政《かんせい》二年（一七九〇）から刊行されはじめ、文政五年に全巻刊行された。全四四巻四四冊。当版本は巻一七付録一冊（服部中庸《はっとりなかつね》『三大考《さんだいこう》』）と本居春庭《はるにわ》編『古事記伝目録』三巻を加え全四八冊となっている。

巻一四は、いわゆるオオクニヌシの国譲りの段の注釈だが、その際に『日本書紀』第九段一書第二をそのまま引用し、さらに「幽事」と「顕露事」の注釈を試みている。宣長は『古事記伝』のさまざまな場面で『日本書紀』を引用しているが、『神代正語《かみよのまさこと》』（寛政元年刊、『古事記』に「古語」によるふりがなをつけたもの）でも、一書第二を引用している。

原武史は「国学者の中で、『日本書紀』一書第二の「顕」と「幽」に最初に言及したのは（中略）本居宣長」とし、『古事記伝』や『神代正語』の引用は「宣長の一書第二に対する関心の高さを示」すものとしている（原武史『〈出雲〉という思想』公人社、一九九八年）。

それでは宣長は「幽事」「顕露事」をどう捉えていたのだろうか。「顕露事」は人間の目にみえること、朝廷のいわば政治であり、「幽事」は人間の目にはみえないこと、神のわざとされる。この「幽事」をオオクニヌシがつかさどり、朝廷の政治（顕）を幽《ひそか》に助ける、と捉えている。現実の世界とは別に、オオクニヌシが支配する目にみえない世界が想定されているのである。

原によれば、晩年の宣長の関心はさらに出雲にむかい、寛政二年（一七九〇）に刊行したばかりの『古事記伝』を出雲大社に奉納し、さらに「出雲国造神賀詞《かんよごと》」ならびに『出雲国風土記』の注釈を開始したとされる。そしてその背景には千家俊信《せんげとしざね》との交流があったとしている（原前掲書）。（品川）

96-1 千家俊信像《せんげとしざねぞう》

一幅
縦五二・〇cm　横一六・〇cm
江戸時代（十九世紀）
島根・当館

96-2 千家俊信像《せんげとしざねぞう》

一幅
貞庭
縦七三・〇cm　横二九・〇cm
江戸時代（十九世紀）
個人

千家俊信（一七六四―一八三一）は江戸時代後期の国学者、出雲国造千家俊勝の次男。先祖が編纂にかかわった『出雲国風土記』の研究を志し、その『出雲国風土記』の注釈書である『出雲風土記解』を執筆した内山真龍《うちやままたつ》の薦めもあり、寛政《かんせい》四年（一七九二）に本居宣長に入門した。入門後は寛政七年（一七九五）に宣長のいる松阪に百余日滞在し、同十年（一七九八）にも再訪している。松阪から帰国後は、塾を開き（梅廼舎《うめのや》）、門弟の指導にあたった。また享保《きょうわ》元年（一八〇一）には、京でも宣長の講習を受けている。

作品No.96-1・2はともに「くすしくもわか手のうちに玉ちはふ　神のみわさを見るか貴ふとさ」の賛があり、左手には「建玉」の文字が書かれている。これは寛政八年（一七九六）ごろ、自分の手のひらに「建玉」や「玉」の文字が出て周囲の祝福を受けた、という伝承に基づいている。今回、展示をしていない別の俊信像には、上記の歌とともに「これをかける時おのが年は四十六」との自賛があり、落款も作品No.96-2と同じく貞庭である。したがってこの俊信像は、文化《ぶんか》六年（一八〇九）に描かれたもので、展示する作品もこのころのものと想定される。これら俊信像も宣長像と同じように、門人たちの手に渡り、掛けられていたのであろう。
（品川）

97
鈴屋授業門人姓名録《すずのやじゅぎょうもんじんせいめいろく》

一冊
縦二五・八cm　横一七・八cm
江戸時代（文政《ぶんせい》十二年〈一八二九〉写）
［原本：享和《きょうわ》元年〈一八〇一〉］
島根・当館

本居宣長の門人約五〇〇名を記載した名簿。寛政《かんせい》四年（一七九二）に「出雲大社　千家国造俊秀舎弟　千家清主　出雲臣俊信」とあり、この年に千家俊信《せんげとしざね》が入門したことがわかる。この姓名録では、宣長高弟の小篠敏《おざさみぬ》、家老の岡田頼母《おかだたのも》など十数人が浜田藩から入門している。そのなかには岡田頼母の妻、浜田藩主松平康定《やすただ》の侍女など女性もみられる。出雲大社からは寛政七年（一七九五）に俊信の弟、千家豊広（清足）も入門している。
（品川）

98
本居宣長書状《もとおりのりながしょじょう》

一幅
縦三五・八cm　横四二・五cm
江戸時代（寛政《かんせい》十年〈一七九八〉）
島根・当館

本居宣長が千家俊信《せんげとしざね》に宛てた書状。俊信が『訂正出雲風土記』を執筆するにあたって、宣長が校正の段階で自説を述べ、それを俊信が取り入れていることがわかる。それとともに、宣長が出雲ならびに『出雲国風土記』に対し、高い関心を払っていたこともうかがえる。
（品川）

99
訂正出雲風土記《ていせいいずもふどき》

二冊
縦二七・一cm　横一八・八cm
江戸時代（文化《ぶんか》三年〈一八〇六〉）
島根・当館

出雲大社第七十五代国造千家俊勝の次男である千家俊信《せんげとしざね》（通称は清主《きよぬし》、舎号は梅廼舎《うめのや》）が、浜松出身の国学者内山真龍《うちやままたつ》によって著された『出雲風土記解』（出雲国の地誌である『出雲国風土記』の注釈書）を参考にし、自説も入れながら完成させた『出雲国風土記』最初の版本。俊信は寛政《かんせい》四年（一七九二）に本居宣《もとおりのり》長《なが》に入門して以降、手紙のやりとりなどを通じ、宣長から多くを学んだ。そのため、本書にも宣長の説は取り入れられており、例えば、島根半島の国土形成を物語り、意宇《おう》郡の郡名由来を語る神話でもある「国引き神話」で、頭注に「師説聞耶作閉耶今従之」とあり、本文の「聞々耶々」に「ヘナヘナ」と読み仮名が振られていたり、続く頭注に「師説来寄ノ誤也トイヘリ」とみえ、本文の「来」に「ヨセ」と左注が施されていたりしているが、この「師説」は宣長の説を指す。なお、本書以前は、書写するしか『出雲国風土記』を入手する方法がなかったが、本書の刊行により、『出雲国風土記』は普及して、多くの国学者が研究できるようになったのである。
（吉永）

100
神代正語常磐草《かみよのまさごとときわぐさ》　下

一冊
縦二六・五cm　横一八・五cm
江戸時代（文政《ぶんせい》十年〈一八二七〉）
島根・当館

『神代正語』は『古事記伝』に先だって寛政《かんせい》元年（一七八九）に刊行されたもので、『古事記』に「古語」によるふりがなをつけたものである。本書はそれに絵入りで注釈が加えられている。作者の細田富延《ほそだとみのぶ》（一七八三―一八二八）は伯耆国（現在の鳥取県）の国学者で千家俊信《せんげとしざね》の門弟。注釈においては、本居宣長によるものは鈴《すず》（鈴屋《すずのや》）、俊信によるものは梅（梅之舎《うめのや》）、富延によるものは宝珠（玉《たま》の舎《や》）とそれぞれの屋号によるマークをつけている。作品No.95の列品解説で触れたように、『神代正語』では『日本書紀』第九段一書第二が引用されている。参考で挙げた図は国譲りの場面。ほかより大きく描かれたオオクニヌシが、国を平らげた際に用いた広矛をタケミカヅチに授けている。この『日本書紀』本文に基づく神話を『神代正語』ではつけ加えており、それがこの絵に反映していると考えられる。
（品川）

101
平田篤胤像《ひらたあつたねぞう》

一幅
平田銕胤
縦九八・六cm　横三五・九cm
江戸時代（十九世紀）
島根・当館

平田篤胤（一七七六―一八四三）は江戸時代後期の国学者。文化《ぶんか》二年（一八〇五）に本居春庭（宣長の長男）に入門し、宣長の著作などを通じて、宣長の国学を学ぶ。しかし、同八年（一八一一）、『古事記』のみではなく『日本書紀』などさまざまな書籍を通じて、日本の古伝を確定すべきものと捉えるようになった。その成果の一つが『古史正文《こしせいぶん》』（文化八年〈一八一一〉成立、同十五年〈一八一八〉刊）である。また、異界に強い関心を示し、死後の魂の行方について精力的に研究している。篤胤の国学（平田国学）は地方の神職層・豪農層を中心に広がり、幕末から明治の思想界に大きな影響を与えている。

平田銕胤《かねたね》（一七九九―一八八〇）は幕末維新期の国学者で篤胤の養子、平田国学を隆盛に導いた。賛には篤胤の和歌「真木柱ふときこころに幸まむと　そ、ろ思ひ鎮めかねつも」が記されている。
（品川）

102
霊《たま》の真柱《みはしら》　下

一冊
縦二六・七cm　横一八・五cm
江戸時代（文化《ぶんか》十年〈一八一三〉）
島根・当館

真の古史を綴った『古史成文』、古史の出典を明らかにした『古史徴《こしちょう》』などとともに、文化八年（一八一一）にはその草稿がなったという平田篤胤の代表作の一つ。「（死後の）霊の行方の安定《しずまり》」を明確にする目的で書かれている。

篤胤は「凡人も如此生て現世に在るほどは、顕明事にて、天皇命の御民とあるを、死ては、その魂やがて神にて（中略）いはゆる幽冥に帰けるなれば、さては、それ冥府を掌り治めす大神は、大国主神に坐せば、彼神に帰命ひ奉り、その制御を承け賜はることなり」として、人間の魂は死後、オオクニヌシの支配する「幽冥《ゆうめい》」に帰するとしている。この「幽冥」は「顕国をおきて、別に一処あるにもあらず、直ちにこの顕国の内いづこにも有なれども、幽冥にして、現世とは隔たり見えず」として、人の目にはみえないがこの世に存在するとしている。そして死後の魂は社、祠、もしくは墓の上に鎮まると捉えるのである。

本居宣長は魂の行方について、その思いの強さによってこの世に留まる魂があることは認めながらも、基本的には世界の下方にある暗くきたない黄泉《よみ》国に赴くもので、人間の死は泣き悲しむほかないものと捉えていた。これに対して篤胤は、魂の「幽冥」における永続、というべき宗教的救済を国学に導入したのである。また宣長において、オオクニヌシが支配するものの、その範囲はこの世に限られていた「幽事《かくれたること》」を、死後の世界にまで拡張したのである。さらに『古史伝《こしでん》』（『古史正文』に詳細な注釈を加えた書、文化九年〈一八一二〉起稿、その執筆は没年まで続いた）では、この世は仮のものであり、オオクニヌシが治める「幽世《かくりよ》」こそが人間の本世であり、さらに人間の死後には、十月の出雲大社への神集いにおいてオオクニヌシによって霊魂の善悪の判断がなされるとしている。　（品川）

103 六人部是香《むとべよしか》像《ぞう》

一幅
縦九五・四cm　横二七・〇cm
江戸時代（十九世紀）
京都・向日神社（向日市文化資料館寄託）

幕末の平田派の国学者、六人部是香（一七九八―一八六三）の晩年の姿を描いたとされる肖像画。是香は文政《ぶんせい》六年（一八二三）に平田篤胤に入門し、篤胤の「幽冥」の規定に影響を受けながらも、向日《むこう》神社神職としての立場から各地の産《うぶ》須《す》那《な》（産土）神社が基本的に氏子の生命、財産、死後の霊魂にいたる一切をつかさどるという姿勢をとった。　（品川）

104 顕幽順考論《けんゆうじゅんこうろん》

五冊
縦二六・七cm　横一八・五cm
江戸時代（十九世紀）
京都・向日神社（向日市文化資料館寄託）

六人部是香《むとべよしか》の主著の一つ。是香は篤胤の視点を受け継ぎながら、オオクニヌシの国づくりは、天神からイザナキ・イザナミに地球をつくり固めなせ、という神勅をスサノヲが受け継ぎ、それをその裔であるオオクニヌシが行ったものと捉える。つまり、オオクニヌシの国づくりは神勅に基づくものとするのである。その結果、オオクニヌシは出雲国に鎮座し地球の顕明政を治めていた。そして国譲りによって顕明政は皇孫が治めることになったが、オオクニヌシはその国づくりの功績を評価され、天神の勅命により、天神（タカミムスヒ）が治めていた幽冥政をつかさどることとなり、幽冥政の本府としての大宮（出雲大社）が造営され、幽冥政から皇孫の顕明政を護り補助することになったという。ただし、是香は、オオクニヌシが直接に幽冥政を治めるのではなく、それぞれの産須《うぶす》那《な》神がそれぞれの区域の幽冥政を掌握し、最終的な判断を十月に本府である出雲大社に神々が集まって行うと捉えている。また死後の霊魂が生前の行いの善悪によって神位階に昇るか、それとも幽徒界に陥るかの最終判断も十月の神集いにおいて裁判がなされるとしている。　（品川）

105 産須那社古伝抄《うぶすなしゃこでんしょう》

一冊
縦二五・八cm　横一八・五cm
江戸時代（安政《あんせい》四年〈一八五七〉）
京都・向日神社（向日市文化資料館寄託）

管轄区域の諸活動、現世の守護、死後の霊魂の守護を行っているのは各地に鎮座する産《うぶ》須《す》那《な》神であることを主張する書。「幽冥の御政事は、彼大国主大神の御子孫、または其由緒の神々等を始として、其地々々に就て有功所縁ある神等を、諸国の村里に分配して鎮座せしめ給」と記されている。　（品川）

106 出雲《いずも》水青随筆《みつはるずいひつ》（複製）

一冊
縦二四・八cm　横一七・八cm
現代［原品は元禄《げんろく》七年（一六九四）］
島根・当館［原品は個人］

佐草自清《さくさよりきよ》による書。オオアナムチ（オオクニヌシ）のもつ、さまざまな神名ごとの御神徳、本殿はじめ境内社・境外社の由緒、三月会の次第、出雲大社年中行事などが記される。その「顕国玉神《うつしくにたま》」の項では「日本者神国也、八雲立出雲者、神国之中之神国也」と記され、出雲が神国のなかの神国であり、その理由として神事をつかさどるオオアナムチが出雲大社に鎮座していること、神々が毎年、出雲大社に集うことが挙げられている。『日本書紀』第九段一書第二の記載が、出雲大社において重要な意味をもちはじめていたことがわかる。　（品川）

107 大社幽冥誌《たいしゃゆうめいし》　巻一

一冊
縦二八・五cm　横二一・五cm
江戸時代（安永《あんえい》二年〈一七七三〉）
島根・千家家

豊後国（現在の大分県南部）・筑後国（現在の福岡県南西部）を担当していた御師とされる佐々誠正《ささもちまさ》による、出雲大社の神徳を広めるための書。三巻からなり、基本的には当時の出雲大社に受容されていた垂加神道を背景に、巻一はオオアナムチと同体とされる、さまざまな神格の神名の解釈およびその神徳、巻二はオオアナムチを朝敵と捉える説の論駁、巻三は出雲大社神紋ならびにオオアナムチのさまざまな神徳の紹介がなされている。

さて誠正は、「顕国玉神」の項を中心に、「顕露《あらわに》」と「幽冥《ゆうめい》」の規定を行っている。誠正によれば「顕露」とはこの世の政治であり、「幽冥」とは皇統の守護のために祭祀を行うことで、それは目にみえず、顕露によっては判断できないものとされる。「顕露」はイザナキからスサノヲへの神勅があり、本来スサノヲが治めるべきものであったが、その御子であるオオアナムチが代わって治めていた。オオアナムチが「顕露」を治めるのはイザナキの神勅に叶うものなのである。そして国譲りにより、「顕露」はニニギに授け、国づくりの功の褒美としてアマテラスから「幽冥」がオオアナムチに譲られ、出雲大社に隠れ鎮まってこれを守護することになったという。

「顕露」と「幽冥」をこのように捉えたうえで、誠正は「幽冥」におけるオオアナムチによる賞罰について記している。すなわち「顕露」で明らかにされなかった人の罪および徳行は、「幽冥」においてオオアナムチによる賞罰がなされるとするのである。

また「大物主神」の項では、「政務は皇孫尊に授け玉ひしかども年毎の神在祭に領給ふ八百万の神を集め其国々におゐて規矩をたてかくれのことの制禁をとるの示しあり、または男女の縁を結びて（後略）」と記しオオアナムチが、「幽事（幽冥）」を治めていることを理由に出雲大社に神々が集まり、そこで縁結びがなされることを説明している。　（品川）

参考　梅之舎三箇条《うめのやさんかじょう》

一冊
江戸時代（十九世紀カ）
島根・千家家

千家俊信《せんげとしざね》の著作で、梅之舎に入門した初学者むけに記された三箇条からなる教えである。「御政事をよく守り上の御恩を忘れ中間敷事」、「家業出情ノ事」、「神の御所為をしる事」からなり、最後の条が「神道第一ノ教」としている。

俊信によれば、「顕露《あらわに》」とは天皇が治める政事であり、「幽事《かくれたること》」とは人の生死や季節の移り変わりなど、誰がなすともなしに万事がなることで、出雲大神がこれを治めているという。そして「顕露」の罪に漏れた人間の罪は出雲大神により「幽事」の罪として罰せられ、病や災いにあうとしている。師の本居宣長《もとおりのりなが》にはみられなかった、神による賞罰という点が主張されているのである。このことはすでに佐々誠正《ささもちまさ》のなかにもみられ、また佐草自清《さくさよりきよ》がすでに「神事《かみのこと》（幽事）」への関心を示していることからすれば、出雲大社神職層のなかで徐々に醸成されてきたとみることができよう。

さて俊信は、死者の霊は本来、家に留まり子孫を守護すべきものと捉えている。そのためには、生前はアマテラスの伝えた政事を守るといった善事を行い、死後には霊を家に留めてアマテラスより預かる家、子孫を守護し、アマテラスの所為を助けるという信念をもたなくてはならないとしている。さもなければ、地下根底にある穢き国、黄泉《よみ》国に行くとしている。それについて「大御神ノ御政事ニ背テ御仕置」がなされるゆえとしている。この御仕置は「自然ノ神ノ御所為」によるものとされる。ここには後の出雲大社にみられるように、「幽事（幽冥）」が死後の世界を含み、そこにおいてオオアナムチ（オオクニヌシ）による賞罰がある、という観点まではみられない。しかしながら、少なくとも死後に神による賞罰がなされるという視点の萌芽を認めることはできよう。（品川）

108 神葬祭書記《しんそうさいしょき》（神葬祭式《しんそうさいしき》）

一冊

縦二六・五cm　横一九・五cm

明治初年（十九世紀）

島根・出雲大社教

出雲大社の維新直後の神葬祭に関する記録。そのうちの神葬祭の祭式次第が記された「神葬祭式」の「葬祭祝詞」には「此世を去て彼国の知ぬ堺には身罷坐る」とある。少なくともこの時期に、出雲大社において死者の霊が平田派のように「幽冥」に帰すとは捉えられていないことがわかる。（品川）

参考 社寺取調類纂《しゃじとりしらべるいさん》　一八五冊（出雲大社大宮司千家尊福《いずもおおやしろだいぐうじせんげたかとみ》社格之儀ニ付願之件《しゃかくのぎにつきねがいのけん》）

一冊

縦二六・五cm　横一六・〇cm

明治時代（明治五年〈一八七二〉）

東京・国立国会図書館

出雲国造千家尊福（一八四五―一九一八）が、出雲大社大宮司を継いだ（明治五年〈一八七二〉一月）直後の九月二日（出雲大社に残る資料では八月二十五日）に、教部省に提出した出雲大社の昇格願。オオクニヌシに天下大造の功業があり、「幽事」主宰の職掌においては神祇中の統領で、崇敬も伊勢神宮に並ぶべきものである。また天下の治要は「幽顕《ゆうけん》」の二道にあり、「幽事」を疎かにはできないなどの点から、出雲大社を諸官社の上位に定めることを願い出ている。そこにおいて、「大神幽冥ノ大権を執テ此国ニ祝祭スル神霊及び幽界ニ帰向スル人魂ヲ統括シ給フハ天皇ノ顕界ノ政柄ヲ執テ億兆ヲ統率シ玉フルニ異ナラス。神霊人魂ノ冥府ノ命ヲ奉スルモ亦億兆ノ顕府ヲ仰クニ等シ」とし、「幽界」に帰す死後の魂を統括しているのがオオクニヌシであることを記している。

この尊福の見解が、後に展開される尊福が中心となって大中小の教院、明治八年（一八七五）からは神道事務局に造化三神《ぞうかさんしん》とアマテラスに加え、オオクニヌシを合祀するように求めた、いわゆる祭神論争につながっていくことになる。

出雲大社において、オオクニヌシが「幽冥」を主宰し、死後の魂が「幽冥」に帰すと明確に述べたのは、現在確認できるところでは、この昇格の請願が最初である。このことはすでに藤井貞文《さだふみ》が、後に展開される祭神論争の端緒としてこの請願を記すことによって、示唆されている（藤井貞文『明治国学発生史の研究』吉川弘文館、一九七七年）。また、松長直道もこの端緒を昇格の請願に求めている（「近代神社制度における出雲大社、神葬祭」、島根県古代文化センター調査研究事業『日本書紀と出雲観に関する研究』第五回客員研究員共同研究会発表、令和元年九月四日、島根県古代文化センター）。いずれにせよ、千家尊福が宮司を継いだ後に、積極的に主張されはじめたものであろう。

これについて、尊福が師である中村守臣との問答集『千門中答』のなかで、『古事記伝』の説は納得できないが、『霊能真柱』や『古史伝』の説は納得できる」（西岡和彦『近世出雲大社の基礎的研究』大明堂、二〇〇二年）としていたなど、尊福に平田篤胤の影響があったことを理由として挙げることができよう。とはいえ、佐草自清《さくさよりきよ》が『日本書紀』第九段一書第二にすでに注目しており、佐々誠正《ささもちまさ》において「幽冥」におけるオオアナムチの賞罰に触れ、千家俊信《としざね》に人の死後における神の賞罰の萌芽がみられたこと、また、尊福の父である千家尊澄《たかずみ》が、師である本居内遠《うちとお》との問答集『和歌の浦嶋鈔』において、神と人との区別に注視し、とりわけその一四篇において霊魂の行方について師に尋ねていることからすれば、国学の進展の影響を受けながら出雲大社において徐々に醸成され、尊福において結実をみた、と捉えることが妥当ではないであろうか。（品川）

109 出雲大社《いずもおおやしろ》 教会規約《きょうかいきやく》

一冊

縦二二・〇cm　横一四・八cm

明治時代（明治九年〈一八七六〉）

島根・当館

千家尊福《たかとみ》が組織した神道教団、出雲大社教会（後の出雲大社教）の規約。その「教会神徳大意」には、オオクニヌシが「幽冥」の大主宰として出雲大社に鎮座し、皇基を守護し万民を愛護し、人の生前死後においてオオクニヌシの恩頼を蒙らないことはない、と記されている。また八章では、葬祭を、「幽冥」の神護を仰ぎ霊魂の安定させるためのものとしている。

なお、これに先立って明治六年（一八七三）八月教部省に提出された「出雲教会仮条約」六条には「出雲大社ハ幽冥ノ大教府ニテ世ノ治亂人ノ生死禍福ノ關スル所ナレハ人民ノ生産ヨリ死後ニ至ルマテ悉ク大神ノ恩頼ニ洩ル事ナキ所以ヲ信シ毎朝敬祀拝礼スヘシ」（前掲社寺取調類纂、国立国会図書館蔵）と、オオクニヌシが死後を含めた幽冥をつかさどることを主張している。（品川）

Ⅵ．自重館文庫の世界

110 神代巻初重 潮翁語類《かみよのまきはつがさねちょうおうごるい》

一冊

縦二七・五cm　横二〇・八cm

江戸時代（十八世紀）

島根・北島家

表紙の題箋に「神代巻初重」、本文一丁オモテに「神代巻初重潮翁語類」とある神道書。「神代巻」は『日本書紀』巻一・二神代上下、「初重」は初級、「潮翁」は垂加神道において師匠の意で、神道家玉木正英《たまきまさひで》（一六七〇―一七三六）を指すと考えられ、本書は『日本書紀』神代巻を項目ごとに取りまとめた、正英とその門人たちから受けた講義録といえる。内扉裏には「旧　初上京／亥　再上京／午　藪氏／未　三上京／酉　観世氏／戌　潮翁下向／木　木本氏／多門氏」（／は改行を指す）の墨書がある。西岡和彦氏の教示によると、これは三度上京して正英の講義を受けたこと（「旧」は不明であるものの、「亥」は享保《きょうほう》四年〈一七一九〉、「未」は同十二年〈一七二七〉）、正英が江戸あるいは出雲に下向した際も講義をうけたこと（「戌」は享保十五年〈一七三〇〉）などを示しており、おそらく上官北島孝廉《のりかど》のメモと考えられ、孝廉が折をみて上京し、正英や門人から多くを学んだことをうかがわせる。

（吉永）

111 旧事本紀事跡《くじほんぎじせき》 鈔《しょう》

三冊

縦二七・五cm 横二一・一cm

江戸時代（元文《げんぶん》三年〈一七三八〉）

島根・北島家

表紙の題箋に「舊事本紀事跡鈔」、本文一丁オモテに「舊事紀事跡抄」とある、『先代旧事本紀』の注釈書というべきもので、全三冊。『先代旧事本紀《せんだいくじほんぎ》』は平安時代前期の九世紀に物部氏の手により撰せられたもので、天地開闢《かいびゃく》から推古朝までを収めている。その注釈として「砺波翁岡田正利《おかだまさとし》」が撰したのが本書にあたる。岡田正利（一六六一―一七四四）は玉木正英《たまきまさひで》の門人で、垂加神道、橘家《きっけ》神道を学んでおり、著書は多くあったとされるが、現存するものは少ないため、本書は貴重なものといえる。なお、上官北島孝廉《のりかど》は、江戸詰の折や年頭挨拶での上京の際などに江戸や京で神道家と交流をもつ機会を得たといえ、その一人として正利がおり、正英だけでなく、その門人の正利からも学んだため、本書が自重館文庫に伝わったのであろう。

（吉永）

112 日本書紀事跡《にほんしょきじせき》 鈔《しょう》

五冊

縦二七・三cm 横二〇・六cm

江戸時代（元文《げんぶん》三年〈一七三八〉）

島根・北島家

表紙の題簽ならびに本文一丁オモテに「日本書紀事跡鈔（抄）」とある、『日本書紀』の注釈書で、岡田正利《おかだまさとし》が七八歳のときのものとされる。序には草稿段階のもので、「博覧之士」による「考正」を俟つという旨の謙遜の辞がみえるが、『日本書紀』巻一・二神代上下のみならず、巻三〇の持統朝までの注釈書として重要なものである。なお、本書が自重館文庫に伝わったのも、上官北島孝廉《のりかど》が正利から教えを蒙ったためと考えられるが、近世の出雲、とりわけ出雲大社において『日本書紀』を理解しようと努めた現れといえる。（吉永）

113 神代巻日蔭草《かみよのまきひかげぐさ》

一冊

縦二七・五cm 横二一・〇cm

江戸時代（元文《げんぶん》五年〈一七四〇〉）

島根・北島家

表紙の題簽に「神代巻日蔭草　全」、本文一丁オモテに「神代巻日蔭草口訣」とある、『日本書紀』巻一・二神代上下の注釈書。五十鰭翁とも称した玉木正英《たまきまさひで》の『神代巻日蔭草』を、その門人である岡田正利《おかだまさとし》が八〇歳のときに一部補い、注解したのが本書。本書が自重館文庫に伝わったことからも、上官北島孝廉《のりかど》と正英、正利との学問上の密接な関係がうかがえる。なお、孝廉は正利から垂加神道を継承したことが『天津神籬相伝血脈』に「五十七正英―五十八正利―五十九孝廉」とあることから知られ、出雲において自身の門人に垂加神道を伝授していった。

（吉永）

114 日本書紀通《にほんしょきつう》 証《しょう》

七冊

縦二七・四cm 横一九・三cm

江戸時代（宝暦《ほうれき》十二年〈一七六二〉）

島根・北島家

伊勢出身の国学者谷川士清《たにがわことすが》が宝暦元年（一七五一）に脱稿し、同十二年（一七六二）に刊行した、『日本書紀』の注釈書で、中世に記された『釈日本紀《しゃくにほんぎ》』以来の『日本書紀』全体にわたる注釈を施している。『釈日本紀』のみならず、忌部正通《いんべのまさみち》の『神代巻口訣《じんだいかんくけつ》』や一条兼良《いちじょうかねよし》の『日本書紀纂疏《さんそ》』など、先行する注釈を挙げ、自身の注釈を付しており、例えば『日本書紀』巻二神代下第九段一書第二にみえる「顕露之事」（「顕」）と「神事」（「幽」）についても、正通の「顕」＝治国の政務、「幽」＝奉神の祭祀という説、兼良の「顕」＝人道、「幽」＝冥府のことで祭祀は「顕」に属するという説を記したうえで、兼良の説について「味あり」と士清は述べている。また、本書巻一の附録「倭語通音《わごつうおん》」は、日本最初の用言活用研究として知られており、このような研究の集大成として、士清は日本最初の五十音順の国語辞典『和訓栞《わくんのしおり》』全九三巻をまとめている。

（吉永）

115 先代旧事本紀大成《せんだいくじほんぎたいせい》 経《きょう》

五一冊

縦二七・〇cm 横一七・五cm

江戸時代（延宝《えんぽう》七年〈一六七九〉）

島根・北島家

聖徳太子撰と称した神道書で、『先代旧事本紀《せんだいくじほんぎ》』を模したもの。延宝七年（一六七九）、江戸の戸嶋惣兵衛により刊行された本書は、神儒仏一致の立場をとり、教学的内容であったことから、当時、学者や僧侶を中心に信奉された。ただし、志摩の伊雑宮《いざわのみや》を天照大神の本宮とする本書の主張は、伊勢神宮神職らに危険視され、彼らが幕府に訴えた結果、天和《てんな》元年（一六八一）に幕府は本書を偽書とみなして、禁書とし、版本は回収されることとなった。そのため、版本という形では、ほとんど現存しておらず、自重館文庫に伝わっている版本は貴重なものといえる。なお、本書を偽作し、版元である惣兵衛のもとにもち込んだとされる長野采女・釈潮音らは流罪に処せられることになったが、采女は流される前に世を去り、潮音は徳川綱吉の生母である桂昌院《けいしょういん》から帰依が厚かったため、罪が減ぜられた。

（吉永）

Ⅶ．国譲り神話 ―諸手船神事・青柴垣神事・出雲神楽―

116 日本書紀《にほんしょき》　巻二

一冊

縦二六・五cm 横一九・〇cm

江戸時代（慶長《けいちょう》十年〈一六〇五〉）

島根・当館

巻二神代下には出雲ゆかりの神話・伝承として大己貴神《おおあなむちのかみ》による国譲り（第九段）が収められている。第九段本文によって内容を要約すると、天穂日命《あめのほひのみこと》、武三熊之大人《たけみくまのうし》、天稚彦《あめのわかひこ》を大己貴神が治める葦原中国《あしはらのなかつくに》に派遣したが、うまくいかず、経津主神《ふつぬしのかみ》と武甕槌神《たけみかづちのかみ》を派遣することになった。二神は出雲国の五十田狭《いたさ》の小汀《おばま》に降り立ち、大己貴神に国譲りを迫ったところ、大己貴神は自身の子に尋ねたうえで返事をすると述べた。そこで、三穂（美保）碕で釣りを楽しんでいた、大己貴神の子である事代主神《ことしろぬしのかみ》のもとに、諸手船《もろたぶね》に乗った稲背脛《いなせはぎ》を遣わし、尋ねさせたところ、事代主神は国譲りに同意する旨を答え、海中に蒼柴籬《あおふしがき》を築き、隠れ去った。その後、それを知った大己貴神は経津主神・武甕槌神の二神に対し、天神に国を譲る旨を述べ、隠れた。この国譲り神話のなかで、事代主神の登場する場面をモチーフにした神事が美保神社で行われている諸手船神事と青柴垣神事である。なお、慶長十年版『日本書紀』については、作品No.55を参照。（吉永）

117 古事記《こじき》 上

一冊
縦二五・八cm 横一八・五cm
明治時代（明治三年〈一八七〇〉）
島根・当館

『古事記』上巻にも『日本書紀』巻二神代下同様、出雲を舞台とした国譲り神話が収められている。ただし、神名などの表記の違いだけではなく、『古事記』では武三熊之大人《たけみくまのうし》の葦原《あしはらの》中国《なかつくに》への派遣がみえないこと、建御雷神《たけみかづちのかみ》と天鳥船神《あめのとりふねのかみ》が大国主神に国譲りを迫ること、大国主神の子として事代主神《ことしろぬしのかみ》だけでなく、建《たけ》御名方神《みなかたのかみ》も登場し、建御雷神との力競べの結果、国譲りに同意すること、さらに大国主神のための立派な住まいを建てること（『日本書紀』第九段本文ではなく、一書第二には同様の記述が確認できる）など、内容にも若干の相違がみられる。なお、この国譲り神話を背景にもつ出雲神楽《かぐら》の演目に「荒神《こうじん》」があり、オオクニヌシは登場しないものの、タケミカヅチ・フツヌシ・タケミナカタが登場する。（吉永）

118 三穂両社神像《みほりょうしゃしんぞう》

一幅
縦一二二・四cm 横七一・五cm
江戸時代末〜明治時代初（十九世紀）
島根・美保神社

美保神社本殿は二棟の大社造の本殿を連結し、正面全体に庇《ひさし》を設けた比翼《ひよく》大社造で重要文化財に指定されている。現在の本殿は文化《ぶんか》十年（一八一三）に造営されたもので、二棟の本殿のうち、むかって右側が大御前《おおごぜん》、左側が二の御前と呼ばれるが、本作品はそれぞれの祭神、ミホツヒメ（大御前）とコトシロヌシ（二の御前）を描く。箱書によれば「神宮寺」旧蔵とされる。

ミホツヒメが稲穂を携えているのは、ミホツヒメがこれをもって天降りしたという社伝に基づく（延享《えんきょう》四年〈一七四七〉ごろ「三穂神社旧改記」、美保神社蔵）。また、この「三穂神社旧改記」には現在の青柴垣《あおふしがき》神事の宵祭において「籾種御札榊等ノ御祈祷アリ」と記され、天保《てんぽう》十四年（一八四三）刊の千家俊信《としざね》撰『出雲国式社考』には「種替神事とて（中略）節分の夜、大きなる桶に籾種を盛て奉り置なり、其を遠近の農夫代りの籾を持参りて、某々の種を賜へと請へば、神官受取りて其桶なる籾を取り（中略）農夫其籾を齎帰りて、時に従ひて種れば、早稲にまれ、晩稲にまれ、糯にまれ、粳にまれ、望しもの生出づとなり」と記されている。節分や青柴垣神事の際に、種籾を中心とした豊作祈願がなされていたことがわかる。

また、伯耆から出雲にかけて、各地に明神講（関講）が設けられ、田植えの後のシロミテ（泥落とし）などに豊作祈願の札などを求めて美保神社を参詣する習慣（関参り）があった。このように美保神社は、五穀豊穣を祈る対象として古くから信仰されており、このこともミホツヒメが稲穂を携えていることに関係していよう。（品川）

119 国幣中社美保神社之絵図《こくへいちゅうしゃみほじんじゃのえず》

一枚
縦五二・五cm 横一一一・〇cm
明治時代（明治十八年〈一八八五〉ごろ）
島根・美保神社

美保神社は大正八年（一九一九）から境内が山側に拡張され、同十三年（一九二四）に現在地に解体移築されている（昭和三年〈一九二八〉遷座祭）。この解体移築前の美保神社および境内を描いた図。内務省に提出した絵図の一つと考えられる。移築前は現在より海に近い位置（本殿は現在の手水舎付近）に鎮座し、参道も社殿まで直進していた。（品川）

120 美保関港詳細絵図《みほのせきこうしょうさいえず》

一巻
野村憲治
縦五二・〇cm
昭和時代（昭和十年〈一九三五〉）
島根・美保神社

昭和三年（一九二八）の社殿移転に伴う遷座祭後の美保神社および美保関港、美保関のまちを詳細に描いた図。作品No.119に比べると、美保神社境内が山側に移動していることがわかる。海岸線に道がつき、多くの旅館が軒を連ねており、共同浴場、共同井戸や松江などへの航路があった合同汽船の船つき場やバス（乗合自動車）も描かれている。

この作品は美保関在住の野村憲治氏が制作し、美保神社に奉納したものである。野村氏はこの絵図と同時期に『美保神社私祭詳解』（作品No.124）も記している。（品川）

参考 御祭礼年中行事《ごさいれいねんちゅうぎょうじ》

江戸時代（一九世紀初書写）
［原本は寛文《かんぶん》十年〈一六七〇〉］
島根・美保神社

美保神社の一年間の祭礼を記録したもの。現在の青柴垣《あおふしがき》神事については「三月祭」（近世においては三月三日を中心に行われていた）、諸手船《もろたぶね》神事については「霜月祭」（近世においては十一月午の日を中心に行われていた）のうちの「あり舟の祭」と記され、神話に基づく解釈は積極的にはみられない。しかしながら、美保神社の諸神事が寛文期以来その全体的な流れでは変化しておらず、その意味で伝統に満ちた神事であることがわかる。（品川）

参考 三穂神社旧改記《みほじんじゃきゅうかいき》

江戸時代（延享《えんきょう》四年〈一七四七〉ごろ）
島根・美保神社

美保神社の由緒、年中行事、祭器などを解説したもの。その巻二、年中行事之部の十一月午日の項には、「客人祭り」として以下の記載がある。

此神事神代ニ鹿嶋香取ノ両神出雲国五十田狭ノ小汀ヘ天ヨリ降リ玉フ之遺風又此両神ハ真具取《マッカトリ》ト云者ニ配スル也真具ハ鉾也大己貴ヨリ天孫ヘ授玉フ鉾ノ遺カ（中略）榊ヲ荘《カザ》リシハ則チ蒼柴垣《アホフシカキ》也

また青柴垣神事がなされた三月三日の項には「神代ニ大己貴神事代主神昇天給フ事有リ其古風也」と記されている。これらの記載には『日本書紀』第九段本文が念頭に置かれている。

つまりこのころには、神社側において現在みられるような国譲り神話に基づく神事の解釈がなされていたのである。（品川）

121 雲陽誌《うんようし》

一冊
縦二二・五cm 横一六・五cm
江戸時代（十八〜十九世紀）
［原本は享保《きょうほう》二年〈一七一七〉刊］

島根・当館

黒沢長尚《くろさわながひさ》撰になる出雲の地誌。その「美保神社」の項に「祭礼三月三日小舩三艘を組合せ四方に榊を立幕に張り田楽舞有り十一月午日明神ノ諸手舟とて氏人十二人烏帽子直衣を着して舟ニ乗リ湊口を三度廻る規式なり」と記されている。十一月午日の神事に用いられる船が「諸手船」とされている。おそらく『日本書紀』第九段本文に基づいた記述であろう。（品川）

122 諸《もろ》手《た》船《ぶね》神《しん》事《じ》絵《え》巻《まき》　巻一

一巻
中島荘陽《なかじまそうよう》
縦三五・〇cm
昭和時代（昭和八年〈一九三三〉）
島根・美保神社

諸手船神事（現在では諸手船神事と表記）は、現在、十二月三日を中心に行われる神事。国譲りの可否を問うために美保にいたコトシロヌシに使者が発せられたが、その使者が諸手船に乗って美保にむかったという『日本書紀』第九段本文に記された神話にちなんで行われている。

美保神社の諸神事は頭人《とうにん》（一年神主）を筆頭とする複雑な祭祀組織によって担われるが、この諸手船神事は客人當《まろうどとう》（この當屋《とうや》を務めて二年後に頭人となる）と呼ばれる客人社《まろうどしゃ》（美保神社境外社、美保関地区東の岬に鎮座）の當屋が中心となる。

神事当日は、まず客人社祭が行われ、その直会《なおらい》の後、二艘の諸手船を漕ぐ諸役の指名および神籤による決定がなされる。その後、諸手船に乗り対岸の岬に鎮座する客人社に大きく港回りをしてむかい、客人社を遙拝する。その後、岸にむかい船競争をし、着岸の後、水を掛け合う。そして再び船を漕ぎ出し、着岸。マッカ持（基本的には大御前、二の御前にそれぞれ仕える當屋の役）が船の舳先からマッカを取り、神社に奉納する。そして再び船を漕ぎ出し、今度は船尾から着岸。ここで宮司と大櫂《おおがい》（船の舵取り役）による祝言がなされる。

本作品には神事前日の宵祭から当日の客人社祭（巻一）、巫女舞、諸役の決定、御船への下向、客人社への港回り、マッカの奉納、宮司と大櫂による祝言（巻二）、拝殿での神事、直《なお》会《らい》（巻三）などの諸行事が順に描かれている。

巻二の客人社への港回り（前期）およびマッカの奉納（後期）の場面を展示する。（品川）

123 蒼《あお》柴《ふし》籬《がき》神《しん》事《じ》絵《え》巻《まき》

中島荘陽《なかじまそうよう》
昭和時代（昭和七年〈一九三二〉）
島根・美保神社

―1 蒼柴籬神事絵巻　巻二

一巻
縦三五・五cm

―2 蒼柴籬神事絵巻　巻三

一巻
縦三五・〇cm

蒼柴籬神事（現在では青柴垣神事と表記）は、現在、四月七日を中心に行われる神事。国譲りの可否を問われたコトシロヌシが、これに承諾し、海中に幾重もの青柴垣をつくって船を踏み傾けて隠れた（『日本書紀』第九段本文、なお『古事記』ではコトシロヌシが稲佐浜まで乗ってきた船を踏み傾けて天の逆手を打って船を青柴垣の神域に変化させてそのなかに隠れた、とされる）という神話にちなんで行われている。

青柴垣神事は、大御前、二の御前にそれぞれ仕える一の當屋《とうや》と二の當屋を中心に担われる。神事当日にはさまざまな神具を携えた諸役の者とともに、當屋が宮灘に降り（御船下向）、一の御船、二の御船に乗って美保関湾に繰り出す（御船神事）。下船の後、一行はサラ役の子どもを先頭に、神社まで行列する。その後、當屋により真の幣が神社に納められる。

本作品では、御祓《おはけ》解が家の前に立てられた當屋（の家）および社殿の様子、小忌人《おんど》の祓《ばっ》解奏《かいそう》、宵祭での御供献上（巻一）、御船下向、御船神事、面役下向（巻二）、下船後の行列、當屋の奉幣、巫女舞（巻三）などの諸行事が順に描かれている。

展示は巻二の御船神事（前期）と巻三の下船後の神社にむけた行列（後期）の場面。御船として船二艘が絡められ（現在は樹脂製の専用の船）、青柴垣を示すかのように四方に樹木が立てられている。御船には多くの附け船が従っている。また下船後の行列では、神憑かったとされる當屋は両脇を抱えられている。（品川）

124 美《み》保《ほ》神《じん》社《じゃ》私《し》祭《さい》詳《しょう》解《かい》

一冊
野村憲治
縦二三・五cm　横一七・五cm
昭和時代（昭和十三年〈一九三八〉）
島根・美保神社

美保神社の諸神事に関して、その手順や祭祀組織、準備する神具類などを詳細に記した書。美保関港詳細絵図（作品No.120）を描いた野村憲治氏によるもので、乾坤の二巻からなる。青柴垣神事の「神船の図」（前期）、諸手船神事の「諸手船の図」（後期）の部分を展示する。（品川）

125 諸《もろ》手《た》船《ぶね》神《しん》事《じ》　マッカ

二点
長四八・五cm
現代（平成十五年〈二〇〇三〉）
島根・美保神社

諸手船神事において二艘の諸手船の舳先に取りつけられるもの。二回目の着岸において、マッカ持がこれを舳先から取り、神社に納める。基本的に美保神社の諸神事においては、海上から神々を迎えるという意識があり、したがって諸手船神事ではこのマッカに神々を迎えていると想定できる。（品川）

126 神楽《かぐら》面《めん》　武甕槌《たけみかづち》之《の》尊《みこと》

一面
縦二四・〇cm　横二七・〇cm
明治時代（明治十五年〈一八八二〉ごろ）
島根・勝部一郎氏（林木屋コレクション）（当館寄託）

127 神楽《かぐら》面《めん》　経津主《ふつぬし》之《の》尊《みこと》

一面
縦二五・〇cm　横二五・七cm
明治時代（明治十五年〈一八八二〉ごろ）
島根・勝部一郎氏（林木屋コレクション）（当館寄託）

128 神楽《かぐら》面《めん》　荒神《こうじん》（建御名方《たけみなかた》）

一面
縦二二・五cm　横二一・〇cm
明治時代（明治十二年〈一八七九〉ごろ）
島根・勝部一郎氏（林木屋コレクション）（当館寄託）

129 神楽《かぐら》衣装《いしょう》　千早《ちはや》・上千早《わちはや》・大口袴《おおぐちばかま》

（花菱《はなびし》文地《もんじ》に丸龍《まるりゅう》）

二式

千早：身丈九九・〇cm　裄六九・〇cm

昭和時代（二十世紀）

島根・勝部一郎氏（林木屋コレクション）（当館寄託）

130 神楽《かぐら》衣装《いしょう》　千《ち》早《はや》・上《わ》千《ち》早《はや》・大口袴《おおぐちばかま》（三《み》つ盛《も》り亀甲《きっこう》に花菱《はなびし》・雲龍《うんりゅう》）

一式

千早：身丈一〇六・五cm　裄六七・五cm

昭和時代（二十世紀）

島根・勝部一郎氏（林木屋コレクション）（当館寄託）

出雲地方西部を中心とした諸神楽団体に神楽面や衣装、道具などを貸し出していた屋号林木屋に所蔵されていた神楽面および神楽衣装。神楽面は勝部豊市氏（一八三二ごろ―一八九七）の制作によるものである。その多くは明治八年（一八七五）から同十五年（一八八二）ごろのもので、神楽が神職の手から離れ、一般の人々がその担い手になった時期に制作されている。本展では「荒神」に登場するタケミカヅチ、フツヌシ、タケミナカタの面などを展示する。

島根県下で舞われる「荒神」にはいくつかのパターンがあるが、ここではいわゆる国譲り神話を神楽化した演目としての「荒神」を紹介する。タケミカヅチとフツヌシが天の下を平定するために登場する。やがてタケミナカタが現れ、戦いとなるが、タケミナカタが降伏し、宝剣（天叢雲剣）を二神に奉る、という筋の演目である。オオクニヌシは基本的に登場しない。なお、国譲り神話を背景にもつ神楽は、ほかに「武甕槌《たけみかづち》」、「国譲《くにゆずり》」、「鹿島」があるが、これらではオオクニヌシが登場する。

中上明によれば、この「荒神」は第六天魔王とアマテラスとの間の国譲りという、いわゆる中世神話にその原型があるという（「中上明「荒神」から「国譲」へ―神楽能の変遷―」『山陰民俗研究』一六、山陰民俗学会、二〇一一年）。それはどのような国譲りであったのであろうか。

『平家物語』「剣巻」では、日本はアマテラスに譲られ、アマテラスが統治するはずの場所であったが、アマテラスの力がおよばず、第六天魔王が支配しており、三一万五年が経過していた。アマテラスは、日本に仏法を広めさせないことを条件に国を譲ることを求め、これを聞いた魔王は国を譲り、その際、アマテラスに印を授けたとされる。また『日本記一神代巻取意文』では、「剣巻」同様に、アマテラスの力がおよばず、三一万五年の間、九足八面の第六天魔王が日本を治めていたが、アマテラスは魔王を荒神と崇め堅牢地神《けんろうちじん》として仰ぐことを条件に国を譲らせ、魔王は今後障害をなさないとした手印を押した誓書を差し出した、とされている。このような中世神話が前提にあったと考えられよう。

さて、承応《じょうおう》二年（一六五三）の序をもつ出雲の地誌『懐橘談《かいきつだん》』の島根郡「府城」の項には、佐陀神能《さだしんのう》（松江市）の能舞として「切目荒神天照大神ともいへり、八戸坂十羅大社佐陀ともいへり、天狗石山ともいへり、揖屋恵美酒なんといふ能をぞいたしける」と記されている。「天照大神」とも呼ばれる演目「荒神」が当時、存在していたことがわかる。その内容を推測させるものとして、広島県の神楽台本『栃木家蔵延宝八年能本』の「天照大神之山ドリゴエ」がある。これによれば、イザナキが第六天魔王にこの国を譲るならば神に荒神、人間のためには産の神、地にては堅牢地神と崇めると述べ、第六天魔王はこれを受け入れ手形を押した、とされている。また、江戸時代末ごろの『佐陀神能和田本』の「荒神」では、アマテラスが鬼神に対して、神には荒神、人間には堅牢地神として崇めるとし、鬼神は魔王の姿を翻して荒神となった、とある。また新しいものであるが、『重要無形民俗文化財　佐陀神能』所載の台本では、アマテラスが海底にあるオオヒルメの印文を尋ねようと天降る。そこに六界六天のうちに住む九足八面の魔王が現れる。アマテラスはこの海を自らに得させるならば神には荒神、人間には堅牢地神として崇めるという。魔王は姿を翻し荒神となり印（証文）を渡す、と記されている。現在では舞われていないものの、このような中世神話をもとにした「荒神」（あるいは「天照大神」）がかつて存在し、佐陀神能をはじめとして一定程度舞われていたのである。しかしこれらの「荒神」においては、タケミカヅチ、フツヌシ、タケミナカタは登場しない。

火守《ほもり》神社（出雲市）宮司家に伝わる寛政《かんせい》五年（一七九三）書写の神楽台本の「荒神」では、スサノヲの剣気により荒芒《こうぼう》な世となり、これをみたアマテラスがフツヌシ・タケミカヅチを根国に派遣する。二神はスサノヲにこの国を安国として守るようにと依頼する。スサノヲはアマテラスに背くことはせず、その和順の印として大蛇退治で得た天叢雲剣（およびアシナヅチから授かった八咫鏡）を授け、スサノヲは国津神《くにつかみ》（荒神）として崇められるという筋書きである。なお、スサノヲは九足八面とされている。

ここでは、中世神話におけるアマテラスがフツヌシ・タケミカヅチに、第六天魔王がスサノヲに変換されているのである。前者からこの演目がなぜ、いわゆる国譲り神話を背景にもつようになったかが、後者からなぜ天叢雲剣が二神に献じられることになっているかがわかる。詳述は避けるが、この変換の背景には、出雲地方を中心に神木に藁蛇を巻きつける形で祀られる大地の守護神としての荒神（祭神はスサノヲとするものが多い）の由来を、神楽を通して説明しようとする意図があったものと思われる。いずれにせよ、遅くとも十八世紀末ごろには鬼神としてのスサノヲが荒神として祀られるという筋書きの「荒神」が成立していたのである。

しかしながら、明治二十八年（一八九五）の山寄《やまよせ》神楽（出雲市）の台本『神楽詞集』や大正三年（一九一四）の『神能集』（作品No.60）では天叢雲剣は出てくるものの、スサノヲは役として登場せず、鬼神とされている。また、明治二十三年（一八九〇）の大田市朝山町仙《せん》山《やま》の神楽台本『神秘神楽列伝記』、明治二十九年（一八九六）の出雲市日下《くさか》に伝わる神楽台本『神楽略記』、新しいが昭和五十五年（一九八〇）の外園神楽（出雲市）の台本『神楽能本』では、かつてのスサノヲ（鬼神）の役はタケミナカタに変化している。これらのことは、タケミカヅチとフツヌシがスサノヲを平定するという神話的矛盾を解決するために、明治時代半ばごろに鬼神をスサノヲとはみなさなくなっていき、一方で同じころ、この神話的な矛盾を国譲り神話に合致させる形で解決しようとして、スサノヲ（鬼神）の代わりにタケミナカタを登場させるようになったといえる。そしてこれが現在の出雲地方西部の神楽に受け継がれたのである。

林木屋には、タケミカヅチ用の面が八面、フツヌシ用の面が九面、そのどちらかに使用されたであろう面が二面あるのに対し、確実にタケミナカタ用の面として用いられたものは一面（ほかにタケミナカタ用と推測できるものが二面）しか伝わっていない。また確実に「荒神」に用いられたスサノヲ面も一面しか伝わっていない。このことは、「荒神」に関する二つの変化が明治時代半ばごろに生じたことを物語っていよう。

このように「荒神」は、『古事記』の国譲り神話に合致させる形で変容し、現在に伝えられているのである。

蛇足だが、出雲市大社町の大土地神楽（国重要無形民俗文化財）では、現在「荒神」にオオクニヌシが登場するようになっている。

大土地神楽の古台本（大正十年〈一九二一〉以前カ）の「荒神」にはオオクニヌシは登場しないが、『祷家順番帳』の昭和十年（一九三五）に、この古台本にはない「国譲り」が舞われたことが記されている。演目の名称などから、このころにはオオクニヌシが登場するようになったものと思われる。（品川）

エピローグ　神々の国　出雲

131
◎鰐《がく》淵《えん》寺《じ》衆《しゅ》徒《と》勧《かん》進《じん》帳《ちょう》案《あん》

一通
縦三四・〇cm　横一五四・〇cm
鎌倉時代（建長《けんちょう》六年〈一二五四〉）
島根・鰐淵寺（当館寄託）

天福《てんぷく》年間（一二三三〜一二三四）に焼失した鰐淵寺の三重塔・薬師堂などの伽藍《がらん》を再興するために、広く人々に寄付を求めたもの。鰐淵寺の由来伝承から書き起こし、伽藍の再興は国内を仏陀に帰依《きえ》せしめ、またそのことは神慮に叶うと述べている。この勧進帳において「我朝此神國也、當洲又神境也」と記し、日本が神国であり、出雲が神境であることが述べられている。

中世において日本が神国と意識された背景には、日本が末法辺土《まっぽうへんど》にあるからこそ、その救済のために他界の仏が神の姿を取って垂迹《すいじゃく》したという考え方があろう。おそらく本文書でも、その背景のもと日本が神国とされていると推測できよう。

ではなぜ出雲が神境とされるのか。佐伯徳哉は、この勧進帳に記された鰐淵寺の由来において、鰐淵山は元来、中天竺摩竭陀国《ちゅうてんじくまがたこく》のなかにあり、霊鷲山《りょうじゅせん》の巽《たつみ》の角が風波をうけて日本に流れ着いたもの（浮浪山《ふろうさん》）であるが、この山が現在、出雲に所在していることにその理由を求めている（佐伯徳哉『中世出雲と国家的支配—権門体制国家の地域支配構造—』法藏館、二〇一四年）。（品川）

132
○神《か》魂《も》社《すしゃ》造《ぞう》営《えい》覚《おぼえ》書《がき》断《だん》簡《かん》

一巻
第一紙：縦二三・五cm　横三四・五cm
第二紙：縦二三・五cm　横三二・五cm
第三紙：縦二三・五cm　横一〇五・〇cm
安土桃山時代（天正《てんしょう》十一年〈一五八三〉）
島根・秋上家

神魂神社は天正十一年（一五八三）二月、社殿がことごとく焼失し、同年十二月再建されている。現在の本殿はこの時に再建されたもので、国宝に指定されている。

本文書は、火災後の三月に本殿、境内社の造営の旧例などを記して、毛利氏・吉川氏に提出したものの一部である。そのなかに「日本ハみな神國といひなから、いさなき・いさなみ御天神影向之所、天の御空をひらき、御かけを世界ニ廣めたまふニ仍、出雲の國と号せられ、當山ニ御社を祝奉る」、「日本神國也、其中にも出雲之國ハ神國の眼也」と記されている。日本を神国とみなし、そのなかでも出雲を神国の眼とみなしているのである。

ここでは出雲が神国の眼と捉えられた理由を、間接的ながら、神々の父母であり、その神徳を遍く及ぼしているイザナキ・イザナミが、神魂神社に祀られているからとしている。

なお『松江市史』では、出雲が神国の眼とされた理由を中世から近世への移行過程における出雲地方にみられた特徴のなかにみている。その内容については『松江市史』に譲るが、誤解を恐れず約言すれば、中世以来の神仏関係が、出雲においては形を変えながらも緩やかに継続した点にその理由をみているように思える。（品川）

133
懐《かい》橘《きつ》談《だん》　坤

一冊
縦二六・八cm　横一九・二cm
江戸時代（十八世紀）
島根・当館

承応《じょうおう》二年（一六五三）の序をもつ松江藩の儒者、黒沢石斎《くろさわせきさい》による出雲国の地誌。その杵築条では出雲大社の年中行事などが紹介されている。そのなかで神在祭に関し、「出雲ハ陰陽始終ノ神國、杵築ハ神祇聚會ノ霊社」と記されている。極陰の十月に、極陰の地（戌亥《いぬい》）にある出雲にすべての陽が集うことにより、陰気が極まり陽気が再びきざす、という当時の理解があり、これを前提に出雲が神国と捉えられている。また神は陽気であるので、必然的に十月に出雲大社に集うこととなり、それゆえに出雲大社は神祇聚會の霊社とも捉えられているのである。（品川）

134
鈴《すず》屋《のや》集《しゅう》　歌集五之巻

一冊
縦二六・〇cm　横一八・〇cm
江戸時代（享和《きょうわ》三年〈一八〇三〉）
島根・当館

本居宣長《もとおりのりなが》が生涯に詠んだ歌から精選した歌文集。そのなかに「千家清主出雲国にかへるに」として、千家俊信《としざね》（清主《きよぬし》）が寛政《かんせい》八年（一七九六）、松阪から出雲に帰るときの歌が収められている。この歌には、宣長の出雲への関心と、国学を広めるうえでの俊信への期待を読み取ることができる。

さてこの歌の冒頭は、

八雲たつ　出雲の国は　神國の　中にことなる　神国と　神の御跡も　神わさも　ことにのこりて　あやに〳〵　たふとき国
（後略）

と詠まれている。出雲には、神々にゆかりある地やさまざまな神事が伝わっており、それゆえに出雲は神国のなかでもとくに神国であるとみなしているのである。

なお、この歌は明治十九年（一八八六）の『大社教雑誌』第二号の「文苑」冒頭に「本居宣長大人の遺墨」として掲載されており、出雲大社において重要なものと捉えられていたことが推察される。

なお、出雲以外の手になる資料で、出雲を神国と捉えたものとしては、古くは吉田兼倶《かねとも》の『日本紀神代巻抄《にほんぎじんだいのまきしょう》』がある。その『日本書紀』第八段一書第六の注釈において「出雲ハ神國也、艮方ハ、萬物之初也、伊弉諾・伊弉册ノ所主也、未申ハ、天孫降臨ノ処也、中國ヨリ戌亥ニアタリテハ、三輪降臨出雲也」とある。出雲を神国とする理由は明確ではないが、「陰陽和合」の地とされる戌亥《いぬい》の方向に、この国を経営したオオアナムチ（オオクニヌシ）が鎮座しているがゆえに、神国とみなした、と想定できよう。出雲を神国とみなす視座は、さまざまな考え方を基盤として成立してきたのである。（品川）

135
Glimpses of Unfamiliar Japan（知られざる日本の面影）

二冊
Lafcadio Hearn（小泉八雲）
縦二一・〇cm　横一四・〇cm
明治時代（明治二十七年〈一八九四〉）
縦二一・〇cm　横一四・〇cm
島根・当館

日本に関する二七の紀行文からなる小泉八雲の代表作の一つ。小泉八雲は明治二十三年（一八九〇）八月からおよそ一年三ヶ月間、松江に滞在している。「日本最古の国（most antique province of Japan）」と捉える松江の様子を記した「神々の国の首都（The chief city of the province of the gods）」では、松江を「神々の国の首都」とみなしている。そして出雲国において「聖地中の聖地（the Holy of Holies）」であり、また「日本最古の神社（The most ancient shrine of Japan）」とみなす出雲大社訪問の様子を記した「杵築」では次のように記している。

神国―神々の国（The Country of the Gods）は日本の聖なる名である。その神国の中でも最も聖なる地は出雲国である。高天原からこの地に最初に降り立ち、しばらくこの地に住んだのは国生みの神、イザナキとイザナミ、神々と人間の御祖の神であり、この地の境のどこかにイザナミは埋葬された。そしてイザナキは彼女を追ってこの国から死者の住む暗黒の国（黄泉）へ赴いたが、彼女をこの世に連れ戻すことはできなかった。（中略）

出雲がとりわけ神々の国（the province of the gods）、イザナキ、イザナミが今も崇拝されている民族揺籃の地だとしても、出雲の杵築はとりわけ神々の都（the city of the gods）であり、その太古からの神殿は、古代信仰、神道の発祥の地なのである。

このように八雲は、出雲が日本最古の国であること、また杵築が仏教伝来以前の宗教とみなす神道の発祥の地であること、とりわけ神々と人間の御祖の神とするイザナキ・イザナミが出雲に一定期間住んでいた点から、出雲を神国日本のなかの神国とみなしている。出雲が神国とされる理由をイザナキ・イザナミに求める視点は神魂社造営覚書断簡（作品No.132）と共通している。ただし、出雲大社では、イザナキ・イザナミを祭神とした伝統はなく、八雲が出雲を神国とみなした背景は単純ではないだろう。

さて『知られざる日本の面影』の翻訳本については、「神々の国の首都」・「杵築」の抄訳を含む『日本印象記』が大正九年（一九二〇）に発行されている。また明治四十一年（一九〇八）の『島根県名勝誌』にはごくわずかであるが「美保関」からの引用がすでにみられる。しかしながら小泉八雲がクローズアップされ、観光案内などに登場してくるのは、昭和三年（一九二八）の『一畑薬師と出雲名所図絵』、同五年（一九三〇）の『島根県鳥瞰図』（作品No.138）などからである。つまり大正十五年（一九二六）の『小泉八雲全集』（第一書房）の発刊以後のことと考えられる。工藤泰子が「八雲を松江観光における文化資源として活かす動きが顕著に見られるのは、時代が大正から昭和へと移り変わる頃である。その背景には『小泉八雲全集』の出版という、全国的な八雲評価の高まりがあった」（工藤泰子「戦前松江における文化資源としての小泉八雲」『日本観光研究学会全国大会学術論文集』三〇、二〇一五年）と指摘しているのは当を得ていよう。

小泉八雲に結びつけられながらフレーズ化している「出雲は神国」という表現は、昭和以後のことなのである。　（品川）

136 島《しま》根《ね》県《けん》案《あん》内《ない》記《き》

一冊

縦一八・五cm　横一三・〇cm

明治時代（明治三十六年〈一九〇三〉）

島根・当館

明治三十六年（一九〇三）、大阪で開催された第五回内国勧業博覧会にあたって、「島根県を知らざる人への案内」のために交通事情、物産品、名所旧跡、寺社仏閣などを紹介したもの。この当時、敦賀―境間、舞鶴―境間の航路も開かれており、関西からは従来に比べ容易に島根を訪れることができるようになっていた。

本書では、島根県は「神代より疾く闢けし吉國」であり、開国の祖神、オオクニヌシが最初の都をこの地に開いたと紹介している。「神国」との表現はみられないが、他県からみた島根県の特徴として、神代からの伝統をもつ国であることが挙げられている。　（品川）

137 一《いち》畑《ばた》薬《やく》師《し》及《および》出《いず》雲《も》名《めい》所《しょ》図《ず》絵《え》

二点

表紙：縦十九・〇　横一一・〇cm

鳥瞰図：縦一七・六cm　横七七・三cm

大正時代（大正十三年〈一九二四〉）

島根・当館

一畑薬師、出雲大社をはじめとした神社仏閣、名所旧跡を探訪するために発行された観光案内。交通手段を記した鳥瞰図（表）と案内記事（裏）からなる。発行は出雲名所案内会。この組織は出雲大社、一畑薬師、美保神社、一畑軽便《けいべん》鉄道（現在の一畑電車）、合同汽船および旅館などから構成された観光協会的なもので、事務局は一畑軽便鉄道に置かれた。

本作品は昭和二年（一九二七）の一畑軽便鉄道の電化および北松江駅（現在の松江しんじ湖温泉駅）までの路線延長を見越し、出雲への観光客誘致とともに、鉄道（すでに明治四十五年〈一九一二〉に山陰本線の京都・出雲今市駅〈現在の出雲市駅〉までが開通し、また同年に大社線も開通している）、とりわけ軽便鉄道の利用促進を企図して作成されたものである。

「出雲まゐりはしがき」には「大和島根は（中略）美保關より西端日御碕に至る湖北一帯の連峰は神話佛蹟に富み、殊に出雲は日本最古の神國にして、神徳伊勢大廟に亞ぐ出雲大社あり、其外日御碕神社、一畑薬師、鰐淵寺、美保神社等最も著し」と記されている。出雲は日本最古の神国とされているが、その理由として、神世より闢けし国ということとともに、神徳が伊勢神宮に次ぐ出雲大社が鎮座しているゆえとしている。本作品は管見の限り、出雲が神国であることを記した最初の観光案内（パンフレット）である。

明治四十一年（一九〇八）十二月二十三日付の山陰新聞（山陰中央新報の前身）に、出雲神楽の公演を他国にみざる専売物としたうえで「吾出雲国は太古よりの神国」と記している。神国との表現は他国との差別化を図るために用いられていると想定でき、したがって本作品の神国も、いわゆる観光誘致における他地域との差別化のために使用されたものと推測できる。　（品川）

138 島《しま》根《ね》県《けん》鳥《ちょう》瞰《かん》図《ず》

一点

吉田初三郎

表紙：縦一九・四cm　横一二・〇cm

鳥瞰図：縦一八・〇cm　横七六・八cm

昭和時代（昭和五年〈一九三〇〉）

島根・当館

139 島《しま》根《ね》県《けん》観《かん》光《こう》鳥《ちょう》瞰《かん》図《ず》

一枚

吉田初三郎

縦四五・〇cm　横一四六・〇cm

昭和時代（昭和五年〈一九三〇〉）

島根・当館

吉田《よしだ》初三郎《はつさぶろう》による観光鳥瞰図の原図（作品No.139）と、これをもとに島根観光協会（昭和五年設立、事務局は島根県庁商工課内に置かれた）によって発行された観光案内（作品No.138、鳥瞰図〈表〉と案内記事〈裏〉）。吉田初三郎は大正から昭和にかけて多くの鳥瞰図を制作した絵師で、昭和五年（一九三〇）九月、この絵を描くために弟子の前田虹映《こうえい》とともに、島根を訪れている。

作品No.138において初三郎は「繪に添えて一筆」という序を記しており、そこでは出雲を神話の国、島根県を歴史と伝説の国と記している。また案内記事では、島根県を「日本文化の發祥地」としたうえで「神國出雲」と記している。基本的には、神世より闢けし国であり、それゆえに日本文化の発祥地であるとして、他地域との差別化のために神国が用いられたと考えられる。ただし、案内記事のなかで小泉八雲旧居を紹介しており、そのなかで『知られざる日本の面影』に触れていることからすれば、神国との表現には小泉八雲の影響があるのかもしれない。

作品No.139の鳥瞰図では日本海側上空からみた出雲大社や宍道湖を中心に描き、観光地をつなぐ山陰本線や一畑電気鉄道（現在の一畑電車）などの鉄道路線、航路も描かれている。なお、浜山自衛隊が描かれるなど、一部後補もみられる。（品川）

140
水郷松江《すいごうまつえ》と神国出雲《しんこくしまね》

一点
金子常光
表紙：縦一六・五cm　横一〇・五cm
鳥瞰図：縦一五・〇cm　横四三・〇cm
昭和時代（昭和七年〈一九三二〉）
島根・当館

松江観光協会（昭和六年〈一九三一〉設立、事務局は松江市役所産業課内に置かれた）によって発行された鳥瞰図（表）と案内記事（裏）。鳥瞰図は日本海側から鳥瞰した姿を描き、松江観光協会からの依頼によるため、松江市内が中心に描かれている。

案内記事では「神國出雲　古代の出雲は日本文化の中心地であった」と記されている。また「文豪小泉八雲をして松江少女と結婚帰化せしめた水郷松江の情緒」など小泉八雲にも触れている。表題を神国出雲とするなど、出雲を神国とみなす視点が一層明瞭化しているといえるであろう。

金子常光《かねこつねみつ》は吉田初三郎の弟子であったが、大正十一年（一九二二）に初三郎から離れ、日本名所図絵社に移っている。

ただ最後に触れなければならないのは、出雲を神国とみなす視座の前提にある日本を神国と捉える言説である。近世末から戦前にかけて、とりわけ近代以後の日本を神国とみなす言説は、日本は万世一系の天皇を戴いていることなどを基本としていた。この言説は結果的に、日本は他国に優れているという価値判断を伴うようになり、それは不幸な歴史を生み出していったのである。出雲を神国とみなす視座には、このような背景があったことも忘れてはならないであろう。（品川）

参考文献（編著者五十音順）

青木和夫ほか校注『新日本古典文学大系　一二〜一六　続日本紀』一〜五、岩波書店、一九八九〜一九九八年

有馬誉夫『島根の観光レジャー史　明治・昭和戦後』、二〇一一年

石塚尊俊『重要無形民俗文化財　佐陀神能』佐陀神能保存会、一九七九年

出雲文化伝承館『出雲の文人墨客』二〇一二年

出雲弥生の森博物館『もう一つの出雲神話─中世の鰐淵寺と出雲大社─』二〇一三年

伊藤剣『日本上代の神話伝承』新典社、二〇一〇年

伊藤正義「日本記一　神代巻取意文」『人文研究』二七─九、大阪市立大学文学部、一九七五年

伊藤正義「熱田の神秘─中世日本紀私注─」『人文研究』三一─九、大阪市立大学文学部、一九八〇年

江尻潔ほか編『スサノヲの到来─いのち、いかり、いのり─』読売新聞社・美術館連絡協議会、二〇一四年

遠藤慶太『六国史』中央公論新社、二〇一六年

及川智早「描かれた『古事記』─スサノヲのヤマタノヲロチ退治譚を中心に─」『古代史研究の最前線　古事記』洋泉社、二〇一五年

大宮兵馬・中島博光『神道叢書』神宮教院、一八九六年

岡宏三「「生やしなりの神」から「上げみずらの神」へ─黒川真頼の「本邦風俗史」を巡って─」『神々のすがた・かたりをめぐる多面的研究』島根県古代文化センター、二〇一一年

岡宏三「内神社所蔵「天淵八叉大蛇記」について─中世出雲の八岐大蛇退治神話─」『神々のすがた・かたりをめぐる多面的研究』島根県古代文化センター、二〇一一年

岡宏三「近世八岐大蛇退治図の図像的分析」発表レジメ、島根県古代文化センターテーマ研究事業『日本書紀と出雲観に関する研究』第三回客員研究員共同研究会、二〇一八年

岡田荘司『日本書記神代巻抄』続群書類従完成会、一九八四年

岡本雅享『千家尊福と出雲信仰』筑摩書房、二〇一九年

奥出雲町教育委員会『マタイ廻横穴墓・小池横穴墓群・小池奥横穴墓群・天狗松横穴群・滝ノ谷尻横穴』二〇一〇年

鰐淵寺文書研究会編『出雲鰐淵寺文書』法藏館、二〇一五年

片桐洋一『中世古今集注釈書解題』二、赤尾照文堂、一九七三年

観音寺太鼓台研究グループ『太鼓台文化の歴史』二〇一三年

京都国立博物館・島根県立古代出雲歴史博物館『大出雲展』二〇一二年

工藤泰子「戦前松江における文化資源としての小泉八雲」『日本観光研究学会全国大会学術論文集』三〇、二〇一五年

藝能史研究會編『日本芸能史』二、法政大学出版局、一九八二年

國學院大學日本文化研究所編『神道事典』弘文堂、一九九九年

国立歴史民俗博物館『もののけの夏─江戸文化の中の幽霊・妖怪─』二〇一九年

小島憲之ほか校注『新編日本古典文学全集　二〜四　日本書紀』一〜三、小学館、一九九四〜一九九八年

小島憲之ほか校注『新編日本古典文学全集　六〜九　万葉集』一〜四、小学館、一九九四〜一九九六年

斎藤英喜『荒ぶるスサノヲ、七変化─〈中世神話〉の世界』吉川弘文館、二〇一二年

佐伯徳哉『中世出雲と国家的支配─権門体制国家の地域支配構造─』法藏館、二〇一四年

酒井忠正『日本相撲史』上、大日本相撲協会、一九五六年

佐藤謙三・春田宣編『屋代本平家物語』桜楓社、一九七三年

佐藤弘夫『神国日本』筑摩書房、二〇〇六年

品川知彦「縁結び信仰と神在祭」『山陰の暮らし・信仰・芸能』ハーベスト出版、二〇一九年

島根県古代文化センター『島根半島の祭礼と祭祀組織』一九九七年

島根県古代文化センター『出雲大社の祭礼行事』一九九九年

島根県古代文化センター『出雲大社の御師と神徳弘布』二〇〇五年

島根県古代文化センター『中国地方各地の神楽比較研究』二〇〇九年

島根県古代文化センター『めんぐろ古墳の研究』二〇〇九年

島根県古代文化センター『前方後円墳と東西出雲の成立に関する研究』二〇一五年

島根県古代文化センター『国家形成期の首長権と地域社会構造』二〇一九年

島根県立古代出雲歴史博物館開館十周年記念企画展『出雲国風土記─語り継がれる古代の出雲─』二〇一七年

島根県立古代出雲歴史博物館企画展『輝く出雲ブランド　古代出雲の玉作り』二〇〇九年

島根県立古代出雲歴史博物館企画展『神々のすがた　古代から水木しげるまで』二〇一〇年

島根県立古代出雲歴史博物館企画展『倭の五王と出雲の豪族　ヤマト王権を支えた出雲』二〇一四年

島根県立古代出雲歴史博物館企画展『修験の聖地　出雲国浮浪山鰐淵寺』二〇一四年

島根県立古代出雲歴史博物館企画展『入り海の記憶─知られざる出雲の面影─』二〇一五年

島根県立古代出雲歴史博物館企画展『古墳は語る　古代出雲誕生』二〇一八年

島根県立古代出雲歴史博物館企画展『古墳文化の珠玉─玉は語る出雲の煌めき─』二〇一九年

島根県立古代出雲歴史博物館期間限定展示『出雲の神楽をささえる─林木屋神楽資料─』二〇一七年

島根県立古代出雲歴史博物館特別展『聖地巡礼─自分探しの旅へ─』二〇〇八年

島根県立古代出雲歴史博物館特別展『どすこい！─出雲と相撲─』二〇〇九年

島根県立古代出雲歴史博物館特別展『出雲大社展』二〇一三年

島根県立古代出雲歴史博物館特別展『遷宮』二〇一六年

島根県立石見美術館開館五周年記念展Ⅰ『神々のすがた　古事記と近代美術』島根県立石見美術館、二〇一〇年

神道大系編纂会編『神道大系　神社篇三七　出雲大社』一九九一年

「相撲」編集部『大相撲人物大事典』、ベースボールマガジン社、二〇〇一年

千家和比古「出雲大社の、いわゆる神仏習合を伝える絵図の検討」『古代文化研究』四、一九九六年

東京国立博物館・島根県・奈良県『日本書紀成立一三〇〇年特別展　出雲と大和』二〇二〇年

近松全集刊行会『近松全集』一〇、岩波書店、一九八九年

永井猛「中世出雲オロチ伝説を伝えた僧─李庵─」私家版・未定稿、二〇一九年

中上明「「荒神」から「国譲」へ─神楽能の変遷─」『山陰民俗研究』一六、二〇一一年

中野秋鹿「出雲における神楽能「大蛇」の変遷について―配役の比較を通して―」『山陰民俗研究』二一、山陰民俗学会、二〇一六年
西岡和彦『近世出雲大社の基礎的研究』大明堂、二〇〇二年
西脇哲夫「八岐大蛇神話の変容と中世芸能―多武峯延年風流と能「大蛇」―」『國學院雜誌』八五―一一、一九八四年
仁多町教育委員会『伊賀武社境内横穴墓』二〇〇一年
仁多町教育委員会『殿ケ迫横穴墓群・西尾社遺跡・亀ケ谷遺跡・シベ石遺跡・時仏遺跡・時仏山横穴墓』二〇〇一年
野上豊一郎『註解謡曲全集』六、中央公論社、一九三六年
原武史『〈出雲〉という思想』公人社、一九九六年
兵庫県教育委員会『勝手野古墳群』二〇〇二年
兵庫県教育委員会『朝来市池田古墳』二〇一五年
兵庫県立考古博物館特別展『王墓の埴輪―池田古墳のすべて―』二〇一五年
藤井貞文『明治国学発生史の研究』吉川弘文館、一九七七年
法政大学能学研究所『貞享年間大蔵流間狂言本二種』わんや書店、一九八六年
本田安次『本田安次著作集』一五、錦正社、一九九八年
益田市教育委員会『小丸山古墳発掘調査報告書』一九九〇年
松江市史編集委員会『松江市史　通史編二　中世』松江市、二〇一六年
松長直道「近代神社制度における出雲大社、神葬祭」発表レジメ、島根県古代文化センター調査研究事業『日本書紀と出雲観に関する研究』第五回客員研究員共同研究会、二〇一九年
宮北・落合若連中『宮北・落合大人ちょうさ百周年記念誌　この道百年』二〇一六年
宮本常一ほか編『日本庶民生活文化史料集成』一、三一書房、一九六九年
向日市文化資料館特別展示『向日神社』二〇一八年
向日神社崇敬会・向日神社『御鎮座千三百年記念　向日神社』二〇一八年
本居清造『本居内遠全集』吉川弘文館、一九三八年
森博達『日本書紀の謎を解く』中央公論新社、一九九九年
森田康之助「資料紹介　梅の舎三箇条」『神道学』八五、一九七五年
安来市教育委員会『経塚鼻遺跡発掘調査報告書』二〇〇六年
山口佳紀ほか校注『新日本古典文学大系　一　古事記』小学館、一九九七年
八鹿町教育委員会『名草神社三重塔と出雲大社』一九九七年
横山重編『神道物語集』古典文庫、一九七五年
渡辺正人「日本思想史における『日本書紀』」『聖学院大学総合研究所紀要』一七、二〇〇〇年

協力者一覧

本展の開催にあたり、貴重な文化財をご出品いただいた所蔵者の皆様、ご協力を賜りました多くの皆様に厚く御礼申し上げます。

【関係機関】（五十音順）

出雲大社
出雲大社教
出雲市無形文化財連絡協議会
出雲弥生の森博物館
内神社
雲南市教育委員会
大阪府
奥出雲多根自然博物館
奥出雲町教育委員会
鰐淵寺
神魂神社
北島国造館
公益財団法人日本相撲協会相撲博物館
公益社団法人島根県観光連盟
荒神谷博物館
國學院大學
国立国会図書館
島根県教育庁埋蔵文化財調査センター
島根県立石見美術館
島根県立図書館
島根県立八雲立つ風土記の丘
島根大学附属図書館
たつの市立龍野歴史文化資料館
奈良県立万葉文化館
万博記念公園マネジメント・パートナーズ
兵庫県立考古博物館
佛教大学
益田市教育委員会
松江市歴史まちづくり部まちづくり文化財課
松江歴史館
美保神社
見々久神楽保持者会
宮北・落合若連中
向日市教育委員会
向日市文化資料館
向日神社
明治大学
八重垣神社
安来市教育委員会

【個人】（五十音順・敬称略）

赤木　智香
秋上　裕美
家原　成宜
伊藤　剣
井上さやか
大多和弥生
岡本　一馬
長田　圭介
勝部　一郎
門脇　彩
川西　由里
北島　建孝
桐山　和弘
工藤　泰子
小林　准士
斎藤　英喜
佐草加寿子
佐草　敏邦
佐藤　泰雄
佐藤　雄一
菅田　康彦
千家　尊祐
千家隆比古
千家和比古
大東　敬明
髙橋　周
高橋　誠二
田中　聡
玉城　玲子
土屋　喜敬
富岡　英之
永井　猛
長澤　和幸
中村　晃祐
中村　弘
灘　友佳
西岡　和彦
西橋　建忠
西村　健
林　弘幸
晴木　邦幸
菱田　淳子
藤田　儒聖
藤間　由希
松長　直道
馬庭　典子
三原　一将
宮家　敏明
六人部是継
山﨑　裕二
横山　直正
横山　陽之
和久利佐由里
渡邉　卓
渡部　亘

島根県立古代出雲歴史博物館　企画展
「編纂一三〇〇年　日本書紀と出雲」

令和二年（二〇二〇）十月九日　発行

編集　島根県立古代出雲歴史博物館
〒六九九-〇七〇一　島根県出雲市大社町杵築東九九-四
TEL（〇八五三）五三-八六〇〇㈹
FAX（〇八五三）五三-五三五〇
URL：https://www.izm.ed.jp/
E-mail：contact@izm.ed.jp

発行　ハーベスト出版
〒六九〇-〇一三三　島根県松江市東長江町九〇二-五九
TEL（〇八五二）三六-九〇五九
FAX（〇八五二）三六-五八八九
URL：https://www.tprint.co.jp/harvest/
E-mail：harvest@tprint.co.jp

印刷　株式会社谷口印刷

Printed in Japan
ISBN978-4-86456-356-7　C0021